Desta vez é diferente

TÍTULO ORIGINAL
This Time is Different: Eight Centuries of Financial Folly

Copyright © 2009 by Princeton University Press

Todos os direitos reservados.

Direitos reservados para todos os países de língua portuguesa à exceção do Brasil

Apresentação à edição portuguesa: ©Vítor Gaspar e Conjuntura Actual Editora, 2013

AUTORES
Carmen M. Reinhart e Kenneth S. Rogoff

CONJUNTURA ACTUAL EDITORA
Sede: Rua Fernandes Tomás, 76-80, 3000-167 Coimbra
Tel.: 239 851 904 • Fax: 239 851 901
Delegação: Avenida Fontes Pereira de Melo, 31 – 3º C - 1050-117 Lisboa - Portugal
Tel.: 213 190 240 • Fax: 213 190 249
www.actualeditora.pt

TRADUÇÃO
Jorge Costa

REVISÃO
Pedro Bernardo

DESIGN DE CAPA
FBA

PAGINAÇÃO
Rosa Baptista

IMPRESSÃO E ACABAMENTO:
PAPELMUNDE

Maio, 2013

DEPÓSITO LEGAL
359021/13

Toda a reprodução desta obra, por fotocópia ou qualquer outro processo, sem prévia autorização escrita do Editor, é ilícita e passível de procedimento judicial contra o infrator.

 GRUPOALMEDINA

BIBLIOTECA NACIONAL DE PORTUGAL — CATALOGAÇÃO NA PUBLICAÇÃO

REINHART, Carmen M., 1955-   , e outro

Desta vez é diferente : oito séculos de loucura
financeira / Carmen M. Reinhart, Kenneth S. Rogoff. – (Fora de coleção)
ISBN 978-989-694-043-0

I – ROGOFF, Kenneth S., 1953-

CDU   338
       336

Apresentação de Vítor Gaspar

Desta vez é diferente

Oito Séculos de Loucura Financeira

Carmen Reinhart
Kenneth Rogoff

Índice

Lista de quadros	xiii
Lista de gráficos	xvii
Lista de caixas	xxiii
Apresentação a um público português	xxv
Prefácio	xliii
Agradecimentos	lv
Preâmbulo: algumas intuições iniciais sobre a fragilidade financeira e a natureza volúvel da confiança	lvii

Parte I
Crises financeiras: manual de instruções elementar — 3

– 1 –
Tipos de crises e sua datação — 5

Crises definidas por limiares quantitativos: inflação, derrocadas cambiais e degradação monetária	6
Crises definidas por eventos: crises bancárias e incumprimentos, externos e internos	10
Outros conceitos-chave	16

– 2 –
Intolerância à dívida: a génese do incumprimento em série — 23

Limiares de dívida	24
Medição da vulnerabilidade	29
Clubes e regiões	31
Reflexões sobre a intolerância à dívida	34

– 3 –
Uma base de dados global sobre as crises financeiras, com uma visão de longo prazo ... 39

Preços, taxas de câmbio, degradação monetária e PIB real ... 40
Finanças públicas e contas nacionais ... 45
Dívida pública e sua composição ... 46
Variáveis globais ... 49
Cobertura geográfica ... 49

Parte II
Crises de dívida externa soberana ... 53

– 4 –
Uma digressão sobre os fundamentos teóricos das crises de dívida ... 55

Empréstimo soberano ... 58
Iliquidez *versus* insolvência ... 63
Incumprimento parcial e reestruturação ... 66
Dívida odiosa ... 68
Dívida pública interna ... 69
Conclusões ... 72

– 5 –
Ciclos de incumprimento soberano da dívida externa ... 73

Padrões recorrentes ... 73
Incumprimento e crises bancárias ... 79
Incumprimento e inflação ... 81
Factores globais e ciclos de incumprimento externo global ... 82
A duração dos episódios de incumprimento ... 87

– 6 –
Incumprimento externo ao longo da história ... 93

A história antiga do incumprimento em série: a Europa emergente, 1300–1799 ... 93
Entradas de capital e incumprimento: uma história do «Velho Mundo» ... 96

Incumprimento externo soberano depois de 1800:
um quadro global — 97

Parte III
A história esquecida da dívida e do incumprimento internos — 109

– 7 –
Os factos típicos sobre a dívida e o incumprimento internos — 111

Dívida interna e externa — 111
Maturidade, taxas de retorno e composição por moeda — 113
Episódios de incumprimento interno — 118
Algumas reservas com respeito à dívida interna — 124

– 8 –
Dívida interna: a peça em falta para explicar o incumprimento externo e a elevada inflação — 127

Para entender o quebra-cabeças da intolerância à dívida — 128
Dívida interna antes e depois do incumprimento externo — 131
A literatura sobre inflação e o «imposto inflacionário» — 132
Qual a base de tributação: a dívida interna ou a base monetária? — 134
A «tentação de inflacionar» revisitada — 135

– 9 –
Incumprimento interno e externo: qual é pior? Quem tem prioridade? — 137

PIB real antes e depois dos incumprimentos de dívida — 138
Inflação antes e depois dos incumprimentos de dívida — 140
A incidência de incumprimentos das dívidas a credores externos e internos — 142
Sumário e discussão de temas seleccionados — 146

Parte IV
Crises bancárias, inflação e derrocadas cambiais   149

– 10 –
Crises bancárias   151

Um preâmbulo à teoria das crises bancárias   153
Crises bancárias: uma ameaça de oportunidades iguais   158
Crises bancárias, mobilidade do capital e liberalização financeira   166
Bonanças nos fluxos de capitais, ciclos de crédito e preços dos activos   168
Bolhas de excesso de capacidade na indústria financeira?   174
A herança orçamental das crises financeiras revisitada   175
Viver entre escombros: algumas observações   184

– 11 –
Incumprimento pela degradação monetária: um favorito do «Velho Mundo»   187

– 12 –
Inflação e derrocadas cambiais modernas   193

Uma história antiga das crises de inflação   194
Crises modernas de inflação: comparações regionais   195
Derrocadas cambiais   201
A sequência dos episódios de elevada inflação e dos colapsos cambiais   203
Desfazer a dolarização interna   206

Parte V
O desmoronamento do *subprime* nos EUA e a Segunda Grande Contracção   211

– 13 –
A crise do *subprime* nos EUA: uma comparação internacional e histórica   215

Uma perspectiva histórica global da crise do *subprime* e da sua sequência   216
A síndrome desta-vez-é-diferente e o período que antecede a crise do *subprime*   220

Os riscos envolvidos no endividamento sustentado dos EUA
ao resto do mundo: o debate antes da crise — 221
Os episódios de crises financeiras do pós-guerra centradas
na banca — 228
Uma comparação da crise do *subprime* com as crises passadas
nas economias avançadas — 229
Sumário — 235

– 14 –
A sequência das crises financeiras — 237

Episódios históricos revisitados — 239
A inversão negativa depois de uma crise: profundidade e duração — 240
A herança orçamental das crises — 245
Risco soberano — 247
Comparações com as experiências da Primeira Grande Contracção,
nos anos 30 do século XX — 247
Observações finais — 251

– 15 –
As dimensões internacionais da crise do *subprime*: resultados de contágio ou fundamentais comuns? — 255

Conceitos de contágio — 256
Episódios passados escolhidos — 257
Fundamentais comuns e a Segunda Grande Contracção — 259
Estarão mais repercussões a caminho? — 261

– 16 –
Medidas compósitas de turbulência financeira — 263

O Índice BCDI: um índice compósito de crises — 264
Definição de crise financeira global — 275
O encadeamento das crises: um prototipo — 286
Sumário — 289

Parte VI
O que aprendemos?   291

– 17 –
Reflexões sobre os alertas precoces, a graduação, a resposta das políticas e as fraquezas da natureza humana   293

Sobre os alertas precoces de crise   295
O papel das instituições internacionais   298
Graduação   299
Algumas observações sobre a resposta das políticas   305
A última versão da síndrome desta-vez-é-diferente   307

Anexos de dados   311
A.1. Séries macroeconómicas   313
A.2. Dívida Pública   343
A.3. Datas das crises bancárias   361
A.4. Sumários históricos de crises bancárias   367

Bibliografia   427
Índice Onomástico   447
Índice Remissivo   457

Quadros

1.1	Definição de crises: sumário dos limiares quantitativos	8
1.2	Definição de crises por acontecimentos: um sumário	12
2.1	Dívida externa à época do incumprimento: países de rendimento médio, 1970-2008	25
2.2	Dívida externa à época do incumprimento: distribuição da frequência, 1970-2008	27
2.3	Risco e dívida: painel de correlações, 1979-2007	31
3.1	A quota no PIB mundial por país, em 1913 e 1990	51
6.1	Os primeiros incumprimentos externos: Europa, 1300-1799	94
6.2	Incumprimento externo e reescalonamento: África, Europa e América Latina, no século XIX	98
6.3	Incumprimento e reescalonamento: África e Ásia, século XX até 2008	102
6.4	Incumprimento e reescalonamento: Europa e América Latina, século XX até 2008	103
6.5	O cômputo cumulativo do incumprimento e do reescalonamento: África e Ásia, ano da independência até 2008	105
6.6	O cômputo cumulativo do incumprimento e do reescalonamento: Europa, América Latina, América do Norte e Oceania, ano da independência até 2008	106
7.1	Taxas de juro da dívida interna e externa, 1928-1946	115
7.2	Episódios seleccionados de incumprimento ou reestruturação da dívida interna, 1740-1921	120

7.3	Episódios seleccionados de incumprimento ou reestruturação da dívida interna, finais da década 20 até à década de 50	121
7.4	Episódios seleccionados de incumprimento ou reestruturação da dívida interna, 1970-2008	122
8.1	Rácios de dívida à data do incumprimento: episódios seleccionados	128
8.2	Inflação e dívida pública interna: episódios seleccionados, 1917-1994	134
9.1	Produto e inflação em torno e durante as crises de dívida	142
9.2	Quem é expropriado, os residentes ou os estrangeiros? Testes preliminares à igualdade das duas proporções (distribuição binomial), 1800-2006	145
10.1	Crises de dívida e crises bancárias: África e Ásia, ano da independência até 2008	159
10.2	Crises de dívida e crises bancárias: Europa, América Latina, América do Norte e Oceania, ano da independência até 2008	160
10.3	Frequência das crises bancárias: África e Ásia, até 2008	162
10.4	Frequência das crises bancárias: Europa, América Latina, América do Norte e Oceania, até 2008	163
10.5	Resumo da incidência e frequência das crises bancárias, 1800 (ou independência) até 2008	165
10.6	Resumo da incidência e frequência das crises bancárias, 1945 (ou independência) até 2008	166
10.7	O efeito de uma bonança de fluxos de capitais na probabilidade de uma crise bancária, numa amostra de 66 países, 1960-2007	170
10.8	Ciclos de preços reais da habitação e crises bancárias	172
10.9	Contabilidade criativa? Custos de resgate das crises bancárias	176
11.1	Expropriação através da degradação monetária: Europa, 1258-1799	189
11.2	Expropriação através da degradação monetária: Europa, século XIX	190
12.1	«Incumprimento» através da inflação: Ásia, Europa e «Novo Mundo», 1500-1799	196
12.2	«Incumprimento» através da inflação: África e Ásia, 1800-2008	197
12.3	«Incumprimento» através da inflação: Europa, América Latina, América do Norte e Oceania, 1800-2008	199

13.1 Crises financeiras centradas na banca, a seguir à Segunda Guerra Mundial, nas economias avançadas	229
14.1 Défices orçamentais (nível do governo central) como percentagem do PIB	245
15.1 Crises bancárias globais, 1890-2008: contágio ou fundamentais comuns?	258
16.1 Índices de totais de construção de edifícios em países seleccionados	284
16.2 Taxas de desemprego para países seleccionados, 1929-1932	285
17.1 Indicadores de sinalização precoce das crises bancárias e cambiais: um sumário	297
17.2 Notações do *Institutional Investor* para 66 países: subidas e descidas de nível, 1979-2008	301
A.1.1 Preços: no consumidor ou índices de custo de vida	314
A.1.2 Taxas de câmbio nominais, período moderno	319
A.1.3 Taxas de câmbio na base de prata, período antigo	322
A.1.4 O conteúdo de prata das moedas	323
A.1.5 Índices do Produto Nacional Bruto e de produção, nominal e real	324
A.1.6 Produto Nacional Bruto	327
A.1.7 Despesas e receitas públicas de nível central	330
A.1.8 Exportações e importações totais	335
A.1.9 Indicadores globais e centros financeiros	338
A.1.10 Preços reais da habitação	339
A.1.11 Índices bolsistas (preços das acções)	341
A.2.1 Empréstimos obrigacionistas [*debentures*]: emissões externas de obrigações públicas	343
A.2.2 Dívida pública total (interna mais externa)	346
A.2.3 Dívida pública externa	351
A.2.4 Dívida pública interna	356
A.3.1 Datas das crises bancárias e mobilidade do capital, 1800-2008	361
A.4.1 Crises bancárias: sumários históricos, 1800-2008	367

Gráficos

P.1   Dívida externa soberana, 1800-2008: percentagem de países em incumprimento externo ou em reestruturação de dívida, ponderada pela sua quota no rendimento mundial   xxxiv

2.1   Rácios de dívida externa em relação ao PNB: incumpridores e não incumpridores, 1970-2008   28

2.2   Definição dos clubes de devedores e das regiões de intolerância à dívida   33

5.1   Incumprimento externo soberano: países em incumprimento externo ou reestruturação, não ponderados, 1800-2008   76

5.2   Incumprimento externo soberano: países em incumprimento externo ou reestruturação, ponderados pela sua quota do rendimento mundial, 1800-2008   77

5.3   Proporção de países com crises bancárias e de dívida externa: todos os países, 1900-2008 (sem ponderação)   80

5.4   Crises de inflação e incumprimento externo, 1900-2007   81

5.5   Preços dos produtos primários e novos incumprimentos externos, 1800-2008   84

5.6   Fluxos líquidos de capital provenientes dos centros financeiros e incumprimentos externos, 1818-1939   85

5.7   Duração dos episódios de incumprimento externo, 1800-2008   86

6.1   Espanha: incumprimentos e empréstimos à Coroa, 1601-1679   96

7.1	Dívida pública interna em percentagem da dívida total: todos países, 1900-2007	112
7.2	Dívida pública interna em percentagem da dívida total: economias avançadas, 1900-2007	113
7.3	Dívida pública interna em percentagem da dívida total: economias de mercado emergente, 1900-2007	113
7.4	Percentagem da dívida interna de longo prazo: todos os países e América Latina, 1914-1959	114
7.5	Dívida soberana interna: percentagem de países em incumprimento ou reestruturação, 1900-2008	119
8.1	Rácios da dívida pública em relação às receitas durante o incumprimento externo: 89 episódios, 1827-2003	129
8.2	Rácios da dívida pública em relação às receitas durante o incumprimento externo: frequência da ocorrência, 1827-2003	130
8.3	Rácios da dívida pública em relação às receitas durante o incumprimento externo: frequência acumulada da ocorrência, 1827-2003	130
8.4	A acumulação de dívida pública interna e externa na trajectória para o incumprimento externo: 89 episódios, 1827-2003	132
8.5	Saldo de dívida pública interna: China, 1895-1949	133
9.1	PIB real, antes, durante e depois das crises de dívida interna e externa, 1800-2008	138
9.2	Crises de dívida interna e externa, e PIB real, três anos antes e no ano da crise, 1800-2008	139
9.3	Preços no consumidor, antes, durante e depois das crises de dívida interna e externa, 1800-2008	140
9.4	Crises de dívida interna e externa, e inflação, três anos antes e no ano da crise, 1800-2008	141
9.5	Quem é expropriado, os residentes ou os estrangeiros? A probabilidade de incumprimento interno e externo, 1800-2006	244
9.6	Probabilidade compósita de incumprimento interno como percentagem da probabilidade total de incumprimento, 1800-2006	144
10.1	Mobilidade do capital e incidência das crises bancárias: todos os países, 1800-2008	167
10.2	Preços reais das acções e crises bancárias: 40 episódios nos mercados emergentes, 1920-2007	173

10.3	Número de bancos nos Estados Unidos, 1900-1945	175
10.4	Crescimento do PIB real *per capita* (em PPC) e crises bancárias: economias avançadas	178
10.5	Crescimento do PIB real *per capita* (em PPC) e crises bancárias: economias de mercado emergente (112 episódios)	178
10.6	Crescimento real das receitas públicas, ao nível do governo central, e crises bancárias: todos os países, 1800-1944	179
10.7	Crescimento real das receitas públicas, ao nível do governo central, e crises bancárias: todos os países, 1945-2007	180
10.8	Crescimento real das receitas públicas, ao nível do governo central, e crises bancárias: economias avançadas, 1815-2007	181
10.9	Crescimento real das receitas públicas, ao nível do governo central, e crises bancárias: economias de mercado emergente, 1873-2007	182
10.10	A evolução da dívida pública real na sequência das maiores crises do pós-guerra: mercados avançados e emergentes	183
11.1	Alterações no conteúdo de prata da moeda, 1765-1815: Áustria e Rússia, durante as Guerras Napoleónicas	191
11.2	A marcha para a moeda fiduciária Europa, 1400-1850: média do conteúdo de prata de dez moedas	191
12.1	A taxa média de inflação: média móvel de cinco anos para todos os países, 1500-2007	194
12.2	A incidência de uma taxa anual de inflação acima dos 20%: África, Ásia, Europa e América Latina, 1800-2007	202
12.3	Derrocadas cambiais: percentagem de países com taxas anuais de depreciação cambial maiores do que 15%, 1800-2007	203
12.4	Depreciação média anual: média móvel de cinco anos para todos os países, 1800-2007	204
12.5	A persistência da dolarização	205
12.6	A desdolarização dos depósitos bancários: Israel, Polónia, México e Paquistão, 1980-2002	208
13.1	A proporção de países com crises bancárias, 1900-2008, ponderados pela sua quota no rendimento mundial	217
13.2	Preços reais da habitação: Estados Unidos, 1891-2008	220
13.3	Preços reais da habitação e crises bancárias do pós-guerra: economias avançadas	231
13.4	Preços reais das acções e crises bancárias do pós-guerra: economias avançadas	232

13.5 Rácio da balança corrente em relação ao PIB, antes das crises bancárias do pós-guerra: economias avançadas ... 232
13.6 Crescimento PIB real *per capita* (em PPC) e crises bancárias do pós-guerra: economias avançadas ... 233
13.7 Dívida pública real de nível nacional e crises bancárias do pós-guerra: economias avançadas ... 234
14.1 Ciclos passados e presentes dos preços reais da habitação e crises bancárias ... 241
14.2 Ciclos passados e presentes dos preços reais das acções e crises bancárias ... 242
14.3 Ciclos passados do desemprego e crises bancárias ... 243
14.4 Ciclos passados do PIB real *per capita* e crises bancárias ... 244
14.5 Aumento acumulado na dívida pública real, nos três anos que seguiram às crises bancárias passadas ... 246
14.6 Ciclos das notações de risco soberano do *Institutional Investor* e crises bancárias passadas ... 247
14.7 A duração das maiores crises financeiras: 14 episódios da Grande Depressão *versus* 14 episódios do pós-Segunda Guerra Mundial (duração da queda do produto *per capita*) ... 249
14.8 A duração das maiores crises financeiras: 14 episódios da Grande Depressão *versus* 14 episódios do pós-Segunda Guerra Mundial (número de anos que o produto *per capita* levou para regressar ao nível anterior à crise) ... 250
14.9 Aumento acumulado da dívida pública real, três e seis anos após o início da Grande Depressão de 1929: países seleccionados ... 252
15.1 Variação percentual nos preços reais da habitação, 2002-2006 ... 260
16.1 A proporção de países com crises bancárias sistémicas (ponderados pela sua quota no rendimento mundial) e taxas de incumprimento das empresas nos EUA (grau especulativo), 1919-2008 ... 267
16.2 Tipos de crise: agregado mundial, 1900-2008 ... 269
16.3 Tipos de crise: agregado das economias avançadas, 1900-2008 ... 270
16.4 Tipos de crise: África, 1900-2008 ... 273
16.5 Tipos de crise: Ásia, 1900-2008 ... 274
16.6 Tipos de crise: América Latina, 1900-2008 ... 274
16.7 Mercados bolsistas mundiais durante as crises globais: índice compósito do preço real das acções (final de período) ... 278

16.8 PIB real *per capita* durante as crises financeiras globais:
agregados multinacionais (ponderados em PPC) 280
16.9 A espiral de contracção do comércio mundial: mês a mês,
Janeiro de 1929 – Junho de 1933 281
16.10 Crescimento mundial das exportações, 1928-2009 282
16.11 Colapso das exportações, 1929-1932 283
16.12 O encadeamento das crises: um prototipo 288
17.1 Variação na notação de crédito soberano
do *Institutional Investor*, 61 países, 1979-2008 304

Caixas

1.1	Glossário de dívida	10
1.2	A síndrome desta-vez-é-diferente na véspera da Derrocada de 1929	17
5.1	O desenvolvimento dos mercados internacionais de dívida soberana em Inglaterra e Espanha	73
5.2	Penalização pelo incumprimento externo: o caso insólito da Terra Nova, 1928-1933	88
5.3	Penalização pelo incumprimento externo? O caso do «bando Brady» em falta	90
6.1	A graduação francesa depois de oito incumprimentos externos, 1558-1788	95
6.2	Os primeiros tempos da América Latina nos mercados de capitais, 1822-1825	100
7.1	Dívida interna indexada a divisa externa: *Tesobonos* tailandeses?	116
16.1	Crise financeira global: uma definição operativa	276

Apresentação a um público português

Desta Vez É Diferente é diferente. Antes de Carmen Reinhart e Kenneth Rogoff terem escrito este contributo clássico, os livros publicados sobre crises financeiras seguiam uma abordagem histórica, narrativa e institucional. O exemplo mais saliente é o livro *Manias, Panics and Crashes: a History of Financial Crises* de Charles Kindleberger, publicado na década de 1970. Neste volume, padrões comuns entre episódios de crise eram expostos – seguindo de perto a análise de Minsky (1975) – mas a linha de argumentação era literária e informal (ainda que brilhante e memorável).

Desta Vez É Diferente apresenta uma panorâmica de oito séculos de história financeira, com atenção particular colocada em episódios de crise. O livro baseia-se numa nova base de séries longas que cobre sessenta e seis países na África, Ásia, Europa, América Latina, América do Norte e Oceânia. Esta base de dados é pioneira: alarga a cobertura geográfica e cronológica ao mesmo tempo que aumenta a lista de séries macroeconómicas e financeiras incluídas quando comparada com qualquer fonte alternativa disponível até à publicação do livro. A investigação quantitativa dos autores abriu caminho a uma frutuosa linha de investigação com o objectivo de documentar sistematicamente factos relevantes relativos a crises financeiras. Nesta linha destacam-se Claessens, Kose e Terrones (2008), Jordà, Schularick e Taylor (2011a, b), Laeven e Valencia (2012) e Schularick e Taylor (2011).

A documentação de factos empíricos relevantes é, por sua vez, a base para a modelação quantitativa. Brunnermeier e Sannikov (2012), He e Krishnamurthy (2012) e Boissay, Collard e Smets (2012) são exemplos de investigação recente neste domínio. Neste último trabalho são explicitamente identificados três factos estilizados, a saber: primeiro, crises bancárias sistémicas são acontecimentos raros; segundo, recessões associadas com crises bancárias sistémicas são mais profundas e mais longas do que recessões cíclicas normais; terceiro, crises bancárias sistémicas têm o seu início no culminar de episódios de forte aumento de despesa financiada por crédito.

Esta identificação de factos estilizados pode ser reportada à investigação refletida no livro de Reinhart e Rogoff. De facto, os autores usam a riqueza da base de dados para extraírem padrões comuns entre os múltiplos episódios de crise que identificaram. O tema central que revelam é o de que a acumulação excessiva de dívida pelo sector público, bancos, empresas não financeiras e famílias está na raiz da grande maioria das crises. Frequentemente os riscos sistémicos associados com a acumulação excessiva de dívida são subestimados durante os períodos de expansão. Nesses períodos, políticos, responsáveis pela condução da política económica ou financeira, banqueiros, empresários, académicos e o público em geral partilham, em muitos casos, a forte convicção que *desta vez é diferente*. Esta convicção partilhada é fundamentada num conjunto vasto de fatores importantes que incluem, entre outros, progresso tecnológico, liberalização e integração financeira internacional, melhorias na condução de políticas macroeconómicas de estabilização, maior robustez nos mecanismos de controlo de risco e governação das organizações financeiras (autorregulação), e reforço da regulamentação e supervisão prudencial. Estes fatores justificariam a abertura de perspetivas de uma nova era de prosperidade e estabilidade em que as restrições do passado estariam ultrapassadas.

Reinhart e Rogoff mostram que a maior parte das expansões de despesa agregada, financiadas por expansão de crédito, «acaba mal». No entanto, ao fim de algum tempo a crise é esquecida dando lugar ao próximo ciclo de *boom* e *bust*. No livro são consideradas crises nas suas múltiplas vertentes: crises de dívida soberana (internas e externas), crises bancárias, crises cambiais, e aumentos de inflação. No entanto, a atenção dos autores centra-se nas crises bancárias e nas crises de dívida soberana.

A descrição no Prefácio é muito clara:

> «Se há tema comum no extenso conjunto de crises que estudamos neste livro, é o de que a excessiva acumulação de dívida, de dívida pública, dos bancos, das empresas ou dos consumidores, traz frequentemente consigo um risco

sistémico maior do que parece durante o *boom*. As infusões de dinheiro podem criar a aparência de que o governo está a gerar na economia mais crescimento do que na realidade está. As bebedeiras de crédito no sector privado podem inflacionar os preços da habitação e das acções, muito para lá dos níveis sustentáveis a longo prazo, e fazer os bancos parecerem mais estáveis e rentáveis do que de facto são. Esta acumulação de dívida em larga escala gera riscos, porque torna a economia vulnerável a crises de confiança, em especial quando a dívida é de curto prazo e precisa de ser constantemente refinanciada. É com demasiada frequência que os *booms* induzidos por dívida fornecem uma falsa abonação das políticas públicas, da capacidade de uma instituição financeira de gerar enormes lucros, ou do nível de vida de um país. A maior parte deles acaba mal. Obviamente que os instrumentos de dívida são cruciais para todas as economias, antigas e modernas, mas ponderar correctamente o risco e as oportunidades da dívida é sempre um desafio, um desafio que os decisores políticos, os investidores e os cidadãos comuns não devem nunca esquecer.»

Cerca de um terço do livro é dedicado à identificação de lições para a condução de política e à interpretação da crise de 2007-201?. Os autores designam a crise que vivemos, desde 2007, como a Segunda Grande Contração económica (a primeira terá sido a Grande Depressão dos anos 1930). Muitos dos padrões que identificaram como associados a crises financeiras sistémicas vieram a ser confirmados pela evolução depois de 2009.

O remanescente desta apresentação está organizado como se segue: na primeira secção são apresentados alguns contributos recentes dos autores, posteriores à divulgação do presente livro. Esses contributos são importantes precisamente para aferir a importância do livro para a investigação subsequente. São também importantes porque ilustram o valor do livro para a compreensão da crise global de 2007-201?. A secção 2 centra-se em aspetos relevantes para Portugal no contexto da crise das dívidas soberanas na área do euro. Finalmente, a secção 3 conclui.

1. Alguns contributos recentes de Reinhart e Rogoff

Esta secção sumaria alguns contributos recentes dos autores que, penso, poderão ajudar a completar a perspectiva em *Desta Vez É Diferente*. Depois da publicação, os autores continuaram a investigar os efeitos decorrentes da acumulação excessiva de dívida. Focaram a sua atenção nos efeitos de níveis de endividamento excessivo sobre o crescimento económico. Preocuparam-se ainda com a identificação de cenários relevantes para a evolução do ajustamento durante a crise global. A sua atenção centrou-se no caso dos Estados Unidos.

Na sua investigação sobre os efeitos do endividamento excessivo (Reinhart, Reinhart e Rogoff, 2012a e b) começam por uma taxonomia das variedades de dívida (2012a): dívida pública, dívida privada, dívida externa e dívida implícita em programas públicos de saúde ou pensões de reforma. Referem que um importante tópico de investigação é o da interação entre estes diversos tipos de dívida. É também clara a importância de investigar a relevância do comportamento da intermediação bancária e dos agregados de crédito.

No entanto, o foco dos autores centra-se nos efeitos do endividamento público excessivo. Para determinarem os efeitos de acumulação excessiva de dívida pública, usam uma base de dados que cobre vinte e dois países desde 1800. Definem episódios de dívida pública excessiva (*public debt overhangs*) como aqueles em que o rácio de dívida pública excede 90 por cento do PIB durante um período de mais de cinco anos. Este limiar de 90 por cento é baseado numa linha de investigação, para a qual os autores também contribuíram, que aponta para efeitos não lineares muito significativos na relação entre o nível de dívida pública e o crescimento. Este limiar foi usado, pela primeira vez, em *Desta Vez É Diferente*. Reinhart e Rogoff (2010) mostraram que em períodos com dívida pública acima de 90 por cento do PIB o crescimento do PIB é reduzido em sensivelmente 1 ponto percentual. Estas estimativas são de uma ordem de grandeza semelhante às obtidas em Kumar e Woo (2010) e Cecchetti, Mohanty e Zampolli (2011). A não linearidade dos efeitos pode ser explicada intuitivamente através da observação de que os efeitos de um aumento de dívida pública em 10 pontos percentuais do PIB é muito diferente quando significa um aumento de endividamento de 20% para 30% do que quando significa um aumento de 100 para 110% do PIB.

Os autores identificam 26 episódios na sua base de dados. Estes episódios não incluem os casos da Bélgica, Islândia, Irlanda, Portugal e os Estados Unidos. Estes países não passaram ainda a barreira dos cinco anos acima de 90%. É, no entanto, seguro que isso irá acontecer em breve. Países que já tinham acumulado dívidas públicas elevadas antes mesmo do começo da crise global já ultrapassaram os cinco anos acima de 90%. É o caso da Grécia, Itália e Japão.

Mostram também que períodos com dívidas públicas excepcionalmente elevadas estiveram associados a um crescimento situado 1,2 pontos percentuais abaixo do verificado noutros períodos. É claro que os níveis de crescimento e de endividamento são determinados simultaneamente. Correlação não é causalidade. No entanto, os que defendem que a associação se deve à evolução cíclica têm dificuldade em explicar pelo menos dois factos estilizados: primeiro, porque é que os custos em termos de atividade produtiva persistem durante um período muito mais longo do que a duração de um ciclo económico normal? Segundo, porque é que a correlação é muito mais fraca para níveis baixos de dívida pública?

Os autores reconhecem que é necessária investigação para apurar os canais de causalidade entre níveis de dívida excessivos e o crescimento económico. Mencionam a possibilidade dos canais relevantes incluírem os efeitos nocivos da elevação de impostos ou a diminuição do investimento público associados à consolidação orçamental. Existem ainda outras possibilidades, como a repressão financeira ou a incerteza associada com a eventual interrupção do financiamento do sector público. Finalmente, a interação com outros factores de vulnerabilidade financeira é também um potencial caminho de investigação.

Em Reinhart e Rogoff (2012) é analisada a evolução da economia dos EUA cinco anos após o início da crise (2007).

Com efeito, cinco anos após o começo da crise dos empréstimos *subprime*, o PIB *per capita* dos EUA está abaixo do seu nível inicial. A taxa de desemprego, embora abaixo dos níveis máximos – atingidos em 2011 – é da ordem dos 8%.

Os autores sublinham que esta evolução não deveria ser surpreendente para os leitores de *Desta Vez É Diferente*. De facto, aí se documenta que crises bancárias sistémicas estão associadas com recessões profundas e prolongadas. Os resultados apresentados estão na linha dos obtidos em investigação subsequente (incluindo Claessens, Kose e Terrones (2008), Papell e Prodan (2011) e Reinhart e Reinhart (2010). Jordà, Schularick e Taylor (2011b) apresenta um sumário sistemático da evidência empírica acumulada numa base de dados que cobre 14 economias avançadas e 140 anos).

Os autores mostram que, em termos de evolução de PIB real *per capita*, a trajetória para os EUA se encontra numa posição intermédia entre os países classificados como tendo sofrido uma crise bancária sistémica e casos considerados como de fronteira. Especificamente, o PIB real *per capita* americano encontra-se acima da média dos países no primeiro grupo e abaixo da média dos países considerados no segundo. O grupo de países identificado como tendo sofrido uma crise bancária sistémica inclui a Áustria, Bélgica, Dinamarca, Alemanha, Grécia, Islândia, Irlanda, Luxemburgo, Países Baixos,

Reino Unido e Estados Unidos. O grupo de países considerados como casos de fronteira inclui a França, Itália, Portugal, Suécia e Suíça. Curiosamente, observam que Portugal e Itália registam uma evolução mais fraca do PIB *per capita* entre os casos de fronteira e explicam esta diferenciação como decorrendo dos níveis excepcionalmente elevados de dívida pública em ambos.

2. Portugal na crise da dívida soberana na área do euro

Desde meados da década de 90, quando a perspetiva de participação na área do euro induziu uma descida muito acentuada das taxas de juro nominais e reais, Portugal acumulou desequilíbrios macroeconómicos e estrangulamentos estruturais que penalizaram fortemente o seu desempenho económico. Olivier Blanchard (2007) escreveu (minha tradução): «A economia portuguesa está em situação difícil: o crescimento da produtividade é anémico. O crescimento é muito baixo. O défice orçamental é elevado. O défice da balança de transações correntes é muito elevado.» A capacidade de síntese de Blanchard é notável. De facto, desde o início da sua participação na área do euro que a economia portuguesa teve um crescimento débil (significativamente abaixo da média para a área do euro). Neste mesmo período, a economia beneficiou de condições de financiamento no exterior sem precedentes na sua história. O resultado foi um aumento pronunciado do endividamento das famílias e das empresas. O défice da balança de transações correntes fixou-se de forma durável em níveis da ordem de 10% do PIB. A posição de investimento internacional agravou-se significativamente, passando de aproximadamente -10% em meados da década de 90 para cerca de -107% do PIB em 2010. Também neste período, a dívida externa bruta aumentou de 64% para 230% do PIB. No sistema bancário, o rácio entre crédito concedido e depósitos captados cresceu fortemente de um valor próximo de 65% para valores perto de 160% (Costa, 2012). A atividade económica concentrou-se no sector dos bens não transacionáveis (protegidos da concorrência externa). O peso das exportações na atividade económica caiu. A economia registou, assim, significativas perdas de competitividade, a produtividade estagnou e o desemprego registou uma tendência crescente. Uma década de excesso de procura revelou-se compatível com crescimento medíocre (ainda antes da crise).

Neste período, o défice orçamental esteve normalmente acima do limite de 3% do PIB, definido no Tratado de Maastricht. Com o começo da crise global, a evolução do nível de atividade e as opções de política orçamental seguidas conduziram a uma situação de dívida excepcionalmente elevada e insustentável.

> «Se há tema comum no extenso conjunto de crises que estudamos neste livro, é o de que a excessiva acumulação de dívida, de dívida pública, dos bancos, das empresas ou dos consumidores, traz frequentemente consigo um risco sistémico maior do que parece durante o *boom*. (...) É com demasiada frequência que os *booms* induzidos por dívida fornecem uma falsa abonação das políticas públicas, da capacidade de uma instituição financeira de gerar enormes lucros, ou do nível de vida de um país. A maior parte deles acaba mal.»

Este excerto de Reinhart e Rogoff (já usado acima) aplica-se perfeitamente. Permito-me citar o parágrafo de conclusão que incluí num contributo para uma conferência organizada pelo Banco Central Europeu, em 2005 (Fagan e Gaspar, 2005, a tradução é da minha responsabilidade):

> «Sumariando: é claro que o impacto da convergência das taxas de juro, resultante da entrada de um país na área do euro, coloca problemas enormes para análise e para a condução da política económica. Por um lado, desenvolvimentos na economia nacional que, em condições normais, estariam associados ao sobreaquecimento da economia e a desequilíbrios insustentáveis – a explosão do consumo e do investimento, défice da balança de transações correntes e deterioração da competitividade – podem, nas condições descritas, ser interpretadas como uma resposta de equilíbrio à alteração das circunstâncias. Se fosse esse o caso, não existiria fundamento para preocupação. Por outro lado, um tal processo poderia, na presença de enviesamentos nas expectativas, elementos de fricção real ou financeira e debilidade institucional, evoluir para além do justificado. A acumulação de desequilíbrios insustentáveis – se não for contrariada a tempo – pode conduzir a uma severa crise ou a um período prolongado de divergência económica. Perante incertezas desta grandeza é imperativo escolher um caminho prudente. Destacamos a importância de uma avaliação realista das perspetivas económicas, atenção reforçada à estabilidade financeira (quer de um ponto de vista micro quer de um ponto de vista macroprudencial), a importância de flexibilidade no mercado de trabalho e no mercado do produto e, por último mas não menos importante, uma gestão prudente das finanças públicas com uma forte enfâse na posteridade.»

É evidente que a política seguida em Portugal no período 1999-2007 não se conformou com os imperativos de prudência acima descritos. Sendo assim, Portugal estava numa situação de alguma vulnerabilidade quando a crise começou. No entanto é, em minha opinião, claro que os erros irreversíveis na condução da política foram cometidos já em plena crise global. Estes erros irreversíveis derivaram, por sua vez, de um erro de julgamento: a crise e as suas consequências para Portugal foram consideradas como um simples problema de flutuação cíclica, associado com uma queda pronunciada e temporária da despesa privada. Neste sentido, um desvio na orientação da política orçamental face à sua orientação de médio prazo foi considerado apropriado.

O Esquema 1 apresenta uma linha de tempo que ajuda a seguir os desenvolvimentos relevantes. Entre 2005 e 2008, as perspectivas colocavam o défice orçamental abaixo do limite de 3% do PIB e a dívida acima (mas ainda assim na casa) dos 60% do PIB. No Orçamento do Estado para 2009, apresentado em outubro de 2008, o défice orçamental perspetivado para 2009 era de 2,2% do PIB.

Esquema 1. Cronologia das Previsões para o Saldo Orçamental e para a Dívida Pública

			Saldo Global AP (%PIB)		Dívida Pública AP (%PIB)	
			2009	2010	2009	2010
	GOP 2005-2009	Jul-05	-1,6		64,5	
	PEC 2005-2009	Dez-05	-1,5		66,2	
	PEC 2006-2010	Dez-06	-1,5	-0,4	65,2	62,2
	ROPO 2007	Abr-07	-1,5	-0,4	62,6	59,7
	CE outono	Out-07	-2,4		64,5	
	PEC 2007-2011	Dez-07	-1,5	-0,4	62,5	59,7
	CE primavera	Abr-08	-2,6		64,3	
	ROPO 2008	Mai-08	-1,5	-0,7	62,5	60,5
	OE 2009	Out-08	-2,2		64,4	
	CE outono	Out-08	-2,8	-3,3	65,2	66,6
	PEC 2008-2011	Jan-09	-3,9	-2,9	69,7	70,5
	CE primavera	Abr-09	-6,5	-6,7	75,4	81,5
	ROPO 2009	Mai-09	-5,9		74,6	
	Eleições legislativas (27-Set-09)					
	CE outono	Out-09	-8,0	-8,0	77,4	84,6
	OE 2010	Jan-10	-9,3	-8,3	76,6	85,4
«PEC I»	PEC 2010-2013	Mar-10	-9,3	-8,3	77,2	86,0
	ROPO 2010	Jul-10	-9,3	-7,3	76,3	83,5
«PEC III»	OE 2011	Out-10	-9,3	-7,3	76,1	82,1
«PEC IV»	PEC 2011-2014	Mar-11		-7,3		82,4
	FMI relatório	Jun-11	-10,1	-9,1	83,0	93,0
	INE/BdP realizado	Mar-13	-10,2	-9,8	83,7	94,0

Nota: O documento apelidado de «PEC II» corresponde à *Lei nº 12-A/2010 de 30 de Junho*, que *«Aprova um conjunto de medidas adicionais de consolidação orçamental que visam reforçar e acelerar a redução de défice excessivo e o controlo do crescimento da dívida pública previstos no Programa de Estabilidade e Crescimento (PEC).»*

No entanto, na Europa, no outono de 2008, a comparação com a Grande Depressão dos anos 30 era corrente. O abrandamento da atividade económica na União Europeia era forte e sincronizado. Esta evolução ocorria no contexto da crise global de 2007-201?, exacerbando as preocupações com a possibilidade de uma espiral recessiva. Neste enquadramento, a Comissão Europeia propôs medidas orçamentais expansionistas na União Europeia equivalentes a 200 mil milhões de euros (ou 1,5% do PIB da União) para o período 2009-2010. A proposta da Comissão foi adoptada no Conselho Europeu de Dezembro. O estímulo deveria ser desenhado de forma a que fosse atempado, temporário e em linha com as prioridades de longo prazo definidas a nível europeu («*timely, targeted and temporary*»). Para uma descrição mais completa das implicações da iniciativa europeia para o orçamento português pode consultar-se Lourtie (2012). Em janeiro de 2009, a atualização do Programa de Estabilidade e Crescimento (PEC) do Governo português continha objectivos revistos: o défice para 2009 era agora revisto para 3,9%. No ano seguinte estaria já abaixo do limite de 3%: 2,9%. Previa-se agora uma dívida pública acima dos 70% do PIB em 2010.

No entanto, o PEC marca também o começo de uma divergência de perspetivas com a Comissão Europeia. Nas previsões da primavera de 2009, publicadas em abril, a Comissão Europeia apontava para défices de 6,5% e 6,7% do PIB respectivamente em 2009 e 2010. Projetava já um rácio de dívida pública no PIB superior a 80% para 2010. Entre o outono de 2008 e a primavera de 2009, a Comissão Europeia tinha revisto a sua projeção para a dívida pública portuguesa em 2010 em cerca de 15 pontos percentuais do PIB! O desvio em relação às projeções das autoridades nacionais no PEC excedia os 10 pontos percentuais do PIB.

Em maio de 2009, o Governo publica o Relatório de Orientação da Política Orçamental (ROPO). Nesse documento o défice estimado para 2009 é revisto em 2 pontos percentuais do PIB, para 5,9%, e o rácio da dívida pública no PIB para o mesmo ano revisto em 5 pontos percentuais do PIB, para 74,6%.

Infelizmente, a tendência de deterioração sucessiva das perspetivas orçamentais não é interrompida. Nas suas perspetivas do outono, divulgadas em outubro de 2009, a Comissão estima e prevê um défice para 2009 e 2010 em 8% do PIB – valor igual para os dois anos. A previsão da dívida aproximava-se agora dos 85% do PIB para 2010 (84,6). Num ano apenas, a Comissão procedeu à revisão do nível da dívida pública portuguesa em 18 pontos percentuais do PIB.

Mas o momento decisivo ocorre com o anúncio do Orçamento do Estado para 2010. O Governo português revê a sua estimativa para o défice em 2009 para 9,3%. Dada a realização de eleições legislativas em Portugal em 27 de setembro de 2009, o Orçamento apenas é apresentado em janeiro de 2010. Assim, a estimativa para 2009 é já apresentada após o final do ano. O Governo apresenta um valor significativamente mais elevado para o défice do que o divulgado pela Comissão. O valor para o défice em 2010 é também superior ao que tinha sido projetado no outono pela Comissão Europeia. O rácio da dívida pública no PIB aparece, pela primeira vez, acima de 85% do PIB.

Gráfico 1. Taxas de Juro das Obrigações do Tesouro a 10 anos (*spreads* face à Alemanha), outubro 2008–outubro 2010

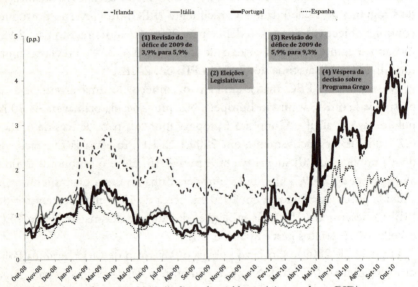

Fonte: Bloomberg, fevereiro 2013 (índices de *yields* genéricos, valores BID).

O Gráfico 1 mostra que, após a divulgação destes números, os níveis de taxa de juro a dez anos para Portugal afastam-se dos praticados para a Espanha e a Itália e aproximam-se dos praticados para a Irlanda. Portugal colocou-se numa posição vulnerável. Desta posição de vulnerabilidade o país não conseguiu recuperar antes de ser forçado a recorrer à ajuda internacional pela interrupção súbita do acesso ao financiamento privado desde o início de 2011. Os primeiros meses de 2010 foram marcantes para o desenvolvimento da crise das dívidas soberanas na área do euro. De facto a crise da dívida pública grega atingiu, neste período, uma fase de agravamento agudo. A vulnerabilidade portuguesa agravou-se quando a crise da dívida soberana europeia se manifestava de forma violenta (Gráfico 2). A identificação da apresentação do OE 2010 (com a revisão do défice de 2009) como ponto de viragem para uma posição de vulnerabilidade nos mercados de obrigações é partilhada por Lourtie (2012).

A forma mais expressiva de reportar o erro de julgamento que tornou a ajuda oficial inevitável é dada pelo contraste entre as perspetivas do Governo, no início de 2009, após a decisão de seguir as políticas de estímulo europeias e as perspetivas acordadas no programa de ajustamento português, para o ano de 2010. Inicialmente o défice, para 2010, estava previsto em 2,9% do PIB e a dívida em 70,5%. Vinte e oito meses depois os valores oficiais eram 9,1% e 93,0%.[1] Afinal, em 2010, o rácio da dívida pública portuguesa no PIB tinha excedido o limiar identificado por Reinhart e Rogoff. No entanto, os valores do PEC IV (para o ano anterior) – ver Esquema 1, acima – eram substancialmente inferiores! A experiência portuguesa com as políticas de estímulo de 2009-2010 acabou na maior crise de finanças públicas de que há memória em Portugal.

Convém salientar que os efeitos destas políticas não se restringiram às consequências na (in)sustentabilidade das finanças públicas ou ao impacto nas condições de financiamento do Tesouro. A expansão orçamental de 2009-2010 teve também fortes repercussões na evolução macroeconómica e financeira em Portugal.

---

[1] É importante salientar que, durante este período, o Instituto Nacional de Estatística procedeu a duas importantes revisões dos valores do défice e da dívida com efeitos retroativos, no seguimento de orientações do Eurostat. Estas revisões ocorreram em março e em abril de 2011. Em março de 2011, o perímetro orçamental das Administrações Públicas foi alargado, passando a incluir três empresas de transporte (REFER, Metropolitano de Lisboa e Metro do Porto) e a assistência financeira a bancos (sociedades veículo do Banco Português de Negócios e execução de garantias do Banco Privado Português). Em abril de 2011, a revisão deveu-se à reclassificação de contratos de Parcerias Público Privadas (PPP) – a introdução de portagens em três ex-SCUT resultou na sua classificação como ativo público e no investimento realizado como despesa de capital. Para o ano de 2009, estas duas revisões conduziram à alteração da estimativa para o défice orçamental de 9,3% para 10,1 por cento e para a dívida pública de 76,1% para 83,0%. Para o ano de 2010, as primeiras estimativas oficiais surgem em março de 2011 e já refletem o alargamento do perímetro. Após a revisão de abril, a estimativa para o défice orçamental aumentou de 8,6% para 9,1%. O valor previsto para a dívida foi também revisto em alta, de 92,4% para 93,0%.

Gráfico 2. Taxas de Juro das Obrigações do Tesouro a 10 anos, janeiro 2008–janeiro 2013

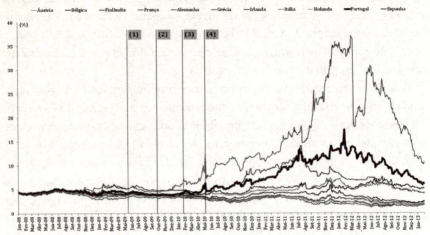

Fonte: Bloomberg, fevereiro 2013 (índices de *yields* genéricos, valores BID).
Nota 1: Entre 12-10-2011 e 03-01-2013 a maturidade considerada para a Irlanda é de 9 anos. Entre 04-01-2013 e 31-01-2013, a maturidade considerada para a Irlanda é de 8 anos.
Nota 2: Os números (1), (2), (3), (4) correspondem aos acontecimentos descritos no Gráfico 1.

Em primeiro lugar, a condução de políticas de expansão da procura pública conduziu ao adiamento do ajustamento (Gráfico 3). Em 2008, a necessidade de financiamento do sector privado não financeiro atingiu um máximo com 9,4% do PIB. Em 2009, as famílias e as empresas não financeiras ajustaram rapidamente, reduzindo as suas necessidades de financiamento conjuntas para 1,9% do PIB. Porém o agravamento significativo da posição financeira das Administrações Públicas atenuou o efeito agregado deste ajustamento do sector privado. Assim, as necessidades de financiamento do total da economia reduziram-se em menos de 2 pontos percentuais, continuando na casa dos 10% do PIB. O Governo português decidiu deliberadamente dar prioridade à estabilização macroeconómica quase anulando o efeito do ajustamento do sector privado nas necessidades de financiamento da economia como um todo (Gráfico 3). Ignorou assim os limites do financiamento, bem como o aumento da dívida externa.

Gráfico 3. Capacidade (ou necessidade) de financiamento por setor institucional (% do PIB)

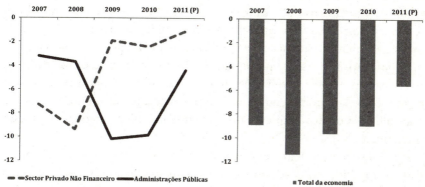

Fonte: INE, abril 2013.

Em segundo lugar, as políticas de estímulo resultaram no alinhamento do risco sistémico na economia. O crédito bancário às Administrações Públicas em 2009-2010 aumentou, enquanto que o crédito ao sector privado não financeiro diminuiu (Gráfico 4). Esta evolução sugere que a expansão orçamental foi parcialmente financiada pelo sector bancário português, que por sua vez recorreu ao Eurosistema. Esta exposição acentuou a ligação entre risco bancário e risco soberano, que já tinha sido estabelecida no seguimento da crise financeira, com a concessão de garantias ao sector financeiro pelo Estado.

Gráfico 4. Crédito Interno (taxa de variação anual, %)

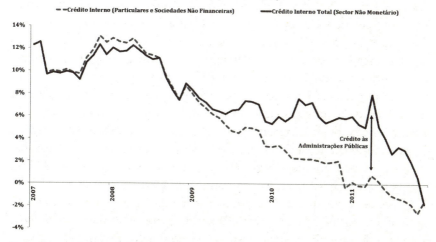

Fonte: Banco de Portugal, março 2013.

Estes dois fenómenos foram sistematicamente desvalorizados até ao pedido de ajuda externa em abril de 2011. Contudo, no contexto do Programa de Ajustamento, ganharam uma relevância acrescida. Por um lado, os sucessivos adiamentos na correção dos desequilíbrios macroeconómicos e o colapso súbito do financiamento privado exigiam, agora, um ajustamento mais abrupto. Por outro, a necessidade de restabelecer a estabilidade no sector bancário colocou restrições ao financiamento à economia, afetando a recuperação do investimento. Esta situação afetou (e afeta) particularmente as pequenas e médias empresas, naturalmente mais dependendes do crédito bancário.

Não obstante os efeitos positivos da expansão orçamental sobre a atividade económica, no curto prazo, as suas consequências no médio e longo prazo foram enormes. E serão sentidas na economia portuguesa por toda uma geração.

3. Conclusão

A narrativa canónica sobre crises financeiras antes de *Desta Vez É Diferente* começava tipicamente com um conjunto de famosas bolhas especulativas: a mania das tulipas (1634-1637); a bolha especulativa do Mississipi (1719--1720) e a bolha especulativa do mar do Sul (1720) que lhe esteve associada. Esta narrativa destaca a irracionalidade individual e coletiva como o factor decisivo na explicação das crises. Esta perspetiva tem grande peso no clássico de Charles Kindleberger *Manias, Panics and Crashes: a History of Financial Crises*. *Desta Vez É Diferente* tem um ângulo de ataque mais completo e sistemático. O seu *Quadro 6.1 – Os primeiros incumprimentos externos: Europa, 1300-1799* mostra que antes destes famosos episódios já as coroas da Europa tinham recorrido repetidamente à bancarrota: a Inglaterra por três vezes – com a distinção de ter sido pioneira no incumprimento em 1340; a França por duas, a Espanha por seis vezes. O soberano português regista cinco casos de incumprimento neste período. Portugal tem a sua primeira crise de dívida soberana registada em 1560, três anos após a Espanha (1557). A dinastia filipina no período em que governou Portugal registou mais três casos de incumprimento (1596, 1607 e 1627). A restauração da monarquia portuguesa em 1640 permitiu ao país evitar a bancarrota de Madrid em 1647. Sendo assim, qual a razão para a falta de destaque colocada nas finanças públicas na história da instabilidade financeira? A resposta encontra-se no início do capítulo 3: «Pensar-se-ia que, com pelo menos 250 episódios de incumprimento soberano da dívida externa, entre 1800 e 2009, e pelo menos 68 casos de incumprimento da dívida pública interna, seria relativamente simples encontrar uma série longa completa sobre a dívida do sector público. Mas não é o caso. Longe disso. A dívida pública está entre as mais esquivas das séries temporais da economia». O livro *Desta Vez É Diferente* contribui de forma decisiva para corrigir essa omissão. Mas o papel das autoridades públicas vai mais longe do que a falta de transparência. Peter Garber (2001) documenta que a história aceite sobre a mania das tulipas tem a sua origem numa operação de propaganda conscientemente organizada pelas autoridades dos Países Baixos. Peter Garber cita Simon Schama (1989) justificando a aversão das autoridades na ideia de que a mania das tulipas violava todos os princípios fundamentais da virtude: moderação, prudência, discrição, reta razão e reciprocidade entre esforço e recompensa. Se a interpretação estiver correta terá sido uma das campanhas de propaganda mais bem sucedidas da história.

No clássico sobre crises, Charles Kindleberger destacava, logo no capítulo de abertura, o facto de a produção de livros sobre crises financeiras ser uma atividade contracíclica. Desta forma não é surpreendente a publicação de um grande número de volumes dedicados à descrição e análise das crises financeiras durante a crise global de 2007-201?. Julgo, no entanto, que não é arriscado garantir que o livro *Desta Vez É Diferente* de Carmen Reinhart e Kenneth Rogoff se encontra certamente entre aqueles (poucos) que marcarão a perspetiva sobre crises financeiras na esfera pública.

As lições desta importante obra são particularmente relevantes para um país como Portugal. Desde meados da década de 90 que se verificou um aumento enorme do endividamento em Portugal: primeiro dominado pelas famílias e pelas empresas (correspondente a um aumento do crédito concedido pelo sector bancário); mais tarde pelas Administrações Públicas e pelo sector público alargado. Repetidas vezes os riscos associados ao excesso de endividamento foram apontados. Repetidamente se ouviu o argumento: *Desta Vez É Diferente*. Não foi.

Vítor Gaspar, 14 de abril de 2013

Referências

Bernanke, B., M. Gertler e S. Gilchrist, 1999, «The Financial Accelerator in a Quantitative Business Cycle Framework», *Handbook of Macroeconomics*, volume 1, capítulo 11, J. B. Taylor e M. Woodford (orgs.), Elsevier.

Blanchard, O., 2007, «Adjustment with the Euro. The Difficult Case of Portugal», *Portuguese Economic Journal*, Springer, vol. 6(1), pp. 1-21, abril.

Boissay, F., Collard, F. e F. Smets, 2012, «Booms and Systemic Banking Crises», mimeo, European Central Bank and University of Bern.

Brunnermeier, M. e Y. Sannikov, 2012, «A Macroeconomic Model with a Financial Sector», mimeo, Princeton University.

Cecchetti, S., M. Mohanty e F. Zampolli, 2011, «The Real Effects of Debt», in *Achieving Maximum Long Run Growth*, symposium sponsored by the Federal Reserve Bank of Kansas City, Jackson Hole.

Claessens, S., A. Kose e M. Terrones, 2008, «What Happens During Recessions, Crunches and Busts?», IMF Working Paper WP/08/274, dezembro.

Costa, C., 2012, «Intervenção Inicial do Governador Carlos da Silva Costa na Comissão de Orçamento, Finanças e Administração Pública da Assembleia da República», 29 de junho de 2012.

Fagan, G. e V. Gaspar, 2005, «Adjusting to the Euro Area: Some Issues Inspired by the Portuguese Experience», contribution to the ECB conference «What effects is EMU having on the euro area and its member states», junho.

Garber, P., 2001, *Famous First Bubbles: the Fundamentals of Early Manias*, MIT Press.

He, Z. e A. Krishnamurthy, 2012, «A Macroeconomic Framework for Quantifying Systemic Risk», mimeo, University of Chicago.

Jordà, O., M. Schularick e A. Taylor, 2011a, «Financial Crises, Credit Booms and External Imbalances: 140 Years of Lessons», *IMF Economic Review*, vol. 59, pp. 340-378.

Jordà, O., M. Schularick e A. Taylor, 2011b, «When Credit Bites Back: Leverage, Business Cycles, and Crises», NBER Working Paper No. 17621, November.

Kindleberger, C., 1978, *Manias, Panics and Crashes: a History of Financial Crises*, Wiley.

Kumar, M. e J. Woo, 2010, «Public Debt and Growth», IMF Working Paper WP/10/174, julho.

Laeven, L. e F. Valencia, 2008, «Systemic Banking Crises: A New Database», IMF Working Paper WP/08/224, novembro.

LAEVEN, L. E F. VALENCIA, 2012, «Systemic Banking Crises Database: an Update», IMF Working Paper WP/12/163, junho.

LOURTIE, P., 2012, «Understanding Portugal in the Context of the Euro Crisis», in W. Cline e Guntram Wolff (orgs.), *Resolving the European Debt Crisis,* Peterson Institute e Bruegel.

MINSKY, H.P., 1975, *John Maynard Keynes,* Columbia University Press.

PAPELL, D. E R. PRODAN, 2011, «The Statistical Behavior of GDP after Financial Crises and Severe Recessions», paper prepared for the Federal Reserve Bank of Boston conference on «Long-Term Effects of the Great Recession», 18 e 19 de outubro de 2011.

REINHART, C. E V. REINHART, 2010, «After the Fall», in *Macroeconomic Challenges: the Decade Ahead,* symposium sponsored by the Federal Reserve Bank of Kansas City, Jackson Hole.

REINHART, C. REINHART, V. E K. ROGOFF, 2012a, «Debt Overhangs: Past and Present», NBER Working Paper No. 18015, abril.

REINHART, C. REINHART, V. E K. ROGOFF, 2012b, «Public Debt Overhangs: Advanced Economy Episodes since 1800», *Journal of Economic Perspectives,* volume 26, number 3, summer, pp 69-86.

REINHART, C., E K. ROGOFF, 2010, «Growth in a Time of Debt», *American Economic Review,* maio.

REINHART, C., E K. ROGOFF, 2012, «This Time is Different, again? The US five years after the onset of subprime», VoxEU.org.

SCHULARICK, M. E A. TAYLOR, 2011, «Credit Booms Gone Bust: Monetary Policy, Leverage Cycles, and Financial Crises, 1870-2008», *American Economic Review,* vol. 102, pp. 1029-1061.

SCHAMA, S., 1989, *The Embarrassement of Riches,* Alfred Knopf.

Prefácio

Este livro apresenta uma história quantitativa das crises financeiras nas suas várias formas. A nossa mensagem básica é simples: já aqui estivemos antes. Por muito diferente que sempre pareça o último furor ou crise financeira, há normalmente semelhanças notórias com a experiência passada de outros países e da história. Reconhecer estas analogias e precedentes é um passo essencial para aperfeiçoar o sistema financeiro global, quer reduzindo o risco de crises futuras, quer lidando melhor com as catástrofes, quando elas acontecem.

Se há tema comum no extenso conjunto de crises que estudamos neste livro, é o de que a excessiva acumulação de dívida, de dívida pública, dos bancos, das empresas ou dos consumidores, traz frequentemente consigo um risco sistémico maior do que parece durante o *boom*. As infusões de dinheiro podem criar a aparência de que o governo está a gerar na economia mais crescimento do que na realidade está. As bebedeiras de crédito no sector privado podem inflacionar os preços da habitação e das acções, muito para lá dos níveis sustentáveis a longo prazo, e fazer os bancos parecerem mais estáveis e rentáveis do que de facto são. Esta acumulação de dívida em larga escala gera riscos, porque torna a economia vulnerável a crises de confiança, em especial quando a dívida é de curto prazo e precisa de ser constantemente refinanciada. É com demasiada frequência que os *booms* induzidos por dívida fornecem uma falsa abonação das políticas públicas, da capacidade de uma instituição financeira de gerar enormes lucros, ou do nível de vida de um país. A maior parte deles acaba mal. Obviamente que os instrumentos de dívida são cruciais para todas as economias, antigas e modernas, mas ponderar correctamente o risco e as oportunidades da dívida é sempre um desafio, um desafio que os decisores políticos, os investidores e os cidadãos comuns não devem nunca esquecer.

Estudamos neste livro vários tipos de crises financeiras. Incluem incumprimentos soberanos, que ocorrem quando um governo é incapaz de satisfazer os compromissos de pagamento a que está obrigado pelas suas dívidas externa ou interna, ou ambas. Depois, há as crises bancárias, como as que as que o mundo viveu em catadupa no final da primeira década deste milénio. Numa crise bancária típica de grandes proporções, uma nação descobre que uma parcela significativa da sua banca se tornou insolvente, depois de pesadas perdas em investimentos, de pânicos bancários, ou de ambos. Uma outra variante importante respeita às crises de taxa de câmbio, como as que assolaram a Ásia, a Europa e a América Latina, nos anos 90. Numa crise de taxa de câmbio característica, o valor da moeda de um país cai precipitadamente, quase sempre a despeito da «garantia» do governo de que não o permitirá em circunstância alguma. Consideramos também crises marcadas por surtos de inflação muito elevada. Escusado será dizer que aumentos da inflação inesperados são, de facto, equivalentes ao incumprimento puro e simples, pois a inflação permite aos devedores (incluindo o Estado) pagar dívida numa moeda com muito menor poder de compra do que tinha quando os empréstimos foram obtidos. Ao longo do livro, examinaremos separadamente estas crises. Mas elas muitas vezes entrelaçam-se. No penúltimo capítulo do livro olharemos para situações – como a Grande Depressão dos anos 30 e a mais recente crise financeira mundial – nas quais as crises se desenrolam em amálgama e a uma escala global.

Claro que as crises financeiras não são nada de novo. Existiram desde que se desenvolveu a moeda e os mercados financeiros. Muitas das primeiras crises foram induzidas por via da degradação monetária, que sucedia quando o monarca de um país reduzia o conteúdo de ouro ou prata da moeda do seu domínio, de modo a financiar défices orçamentais, amiúde causados por guerras. Os avanços tecnológicos há muito que dispensaram a necessidade de um governo recorrer ao cerceio da moeda para cobrir défices orçamentais. Mas as crises financeiras continuaram a florescer ao longo das eras, e continuam hoje a infestar as nações.

Concentramo-nos em grande parte, neste livro, em duas formas particulares de crise, especialmente relevantes para os dias de hoje: as crises de dívida soberana e as crises bancárias. Ambas têm história, que se estende por vários séculos e atravessa todas regiões. As crises de dívida soberana eram vulgares entre as economias agora avançadas, que parecem ter-se «graduado» dos surtos recorrentes de insolvência pública. Nos mercados emergentes, porém, o incumprimento periódico (ou em série) continua a ser uma doença crónica e grave. As crises bancárias, em contrapartida, permanecem um problema recorrente em toda a parte. São uma ameaça com oportunidades iguais, afectando indiscriminadamente países ricos e pobres. O nosso estudo das crises bancárias leva-nos numa viagem que vai desde as corridas aos bancos e as bancarrotas na Europa das Guerras Napoleónicas, até à crise financeira global recente, que começou com a crise do *subprime* de 2007, nos EUA.

O nosso objectivo aqui é sermos extensos, sistemáticos e quantitativos: a nossa análise empírica cobre 66 países ao longo de quase oito séculos. Muitas obras importantes foram já escritas sobre a história das crises financeiras internacionais[2], sendo talvez a mais famosa delas a de Kindleberger, de 1989, *Manias, Panics and Crashes*[3]. Na maior parte, porém, estas obras anteriores adoptam uma abordagem essencialmente narrativa, sustentada em dados relativamente esparsos.

Aqui, ao contrário, construímos a nossa análise em torno de informação extraída de uma imensa base de dados, que engloba o mundo inteiro e se estende pelo menos até ao século XII da China e da Europa Medieval. O «núcleo» vital deste livro está contido nos quadros e gráficos, em geral muito simples, onde estes dados são apresentados, mais do que em narrativas em torno de personalidades, da política e de negociações. Acreditamos que a nossa história visual quantitativa das crises financeiras não será menos apelativa do que a abordagem narrativa que a precedeu, e esperamos que possa abrir novos horizontes à análise das políticas e à investigação.

Acima de tudo, insistimos em observar longos períodos de história para detectar acontecimentos «raros» e que são muitas vezes esquecidos, apesar de acabarem por se revelar bem mais comuns e semelhantes entre si do que se poderia pensar. De facto, os analistas, os decisores políticos e até mesmo os economistas académicos têm infelizmente tendência para olhar para a experiência recente através da estreita janela aberta por conjuntos de dados-padrão, geralmente baseados numa segmento estreito de experiência, em termos de países e períodos de tempo. Grande parte da bibliografia acadé-

---

[2] Designadamente as de Winkler (1928), Wynne (1951) e Marichal (1989).
[3] Mais recentemente, a história excelente e igualmente estimulante de Ferguson (2008), sobre os fundamentos da moeda e da finança. Ver também MacDonald (2006).

mica e de política económica dedicada à dívida e ao incumprimento tira as suas conclusões a partir de informação coligida para o período que começa em 1980, em boa medida porque tal informação é a de mais fácil acesso. Nada haveria a opor, excepto o facto de as crises financeiras terem ciclos muito mais longos e um conjunto de dados que cobre 25 anos não poder, muito simplesmente, fornecer uma perspectiva adequada sobre os riscos de políticas e investimentos alternativos. Um acontecimento que foi raro num período de 25 anos pode não o ser assim tanto quando colocado num contexto histórico mais longo. Afinal, nesse período, um investigador tem apenas a probabilidade de 1 em 4 de observar uma cheia que ocorre uma vez por século. Para começar sequer a pensar em tais acontecimentos, é preciso compilar dados para vários séculos. Tal é, precisamente, o nosso objectivo.

Além disso, a informação-padrão tem sérias limitações em muitos outros aspectos importantes, em especial no que respeita à cobertura de tipos de dívida pública. De facto, como veremos, dados históricos sobre a emissão de dívida pública interna são muito difíceis de obter para a maior parte dos países, que são geralmente pouco mais transparentes do que os bancos modernos, com as suas operações à margem dos balanços e outras artimanhas contabilísticas.

Fundamos a nossa análise numa nova base de dados abrangente, destinada ao estudo das crises de dívida e bancárias internacionais, da inflação, das derrocadas cambiais e das degradações monetárias. Os dados compreendem a África, a Ásia, a Europa, a América Latina, a América do Norte e a Oceania (cobrem 66 países ao todo, como referimos, e incluem ainda dados específicos para uma série de outros). O leque das variáveis comporta, entre muitas outras dimensões, as dívidas externa e interna, o comércio, o rendimento nacional, a inflação, as taxas de câmbio, as taxas de juro e os preços de produtos primários. A cobertura temporal incide sobre mais de oito séculos, remontando até à data de independência da maior parte dos países e, bem para lá desse marco, entrando no período colonial, em vários casos. Naturalmente que reconhecemos que o tratamento e as ilustrações, que aqui fornecemos, podem apenas tocar a superfície daquilo que um conjunto de dados desta envergadura e escala pode eventualmente vir a revelar.

Felizmente, a transmissão do detalhe dos dados não é essencial para compreender a mensagem principal do livro: já aqui estivemos antes. Os instrumentos de ganhos e perdas financeiras variaram ao longo dos tempos, tal como variaram os tipos de instituições, que se expandiram poderosamente, até acabarem por falhar estrepitosamente. Mas as crises financeiras seguem o ritmo da expansão súbita e contracção brusca, ao longo das eras. Os países, as instituições e os instrumentos financeiros podem mudar com o curso do tempo, mas não muda a natureza humana. Como mostraremos nos capítulos finais deste livro, a crise financeira da primeira década de 2000, que teve a sua origem nos EUA e se espalhou pelo globo – designamo-la aqui como a Segunda Grande Contracção – é apenas a mais recente manifestação deste padrão.

Começamos a estudar a última crise nos quatro capítulos finais que precedem a conclusão, revendo neles o que aprendemos antes; o leitor notará que o conteúdo dos Capítulos 13 a 16 é relativamente directo e autónomo. (Os leitores interessados apenas nas lições que a história traz à última crise podem saltar directamente para eles, numa primeira leitura). Mostramos como, na corrida para a crise do *subprime*, os indicadores típicos para os EUA, como a inflação nos preços dos activos, a alavancagem crescente, os enormes e persistentes défices da balança corrente e uma trajectória de abrandamento no crescimento económico exibiam praticamente todos os sinais de um país à beira de uma crise financeira – de facto, de uma crise grave. Esta elucidação do modo como se chega a uma crise dá humildemente que pensar; mostramos que a saída pode também ser bastante perigosa. A sequência de uma crise bancária sistémica envolve uma contracção da actividade económica prolongada e pronunciada, e põe pressões significativas sobre os recursos públicos.

A primeira parte do livro fornece definições precisas dos conceitos que descrevem as crises e discute os dados que tomámos por base. Na construção do nosso conjunto de dados, beneficiámos em muito do trabalho de investigadores que nos precederam. Porém, incluímos uma quantidade considerável de material novo, oriundo de fontes primárias e secundárias diversas. Além de fornecer uma datação sistemática das crises de dívida externa e das crises de taxa de câmbio, os anexos catalogam as datas para as crises de inflação e crises bancárias. A datação dos incumprimentos soberanos da dívida interna (essencialmente denominada em moeda própria) é uma das características mais inovadoras que completa o nosso estudo das crises financeiras.

O fruto deste escrutínio aparece nas partes restantes do livro, onde aplicamos os conceitos estabelecidos à nossa extensa base de dados. A Parte II concentra a nossa atenção na dívida pública, fazendo a crónica de centenas de episódios de incumprimento soberano aos credores externos. Estas «crises de dívida» vão desde as relacionadas com os empréstimos dos agentes financeiros florentinos, de meados do século XIV, à Inglaterra de Eduardo III, passando pelos empréstimos dos banqueiros mercantis alemães à monarquia espanhola dos Habsburgos, até aos empréstimos enormes feitos basicamente pelos banqueiros de Nova Iorque à América Latina, na década de 70. Apesar de notarmos que, na era moderna, as crises de incumprimento de dívida externa se concentram bem mais nos mercados emergentes do que as crises bancárias, não deixamos de sublinhar que elas foram quase um rito de passagem universal para todos os países que evoluíram de uma economia de mercado emergente para uma de nível de desenvolvimento avançado. Este processo de desenvolvimento económico, financeiro, social e político pode levar séculos.

Com efeito, nos seus primeiros anos como Estado-nação, a França incumpriu a sua dívida externa nada menos do que oito vezes (como mostraremos no Capítulo 6). A Espanha incumpriu apenas seis vezes antes de 1800, mas, com sete incumprimentos no século XIX, ultrapassou a França com um total de 13 episódios. Portanto, quando as actuais potências europeias transitavam pela fase de desenvolvimento de mercado emergente, passaram por problemas recorrentes de incumprimento de dívida externa, tal como muitos mercados emergentes da actualidade.

De 1800 até bem depois da Segunda Guerra Mundial, a Grécia esteve praticamente em incumprimento contínuo e o historial da Áustria é, em vários aspectos, ainda mais assombroso. Apesar do desenvolvimento dos mercados de capitais internacionais estar relativamente limitado até 1800, não deixamos de registar numerosos incumprimentos em França, em Portugal, na Prússia, em Espanha e nas primeiras cidades-estado italianas. Nos confins da Europa, o Egipto, a Rússia e a Turquia também têm histórias de incumprimento crónico.

Uma das questões mais fascinantes que levantamos neste livro é a de saber por que razão um número relativamente pequeno de países, como a Austrália e a Nova Zelândia, o Canadá, a Dinamarca, a Tailândia e os EUA conseguiram evitar incumprimentos soberanos de dívida a credores externos, quando um número muito superior de países se caracterizou por incumprimentos em série.

As crises financeiras asiáticas e africanas estão muito menos estudadas do que as europeias e latino-americanas. De facto, a crença comum de que o moderno incumprimento soberano é um fenómeno confinado à América Latina e a uns quantos países europeus mais pobres está muito tingida pela exiguidade da investigação sobre outras regiões. Como veremos, a China pré-comunista incumpriu por várias vezes a sua dívida externa, e a Índia e a Indonésia dos nossos dias ambas incumpriram nos anos 60, muito antes da primeira ronda de incumprimentos latino-americanos do pós-guerra. A África pós-colonial tem um historial de incumprimentos que parece estar concebido para ultrapassar o de qualquer zona de mercados emergentes anterior. Em suma, uma análise quantitativa e sistemática do registo de incumprimentos pós-coloniais, na Ásia e em África, deita por terra a noção de que a maior parte dos países evitou os perigos do incumprimento soberano.

A quase universalidade do incumprimento torna-se abundantemente clara na Parte II, quando começamos a usar a informação coligida para esboçar a história do incumprimento e das crises financeiras em grandes traços, usando quadros e gráficos. Um ponto que salta à vista, na nossa análise, é o de que a razoável acalmia muito recente (2003-2008), durante a qual os governos em geral honraram as suas obrigações de dívida, está muito longe de ser a norma.

A história da dívida interna (dívida colocada pelo Estado no espaço nacional) nos mercados emergentes, em particular, tem sido amplamente ignorada por investigadores e decisores políticos contemporâneos (até mesmo por fornecedores oficiais de informação como o Fundo Monetário Internacional), que pareceram ver a sua emergência, no início do século XXI, como um fenómeno novo e surpreendente. Todavia, como mostraremos na Parte III, a dívida pública interna nos mercados emergentes foi extremamente significativa em muitos períodos e, com efeito, tem a virtualidade de ajudar a resolver inúmeros quebra-cabeças respeitantes a episódios de elevada inflação e incumprimento. Consideramos as dificuldades sentidas na obtenção de dados sobre dívida pública como apenas uma das facetas do baixo nível de transparência com que os governos mantêm as suas contas. Pense-se nas garantias implícitas dadas aos prestamistas de créditos hipotecários volumosos, que resultaram na adição de biliões de dólares à dimensão efectiva da dívida nacional dos EUA em 2008, nos biliões de dólares de transacções extra-balanço envolvendo compromissos da Reserva Federal, e nas garantias implícitas envolvidas na remoção de activos de má qualidade dos balanços dos bancos, para não falar de compromissos com pensões e cuidados de saúde sem cobertura financeira. A falta de transparência é endémica na dívida pública, mas a dificuldade em obter informação histórica básica a ela respeitante é quase cómica.

A Parte III apresenta ainda uma primeira tentativa de catalogar episódios de incumprimento explícito e de reescalonamento de dívida pública interna, ao longo de mais de um século. (Tendo tanto da história da dívida interna sido em grande parte esquecido pelos investigadores, não é de estranhar que também o tenha sido a do respectivo incumprimento). O fenómeno parece ser algo menos frequente do que o do incumprimento de dívida externa, mas demasiado comum para justificar o pressuposto extremo de que os Estados honram invariavelmente o valor nominal da dívida interna, pressuposto que domina a bibliografia económica. Quando ocorre um incumprimento explícito de dívida interna, parece suceder em situações de maior pressão do que aquelas que conduzem ao incumprimento externo puro – quer em termos de implosão da produção, quer de escalada da inflação.

A Parte IV alarga a discussão para incluir crises relacionadas com a banca, a moeda e a inflação. Até muito recentemente, o estudo das crises bancárias centrava-se essencialmente nas primeiras experiências históricas dos países desenvolvidos, sobretudo nos pânicos bancários anteriores à Segunda Guerra Mundial, ou nas experiências contemporâneas em mercados emergentes. Esta dicotomia talvez tenha origem na crença de que, nas economias avançadas, as crises financeiras desestabilizadoras, sistémicas e à escala de múltiplos países são uma relíquia do passado. Naturalmente que a recente crise financeira global, emanando dos EUA e da Europa, demoliu este erro de juízo, ainda que a um enorme custo social.

O facto é que as crises bancárias há muito que infestam indiferentemente países ricos e pobres. É o que concluímos ao examinar crises bancárias que vão do pânico financeiro na Dinamarca, durante as Guerras Napoleónicas, até à recente e primeira crise financeira global do século XXI. A incidência de crises bancárias revela-se marcadamente semelhante nos países de rendimento elevado, médio e baixo. Conduzem invariavelmente a quedas acentuadas nas receitas fiscais, bem como a aumentos significativos na despesa pública (uma parcela da qual é presumivelmente dissipada). Em média, a dívida pública aumenta 86% nos três anos que se seguem às crises bancárias. As consequências orçamentais indirectas são, assim, de uma ordem de grandeza superior aos custos usuais de resgate dos bancos.

Episódios traiçoeiros de elevada inflação são outro tema recorrente. Historicamente, nenhum país dos mercados emergentes conseguiu escapar a surtos desse tipo. De facto, há um paralelo muito forte entre a nossa afirmação de que poucos países evitaram o incumprimento em série da dívida externa e a de que poucos evitaram surtos em série de elevada inflação. Até mesmo os EUA têm uma história acidentada, incluindo em 1779, quando a taxa de inflação se aproximou dos 200%. Como referimos, no passado já remoto e em todo o mundo, o principal dispositivo para um soberano incumprir as suas obrigações era a degradação do conteúdo metálico da moeda. As modernas impressoras de moeda são um método apenas mais avançado, do ponto de vista tecnológico, e mais eficiente, para atingir o mesmo objectivo. Como consequência, sobressai uma nítida inclinação para a inflação ao longo da história. Com o século XX, a inflação passou a disparar para níveis radicalmente mais elevados. Desde então, as crises inflacionárias ascenderam a um novo patamar. Não surpreende, pois, que o período moderno tenha também registado uma incidência mais elevada de derrocadas de taxa de câmbio e variações médias superiores nas cotações das divisas. Talvez mais surpreendentes, e apenas visíveis num contexto histórico mais amplo, sejam os primeiros episódios de pronunciada instabilidade nas taxas de câmbio, designadamente durante as Guerras Napoleónicas.

Tal como as crises financeiras têm antecedentes macroeconómicos comuns nos preços dos activos, na actividade económica, nos indicadores externos, etc., também têm padrões comuns na sequência (ordem temporal) em que se desenrolam. É o último tema da Parte IV.

O capítulo final proporciona algumas reflexões sobre crises, políticas e vias a prosseguir na investigação académica. É absolutamente claro que, episódio atrás de episódio e ontem como hoje, países, bancos, indivíduos e empresas contraem dívida excessiva durante a bonança, sem consciência suficiente dos riscos que se seguirão, quando a recessão inevitável se abater. Inúmeros agentes no sistema financeiro global escavam muitas vezes um buraco demasiado grande para que possam, depois, esperar, com razoabilidade, escapar dele. O caso mais notório é o dos EUA e do seu sistema financeiro no final da primeira década de 2000. Dívida pública e dívida garantida pelo Estado (a qual, havendo garantia de depósitos, inclui muitas vezes implicitamente dívida bancária) é certamente a mais problemática, pois pode acumular-se maciçamente, e por longos períodos, sem ser travada pelos mercados, especialmente quando a regulação os impede na prática de o fazer. Apesar de a dívida privada desempenhar um papel crucial em muitas crises, a dívida pública é muito mais frequentemente o problema unificador que atravessa o vasto conjunto de crises financeiras que examinamos. Como afirmámos antes, o facto de a informação básica sobre dívida interna ser tão opaca e difícil de obter é a prova de que os governos não poupam esforços para esconder as suas contas, quando as coisas começam a correr mal, tal como o fizeram as instituições financeiras na presente crise. Vemos aqui um papel determinante para as organizações internacionais, que têm a seu cargo a concepção de políticas, como o Fundo Monetário Internacional, fornecendo uma contabilização das dívidas públicas mais transparente do que a que está hoje disponível.

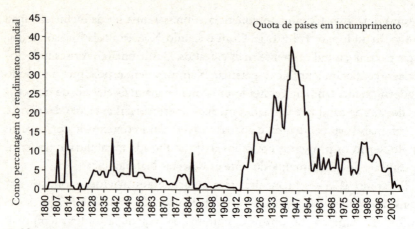

Gráfico P.1. Dívida externa soberana, 1800-2008: percentagem de países em incumprimento externo ou em reestruturação de dívida, ponderada pela sua quota no rendimento mundial.

A nossa imersão no detalhe e na informação sobre as crises ocorridas ao longo dos oito séculos passados levou-nos a concluir que o tipo de aconselhamento de investimento que mais caro tem saído e mais vezes foi repetido numa fase do *boom*, momentos antes de uma crise financeira, se enraíza na percepção de que «desta vez é diferente». O conselho, segundo a qual as velhas regras de avaliação deixaram de se aplicar, é normalmente seguido com todo o vigor. Os profissionais de finanças e, com demasiada frequência, os líderes políticos explicam que estamos a fazer as coisas melhor do que no passado, somos mais astutos e aprendemos com os erros anteriores. De cada vez, a sociedade convence-se a si própria de que o *boom* em curso, ao contrário de muitos dos que precederam colapsos catastróficos no passado, está assente em fundamentais sólidos, em reformas estruturais, em inovação tecnológica e em boas políticas.

Dada a abrangência dos dados com base nos quais este livro foi escrito, é pura e simplesmente impossível fornecer contexto descritivo a todas as centenas de episódios englobados. Todavia, os quadros e gráficos falam eloquentemente por si da natureza impressionantemente recorrente do problema. Observe-se o Gráfico P.1, que mostra a percentagem de países em todo o mundo, ponderada pelos respectivos PIB, que estiveram em estado de incumprimento da sua dívida externa em dado momento.

O curto período da primeira década de 2000, representado pelo extremo final direito da curva, parece suficientemente benigno. Mas teriam razão tantos dos decisores políticos que em 2005 declaravam que o problema do incumprimento soberano da dívida externa estava em profunda regressão? Infelizmente, ainda a tinta deste livro não secara, a resposta foi suficientemente clara. Esperamos que o peso da evidência que trazemos suscite aos futuros decisores políticos e investidores uma pausa um pouco mais longa, antes de voltarem a declarar: «Desta vez é diferente». Quase nunca é.

Agradecimentos

Um livro que levou tanto tempo a fazer gera muitas dívidas de gratidão. Entre aqueles que nos ajudaram está Vincent Reinhart, que nos aconselhou sobre o conteúdo económico e estatístico, e editou e reeditou todos os capítulos. Também nos contou o episódio que levou ao título do livro. Vincent trabalhou para a Reserva Federal quase um quarto de século. Por altura do colapso do fundo de cobertura Long-Term Capital Management, em 1998, que então parecia representar uma crise maior, mas parece menos hoje, dados os acontecimentos recentes, foi a uma reunião do conselho de governadores com especialistas de mercados. Um operador de mercado, com uma memória invulgarmente longa, explicou: «Tem-se perdido mais dinheiro por causa de quatro palavras do que em assaltos à mão armada. Essas palavras são – 'Desta vez é diferente'».

Temos uma dívida especial de gratidão para com Jane Trahan, pela edição cuidadosa do manuscrito, o que foi uma enorme ajuda, e para com o nosso editor na Princeton University Press, Seth Ditchik, pelas suas sugestões e orientação editorial ao longo de todo o processo. Ethan Ilzetzki, Fernando Im, Vania Stavrakeva, Katherine Waldock, Chenzi Xu e Jan Zilinsky trouxeram-nos excelente auxílio na investigação. Estamos também gratos a Peter Strupp e aos seus colegas na Princeton Editorial Associates, pelas competentes negociações de todos os detalhes técnicos envolvidos na produção desta obra.

Preâmbulo: algumas intuições iniciais sobre a fragilidade financeira e a natureza volúvel da confiança

Este livro sumariza a longa história das crises financeiras, nas suas várias formas e através de muitos países. Antes de mergulharmos nas águas profundas da experiência, o presente capítulo tentará esboçar o enquadramento económico, que ajudará o leitor a compreender porque é que as crises financeiras tendem a ser simultaneamente imprevisíveis e nocivas. À medida que o livro avançar, teremos outras oportunidades de orientar os leitores interessados para a bibliografia académica relevante, sempre que isso for absolutamente crítico para a nossa história. Podem estar descansados que serão apenas excursos curtos, e quem não estiver interessado na teoria económica como mecanismo de descoberta pode saltá-los.

Como teremos ocasião de argumentar, a teoria económica propõe razões plausíveis para que os mercados financeiros, particularmente quando dependem de alavancagem (o que significa capital reduzido por comparação com os activos em jogo), sejam muitos frágeis e estejam sujeitos a crises de confiança[1]. Infelizmente, a teoria dá poucas pistas sobre a temporização e a duração destas crises, razão por que nos concentramos na experiência.

Talvez, mais do que outra coisa qualquer, seja a incapacidade de reconhecer a precariedade e volubilidade da confiança – especialmente nos casos em

---
[1] Veja-se Shleifer e Vishny (1992) e Fostel e Geanakoplos (2008) para análises técnicas interessantes sobre como as mudanças na sorte dos optimistas e pessimistas podem conduzir os ciclos de alavancagem.

que montantes significativos de dívida de curto prazo têm de ser rolados[2] continuamente – o factor-chave que dá azo à síndrome desta-vez-é-diferente. Estados, bancos ou empresas altamente endividados podem parecer estar a deslizar alegremente sobre rodas, por um longo período, até que *bang!* – a confiança se desfaz, os fornecedores de crédito desaparecem e a crise estala.

O exemplo mais simples e mais conhecido é o da corrida aos bancos (que retomaremos com mais pormenor no capítulo sobre as crises bancárias). Referimo-nos aos bancos por duas razões. Primeiro, porque foi esse o caminho que tomou o desenvolvimento da bibliografia académica. Segundo, porque muitos dos nossos dados históricos se aplicam aos empréstimos obtidos pelos bancos e pelos Estados. (Outros participantes nos mercados de crédito, com liquidez e grande dimensão, são relativamente recém-chegados ao mundo da finança). Mas os nossos exemplos são razoavelmente ilustrativos do fenómeno mais vasto da fragilidade financeira. Muitos dos mesmos princípios genéricos se aplicam a outros actores nos mercados, sejam eles empresas apoiadas pelo governo, bancos de investimento, ou fundos de investimento que operam no mercado monetário.

Os bancos obtêm tradicionalmente empréstimos de curto prazo. Ou seja, recebem-nos na forma de depósitos, que podem ser levantados com um aviso relativamente curto. Mas os empréstimos que concedem têm maioritariamente uma maturidade muito mais longa e dificilmente podem ser convertidos em liquidez com um aviso igualmente curto. Por exemplo, um banco que financia a expansão de uma loja de *hardware* da sua área pode confiar razoavelmente no pagamento do empréstimo a longo prazo, à medida que a loja aumenta o negócio e as receitas. Mas na fase inicial de expansão, o banco pode não ter facilidade em recuperar o empréstimo. O dono da loja pura e simplesmente não tem receitas suficientes, em especial se for obrigado a pagar capital e juros.

Um banco com uma base saudável de depósitos e uma ampla carteira de empréstimos ilíquidos pode ter boas perspectivas de longo prazo. Porém, se, por qualquer razão, os depositantes tentarem todos levantar os seus fundos de uma só vez – digamos, por causa de um pânico originado num falso rumor de que o banco perdeu dinheiro a apostar em créditos hipotecários exóticos –, segue-se a turbulência. Sem forma de vender a sua carteira ilíquida de empréstimos, o banco pode muito simplesmente ser incapaz de saldar contas com os seus depositantes em pânico. Tal foi o destino dos

---

[2] Amortizados na maturidade e de novo contraídos em dívida (*N.T.*).

bancos em filmes clássicos como *Do Céu Caiu uma Estrela* e *Mary Poppins*. Esses filmes baseavam-se na realidade: muitos bancos tiveram idêntica sorte, especialmente quando o governo não garantia os depósitos na totalidade.

O exemplo recente mais famoso de uma corrida aos bancos foi o do Northern Rock Bank britânico. Depositantes em pânico, insatisfeitos com o esquema parcial de garantia do seu país, formavam longas filas à sua porta, em Setembro de 2007. O alastrar do pânico acabou por forçar o governo britânico a assumir o controlo do banco e a conceder maior cobertura aos seus compromissos.

Também outros prestatários, que não apenas os bancos, podem igualmente passar por crises de confiança. Durante a crise financeira que começou nos EUA, em 2007, gigantes financeiros do sistema de «bancos-sombra», que se movem fora do perímetro da regulação, sofreram problemas semelhantes. Apesar de se financiarem essencialmente junto da banca e de outras instituições financeiras, a sua vulnerabilidade revelou-se idêntica. Quando caiu a confiança nos investimentos que fizeram, os seus financiadores regulares passaram a recusar-se, com crescente insistência, a rolar os seus empréstimos de curto prazo e eles foram obrigados a lançar no mercado activos a preço de liquidação total. Vendas ruinosas baixaram ainda mais os preços, conduzindo a perdas posteriores e a uma espiral de desconfiança crescente. Por fim, o governo dos EUA teve de intervir para apoiar o mercado; o drama ainda se desenrola e o custo da resolução continua a subir.

Os governos também podem estar sujeitos à mesma dinâmica de expectativas volúveis capazes de desestabilizar os bancos. É particularmente o caso daqueles que obtêm empréstimos de entidades estrangeiras, sobre as quais têm relativamente pouca influência. A maior parte dos investimentos públicos envolve, directa ou indirectamente, o crescimento potencial de longo prazo de um país e o da sua base fiscal, que são activos altamente ilíquidos. Suponhamos, por exemplo, que um país tem um peso de dívida pública que parece gerível, dadas as suas actuais receitas fiscais, as projecções de crescimento e as taxas de juro de mercado. Se surgirem apreensões no mercado, relacionadas com a possibilidade de um candidato das franjas populistas ganhar as próximas eleições e vir a aumentar a despesa, de tal forma que a dívida se torne difícil de gerir, os investidores podem subitamente furtar-se a rolar a dívida de curto prazo, a taxas suportáveis pelo país. Abre-se uma crise.

Apesar deste género de cenários não se concretizar todos os dias, no longo curso da história e no extenso conjunto de países que cobrimos neste livro tais crises financeiras ocorrem com bastante frequência. Porque é que países grandes, ou mesmo o mundo em conjunto, não consegue encontrar maneira de pôr fim a crises de confiança, pelo menos às prematuras? É possível, mas há um obstáculo. Suponhamos que uma organização pública internacional fornecia uma ampla garantia de depósitos, por forma a proteger de possíveis pânicos todos os prestatários importantes. Imagine-se uma versão ampliada do Fundo Monetário Internacional (FMI), actualmente o principal prestamista multilateral, que tem por objectivo ajudar os mercados emergentes quando entram em crises de liquidez. O problema é que, se alguém oferecer garantias a toda a gente, em qualquer parte, sem condições, alguns dos actores portar-se-ão mal. Se o FMI emprestasse demasiado com demasiado poucas condições, a própria instituição entraria rapidamente em bancarrota e as crises financeiras seriam imparáveis. A garantia completa contra as crises não é viável, nem desejável. (É este precisamente o problema a que terá de fazer face a comunidade financeira global, no rescaldo da última crise, com os recursos para crédito do FMI a quadruplicarem, em resposta a ela, ao mesmo tempo que a condicionalidade dos empréstimos foi consideravelmente relaxada).

O que tem a teoria económica a dizer sobre a vulnerabilidade dos países às crises financeiras? Para sermos mais específicos, concentremo-nos por ora nos governos, a principal fonte das crises examinadas neste livro. A teoria económica diz-nos que, se um governo for suficientemente frugal, não é muito vulnerável a crises de confiança. Um governo não tem de se preocupar muito com crises de dívida se registar consistentemente excedentes orçamentais (que ocorrem quando as receitas dos impostos excedem a despesa), se mantiver um nível relativamente baixo de dívida, se esta estiver sobretudo concentrada nas maturidades mais longas (digamos, dez anos ou mais) e se não esconder demasiadas garantias não contabilizadas.

Se, pelo contrário, um governo apresentar grandes défices, ano após ano, concentrar os empréstimos que obtém em maturidades de curto prazo (um ano ou menos), torna-se vulnerável, talvez mesmo em níveis de endividamento que aparentemente seriam facilmente geríveis. É claro que um governo mal-intencionado pode tentar reduzir a sua vulnerabilidade procurando emitir elevados montantes de dívida de longo prazo. Mas é muito provável que os mercados se dêem conta e lhe cobrem taxas de juro extremamente elevadas para essas maturidades. Com efeito, a principal razão por que alguns governos escolhem endividar-se nas maturidades mais curtas é precisamente o facto de nelas poderem beneficiar de taxas de juro menores, enquanto a confiança dura.

A teoria económica diz-nos que é precisamente a natureza volátil da confiança, incluindo a sua dependência das expectativas gerais sobre eventos futuros, que torna tão difícil prever a data de uma crise de dívida. Níveis elevados de dívida, em muitos modelos matemáticos da economia, conduzem a «equilíbrios múltiplos», nos quais esse nível pode ser sustentado – ou não[3]. Os economistas não têm uma ideia muito precisa sobre o tipo de acontecimentos que mudam a confiança e como, em concreto, avaliar o seu grau de vulnerabilidade. O que se observa, repetidamente, na história das crises financeiras, é que quando um acidente está à beira de acontecer, acaba por acontecer. Quando os países se tornam demasiado endividados, estão lançados para o problema. Quando as explosões nos preços dos activos, alimentadas pelo endividamento, parecem demasiado boas para ser verdade, provavelmente são. Mas o tempo exacto pode ser muito difícil de conjecturar e uma crise que parece iminente pode, por vezes, levar anos a pegar fogo. Tal foi o caso dos EUA nos últimos anos da primeira década de 2000. Como mostramos no Capítulo 13, todas as luzes vermelhas estavam a dar o alarme no andamento para a crise. Mas até ao «acidente», muitos responsáveis financeiros nos EUA – e, sem dúvida, muitos académicos – argumentavam ainda que «desta vez é diferente».

Gostaríamos de sublinhar que a nossa reserva a respeito do excessivo endividamento e alavancagem dos governos é diferente da admoestação da literatura tradicional sobre a escolha pública, de Buchanan e outros[4]. A literatura tradicional de finanças públicas adverte para os problemas da limitação ao curto prazo nas considerações que levam um governo a produzir défices orçamentais, e sobre a sua incapacidade crónica de ponderar o fardo futuro, para os cidadãos, em que o serviço dessa dívida se transformará. Na realidade, um peso excessivo de dívida gera amiúde problemas a mais curto prazo, precisamente porque os investidores podem ter dúvidas sobre a vontade do país de a financiar no prazo mais longo. A fragilidade da dívida pode ser um problema tão grande como o seu fardo fiscal futuro e, por vezes, é mesmo maior.

Surgem problemas semelhantes de fragilidade noutros contextos de crise, que abordaremos neste livro. Uma das lições dos anos 80 e 90 é a de que

---

[3] Os artigos clássicos sobre equilíbrios múltiplos e a fragilidade financeira incluem os de Diamond e Dybvig (1983) e Allen e Gale (2007) sobre corridas aos bancos, Calvo (1988) sobre a dívida pública e Obstfeld (1996) sobre taxas de câmbio. Veja-se também Obstfeld e Rogoff (1996), Capítulos 6 e 9.

[4] Veja-se Buchanan e Wagner (1977).

países que mantêm regimes de taxa fixa, ou «altamente controlada», são vulneráveis a crises súbitas de confiança. Ataques especulativos às taxas de câmbio fixas podem fazer estoirar, do dia para a noite, regimes aparentemente estáveis e duradouros. Durante a fase de sucesso da taxa fixa, há sempre comentário copioso desta-vez-é-diferente. Mas depois, como no caso da Argentina, em Dezembro de 2001, toda a confiança pode esfumar-se repentinamente. Há, porém, um nexo fundamental com a dívida. Como é bem sabido, Krugman mostrou que as crises de taxa de câmbio têm muitas vezes as suas raízes na indisponibilidade dos governos para adoptarem políticas orçamentais e monetárias consistentes com uma taxa de câmbio fixa[5]. Se os especuladores compreenderem que o governo vai acabar por ficar sem os recursos necessários para apoiar a sua moeda, começarão todos à procura da oportunidade para saírem dela, antecipando-se à derrocada final. As dívidas públicas nem sempre têm de ser explícitas; as garantias contingentes fornecidas pelos Estados têm sido a cruz de muitas crises.

É certo que os países têm formas de se tornar menos vulneráveis a crises de confiança, aquém da simples redução do recurso ao crédito e à alavancagem. A teoria económica sugere que uma maior transparência ajuda. Como o leitor verá mais tarde, os governos tendem a ser tudo menos transparentes no que concerne ao seu recurso ao crédito. E como a crise financeira de finais da primeira década de 2000 sugere, os prestatários privados são muitas vezes pouco melhores, a menos que a regulação institucional os obrigue a ser mais transparentes. Um país com instituições legais e de regulação mais sólidas pode, por certo, recorrer a empréstimos em maior escala. De facto, muitos investigadores consideram o desenvolvimento de instituições superiores na Grã-Bretanha, concebidas para tornar o pagamento da dívida mais credível, como o factor decisivo para o seu sucesso militar e económico, nos séculos XVIII e XIX[6]. Mas mesmo as boas instituições e um sistema financeiro sofisticado podem entrar em dificuldades, se sujeitos a demasiadas pressões, tal como os Estados Unidos aprenderam tão dolorosamente na crise mais recente.

Por fim, há a questão de saber porque tendem as crises financeiras a ser tão dolorosas, tópico que retomamos essencialmente na introdução ao Capítulo 10, sobre as crises bancárias. Em suma, a maior parte das economias, mesmo as relativamente mais pobres, dependem do sector financeiro para canalizar dinheiro dos aforradores (normalmente consumidores) para projectos de

---

[5] Krugman (1979).
[6] Veja-se, por exemplo, North e Weingast (1988) e também Ferguson (2008).

investimento em toda a economia. Se uma crise paralisar o sistema bancário, é muito difícil que uma economia consiga retomar a sua actividade normal. Ben Bernanke, como se sabe, explicou que o colapso bancário foi uma importante razão para a duração da Grande Depressão dos anos 30 e para a sua dureza. Portanto, as crises financeiras, particularmente as de grande dimensão e difíceis de resolver, podem ter efeitos profundos. Uma vez mais, como no caso dos equilíbrios múltiplos e da fragilidade financeira, há uma vasta bibliografia na teoria económica sobre o tema[7]. A forte ligação entre os mercados financeiros e a actividade económica real, particularmente quando aqueles deixam de funcionar, foi o que fez de tantas das crises que estudamos neste livro acontecimentos tão dramáticos. Veja-se, em contrapartida, o colapso da bolha accionista das empresas tecnológicas, em 2001. Apesar das acções tecnológicas terem disparado e colapsado, o efeito na economia real foi apenas uma recessão suave, nesse ano. As bolhas são de longe mais perigosas quando são alimentadas por dívida, como no caso da explosão global dos preços da habitação, no início da primeira década de 2000.

Certo é que a Segunda Grande Contracção – tal como designamos esta última crise, que se espalhou praticamente a todo o mundo – terá um efeito profundo na ciência económica, particularmente no estudo das ligações entre os mercados financeiros e a economia real[8]. Esperamos que alguns dos factos expostos neste livro ajudem a enquadrar os problemas, que as novas teorias devem explicar, não apenas relacionados com a crise recente, mas com toda a multiplicidade das que ocorreram no passado, para não falar das muitas que estão ainda por vir.

---

[7] Veja-se Bernanke (1983) e Bernanke e Gertler (1990), por exemplo.
[8] Chamamos à crise global recente a «Segunda Grande Contracção» por analogia com Friedman e Schwartz (1963), que retrataram a Grande Depressão de 1930 como «A Grande Contracção». O termo *contracção* proporciona uma descrição precisa do colapso generalizado dos mercados de crédito e dos preços dos activos, que marcou o nível de profundidade destes acontecimentos traumáticos, a par, como é óbvio, da contracção do emprego e do produto.

Desta vez
é diferente

Parte I

Crises financeiras: manual de instruções elementar

A essência da síndrome desta-vez-é-diferente é simples. Está enraizada na firme convicção de que as crises financeiras são coisas que acontecem aos outros, noutros países e noutras épocas. Connosco, aqui e agora, não acontecem. Estamos a fazer melhor as coisas, somos mais astutos, aprendemos com os erros do passado. As velhas regras de avaliação já não se aplicam. Infelizmente, uma economia muito alavancada pode estar inadvertidamente à beira de um precipício financeiro por muitos anos, antes que a oportunidade e a circunstância provoquem uma crise de confiança e a lancem borda fora.

1
Tipos de crises e sua datação

Sendo este livro baseado numa análise quantitativa e histórica das crises, é importante começar por definir exactamente o que constitui uma crise financeira, bem como os métodos – quantitativos, se possível – pelos quais datamos o seu começo e o seu fim. Este capítulo e os dois seguintes exporão os conceitos básicos, as definições, a metodologia, a abordagem da informação e a análise que subjaz ao nosso estudo da experiência internacional de quase todos os tipos de crise económica, sejam elas de incumprimento soberano de dívida, do sistema bancário, de inflação, ou de taxa de câmbio.

Determo-nos nas definições precisas de uma crise, num capítulo inicial, em vez de as incluirmos num glossário, pode parecer algo entediante. Mas para que o leitor possa interpretar adequadamente os muitos gráficos e quadros históricos, que se seguem, é essencial que tenha noção de como delineamos aquilo que constitui uma crise, e o que não constitui. As fronteiras que traçamos são, em geral, coerentes com a literatura económica empírica existente, que, na sua maior parte, se segmenta nos vários tipos de crises que consideramos (por exemplo, dívida soberana, taxa de câmbio). Tentamos destacar todos os casos nos quais os resultados eram obviamente sensíveis a pequenas mudanças nos nossos critérios, ou aqueles em que nos mereceram especial cuidado claras insuficiências nos dados. Este capítulo de definições também nos dá uma boa oportunidade para nos alargarmos um pouco mais sobre os tipos de crises que analisamos no livro.

O leitor deve reter que os marcadores de crise discutidos neste capítulo se referem à medição de crises em países considerados individualmente. Mais tarde, abordaremos várias maneiras de pensar nas dimensões internacionais das crises, na sua intensidade e transmissão, culminando na nossa definição de crise global, no Capítulo 16. Além de se aplicarem a um país isoladamente, as nossas medidas básicas para os limiares de crise reportam-se apenas a um tipo de crise de cada vez (por exemplo, derrocadas da taxa de câmbio, inflação, crises bancárias). Como sublinhamos, em especial no Capítulo 16, diferentes tipos de crise tendem a ocorrer em grupos, sugerindo que é possível, em princípio, obter definições sistémicas de crises. Mas, por várias razões, preferimos concentrar-nos no delineamento mais simples e transparente dos episódios de crise, em particular porque de outro modo seria muito difícil estabelecer grandes comparações entre países e épocas. As definições das crises baseiam-se na literatura empírica existente e serão, em conformidade, remetidas para citações.

Começamos por discutir as crises que são facilmente susceptíveis de definição quantitativa estrita e, depois, passamos àquelas para as quais temos de contar com análise mais qualitativa e valorativa. A secção final define o *incumprimento em série* e a *síndrome desta-vez-é-diferente*, conceitos que recorrerão ao longo da parte restante do livro.

Crises definidas por limiares quantitativos: inflação, derrocadas cambiais e degradação monetária

Crises de inflação

Começamos por definir crises de inflação, quer por causa da sua universalidade e já longo significado histórico, quer por causa da relativa simplicidade e clareza com as quais elas podem ser identificadas. Uma vez que estamos interessados em catalogar a extensão do incumprimento (por via da inflação, que reduz o valor real da dívida) e não apenas a sua frequência, tentaremos marcar não apenas o começo de um episódio de crise inflacionária ou cambial, mas também a sua duração. Sucessivos períodos de elevada inflação caracterizam-se melhor como inflação crónica – durante muitos anos, por vezes dissipando-se e outras estabelecendo-se a um nível intermédio, antes de explodir. Vários estudos, incluindo o nosso trabalho anterior de classificação dos regimes de taxa de câmbio a seguir à Segunda Guerra Mundial, usam um limiar de 12 meses de inflação de 40%, ou mais, para identificar um episódio de inflação elevada. Obviamente que se pode dizer que os efeitos da inflação são perniciosos a níveis muito mais baixos, de 10%, por exemplo. Mas os custos de uma inflação moderada e sustentada não estão bem estabelecidos nem teórica nem empiricamente. No nosso trabalho sobre a era pós-Segunda Guerra Mundial, optámos pelo critério dos 40% porque há uma consenso razoavelmente amplo de que tais níveis são perniciosos; discutimos, sempre que nos pareceu significativo, tendências inflacionárias gerais e picos menores. As hiperinflações – taxas de inflação de 40% *ao mês* – são safra da era moderna. Como veremos no Capítulo 12 sobre as crises de inflação (especialmente no Quadro 12.3), a Hungria em 1946, apesar da experiência recente do Zimbabué, detém o recorde na nossa amostra.

Para o período anterior à Primeira Guerra Mundial, porém, até mesmo 40% ao ano é um limiar de inflação demasiado elevado, porque as taxas de inflação eram, então, bastante mais baixas, especialmente antes do advento do papel-moeda moderno (frequentemente referido como moeda fiduciária [*«fiat» currency*], porque não tem valor intrínseco algum, e vale apenas algo porque o governo decreta que quaisquer outras moedas não têm curso legal nas transacções nacionais). As taxas médias de inflação, antes da Primeira Guerra Mundial, eram bem mais baixas do que as do período mais recente: 0,5% ao ano, em 1500-1799, e 0,71% para o período que vai de 1800 a 1913, em contraste com 5%, de 1914 a 2006. Em períodos com taxas médias de inflação muito mais baixas e reduzidas expectativas de elevada inflação, taxas muito inferiores a 40% podiam ser razoavelmente chocantes e traumáticas para uma economia – e, portanto, consideradas crises[1]. Assim, neste livro, tendo em vista integrar significativamente períodos anteriores, adoptamos um limiar de inflação de 20% ao ano. Na maioria dos principais momentos em que acreditamos que se deram crises inflacionárias, as nossas afirmações parecem justificar-se bastante bem, relativamente à escolha do limiar; por exemplo, a nossa afirmação de que houve uma crise em dado momento manter-se-ia se tivéssemos definido as crises de inflação por um limiar mais baixo, por exemplo, de 15%, ou mais alto, de 25%. Naturalmente que, querendo proporcionar o máximo aproveitamento do nosso conjunto de dados disponíveis *on-line*, os leitores são livres de escolher outro limiar para a inflação, ou para outros pontos de referência quantitativa.

Derrocadas cambiais

Para datar as derrocadas cambiais, seguimos uma variante da abordagem introduzida por Jeffrey Frankel e Andrew Rose, que atendem exclusivamente a amplas depreciações da taxa de câmbio e fixam o seu limiar, sujeito a algumas reservas, numa queda anual de 25%[2]. É uma definição muito parcimoniosa, pois não depende de outras variáveis, como a perda de reservas,

---
[1] Veja-se Reinhart e Rogoff (2004).
[2] Frankel e Rose (1996).

informação que os governos amiúde retêm zelosamente, por vezes atrasando muito a sua publicação, e os aumentos das taxas de juro, que não são assim tão significativos nos sistemas financeiros sob pesado controlo governamental, o que era o caso para a maioria dos países até a uma data relativamente recente. Tal como para a inflação, o limiar de 25%, que se poderia aplicar aos dados referentes ao período subsequente à Segunda Guerra Mundial – pelo menos para definir crises graves de taxa de câmbio –, seria demasiado elevado para períodos anteriores, quando movimentos muito mais pequenos constituíam surpresas enormes e eram, por consequência, extremamente desestabilizadores. Portanto, definimos derrocada cambial como uma depreciação anual acima dos 15%. Tal como para o tratamento dos episódios de inflação, interessa-nos não apenas a datação da derrocada inicial (como em Frankel e Rose, e também em Kaminsky e Reinhart), mas também todo o período no qual essa depreciação anual excedeu o limiar[3]. Não é de surpreender que as maiores derrocadas exibidas no Quadro 1.1 apresentem um perfil semelhante, no tempo e na ordem de grandeza, ao das crises de inflação. O «lugar de honra» da derrocada cambial recorde, porém, não vai para Hungria, como no caso da inflação, mas para a Grécia, em 1944.

Quadro 1.1 Definição de crises: sumário dos limiares quantitativos

Tipo de Crise	Limiar	Período	Máximo (%)
Inflação	Uma taxa de inflação anual de 20%, ou mais. Examinamos separadamente a incidência de casos mais extremos, nos quais a inflação excede os 40% ao ano.	1500-1790	173,1
		1800-1913	159,6
		1914-2008	9,63E+26 ([a])
Derrocada cambial	Uma depreciação face ao dólar dos EUA (ou à moeda-âncora relevante: historicamente, a libra esterlina, o franco francês, ou o marco alemão e, actualmente, o euro) de 15% ou mais.	1800-1913	275,7
		1914-2008	3,37E+9
Degradação monetária: tipo 1	Uma redução do conteúdo metálico das moedas em circulação de 5% ou mais.	1258-1799	-56,8
		1800-1913	-55,0
Degradação monetária: tipo 2	Uma reforma monetária pela qual uma nova moeda substitui a moeda em circulação, anteriormente muito depreciada.	O episódio mais extremo é a recente conversão no Zimbabué à taxa de 10 mil milhões para um.	

([a]) Em alguns casos, a taxa de inflação é de tal ordem, como no exemplo da Hungria, em 1946, que somos obrigados a usar a notação científica. Assim, E+26 significa que temos de acrescentar zeros e mover a casa decimal 26 posições à direita da entrada 9,63.

---

[3] *Ibid.*; Kaminsky e Reinhart (1999).

Degradação monetária

A precursora das crises modernas de inflação e de taxa de câmbio era a degradação monetária, durante a longa era na qual o principal meio de troca eram as moedas metálicas. Sem surpresa, as degradações eram particularmente frequentes e amplas durante as guerras, quando reduções drásticas no conteúdo de prata da moeda forneciam aos soberanos, por vezes, a sua principal fonte de financiamento.

Neste livro, datamos também as «reformas», ou conversões monetárias, e a sua magnitude. Tais conversões têm lugar em qualquer episódio de hiperinflação na nossa amostra; de facto, não é inusitada uma série de conversões em rápida sucessão. Por exemplo, na luta contra a hiperinflação, o Brasil teve nada menos do que quatro conversões monetárias, entre 1986 e 1994. Quando começámos a trabalhar neste livro, o recorde das conversões monetárias era da China, que em 1948, de uma só vez, utilizou uma taxa de conversão de três milhões para um. Pois bem: por altura em que o completámos, o recorde fora ultrapassado pelo Zimbabué, com uma conversão de 10 mil milhões para um! As conversões também se seguem a períodos de elevada (mas não necessariamente hiper) inflação, e estes casos também estão incluídos na nossa lista de desvalorizações modernas.

A explosão de bolhas nos preços dos activos

A mesma metodologia quantitativa pode ser aplicada à datação da explosão de bolhas nos preços dos activos (acções ou imobiliário), que são vulgares antes de uma crise bancária. Discutimos estes episódios de derrocada, envolvendo os preços das acções, no Capítulo 16, e deixamos as crises do imobiliário para investigação futura[4]. Uma das razões por que não resolvemos o assunto aqui é que a informação sobre os preços de muitos activos cruciais, subjacentes às crises financeiras, e muito em particular sobre os preços da habitação, é extremamente difícil de obter, a longo prazo e numa base que permita fazer comparações entre países. Porém, a nossa base de dados inclui preços da habitação para vários países, quer desenvolvidos, quer dos mercados emergentes, ao longo das duas últimas décadas, que exploraremos mais tarde, na análise das crises bancárias.

---

[4] Veja-se Kaminsky e Reinhart (1999) para a construção de limiares para datar as derrocadas nos preços das acções, e Reinhart e Rogoff (2008b) para uma descrição do comportamento dos preços do imobiliário, na véspera de uma crise bancária, nas economias industrializadas.

Crises definidas por eventos: crises bancárias e incumprimentos, externos e internos

Nesta secção, descreveremos os critérios usados neste estudo para datar crises bancárias, crises de dívida externa e as suas equivalentes de crise de dívida interna, sendo estas últimas, de longe, as menos documentadas e compreendidas. A Caixa 1.1 fornece um breve glossário dos conceitos-chave de dívida usados ao longo da nossa análise.

Caixa 1.1 Glossário de dívida

Dívida externa. Todos os compromissos de um país com os seus credores externos, tanto oficiais (públicos) como privados. Os credores quase sempre determinam todos os termos dos contratos de dívida e estes regem-se normalmente pela sua jurisdição, ou pelo direito internacional, no caso dos créditos multilaterais.

Dívida pública total. Todos os compromissos de dívida de um governo, com credores internos e externos. O «governo» normalmente inclui a administração central, os governos provinciais, federais, ou outras entidades que se endividam explicitamente com garantia do governo do país.

Dívida pública interna. Todos os compromissos de um governo, que estão sob jurisdição nacional, independentemente da nacionalidade do credor, ou da moeda em que a dívida é denominada; incluem, portanto, dívida pública interna em moeda estrangeira, tal como definida em baixo. Os termos dos contratos de dívida podem ser determinados pelo mercado, ou estabelecidos unilateralmente pelo governo.

Dívida pública interna em moeda estrangeira. Compromissos de dívida pública sob a jurisdição nacional, que, todavia, estão expressos em (ou indexados a) moeda diferente da moeda nacional.

Dívida do banco central. Não é usualmente incluída na dívida pública, apesar do facto de trazer, por norma, uma garantia implícita do governo. Os bancos centrais emitem geralmente essa dívida para facilitar operações de mercado aberto (incluindo intervenções esterilizadas). A dívida pode ser denominada em moeda nacional ou em divisas externas.

Crises bancárias

No que respeita às crises bancárias, a nossa análise enfatiza os eventos. A principal razão para o fazer tem a ver com o facto de não termos séries longas, que nos permitam datar crises bancárias e financeiras pelo processo quantitativo que adoptámos para as crises de inflação ou as derrocadas cambiais. Por exemplo, o preço relativo das acções dos bancos (ou das instituições financeiras, face ao mercado) seria o indicador lógico a examinar. Porém, fazê-lo seria problemático, particularmente para a parte mais antiga da nossa amostra, ou para os países em desenvolvimento, onde muitos dos bancos nacionais não têm acções cotadas a transaccionar-se em bolsa.

Outra ideia alternativa seria usar as variações nos depósitos bancários para datar as crises. Nos casos em que o início de uma crise bancária ficou marcado por uma corrida aos bancos e por levantamentos, este indicador funcionaria bem, como seria o caso, por exemplo, da datação de muitos pânicos bancários do século XIX. Muitas vezes, porém, os problemas na banca começam, não do lado do passivo, mas com uma deterioração prolongada da qualidade dos activos, seja ela resultado de um colapso nos preços do imobiliário, como nos Estados Unidos, no princípio da crise financeira do *subprime*, em 2007, ou originada em bancarrotas crescentes no sector não financeiro, como no estado mais avançado da crise de finais da primeira década de 2000. Neste caso, um forte aumento das falências e do crédito mal parado poderia ser usado para marcar o princípio de uma crise. Infelizmente, indicadores de falências e crédito mal parado só esporadicamente estão disponíveis, se é que chegam a estar, incluindo para o período moderno, em muitos países. Em qualquer caso, o registo do crédito mal parado é amiúde muitíssimo inexacto, pois os bancos tentam esconder os seus problemas enquanto puderem e as agências de supervisão olham para o lado.

Dadas estas limitações, marcamos as crises bancárias por dois tipos de eventos: 1) corridas aos bancos que conduzem ao encerramento, à fusão ou à aquisição pelo sector público de uma ou mais instituições financeiras, como na Venezuela, em 1993, ou na Argentina, em 2001, e 2) se não houver corridas, pelo encerramento, fusão, aquisição, ou apoio em larga escala, por parte do governo, a uma instituição financeira importante, ou grupo de instituições, que marca o início de uma série de acontecimentos do género envolvendo outras instituições financeiras, como na Tailândia, entre 1996 e 1997. Apoiamo-nos nos estudos de crises bancárias existentes e na imprensa financeira. A pressão financeira é quase invariavelmente extrema, durante estes períodos.

São várias as principais fontes para a datação de crises em todo o mundo. Para o período depois de 1970, os estudos famosos e abrangentes de Caprio e Klingebiel – cuja versão mais actualizada cobre os acontecimentos até 2003 – são canónicos, em especial no que respeita à classificação das crises bancárias em sistémicas e mais benignas. Kaminsky e Reinhart, e

Jácome, este último para a América Latina, completam as fontes[5]. Além disso, baseamo-nos em muitos estudos realizados especificamente para um país em particular, que apanham episódios de crise bancária não cobertos pela bibliografia que compara múltiplos países; estes estudos específicos dão um contributo importante para a nossa cronologia[6]. No Quadro 1.2 apresenta-se uma discussão sumária das limitações deste método de datação com base em acontecimentos. Os anos de começo das crises bancárias estão listados nos Anexos A.3 e A.4. Para a maior parte dos episódios mais antigos é difícil verificar com precisão a duração da crise.

Quadro 1.2 Definição de crises por eventos: um sumário

Tipos de crise	Definição e/ou critérios	Comentários
Crise bancária Tipo I: sistémica (grave) Tipo II: perturbação financeira (mais moderada)	Marcamos uma crise bancária por dois tipos de eventos: 1) corrida aos bancos, que conduz ao encerramento, fusão ou aquisição pelo sector público de uma ou mais instituições financeiras, e 2) se não houver corrida, o encerramento, a fusão, a aquisição, ou assistência governamental em larga escala a uma instituição financeira importante, ou grupo de instituições, iniciando uma série de outras intervenções similares noutras instituições financeiras.	Esta abordagem à datação das crises bancárias tem inconvenientes. Pode datá-las demasiado tarde, pois os problemas financeiros começam normalmente muito antes de um banco fechar ou fundir-se; pode também levar a datá-las precocemente, pois o pior da crise pode estar ainda por vir. Ao contrário do caso das crises de dívida externa (ver em baixo), que têm datas precisas para o seu termo, é normalmente difícil, ou impossível, estabelecer com precisão o ano em que a crise acabou.
Crise de dívida externa	Um incumprimento soberano fica marcado pela falha de um governo no pagamento do capital, ou dos juros em dívida, na data devida (ou dentro do período de carência especificado). Estes episódios incluem casos em que a dívida reescalonada acaba por ser paga, em termos menos favoráveis aos credores do que os da obrigação original.	Apesar do momento de incumprimento se classificar com precisão como um ano de crise, em muitos casos a resolução final com os credores, se chegar a acontecer, parece indeterminada. Por isso, também trabalhamos com um modelo [*dummy*] de crise que capta apenas o primeiro ano.
Interna	Aplica-se a definição dada em cima para as crises de dívida externa. Além disso, as crises de dívida interna podem envolver congelamento de depósitos bancários e/ou conversões forçadas desses depósitos, em dólares, para a moeda nacional.	Há, quando muito, documentação parcial de incumprimentos da dívida interna recentes, fornecidos pela Standard and Poor's. Historicamente é muito difícil datar estes episódios e, em muitos casos, tal como nas crises bancárias, é impossível determinar a data final de resolução.

[5] Veja-se Kaminsky e Reinhart (1999), Caprio e Klingebiel (2003), Caprio *et al.* (2005) e Jácome (2008). Para o período anterior à Segunda Guerra Mundial, Willis (1926), Kindleberger (1989) e Bordo *et al.* (2001) fornecem cobertura das crises bancárias para múltiplos países.

[6] Veja-se Camprubri (1957) para o Peru, Cheng (2003) e McElderry (1976) para a China e Noel (2002) para o México.

Crises de dívida externa

As crises de dívida externa envolvem o incumprimento estrito das obrigações de dívida externa de um Estado – ou seja, a não realização de um pagamento aos credores de um empréstimo, concedido sob a jurisdição de um outro país, normalmente, mas não sempre, denominado numa divisa externa, sendo os credores, por norma, maioritariamente estrangeiros. A Argentina detém o recorde do maior incumprimento; em 2001, incumpriu em mais de 95 mil milhões de dólares de dívida externa. No caso da Argentina, o incumprimento foi gerido através da redução e do alargamento dos prazos no pagamento dos juros. Por vezes, os países repudiam pura e simplesmente a dívida. Foi o caso do México, em 1867, quando dívida emitida pelo Imperador Maximiliano, de mais de 100 milhões de pesos, foi repudiada pelo governo de Juarez. Porém, é mais comum o governo reestruturar a dívida, em termos menos favoráveis, para quem empresta, do que aqueles que estavam estipulados no contrato inicial. É o caso das reestruturações externas da Índia, pouco conhecidas, entre 1958 e 1972.

Os incumprimentos externos têm recebido considerável atenção, na literatura académica, dos principais historiadores económicos da actualidade, como Michael Bordo, Barry Eichengreen, Marc Flandreau, Peter Lindert, John Morton e Alan Taylor[7]. Em comparação com as crises bancárias mais antigas, para não falar das crises de dívida interna, que foram praticamente ignoradas na literatura, sabe-se mais sobre as causas e as consequências destes episódios dramáticos. As datas dos incumprimentos e reestruturações soberanas são listadas e discutidas no Capítulo 6. Para o período posterior a 1824, a maioria das datas provém de vários estudos da Standard and Poor's, listados nos anexos de dados. Estes estão, porém, incompletos, faltando-lhes inúmeros episódios de reestruturação e os primeiros incumprimento do pós-guerra. Portanto, acrescentámos informação adicional a esta fonte[8].

Apesar das datas dos incumprimentos externos estarem, na sua grande maioria, definidas claramente e serem muito menos susceptíveis de controvérsia do que, por exemplo, as datas das crises bancárias, para as quais o termo não é claro, é ainda assim necessário tomar algumas decisões, que discutimos

---

[7] Não pretende ser uma lista exaustiva de investigadores que trabalharam sobre os incumprimentos soberanos históricos.

[8] Designadamente, a que é fornecida por Lindert e Morton (1989), Suter (1992), Purcell e Kaufman (1993) e MacDonald (2006). É imprescindível ler, neste domínio, Winkler (1933) e Wynne (1955). Outras leituras importantes incluem Eichengreen (1991a, 1991b e 1992) e Eichengreen e Lindert (1989).

no Capítulo 8. Por exemplo, ao catalogar a quantidade de vezes que um país incumpriu, consideramos qualquer incumprimento que ocorra dois anos ou menos depois de um episódio prévio como parte do mesmo. Estabelecer a data final para um incumprimento soberano externo, ainda que seja mais fácil do que nas crises bancárias, porque um acordo formal com os credores marca muitas vezes o termo, não deixa de levantar problemas.

Mesmo classificando o momento de incumprimento rigorosamente como ano de crise, numa série de casos a resolução final com os credores, se a ela se chegar, parece interminável. O incumprimento da Rússia, em 1918, a seguir à revolução, detém o recorde, tendo durado 69 anos. O incumprimento da Grécia, em 1826, vedou-lhe o acesso aos mercados de capitais internacionais por 53 anos consecutivos e o incumprimento das Honduras, de 1873, teve uma duração comparável[9]. Naturalmente que olhar para o episódio de incumprimento, em toda a sua extensão, é útil para caracterizar os ciclos de empréstimo e incumprimento, para calcular taxas de «risco», etc. Mas não é muito crível que um período de 53 anos possa ser considerado uma crise – mesmo se esses anos não tiverem sido exactamente prósperos. Assim, além de construirmos as variáveis indicatrizes [*dummy*] específicas de cada país para cobrir todo o episódio, empregámos duas outras variáveis qualitativas, tendo em vista englobar o período nuclear da crise, que está na vizinhança do incumprimento. A primeira delas regista apenas a crise pelo ano do incumprimento, enquanto a segunda cria uma janela de sete anos centrada na data em que ele ocorre. A justificação é que nem os três anos que precedem um incumprimento, nem os posteriores podem ser considerados um período «normal» ou «tranquilo». Esta técnica permite uma análise do comportamento de vários indicadores económicos e financeiros em torno de uma crise, numa base consistente, ao longo do tempo e nas comparações entre países.

Crises de dívida interna

A dívida pública interna é emitida sob a jurisdição legal do próprio país. Na maior parte dos países e ao longo da maior parte da sua história, a dívida interna tem sido denominada na moeda própria e detida essencialmente por residentes. Do mesmo modo, a esmagadora maioria da dívida pública externa – dívida sob a jurisdição legal de países estrangeiros –, tem sido denominada em divisa externa e detida por residentes estrangeiros.

---

[9] Actualmente, as Honduras estão em incumprimento desde 1981.

A informação sobre crises de dívida interna é escassa, mas não porque não aconteçam. De facto, como ilustramos no Capítulo 9, as crises de dívida interna normalmente ocorrem tendo por pano de fundo condições económicas muito piores do que no incumprimento externo médio. Em geral, porém, não envolvem credores estrangeiros poderosos. Talvez isso ajude a explicar a razão por que tantos episódios passam despercebidos na principal imprensa financeira e de negócios, e porque é que o estudo dessas crises está mal representado na bibliografia académica. Claro que não é sempre o caso. O quase-incumprimento do México, em 1994-1995, muito publicitado, representa uma crise de incumprimento interno «famosa», apesar de poucos observadores terem compreendido que o grosso do problema era tecnicamente interno e não externo. De facto, a dívida pública, na forma de *tesobonos* – essencialmente instrumentos de dívida de curto prazo, pagos em pesos, indexados ao dólar dos EUA –, que esteve à beira do incumprimento, até o país ser resgatado pelo Fundo Monetário Internacional e pelo Tesouro norte-americano, era emitida sob jurisdição mexicana, sendo, portanto, parte da dívida interna do México. Só podemos especular que, não fossem os *tesobonos* tão amplamente detidos por não residentes, talvez a crise tivesse recebido muito menos atenção. Desde 1980, a Argentina incumpriu três vezes a dívida interna. Os dois incumprimentos da dívida interna que coincidiram com incumprimentos da dívida externa (1982 e 2001) atraíram considerável atenção internacional. Porém, o incumprimento em larga escala de 1989, que não envolveu um novo incumprimento da dívida externa – e, portanto, não envolveu não residentes – é escassamente conhecido na bibliografia. Os inúmeros incumprimentos da dívida interna que ocorreram durante a Grande Depressão dos anos 30, tanto em economias avançadas como em desenvolvimento, não estão muito documentados. Mesmo quando os incumprimentos internos estão documentados em informação oficial sobre dívida, é normalmente em notas de rodapé, que se referem a atrasos ou suspensões de pagamento.

Finalmente, alguns dos incumprimentos internos, que envolveram a conversão forçada de depósitos em moeda externa para moeda nacional, ocorreram durante crises bancárias, hiperinflações, ou uma combinação das duas (integram esta lista incumprimentos na Argentina, na Bolívia e no Peru). A nossa abordagem à construção de variáveis categóricas segue o que antes se descreveu para os incumprimentos de dívida externa. Tal como nas crises bancárias, e ao contrário dos incumprimentos de dívida externa, para muitos episódios de incumprimento interno o termo final da crise não é fácil de estabelecer.

Outros conceitos-chave

Incumprimento em série

O *incumprimento em série* refere-se a incumprimentos soberanos múltiplos da dívida pública externa, interna (ou de dívida com garantia pública), ou ambos. Estes incumprimentos podem ocorrer com uma distância no tempo de cinco ou 50 anos. Variam entre incumprimentos totais, ou repúdios, e o incumprimento parcial por reescalonamento, normalmente estendendo o prazo de pagamento dos juros em termos mais favoráveis para o devedor. Como discutimos no Capítulo 4, o incumprimento total é na prática muito raro, ainda que possam passar décadas até que os credores recebam qualquer tipo de pagamento parcial.

A síndrome desta-vez-é-diferente

A essência da síndrome desta-vez-é-diferente é simples[10]. Está enraizada na firme convicção de que as crises financeiras são coisas que acontecem aos outros, noutros países e noutras épocas. Connosco, aqui e agora, não acontecem. Estamos a fazer melhor as coisas, somos mais astutos, aprendemos com os erros passados. As velhas regras de avaliação já não se aplicam. O *boom* em curso, ao contrário de muitos que precederam colapsos catastróficos no passado (mesmo no nosso país), assenta em fundamentos sólidos, reformas estruturais, inovação tecnológica e boas políticas. Ou pelo menos é assim que se conta a história.

No preâmbulo já fornecemos o enquadramento teórico da estrutura racional da síndrome desta-vez-é-diferente, baseado na fragilidade de economias altamente alavancadas e, em particular, na sua vulnerabilidade a crises de confiança. Há uma abundância de exemplos históricos da ocorrência da síndrome. Não é nossa intenção fornecer uma lista deles, mas há exemplos espalhados por todo o livro. A Caixa 1.2 mostra um anúncio de 1929, que simboliza o espírito de «desta-vez-é-diferente» mesmo à beira da Grande Depressão, e a Caixa 6.2 explora o *boom* de empréstimos na América Latina, nos anos 1820, que marcou a primeira crise de dívida da região.

---

[10] Ao que parece, um velho dito no mercado reza assim: «Tem-se perdido mais dinheiro por causa de quatro palavras do que em assaltos à mão armada. Essas palavras são – 'Desta vez é diferente'».

Caixa 1.2 A síndrome desta-vez-é-diferente na véspera da derrocada de 1929

Saturday Evening Post, September 14, 1929

Nota: este anúncio foi gentilmente enviado aos autores pelo Professor Peter Lindert.

Uma pequena lista das manifestações da síndrome no século passado:

1. Preparação para os incumprimentos dos mercados emergentes, nos anos 30

Porque é que então era diferente? O pensamento da época: nunca mais haverá outra guerra mundial; uma maior estabilidade política e um crescimento global mais forte conseguirão sustentar-se indefinidamente; e o peso da dívida nos países em desenvolvimento é pequeno.

Os principais países envolvidos na Primeira Guerra Mundial tinham acumulado enormes dívidas. Regiões como a América Latina e a Ásia, que haviam escapado às piores devastações da guerra, pareciam ter finanças públicas muito modestas e geríveis. Os anos 20 foram um período de optimismo global incansável, semelhante aos cinco anos de *boom* que precederam a crise financeira mundial, que começou nos EUA, em meados de 2007. Tal como a paz global era uma componente importante da dinâmica da primeira década de 2000, também o era, nos anos 20, a perspectiva de que a experiência da Primeira Guerra Mundial não se repetiria tão cedo.

Em 1929, uma derrocada global das bolsas marcou o início da Grande Depressão. A contracção económica esmagou os recursos públicos, enquanto a deflação global pressionava em alta as taxas de juro reais. O que se seguiu foi a maior onda de incumprimentos da história.

2. A crise de dívida dos anos 80

Porque é que então era diferente? O pensamento da época: os preços dos produtos primários estão fortes, as taxas de juro baixas, o dinheiro do petróleo está a ser «reciclado», há tecnocratas competentes no governo, o dinheiro está a ser usado para investimentos em infra-estruturas com alto retorno, estão a ser feitos empréstimos bancários em vez de empréstimos obrigacionistas, como no período entre as guerras, nos anos 20 e 30. Com bancos particulares a realizarem grandes pacotes de empréstimos, haverá incentivo à recolha de informação e à vigilância, para assegurar que o dinheiro é bem aplicado e os empréstimos serão pagos.

Depois de anos em queda, o mundo conheceu um *boom* nos preços dos produtos primários, na década de 70. A América Latina, rica em tais produtos, parecia destinada a colher enormes ganhos, à medida que o crescimento mundial impulsionava preços, cada vez mais elevados, de recursos materiais escassos. A inflação global no mundo desenvolvido conduziu a um período de taxas de juros reais anormalmente baixas nos mercados obrigacionistas dos países ricos. E, por último mas não menos importante, basicamente não se haviam verificado incumprimentos na América Latina durante quase uma geração. O último surto ocorrera durante a Grande Depressão.

Muitos responsáveis oficiais e economistas fizeram declarações abonatórias dos empréstimos concedidos pelos bancos ocidentais aos países em desenvolvimento. Os bancos, dizia-se, estavam a desempenhar um papel importante de intermediação, ao canalizar os excedentes da OPEP (Organização dos Países Exportadores de Petróleo), «reciclando-os» nos países em desenvolvimento. Os bancos ocidentais entraram no circuito, porque supostamente tinham a capacidade técnica de organização e vigilância de empréstimos necessária para conceder crédito em massa à América Latina, mas não só, colhendo prémios muito interessantes pelos seus esforços.

A expansão dos anos 70, como muitas antes dela, acabou em lágrimas. Taxas de juro subitamente mais altas, combinadas com o colapso dos preços globais de produtos primários, catalisaram o incumprimento do México, em Agosto de 1983, e, pouco depois, o de mais de uma dúzia de outros dos principais mercados emergentes, incluindo a Argentina, o Brasil, a Nigéria, as Filipinas e a Turquia. Quando os países ricos avançaram para controlar a inflação, no princípio dos anos 80, subidas bruscas das taxas de juro pelos bancos centrais elevaram brutalmente os custos de manutenção dos empréstimos aos países em desenvolvimento, que estavam essencialmente indexados a taxas de curto prazo (porque é que teria de ser assim, é assunto que abordaremos no capítulo dedicado à teoria da dívida soberana). Com o colapso da procura global, caíram também os preços dos produtos primários, em muitos casos mais de 70% em relação ao seu pico.

3. A crise de dívida dos anos 90 na Ásia

Porque é que então era diferente? O pensamento da época: a região tem uma política orçamental conservadora, taxas de câmbio estáveis, taxas de crescimento e de poupança elevadas, e não tem historial registado de crises financeiras.

Em meados dos anos 90, a Ásia era a favorita do capital estrangeiro. Em toda a região, 1) as famílias tinham taxas de poupança excepcionalmente elevadas, com as quais os governos poderiam contar em caso de aperto financeiro, 2) os governos tinham posições orçamentais relativamente sólidas, de modo que a maior parte do recurso ao crédito ocorria no sector privado, 3) as moedas estavam quase fixadas ao dólar, tornando os investimentos seguros, e 4) pensava-se que os países asiáticos eram imunes a crises financeiras.

Em última instância, mesmo um país em rápido crescimento, com uma política orçamental sólida, não é invulnerável a choques. Uma fragilidade importantíssima estava na taxa de câmbio ligada ao dólar, quase sempre mais implícita do que explicitamente[11]. Estas ligações deixaram a região extremamente vulnerável a crises de confiança. E, começando no Verão de 1997, foi precisamente o que aconteceu. Governos como o da Tailândia acabaram por sofrer pesadas perdas em intervenções no mercado cambial, quando falha-

---

[11] Por exemplo, em meados dos anos 90 a Tailândia pretendia não ter a sua moeda em ligação cambial ao dólar, antes uma ligação a um cabaz não especificado de moedas. Os investidores podiam, porém, ver claramente que o cabaz pouco mais continha do que o dólar; a taxa de câmbio do baht relativamente ao dólar flutuava apenas dentro de uma banda estreita.

ram os esforços condenados para sustentar a moeda[12]. A Coreia, a Indonésia e a Tailândia, entre outros, foram obrigadas a recorrer a pacotes de resgate gigantescos do Fundo Monetário Internacional, mas insuficientes para evitar profundas recessões e enormes depreciações cambiais.

4. A crise de dívida dos anos 90 e início dos anos 2000 na América Latina

Porque é que então era diferente? O pensamento da época: a dívida é obrigacionista e não bancária. (Note-se como o pêndulo oscila entre a crença de que as obrigações são mais seguras do que as dívidas bancárias e vice-versa). Com um número de detentores de dívida de uma ordem de grandeza incomparavelmente maior do que no caso dos bancos internacionais, os países hesitarão muito antes de incumprir, porque a renegociação é muito mais difícil (reveja-se o exemplo 2 anterior).

No início dos anos 90, os credores internacionais inundaram de fundos a América Latina, que havia acabado de emergir de uma década de incumprimento e estagnação. O crédito era canalizado essencialmente através de obrigações, e não pelos bancos, levando alguns a concluir que as dívidas eram invulneráveis à renegociação. Espalhando títulos de dívida por um mar imenso de detentores de obrigações, afirmava-se, não se poderia repetir o episódio da década anterior, na qual os países devedores conseguiram obrigar os bancos ao reescalonamento (alargamento dos prazos e redução efectiva) dos pagamentos de dívida. Não sendo viável a renegociação, seria muito mais difícil incumprir.

Convergiam outros factores para seduzir os investidores. Muitos países latino-americanos tinham transitado de ditaduras para democracias, «assegurando maior estabilidade». O México não estava em risco, por causa do Tratado de Comércio Livre da América do Norte, que entrou em vigor em Janeiro de 1994. A Argentina não estava em risco, porque tinha fixado «imutavelmente» a sua taxa de câmbio ao dólar, através da criação de um fundo de estabilização cambial.

Por fim, o *boom* de empréstimos dos anos 90 acabou numa série de crises financeiras, começando com o colapso do México, em 1994. Seguiu-se a Argentina, com um incumprimento de 95 mil milhões de dólares, o maior

---

[12] Os bancos centrais, por norma, perdem dinheiro em intervenções fracassadas para sustentar a sua moeda, pois vendem moeda forte (por exemplo, dólares) em troca de moeda nacional (por exemplo, o baht). Quando a taxa de câmbio da moeda nacional colapsa, o banco central interveniente sofre perdas de capital.

da história, à época; as crises financeiras do Brasil, em 1998 e 2002, e o incumprimento do Uruguai, em 2002.

5. Os Estados Unidos na aproximação à crise financeira de finais dos anos 2000 (a Segunda Grande Contracção)

Porque é que então era diferente? O pensamento da época: está tudo bem por causa da globalização, do boom *tecnológico, do nosso sistema financeiro superior, do nosso melhor entendimento da política monetária e do fenómeno da titularização da dívida.*

Os preços da habitação duplicaram e os das acções subiram em flecha, impulsionados pela obtenção de crédito externo. Mas a maioria das pessoas pensava que os EUA nunca poderiam passar por uma crise financeira semelhante à dos mercados emergentes.

Os capítulos finais deste livro fazem a triste crónica do que sucedeu a seguir, da mais severa crise financeira desde a Grande Depressão, e a única, desde a Segunda Guerra Mundial, que foi global no seu âmbito. Nos capítulos até lá, mostraremos que a natureza serial das crises financeiras é endémica ao longo de muito do espectro do tempo e das regiões. Períodos de prosperidade, alguns deles longos, acabam muitas vezes em lágrimas.

2

Intolerância à dívida: A génese do incumprimento em série

A intolerância à dívida é uma síndrome na qual estruturas institucionais fracas e um sistema político problemático tornam o recurso ao crédito externo um meio tentador para os governos evitarem decisões difíceis sobre despesa e impostos.

Este capítulo expõe o enquadramento estatístico para se pensar sobre o incumprimento em série, considerando a incapacidade de alguns países resistirem à exposição recorrente a recaídas de incumprimento de dívida. O leitor que quiser evitar a modesta quantidade de argumentação técnica dos próximos dois capítulos pode saltar para o capítulo sobre o incumprimento externo, sem perda importante de continuidade.

A *intolerância à dívida* define-se como a pressão extrema por que muitos mercados emergentes passam, em níveis de dívida externa que pareceriam razoavelmente geríveis, pelos padrões das economias avançadas. A pressão envolve, por norma, um ciclo vicioso de perda de confiança dos mercados, fazendo as taxas de juro sobre a dívida pública externa entrar em espiral, e resistência política ao reembolso dos credores externos. Por fim, o incumprimento ocorre frequentemente a níveis de dívida bem abaixo do rácio dos 60% do PIB, consagrado no Tratado Maastricht, como cláusula para proteger o sistema do euro do incumprimentos dos Estados. Os limiares seguros de dívida acabam por depender bastante do historial de incumprimento e inflação de um país[1].

---

[1] Mais à frente, no Capítulo 8, usamos novos dados sobre dívida pública interna nos mercados emergentes e concluímos que ela é um factor importante em alguns casos.

Limiares de dívida

Este capítulo constitui um primeiro passo para se compreender porque é que um país pode ser vulnerável ao incumprimento recorrente e, depois, procede à construção de uma medida quantitativa da vulnerabilidade, em face de aumentos marginais na dívida, isto é, da «intolerância à dívida».

Poucos macroeconomistas ficariam surpreendidos se lhes dissessem que os países dos mercados emergentes, com rácios totais de dívida pública relativamente ao Produto Nacional Bruto (PNB) acima, por exemplo, dos 100%, correm um risco significativo de incumprimento. Mesmo entre os países avançados, a dívida do Japão, de cerca de 170% do seu PNB (dependendo da definição de dívida usada), é considerada problemática. O Japão tem enormes reservas cambiais, mas mesmo o seu nível líquido de dívida, de cerca de 94% do PNB, é muito elevado[2]. Porém, o incumprimento nos mercados emergentes pode ocorrer e, de facto, ocorre em rácios de dívida externa relativamente ao PNB muito inferiores àqueles, como alguns casos bem conhecidos de incumprimento externo ilustram. Por exemplo, o México, em 1982, tinha um rácio de dívida de 47% do PNB, e a Argentina, em 2001, um valor ligeiramente superior a 50%.

O nosso estudo dos limiares de dívida dos países dos mercados emergentes começa pelo retrato de todos os episódios de incumprimento ou reestruturação da dívida externa, em países de rendimento médio, nos anos que vão de 1970 a 2008, onde o incumprimento é entendido de acordo com as definições dadas no Capítulo 1[3]. É apenas o nosso primeiro passo na listagem das datas dos incumprimentos soberanos. Mais tarde, olharemos para um conjunto de países bem maior, ao longo de um período de tempo muito mais extenso. O Quadro 2.1 regista as

---

Esta consideração, porém, não altera em nada de fundamental o fenómeno assinalável de incumprimento em série, que aqui é examinado.

[2] Os números do nível de dívida japonesa relativamente ao PIB são do Fundo Monetário Internacional, *World Economic Outlook*, Outubro de 2008.

[3] Seguindo o Banco Mundial, que o faz para determinados propósitos, dividimos os países em desenvolvimento, de acordo com o nível do seu rendimento *per capita*, em dois grandes grupos: países de rendimento médio (com um PNB *per capita*, em 2005, superior a 755 dólares dos EUA) e países de rendimento baixo. A maior parte das economias de mercado emergente (mas não todas), com acesso substancial ao financiamento externo privado, são países de rendimento médio. De igual modo, a maioria dos países de rendimento baixo (mas não todos) não tem acesso aos mercados de capitais privados e depende essencialmente de fontes de financiamento externo oficiais.

Quadro 2.1 Dívida externa à época do incumprimento: países de rendimento médio, 1970-2008

	Ano do incumprimento ou reestruturação	Rácio da dívida externa em relação ao PNB, no final do ano do incumprimento ou reestruturação	Rácio da dívida externa em relação às exportações, no final do ano de incumprimento ou reestruturação
Albânia	1990	16.6	98.6
África do Sul	1985	n.d.	n.d.
Argentina	1982	55.1	447.3
	2001	50.8	368.1
Bolívia	1980	92.5	154.0
Brasil	1983	50.1	393.6
Bulgária	1990	57.1	154.0
Chile	1972	31.1	n.d.
	1983	96.4	358.6
Costa Rica	1981	136.9	267.0
Egipto	1984	112,0	304,6
Equador	1984	68,2	271,5
	2000	106,1	181,5
	2008	20,0	81,0
Federação Russa	1991	12.5	n.d.
	1998	58.5	109.8
Filipinas	1983	70,6	278,1
Guiana	1982	214.3	337.7
Honduras	1981	61.5	182.2
Irão	1992	41.8	77.7
Iraque	1990	n.d.	n.d.
Jamaica	1978	48.5	103.9
Jordânia	1989	179.5	234.2
Jugoslávia	1983	n.d.	n.d.
Marrocos	1983	87,0	305,6
México	1982	46,7	279,3
Panamá	1983	88.1	162.0
Peru	1978	80.9	388.5
	1984	62.0	288.9
Polónia	1981	n.d.	108.1
República Dominicana	1984	31.8	183.4
Roménia	1982	n.d.	73.1
Trinidade e Tobago	1989	49.4	103.6
Turquia	1978	21.0	374.2
Uruguai	1983	63.7	204.0
Venezuela	1982	41.4	159.8
Média		69.3	229.9

Fontes: Reinhart, Rogoff e Savastano (2003a), actualizado com base em Banco Mundial (vários anos), *Global Development Finance*.

Notas: os grupos de rendimento são definidos conforme a *Global Development Finance*, do Banco Mundial (vários anos), n.d., não disponível. Os *stocks* de dívida referem-se ao final do período. Portanto, tomar o rácio da dívida em relação ao PNB, no final do período, empola-o, porque na maior parte dos casos os incumprimentos são acompanhados por uma depreciação significativa da taxa de câmbio real.

datas de incumprimento da dívida externa. Para cada um dos países de rendimento médio, o quadro lista o primeiro ano do episódio de incumprimento, ou reestruturação, e os rácios de dívida externa e das exportações relativamente ao PNB, no final do ano do evento de crédito, ou seja, quando tecnicamente começou o incumprimento[4]. É óbvio que os referidos incumprimentos do México, em 1982, e da Argentina, em 2001, não eram excepções, tal como não era o caso mais recente do Equador, em 2008. O Quadro 2.2, que é derivado do Quadro 2.1, mostra que a dívida externa excedia os 100% do PNB em apenas 16% dos episódios de incumprimento, ou reestruturação, que mais de metade dos incumprimentos ocorreu a níveis abaixo dos 60%, e que se registaram incumprimentos em níveis de dívida inferiores a 40% do PNB em cerca de 20% dos casos[5]. É possível argumentar que os limiares de dívida externa em relação ao PNB, reportados no Quadro 2.1, estão enviesados em alta, pois os rácios de dívida sobem, nos anos dos eventos de crédito, por efeito da depreciação real na taxa de câmbio, que acompanha normalmente tais eventos, com os investidores locais e estrangeiros a fugirem da moeda.

---

[4] Note-se que muitos destes episódios de incumprimento duraram vários anos, como é discutido no Capítulo 8.
[5] Note-se que os Quadros 2.1 e 2.2 medem a dívida externa total *bruta*, pois os governos devedores têm pouca capacidade de tributar, ou confiscar de outro modo qualquer, os activos que os cidadãos particulares detêm no estrangeiro. Por exemplo, quando a Argentina incumpriu os 95 mil milhões dólares norte-americanos de dívida externa, em 2001, os seus cidadãos detinham activos externos fora do país estimados, por alguns comentadores, em 120 a 150 mil milhões de dólares. Este fenómeno não é incomum e era a norma na crise de dívida da década de 80.

Quadro 2.2 Dívida externa à época do incumprimento: distribuição da frequência, 1970-2008

Intervalos dos rácios de dívida externa em relação ao PNB, no final do primeiro ano de incumprimento ou reestruturação (%)	Percentagem do total de incumprimentos, ou reestruturações, nos países de rendimento médio
<40	19.4
41-60	32.3
61-80	16.1
81-100	16.1
>100	16.1

Fontes: Quadro 2.1 e cálculos dos autores.

Notas: os grupos de rendimento são definidos conforme a *Global Development Finance*, do Banco Mundial (vários anos). As percentagens são baseadas nos casos para os quais temos dados sobre os rácios da dívida em relação ao PNB. Todos os casos marcados com n.d. no Quadro 2.1 foram excluídos dos cálculos.

Comparamos em seguida perfis de endividamento externo dos países em mercados emergentes, com e sem história de incumprimentos. O Gráfico 2.1 mostra as distribuições de frequências de dívida externa em relação ao PNB, para os dois grupos de países, entre 1970 e 2008. As duas distribuições são muito distintas e mostram que os incumpridores recorrem mais ao crédito do que os não incumpridores, apesar das suas notação de risco tenderem a ser piores em níveis idênticos de dívida. A diferença entre rácios de dívida externa nos países dos mercados emergentes com e sem história de incumprimento alarga-se ainda mais se os rácios forem relacionados com as exportações. Parece que aqueles onde o risco de incumprimento é mais elevado quando recorrem ao crédito (ou seja, aqueles com maiores níveis de intolerância à dívida) são os que mais o fazem, especialmente quando medidos em termos de exportações, a sua maior fonte de divisas. Não deve causar surpresa, pois, que tantos ciclos de movimentos de capitais terminem num evento de crédito feio. Obviamente que são precisos dois para dançar o tango e os credores têm de ser cúmplices na síndrome desta--vez-é-diferente.

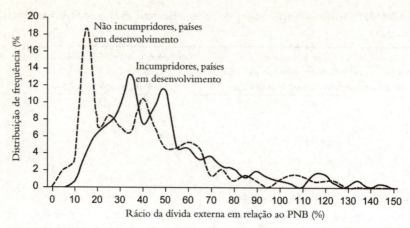

Gráfico 2.1. Rácios de dívida externa em relação ao PNB: incumpridores e *não incumpridores, 1970-2008*
Fontes: Reinhart, Rogoff e Savastano (2003a), actualizado com base em Fundo Monetário Internacional, *World Economic Outlook*, e Banco Mundial (vários anos), *Global Development Finance*.

Podemos usar estas distribuições de frequência para perguntar se há um limiar de dívida externa, medido em relação ao PNB, para as economias emergentes, além do qual aumenta acentuadamente o risco de se virem a ter sintomas extremos de intolerância à dívida. (É apenas um primeiro passo, pois, como veremos, diferentes níveis de intolerância à dívida implicam limiares muito diferentes para os vários países.) Em particular, salientamos que diferentes historiais de reembolso da dívida e inflação têm uma grande importância; quanto pior a história, menor a capacidade para tolerar dívida. Mais de metade das observações para países com bom historial de crédito captam-nos a níveis de endividamento externo, em relação ao PNB, inferiores a 35% (47% das observações estão abaixo dos 30%). Em contraste, para os países com um historial de crédito relativamente manchado, capta-se a maioria das suas observações em níveis de dívida externa, relativamente ao PNB, acima dos 40%. Apenas com base nos Quadros 2.1 e 2.2, e sem levar em conta factores de intolerância à dívida específicos de cada país, podemos ver que, quando os níveis de dívida externa, nos mercados emergentes, estão acima dos 30-35% do PNB, o risco de um evento de crédito começa a aumentar significativamente[6].

---

[6] Usando uma metodologia completamente diferente, um estudo do Fundo Monetário Internacional (2002) sobre sustentabilidade de dívida chegou a limiares de dívida externa

Medição da vulnerabilidade

Para tornar operativo o conceito de intolerância à dívida – para encontrar um modo de medir quantitativamente a fragilidade de um país como prestatário externo – concentramo-nos em dois indicadores: as notações de risco soberano, indicadas pelo *Institutional Investor*, e o rácio da dívida externa relativamente ao PNB ou às exportações.

As notações de risco do *Institutional Investor* (NRII), que são compiladas duas vezes por ano, baseiam-se em informação fornecida por economistas e analistas de risco soberano, dos principais bancos globais e sociedades de investimento mobiliário. As notações classificam cada país numa escala de 0 a 100, com a nota máxima dada a países percebidos como tendo a mínima probabilidade de incumprirem os seus compromissos de dívida pública[7]. Portanto, podemos tomar a variável 100 menos NRII como indicador do risco de incumprimento. Infelizmente, medidas com base em dados dos mercados relativas ao risco de incumprimento, por exemplo, baseadas nos preços a que a dívida de um país se transacciona no mercado secundário, estão apenas disponíveis para um conjunto muito mais limitado de países, e respeitam a um período de amostragem muito mais reduzido[8].

---

para os países em desenvolvimento (excluindo os países mais pobres altamente endividados) na ordem dos 31% a 39%, dependendo de se levar ou não em linha de conta o financiamento oficial. Os resultados, que apresentaremos mais tarde, sugerem que os limiares específicos para cada um dos países intolerantes à dívida deverão provavelmente ser ainda mais baixos.

[7] Para as particularidades sobre o inquérito, veja-se o número de Setembro de 2002 do *Institutional Investor* e a sua página na internet. Apesar de não ser um elemento decisivo para a nossa análise, interpretamos as notações de risco reportadas em cada inquérito semestral como captando o risco de incumprimento a curto prazo, num horizonte de um a dois anos.

[8] É possível usar os preços do mercado secundário da dívida externa da banca comercial, que estão disponíveis para um período que começa em meados da década 80, de modo a chegar a uma medida da expectativa de reembolso numa série de países dos mercados emergentes. Porém, as reestruturações de dívida no âmbito do Plano Brady, dos anos 90, converteram muita dessa dívida bancária em dívida titulada em obrigações, em resultado do que, de 1992 em diante, aqueles preços de mercado secundário teriam de ser substituídos pelo desvio do Índice Emerging Market Bond (EMBI), índice obrigacionista dos mercados emergentes, que continua, até à data, a ser a medida de risco de uso mais comum. Estes indicadores com base em informação de mercado introduzem um enviesamento sério na selecção da amostra: quase todos os países do EMBI, e todos os países para os quais há dados sobre preços de dívida no mercado secundário, para os anos 80, tiveram uma história de eventos de crédito adversos, deixando o grupo de controlo de não incumpridores muito próximo de ser um conjunto vazio.

O segundo componente principal da nossa medida da vulnerabilidade de um país a cair, ou recair, em incumprimento da dívida externa consiste na escala da dívida externa total em relação, alternativamente, ao PNB e às exportações. Sublinhamos a dívida externa total (pública e privada), ao tentar identificar uma dívida sustentável, dado o facto de, historicamente, a maior parte da dívida pública nos mercados emergentes ser externa, e a pequena parte de dívida externa, que é privada antes da crise, se tornar pública, depois dela[9]. (Posteriormente, no Capítulo 8, estenderemos a nossa análise à dívida interna, que se tornou particularmente importante na última crise, dado o largo *stock* de dívida pública interna emitida pelos governos de muitos mercados emergentes, no princípio dos anos 2000, antes da crise). Os dados sobre dívida privada interna continuam a ser difíceis de obter.

O Quadro 2.3, que mostra as correlações entre os dois rácios de dívida e as medidas de risco do *Institutional Investor*, para uma grande amostra de países em desenvolvimento, também sublinha o facto de que diferentes medidas de risco apresentam um panorama muito semelhante ao das classificações relativas dos diversos países e da correlação entre risco e dívida. Como se esperava, as correlações são uniformemente positivas em todos os agrupamentos regionais de países, e na maior parte dos casos são estatisticamente significativas.

Clubes e regiões

Usamos de seguida os componentes da intolerância à dívida (NRII e rácios de dívida externa) num algoritmo de dois passos, mapeado no Gráfico 2.2, para definir «clubes» de credores e regiões de vulnerabilidade. Começamos por calcular o valor médio (47,6) e o desvio-padrão (25,9) nas notações de risco dos 90 países para os quais o *Institutional Investor* publicou dados, para o período de 1979 a 2007. Depois, usamos esta métrica para esboçar em traços largos o agrupamento dos países em três clubes. Aqueles que, no período coberto, registaram uma NRII média de 73,5 ou mais (o valor médio mais um desvio-padrão) formam o clube A, clube que inclui os países que beneficiam virtualmente de acesso contínuo aos mercados de capitais – isto é, todas as economias avançadas. Como as suas histórias de reembolso evidenciam (Capítulo 8), estes países são os menos intolerantes à dívida. O clube no extremo oposto, o clube C, é compreendido pelos países cuja

---

[9] Veja-se o Glossário de dívida (Caixa 1.1) para uma breve explicação dos vários conceitos de dívida usados neste estudo.

Quadro 2.3 Risco e dívida: painel de correlações, 1979-2007

	100-Notação de Risco do *Institutional Investor* (NRII)
Correlações com o rácio de dívida externa sobre o PIB	
Amostra total de países em desenvolvimento	0.45★
África	0.33★
Ásia emergente	0.54★
Médio Oriente	0.14
Hemisfério Ocidental	0.45★
Correlações com o rácio de dívida externa sobre as exportações	
Amostra total de países em desenvolvimento	0.63★
África	0.56★
Ásia emergente	0.70★
Médio Oriente	0.48★
Hemisfério Ocidental	0.47★

Fontes: Reinhart, Rogoff e Savastano (2003a), actualizada com base em Banco Mundial (vários anos), *Global Development Finance*, e *Institutional Investor*.
Nota: Um asterisco (★) denota que a correlação é estatisticamente significativa a um nível de confiança de 95%.

NRII média está abaixo de 21,7 (o valor médio menos um desvio padrão)[10]. Este clube «excluído» inclui países cujas fontes primárias de financiamento externo são donativos e empréstimos oficiais. Os países deste clube são tão intolerantes à dívida que só esporadicamente os mercados lhes dão oportunidade de obter empréstimos. Os restantes países estão no clube B, o foco principal da nossa análise, e exibem graus variados de vulnerabilidade devido à intolerância à dívida. Ocupam uma região «indeterminada» nos modelos teóricos de dívida, a região na qual o risco de incumprimento não é trivial, e onde as corridas aos bancos, como previsões auto-realizadas, são um possível gatilho para uma crise. (Voltaremos muitas vezes ao tema de como tanto países como bancos podem ser vulneráveis à perda de confiança dos credores, particularmente quando dependem do financiamento de curto prazo, através de depósitos e empréstimos). O clube B é extenso e inclui

---

[10] Este exercício actualiza o trabalho de Reinhart, Rogoff e Savastano (2003a), que usou limiares baseados numa amostra mais pequena de países, para o período de 1979-2002.

tanto países que estão à beira de se «graduarem», como os que estão na iminência de um incumprimento. Para este grupo intermédio de países — cuja intolerância à dívida não é suficientemente elevada para que estejam pura e simplesmente com o acesso aos mercados fechado — o grau de alavancagem afecta obviamente o seu risco.

A partir daqui, num segundo passo usamos o nosso algoritmo para subdividir o clube B, o clube indeterminado, em quatro grupos, que variam do menos ao mais vulnerável aos sintomas de intolerância à dívida. O grupo menos vulnerável inclui os países (tipo 1), que registaram uma NRII média, no período em análise, acima do valor médio (46,7) mas abaixo de 73,5, e um rácio de dívida externa em relação ao PNB inferior a 35%, um limiar que, como referimos, engloba mais de metade das observações dos não incumpridores, entre 1970 e 2008. O grupo seguinte inclui os países (tipo 2) com uma NRII acima do valor médio, mas com um rácio de dívida externa sobre o PNB superior a 35%. É o segundo grupo menos vulnerável, isto é, o segundo em termos de probabilidade de cair numa crise de dívida externa. Depois vem o grupo que abrange os países (tipo 3) com uma NRII inferior ao valor médio, mas acima de 21,7, e uma dívida externa inferior a 35% do PNB. Por fim, o grupo mais intolerante à dívida — o grupo mais vulnerável a uma crise de dívida externa — é composto pelos países (tipo 4) com uma NRII abaixo do valor médio e níveis de dívida externa acima de 35% do PNB. Os países de tipo 4 podem ser facilmente empurrados para o grupo com acesso vedado aos mercados. Por exemplo, no início da primeira década de 2000, a NRII da Argentina era de cerca de 44 e o seu rácio de dívida externa em relação ao PNB de 51%, fazendo dela um país de tipo 4. Mas, por volta de 2003, a notação da Argentina tinha caído para cerca de 15, indicando que o país se tinha «desgraduado» para o clube C. Como veremos (Capítulo 17), os países não se graduam facilmente para clubes mais elevados. De facto, podem ser necessárias muitas décadas de pagamento impecável e níveis de dívida sustentadamente baixos, para se passar do clube B ao clube A. Cair em desgraça — passar a um intervalo de maior intolerância à dívida — não é um fenómeno novo. Está por se ver, depois da última crise, se o clube A perde alguns dos seus membros.

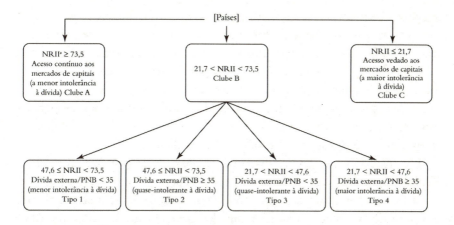

Gráfico 2.2. Definição dos clubes de devedores e das regiões de intolerância à dívida.
[a] NRII, média de longo prazo para as notações de risco do *Institutional Investor*.

A questão mais elementar por detrás destas definições e agrupamentos é a de que países com uma história de debilidade institucional, conducente ao incumprimento recorrente, tal como se reflecte em baixos valores da NRII, tendem a estar em elevado risco de vir a ter «sintomas» de intolerância à dívida, mesmo em níveis de endividamento relativamente baixos. Mas tanto a vulnerabilidade do «paciente» à dívida como a sua dose são relevantes para o risco de sintomas (incumprimento).

Reflexões sobre a intolerância à dívida

O triste facto relacionado com o nosso trabalho é o de que, uma vez que um país escorregue para a condição de incumpridor em série, retém um elevado e persistente nível de intolerância à dívida. Os países podem e, de facto, conseguem graduar-se, mas o processo raramente é rápido ou fácil. Sem o impulso de uma âncora política externa, tal é o caso de países da União Europeia como a Grécia e Portugal, a recuperação pode levar décadas, ou mesmo séculos. No momento em que escrevemos este livro, mesmo o esquema de compromisso que representa o recurso a uma âncora política externa deve ser olhado como um tratamento experimental promissor para vencer a intolerância à dívida, mas não uma cura definitiva.

As implicações da intolerância à dívida são certamente instrutivas para os exercícios de sustentabilidade, que visam verificar se, sob pressupostos razoáveis relativos ao crescimento e às taxas de juro mundiais, se pode esperar que um país seja capaz de suportar o peso das suas dívidas externas. Tais exercícios são comuns, por exemplo, no cálculo da quantidade de dívida a reduzir num país devedor problemático, por forma a ser capaz de honrar as obrigações respeitantes à dívida restante. A não consideração da intolerância à dívida tende a que se subestime a facilidade com que choques inesperados podem levar a uma perda de confiança do mercado – ou da vontade de reembolsar – e, portanto, a um outro colapso de dívida.

É a intolerância à dívida algo que um país possa, por fim, ultrapassar? Ou estará um país, com estruturas internas débeis, que o tornam intolerante à dívida, condenado a seguir uma trajectória de baixo crescimento e elevada volatilidade macroeconómica? A um determinado nível, a resposta a esta segunda questão tem de ser «sim», mas o acesso restringido aos mercados de capitais internacionais deve ser visto como um sintoma, e não a causa, da doença.

As falhas institucionais que tornam um país intolerante à dívida são o impedimento real. O problema de fundo é triplo.

- Em primeiro lugar, a moderna literatura empírica sobre o crescimento aponta cada vez mais para factores «leves» como as instituições, a corrupção e a governança, como sendo muito mais importantes do que as diferenças nos rácios de capital sobre o trabalho, para explicar as diferenças de rendimento *per capita* entre países diversos.
- Segundo, os métodos quantitativos sugerem que os benefícios da distribuição dos riscos associados à integração do mercado de capitais podem ser também relativamente modestos. (Por «integração do mercado de capitais» referimo-nos à integração, *de facto* e *de jure,* dos mercados financeiros de um país no resto do mundo. Por «benefícios da distribuição dos riscos» referimo-nos a benefícios em termos de menor volatilidade do consumo.) E estes resultados obtêm-se para um mundo idealizado, no qual não temos de nos preocupar com a instabilidade macroeconómica induzida por políticas sem fundamento, com o fraco nível de regulação bancária interna, com a corrupção, ou, o que não é menos importante, com políticas que distorcem os fluxos de capital a favor da dívida de curto prazo[11].

---

[11] Prasad, Rogoff, Wei e Kose (2003) estabeleceram que, durante a década de 90, economias que apresentavam de facto algum grau de abertura em termos financeiros passaram, em média, por um aumento na volatilidade do consumo, em relação com a volatilidade da produção, contra a premissa de que a integração dos mercados de capitais difunde o

- Terceiro, há dados que sugerem que os fluxos de capital para os mercados emergentes são marcadamente pró-cíclicos, ou seja, são mais intensos quando a economia está em expansão, e menos intensos quando ela está em recessão. Os fluxos de capital pró-cíclicos podem, por seu turno, reforçar a tendência, nestes países, para políticas macroeconómicas igualmente pró-cíclicas. O facto de a entrada de capitais colapsar durante uma recessão é talvez a principal razão por que os mercados emergentes, ao contrário dos países ricos, são muitas vezes forçados a apertar as políticas orçamental e monetária, na fase recessiva, exacerbando a queda[12]. É possível argumentar que dispor de um acesso aos mercados de capitais limitado, mas estável, pode melhorar o bem-estar, por comparação com o padrão expansão acentuada-contracção brusca que com tanta regularidade observamos. Portanto, a ideia altamente enraizada de que a trajectória de crescimento de uma economia de mercados emergentes será dificultada pelo acesso limitado aos mercados de dívida não é já tão convincente como se pensava.

A bibliografia académica acima mencionada não estabelece claramente distinções entre diferentes tipos de entrada de capitais – por exemplo, dívida, participações de capital e investimento directo estrangeiro (IDE) – ou entre dívida de longo prazo *versus* curto prazo. Os decisores políticos práticos, em contrapartida, estão, e com razão, bastante atentos à forma exacta que assumem esses fluxos transfronteiriços, julgando-se, em geral, que o IDE possui propriedades preferíveis às da dívida. Tende a ser menos volátil e a resultar em benefícios indirectos como a transferência de tecnologia[13]. Concordamos, em geral, com a perspectiva de que o IDE e o investimento em participações de capital são algo menos problemáticos do que a dívida,

---

risco do produto específico de cada país. Prasad *et al.* também sustentam que os dados empíricos, provenientes de múltiplos países, sobre os efeitos da integração dos mercados de capitais no crescimento mostram efeitos positivos menores, no melhor dos casos, sendo mesmo argumentável que em geral tais efeitos são nulos.

[12] Veja-se Kaminsky, Reinhart e Végh (2004) sobre este assunto.

[13] Naturalmente que nem sempre foi assim. Antes da década de 80 muitos governos olhavam para a abertura ao investimento directo estrangeiro (IDE) como uma hipoteca do seu futuro e, por isso, prefeririam o financiamento por via da dívida. E onde o IDE era dominante, como por exemplo no investimento em petróleo e recursos naturais, nos anos 50 e 60, muitos países acabaram por tomar conta das operações estrangeiras mais tarde, o que, uma vez mais, produziu traumas consideráveis. Portanto, o IDE não deve ser visto como panaceia para o crescimento económico débil.

mas gostaríamos de evitar a sua sobrevalorização. Na prática, os três tipos de entrada de capitais estão frequentemente interligados – por exemplo, as empresas estrangeiras trazem quase sempre consigo liquidez ao país, em antecipação a compras de maquinaria ou instalações. Além disso, os contratos de derivados podem esbater as diferenças entre as três categorias. Mesmo a mais diligente autoridade estatística pode ter dificuldades em separar com precisão os diferentes tipos de entrada de capital estrangeiro, para não mencionar o facto de que, na dúvida, alguns países preferem rotular determinado investimento como IDE para minorar a aparência das suas vulnerabilidades. Feitas estas qualificações, porém, acreditamos ainda que os governos dos países avançados podem fazer mais para desencorajar a dependência excessiva de dívida não indexada, arriscada, relativamente a outras formas de movimento de capitais[14]. Por fim, vale a pena notar que a dívida de curto prazo – normalmente identificada como a mais problemática, em termos de precipitação de crises de dívida – facilita o comércio de bens e é necessária, em alguma medida, para permitir aos agentes privados executar estratégias de cobertura de risco. É possível argumentar plausivelmente que a maior parte dos benefícios do acesso aos mercados de capitais pode ser aproveitada com rácios de dívida relativamente ao PNB relativamente modestos.

Tudo ponderado, a intolerância à dívida não tem de ser fatal para o crescimento e para a estabilidade macroeconómica, mas não deixa de ser um impedimento sério. Porém, a evidência do incumprimento em série apresentada neste livro sugere que, para superarem a intolerância à dívida, os decisores políticos têm de estar preparados para manter níveis de endividamento baixos, por longos períodos, enquanto levam a cabo reformas estruturais mais básicas, para assegurar que os seus países poderão, por fim, digerir pesos de dívida mais altos, sem sentir intolerância. Isto aplica-se não só à dívida externa, mas também à reemergência do problema da dívida pública interna. Perante tremendas pressões de curto prazo, os decisores políticos optarão ainda pelo recurso a empréstimos de alto risco e os mercados aceitarão concedê-los, pelo preço certo. Mas compreender o problema básico deveria, pelo menos, orientar os cidadãos do país, para não falar das instituições prestamistas internacionais e da comunidade internacional, em sentido mais amplo, na tomada das suas decisões.

Na nossa opinião, desenvolver uma melhor compreensão do problema do

---

[14] Rogoff (1999) e Bulow e Rogoff (1990) defendem que os sistemas legais dos países credores deviam ser emendados por forma a deixarem de enviesar os fluxos de capitais para a dívida.

incumprimento em série das responsabilidades de dívida externa é essencial para a concepção de melhores políticas económicas internas e internacionais, tendo em vista a prevenção de crises e a sua resolução. Apesar de ser necessária mais investigação, defendemos que a intolerância à dívida pode ser captada sistematicamente por um conjunto de variáveis relativamente pequeno, envolvendo principalmente a história de incumprimento e elevada inflação do país em causa. Os países intolerantes à dívida enfrentam limiares surpreendentemente baixos de endividamento externo, após os quais os riscos de incumprimento e reestruturação se tornam significativos. Com a explosão do recurso ao crédito interno ocorrido na viragem para o século XXI, sobre o qual apresentamos dados novos neste livro, os limiares de dívida externa quase de certeza que caíram ainda mais, mesmo tendo em conta os baixos níveis da década anterior, como veremos no Capítulo 11. Os nossos resultados iniciais sugerem que os mesmos factores que determinam a intolerância à dívida externa, para não falar de outras manifestações de intolerância à dívida, tais como a dolarização (recurso, *de facto* ou *de jure*, a uma divisa externa para as transacções, ou para a indexação de instrumentos financeiros), provavelmente afectarão também de maneira significativa a intolerância à dívida interna.

Por fim, embora os países intolerantes à dívida precisem urgentemente de encontrar formas de reduzir os seus rácios de dívida relativamente ao PNB para patamares mais seguros, fazê-lo não é fácil. Historicamente, os casos em que os países escaparam a elevados rácios de dívida externa face ao PNB, através do crescimento rápido, ou de reembolsos volumosos e prolongados, foram verdadeiramente excepcionais[15]. A maior parte das reduções amplas da dívida externa, em mercados emergentes, foi conseguida através da reestruturação ou do incumprimento. A incapacidade para reconhecer a dificuldade em escapar de uma situação de elevada intolerância à dívida simplesmente através do crescimento e da descida suave dos rácios de dívida sobre o PNB é um dos erros centrais subjacentes a muitos cálculos-padrão empregados quer pelo sector privado, quer por analistas oficiais, durante as crises de dívida.

No momento em que escrevemos este livro, uma série de mercados emergentes têm em curso pacotes de estímulo orçamental, que reproduzem os esforços das economias avançadas com vista a reactivar as suas economias. A nossa análise sugere que, dada a «sombra da intolerância à dívida», tais

---

[15] Os temas da redução e inversão de dívida são retomados na Caixa 5.3.

medidas devem ser vistas com precaução, pois os défices crescentes deixam os países desconfortavelmente próximos dos limiares de dívida, que se associaram a severas dificuldades no seu serviço. Adiantando-nos para lá da crise financeira global de finais da primeira década de 2000, será um desafio encontrar vias de canalização de capital para países intolerantes à dívida, que não revistam a forma de dívida, para prevenir que o ciclo se repita por mais um século.

3

Uma base de dados global sobre as crises financeiras, com uma visão de longo prazo

Pensar-se-ia que, com pelo menos 250 episódios de incumprimento soberano da dívida externa, entre 1800 e 2009, e pelo menos 68 casos de incumprimento da dívida pública interna, seria relativamente simples encontrar uma série longa completa sobre a dívida do sector público. Mas não é o caso. Longe disso. A dívida pública está entre as mais esquivas das séries temporais da economia.

Tendo definido as crises e dado um primeiro passo na análise da vulnerabilidade ao incumprimento em série, voltamo-nos agora para o centro deste livro: o seu conjunto de dados. É esse o filão de informação que exploramos, de diversos modos, para explicar acontecimentos. Este capítulo apresenta uma descrição, em traços largos, do âmbito da base de dados usada neste estudo e avalia as suas principais fontes, os seus pontos fortes e limitações. Nos Anexos A.1 e A.2 fornece-se documentação adicional sobre a cobertura e as muitas fontes de cada uma das séries individuais, por país e período. Estes são dedicados, respectivamente, às séries temporais macroeconómicas e à informação sobre dívida pública, que, em conjunto, formam a parte central da nossa análise.

O capítulo organiza-se da seguinte maneira. A primeira secção descreve a compilação da família de séries temporais que foram reunidas, a partir de um conjunto de fontes principais, geralmente bem conhecidas. As séries incluem preços, taxas de câmbio modernas (bem como as antigas, baseadas no valor dos metais), PIB real e exportações. Para o período recente, os dados encontram-se principalmente em bases de dados-padrão, de larga escala. Para a história mais antiga, contámos com investigadores individuais, ou grupos de investigadores[1]. De seguida, descrevemos a informação que é

---
[1] O detalhe das citações está nas nossas referências e nos anexos de dados.

mais heterogénea, tanto pelas fontes, como pelas suas metodologias. Trata-se das séries temporais sobre finanças públicas e dos trabalhos individuais de construção de contas nacionais – obtendo, designadamente, o PIB nominal e o PIB real, em particular antes de 1900. As duas secções seguintes são dedicadas à descrição dos aspectos específicos da construção de uma base de dados de dívida pública e das suas características, abrangendo vários séculos e envolvendo múltiplos países, bem como das várias manifestações e parâmetros de medição de crises económicas. Estas incluem incumprimentos de dívida interna e externa, inflação e crises bancárias, derrocadas cambiais e desvalorizações. A construção da base de dados sobre dívida pública interna e externa foi um empreendimento que descrevemos melhor como estando mais próximo da arqueologia do que da economia. A compilação dos episódios de crise envolveu quer o uso de regras mecânicas básicas para datar uma crise, quer decisões subjectivas na interpretação de acontecimentos históricos, tal como são descritos pela imprensa financeira e por investigadores; as referências em que nos baseámos estão espalhadas por mais de três séculos.

Preços, taxas de câmbio, degradação monetária e PIB real

Preços

A nossa ambição mais genérica nesta análise é documentar a incidência e magnitude de várias formas de expropriação, ou incumprimento, ao longo dos tempos. Nenhum estudo desta natureza estaria completo sem levar em conta a expropriação através da inflação. Aquando da ascensão da moeda fiduciária (papel-moeda), a inflação tornou-se a versão moderna da «degradação» monetária, isto é, da degradação sistemática das moedas metálicas, método favorito dos monarcas para capturarem recursos, antes do desenvolvimento da máquina impressora. Para medir a inflação, baseamo-nos, em geral, nos índices de preços no consumidor, ou nos seus parentes próximos, os índices de custo de vida. Para o período moderno, as nossas fontes são, em primeiro lugar, as bases de dados-padrão do Fundo Monetário Internacional: *International Financial Statistics* (IFS) e *World Economic Outlook* (WEO). Para a cobertura do período anterior à Segunda Guerra Mundial (geralmente a partir do início dos anos 1900, ou finais de 1800), a Global Financial Data (GFD), vários estudos de Williamson[2], e a Oxford Latin American Economic History Database (OXLAD) são as principais fontes[3].

Para períodos mais antigos dos oito séculos por que se estende a nossa análise, baseamo-nos no trabalho meticuloso de uma série de historiadores económicos, que construíram índices de preços artigo a artigo, na maior parte das vezes por cidade em vez de por país, a partir de fontes primárias. Neste domínio, os investigadores que participam no projecto Global Price and Income History Group, da Universidade da Califórnia-Davis, e os seus colegas do Dutch International Institute of Social History, foram uma fonte preciosa de informação sobre preços na Ásia e na Europa[4]. Uma vez mais, as referências completas por autor deste corpo de trabalho académico são dadas nos anexos de dados e nas notas. Para a América colonial, a *Historical Statistics of the United States* (HSOUS, recentemente actualizada) fornece informação sobre os EUA, enquanto o Economic History Data Desk: Economic History of Latin America, the United States and the New World, 1500--1900, a cargo de Richard Garner, cobre cidades cruciais da América Latina[5].

Sobre a metodologia usada na compilação de índices de preços no consumidor

Quando estão disponíveis mais do que um índice de preços para um país, trabalhamos com a média simples. Esta abordagem é especialmente útil quando existem séries de preços para mais do que uma cidade do mesmo país, como acontece com os dados anteriores a 1800. Quando não existem índices de preços no consumidor, recorremos a índices de preços por grosso ou na produção, como, por exemplo, para a China, no século XIX, e os EUA dos anos 1720. Na ausência de qualquer índice compósito, preenchemos a lacuna na cobertura com preços avulsos de produtos primários. São quase sempre os preços do trigo, na Europa, ou os preços do arroz, na

---

[2] Veja-se os trabalhos «regionais» de Williamson (1999, 2000a, 2000b). Estes estudos fornecem séries cronológicas para muitos países em desenvolvimento, de meados do século XIX até à fase imediatamente anterior à Segunda Guerra Mundial.

[3] Para OXLAD, consultar < http://oxlad.qeh.ox.ac.uk/ >. Ver também Williamson (1999, 2000a, 2000b).

[4] Veja-se < http://gpih.ucdavis.edu/ > e < http://www.iisg.nl/hpw/ >. Apesar de a nossa análise das crises de inflação começar em 1500, muitas das séries de preços começam muito antes.

[5] A HSOUS é citada nas referências como Carter *et al.* (2006); a Economic History Data Desk de Garner está disponível em < http://home.comcast.net/~richardgarner04/ >.

Ásia. Reconhecemos que o preço de um produto primário, mesmo tratando-se do mais importante, é um preço relativo e não o valor agregado que procuramos. Portanto, se, para determinado país, temos pelo menos uma série de preços no consumidor, ou do custo de vida, e o preço do trigo, ou do arroz, não fazemos a média, mas optamos exclusivamente pelo índice de preços compósito. Por fim, de 1980 à actualidade, a World Economic Outlook do Fundo Monetário Internacional é preferida a quaisquer outras fontes, pois garante a uniformidade de critérios.

Taxas de câmbio, modernas e antigas, e degradações monetárias

Ao serviço da inflação está, naturalmente, a depreciação monetária. Para o período posterior à Segunda Guerra Mundial, a nossa fonte primária para as taxas de câmbio são a IFS, para as taxas oficiais, e os *Pick's Currency Yearbooks*, para as taxas de mercado, tal como foi quantificado e documentado em detalhe por Reinhart e Rogoff [6]. Para as taxas modernas do período anterior à guerra, a GFD, a OXLAD, a HSOUS e os *Relatórios Anuais* da Sociedade das Nações são as fontes primárias. Por vezes, completamo-las com investigações realizadas para países específicos, tal como se descreve no Anexo A.1. Menos modernas são as taxas de câmbio de finais do século XVII até ao início do século XIX, para uma série de países, que obtemos a partir do *Course of Exchange,* de John Castaing, que se publicou duas vezes por semana, às terças e sextas-feiras, de 1698 até cerca de um século depois[7].

Calculamos taxas de câmbio «base de prata» para os períodos anteriores, como é trivial, a partir das séries temporais fornecidas principalmente por Robert Allen e Richard Unger, que construíram séries anuais contínuas sobre o conteúdo de prata de várias das moedas europeias (para outras fontes, consulte-se os quadros específicos nos anexos de dados, que listam os autores)[8]. As séries mais antigas, para Itália e Inglaterra, começam em meados do século XIII. Como se descreve no Anexo A.1.4, estas séries são o fundamento da datação e quantificação das «crises de degradação monetária» – precursoras das modernas desvalorizações, tal como são catalogadas e discutidas no Capítulo 11.

---

[6] Reinhart e Rogoff (2004).
[7] Veja-se European State Finance Database (ESFDB), de Richard Bonney, disponível em < http://www.le.ac.uk/hi/bon/ESFDB/frameset.html >.
[8] A série cronológica de Allen e Unger, *European Commodity Prices, 1260-1914*, está disponível em < http://www2.history.ubc.ca/unger/htm_files/new_grain.htm >. Sevket Pamuk construiu uma série análoga para a Turquia até à Primeira Guerra Mundial (veja-se < http://www.ataboun.edu.tr/sevket%20pamuk.htm >).

PIB real

Para manter tanto quanto possível a homogeneidade numa amostra tão grande de países, ao longo de aproximadamente dois séculos, empregamos como fonte primária os dados de Angus Maddison, entre 1820 e 2003 (dependendo do país), e a versão actualizada até 2008 pela Groningen Growth and Development Centre's Total Economy Database (TED)[9]. O PIB é calculado com base em Paridades de Poder de Compra (PPC), de 1990[10]. A TED inclui, entre outras coisas, séries sobre os níveis de PIB real, população e PIB *per capita* para 125 países, de 1950 à actualidade. Estes países representam cerca de 96% da população mundial. A percentagem de PIB mundial (99%) é ainda maior, pois os países mais pequenos e mais pobres não figuram na base de dados. Não tentamos incluir no nosso estudo medidas agregadas da actividade económica real anteriores a 1800[11].

Para calcular a quota de PIB mundial de um país, continuamente ao longo dos anos, foi-nos necessário, por vezes, interpolar os dados de Maddison. Em geral, os valores do PIB interpolados são usados apenas para ponderações e percentagens do PIB global. Não os usamos para datar ou calibrar crises. Para a maioria dos países, o PIB é dado apenas para anos-chave, como, por exemplo, 1820, 1850, 1870. A interpolação fez-se de três maneiras, variando entre o recurso ao melhor método, ou ao método preferível, até à mais rudimentar. Quando temos dados efectivos sobre o PIB real, provenientes de fontes oficiais ou outros investigadores, para os períodos nos quais há lacunas nos dados de Maddison e nos quais estão disponíveis ambas as séries, fizemos regressões auxiliares das séries de Maddison do PIB sobre as séries de PIB disponíveis para o país em questão, por forma a interpolar dados em falta. Isto permitiu-nos manter a comparabilidade entre países, facultando--nos a possibilidade de agregar o PIB por regiões, ou à escala mundial.

---

[9] Veja-se Maddison (2004). A TED está disponível em < http://www.ggdc.net/ >.
[10] A PPC é calculada com base nos ponderadores Geary-Khamis. O dólar Geary-Khamis, também conhecido como dólar internacional, é uma unidade monetária hipotética, que tem o mesmo poder de compra que o dólar dos EUA tinha nos EUA, num determinado momento no tempo. O ano de 1990 é usado como ano de referência para as comparações intertemporais. O dólar Geary-Khamis mostra quanto vale uma unidade monetária nacional dentro de determinado país. É usado para comparações quer entre países, quer ao longo do tempo.
[11] Há excepções. Por exemplo, as estimativas cuidadosas de Rodney Edvinsson para a Suécia, de 1720 a 2000, ou da HSOUS para os EUA, com começo em 1720, proporcionam uma base a partir da qual se podem examinar ciclos económicos mais antigos e as suas relações com as crises.

Quando nenhumas outras medidas do PIB estavam disponíveis para ajudar a preencher as lacunas, usámos regressões auxiliares para ligar as medidas de Maddison do PIB a outros indicadores da actividade económica, tais como um índice de produção ou, mais frequentemente, receitas públicas — para as quais temos séries temporais contínuas de longo prazo[12]. Como último recurso, à falta de qualquer regressor potencial recorremos à interpolação para cobrir marcações em falta nos dados de Maddison, assumindo uma taxa de crescimento anual constante, entre os anos-chave para os quais há valores. Apesar de este método de interpolação ser, obviamente, inútil para captar perfis cíclicos, consegue, ainda assim, fornecer uma medida razoável da quota de um país particular no PIB mundial, pois ela não se altera drasticamente de um ano para o outro.

Exportações

Como é bem sabido, os dados sobre as exportações estão sujeitos a problemas crónicos de facturação, porque os exportadores tentam fugir aos impostos, ao controlo de capitais e às restrições monetárias[13]. Mesmo assim, as contas externas estão mais frequentemente disponíveis para um período maior, e numa base mais consistente do que as contas do PIB. Apesar dos problemas de facturação, as contas externas são, em geral, consideradas mais fiáveis do que a maior parte das outras séries sobre a actividade macroeconómica. As séries de exportações do período do pós-guerra usadas neste estudo são as do Fundo Monetário Internacional (FMI), extraindo-se a informação anterior da GFD e da OXLAD. Estatísticas históricas oficiais e estudos académicos vários listados no Anexo A.1 complementam as principais bases de dados. As balanças comerciais fornecem uma medida aproximada do ciclo de movimentos de capital de um país particular, em especial para os períodos mais antigos, para os quais não há dados sobre os saldos das contas de capital. As exportações são também usadas para estabelecer a escala da dívida, particularmente da dívida externa.

---

[12] É bem sabido que as receitas estão intimamente ligadas ao ciclo económico.

[13] Veja-se, por exemplo, os cálculos no material de base de Reinhart e Rogoff (2004), disponíveis nas páginas dos autores, na internet.

Finanças públicas e contas nacionais

Finanças Públicas

Os dados de finanças públicas são fundamentalmente retirados de Mitchell, para o período anterior a 1963, e de Kaminsky, Reinhart e Végh, bem como das fontes que eles citam, para o período mais recente[14]. As páginas electrónicas dos bancos centrais e dos Ministérios das Finanças de muitos países da nossa amostra fornecem a informação mais actualizada. Para muitos dos países, particularmente em África e na Ásia, as séries de receitas e despesas públicas vão até ao período colonial. Os detalhes específicos relativos à cobertura de cada país são apresentados no Quadro A.1.7, em anexo. Em quase todos os casos, os dados de Mitchell retrocedem até ao século XIX, permitindo-nos calcular rácios de dívida em relação às receitas para muitas das primeiras crises.

A European State Finance Database, que reúne dados provenientes de muitos autores, é uma excelente fonte para os maiores países europeus, para a era pré-1800, porque oferece detalhe considerável sobre as receitas e despesas públicas, para não falar de extensas referências bibliográficas.

Contas nacionais

Além das fontes canónicas, como o FMI, as Nações Unidas e o Banco Mundial, que fornecem dados sobre as contas nacionais para o período posterior à Segunda Guerra Mundial (com datas de início de série variáveis segundo os países), consultamos outras bases de dados multinacionais, como a OXLAD, para os períodos mais antigos. Tal como o fazemos com outras séries temporais usadas neste estudo, as séries de contas nacionais (normalmente para o período anterior à Primeira Guerra Mundial) baseiam-se em trabalhos de muitos investigadores de todas as partes do mundo, tais como os de Brahmananda para a Índia, de Yousef para o Egipto, e de Baptista para a Venezuela[15].

---

[14] Veja-se Mitchell (2003a, 2003b) e Kaminsky, Reinhart e Végh (2004).
[15] Veja-se Brahmananda (2001), Yousef (2002) e Baptista (2006).

Dívida pública e sua composição

Como já sublinhámos, encontrar informação sobre dívida pública interna é bastante difícil. Encontrar informação sobre incumprimentos da dívida interna é, sem surpresa, ainda mais problemático. Neste livro, catalogamos mais de 70 casos de incumprimento estrito da dívida interna, que se estendem até princípios do século XIX. E, mesmo assim, este registo está, provavelmente, muito aquém da realidade[16].

Para as economias avançadas, os dados mais completos vêm da Organização para a Cooperação e Desenvolvimento Económico (OCDE), que fornece séries sobre dívida pública desde 1980. Estes dados, porém, têm várias limitações importantes. Só incluem um número reduzido de mercados emergentes. Para muitas economias avançadas, como a Grécia, a Finlândia, a França e o Reino Unido, para referir apenas algumas, os dados começam, de facto, muito mais tarde, nos anos 90. A informação da OCDE sobre dívida pública apenas oferece, pois, uma série temporal relativamente curta. Além disso, apenas é registada a dívida total, sem detalhe sobre a sua composição (interna *versus* externa) ou maturidade (longo prazo *versus* curto prazo). Do mesmo modo, considerar que a bem conhecida base de dados World Economic Outlook do FMI abrange a dívida pública é um pouco fantasioso[17]. É fornecida informação apenas para os países do G-7, e apenas de 1980 para cá (num universo de 180 países cobertos pela WEO).

A informação mais completa sobre dívida pública procede da Global Development Finance (GDF, anteriormente conhecida como World Debt Tables), do Banco Mundial. É um avanço em relação a outras bases de dados, na medida em que começa, para a maioria dos países, em 1970, e fornece extenso detalhe sobre a dívida externa. Mas também a GDF tem sérias limitações. As economias avançadas não estão incluídas na base de dados, tal como não estão países recém-industrializados como Israel, a Coreia ou Singapura, o que dificulta as comparações. Ao contrário da informação do FMI e do Banco Mundial sobre taxas de câmbio, preços, finanças públicas,

---

[16] Estes números são um mínimo porque não incluem muitos incumprimentos soberanos anteriores a 1800, e no que respeita aos incumprimentos internos estamos apenas a dar os primeiros passos na detecção das reais dimensões do problema. Veja-se Reinhart e Rogoff (2008c).

[17] Esta descrição é retirada da página do FMI na internet, < http://www.imf.org/external /data.htm >: «Séries cronológicas descarregáveis para o crescimento do PIB, a inflação, o desemprego, a balança de pagamentos, as exportações, as importações, a dívida externa, fluxos de capitais, preços de bens primários e mais».

etc., a base de dados não vai além de 1970. Por fim, e não é certamente menos importante, a informação é apenas relativa à dívida externa. Nuns poucos países, como a Costa do Marfim ou o Panamá, a dívida externa é um dado estatístico suficiente sobre os compromissos públicos, porque os níveis de dívida pública interna são relativamente triviais. Como veremos no Capítulo 7, porém, na maior parte dos países a dívida interna representa uma parcela importante da dívida pública total. A média para a totalidade dos países oscila entre os 40% e os 80%, entre 1900 e 2007[18].

Em busca de dados de difícil acesso sobre dívida pública total, examinámos os arquivos da antecessora das instituições globais, a Sociedade das Nações, e descobrimos que o seu *Statistical Yearbook: 1926-1944* colige informação sobre, entre outras coisas, dívida pública interna e externa. Apesar de nem o FMI nem o Banco Mundial terem continuado esta prática depois da guerra, a então recém-criada Organização das Nações Unidas (ONU) herdou a informação coligida pela Sociedade e em 1948 o seu Departamento de Assuntos Económicos publicou um volume especial sobre dívida pública, que cobre o período de 1914 a 1946. Daí para a frente, a ONU continuou a recolher e publicar anualmente informação sobre dívida interna e externa, no mesmo formato usado pela sua antecessora antes da guerra, no seu *Statistical Yearbook*. À medida que antigas colónias se iam tornando nações independentes, a base de dados foi-se expandindo. A prática prolongou-se até 1983, altura em que as séries sobre dívida pública interna e externa foram definitivamente interrompidas. Ao todo, estas fontes fornecem séries temporais que abrangem o período de 1914 a 1983, nos casos mais completos. Cobrem economias avançadas e em desenvolvimento. Na maior parte dos casos, também desagregam a dívida interna nas suas componentes de longo e curto prazo. Tanto quanto sabemos, esta informação não está disponibilizada electronicamente em nenhuma base de dados. Obtê-la obrigou, pois, a recorrer às publicações originais. Estes dados fornecem o ponto de partida para as nossas séries de dívida pública, que foram, sempre que possível, alargadas ao período anterior a 1914 e para além de 1983.

Para informação anterior a 1914, incluindo a relativa a muitos países que então eram colónias, consultámos numerosas fontes, quer de organismos públicos e estatísticos, quer de investigadores individuais[19]. O Anexo A.2

---

[18] Para alguns países, como os Estados Unidos, os Países Baixos e Singapura, quase toda a dívida pública é interna.

[19] Para a África do Sul, a Austrália, Coreia, Gana e Índia, entre outros, conseguimos reunir dados sobre dívida para grande parte do período colonial.

fornece detalhes das fontes, por país e período. Nos casos em que não estão disponíveis dados sobre dívida pública, para o período anterior a 1914, fizemos uma aproximação ao *stock* de dívida externa, reconstruindo-o a partir de emissões internacionais individuais. Esta informação sobre empréstimos obrigacionistas (*debentures*, dívida não garantida por colateral real ou activos) também fornece uma medida aproximada das entradas brutas de capitais externos. Muita da informação tem origem em investigadores, incluindo Miller, Wynne, Lindert e Morton, e Marichal, entre outros[20]. A partir destes dados, construímos uma série para a dívida externa (mas não compreende a dívida total)[21]. Este exercício permite-nos examinar os rácios de dívida normais, aquando dos episódios de incumprimento de várias nações, que acabavam de ascender à independência, na América Latina, bem como da Grécia, e em incumprimentos importantes, como o da China, em 1921, ou os do Egipto e da Turquia, nos anos 1860 e 1870. Esta informação é muito útil para preencher lacunas nas séries de dívida mais antigas, quando os países começavam a aceder aos mercados de capitais internacionais. A sua utilidade, como medida da dívida, é fortemente afectada pelos incumprimentos repetidos, abatimentos [*write-offs*] e reestruturações, que introduzem incongruências entre os montantes de dívida emitida e o *stock* subsequente[22].

Para alguns países ou colónias, no período mais antigo, para os quais temos apenas dados relativamente recentes sobre a dívida pública total, mas temos informação fiável, recuando muito mais no passado, sobre receitas e despesas públicas, calculamos e acumulamos os défices orçamentais para esboçar uma aproximação ao *stock* de dívida[23].

Para actualizar os dados para o período posterior a 1983, baseamo-nos principalmente na GDF para a dívida externa, com alguns valiosos estudos recentes a facilitarem a tarefa[24]. Por fim, mas não menos importante, há as próprias fontes governamentais e oficiais, que aparecem cada vez mais a

---

[20] Veja-se Miller (1926), Wynne (1951), Lindert e Morton (1989) e Marichal (1989).

[21] Flandreau e Zumer (2004) são uma fonte de dados importante para a Europa, de 1880 a 1913.

[22] Mesmo nestas circunstâncias, continuam a ser uma medida útil das entradas brutas de capitais; a anterior amostra incluía relativamente pouco endividamento externo privado ou empréstimo bancário.

[23] A Indonésia anterior a 1972 é um bom exemplo de um país relativamente ao qual este exercício se revelou particularmente útil.

[24] Jeanne e Guscina (2006) compilaram informação sobre a composição da dívida interna e externa para 19 mercados emergentes importantes, de 1980 a 2005; Cowan *et al.* (2006) fizeram um exercício análogo para todos os países em desenvolvimento do

fornecer informação sobre dívida interna, muitas vezes no quadro do *Special Data Dissemination Standard* de 1996, do FMI, e publicada com destaque na página oficial desta instituição[25].

Variáveis globais

Há dois tipos de variáveis que classificamos como «globais». O primeiro diz respeito a variáveis que são genuinamente globais pelo seu âmbito, como é o caso dos preços mundiais de produtos primários. O segundo tipo consiste em indicadores económicos e financeiros cruciais para os centros financeiros mundiais, do período de 1800 a 2009, que exerceram uma influência verdadeiramente global. Nos tempos modernos, um bom exemplo é o objectivo da política de taxas de juro da Reserva Federal dos Estados Unidos. Para os preços primários, temos uma série temporal desde finais do século XVIII, proveniente de quatro fontes principais (ver Anexo A.1). Os indicadores económicos principais incluem o défice da balança corrente, o PIB real e nominal, taxas de juro de curto e longo prazo nos centros financeiros relevantes em cada época (o Reino Unido, até à Primeira Guerra Mundial, os EUA desde então).

Cobertura geográfica

O Quadro 3.1 lista os 66 países da nossa amostra. Incluímos uma série de economias africanas e asiáticas, ao contrário de estudos anteriores para o mesmo período, que compreendiam, no máximo, duas de cada uma dessas regiões. Ao todo, o nosso conjunto de dados inclui 13 países africanos, 12 asiáticos, 19 europeus e 18 latino-americanos, mais a América do Norte e a Oceania. A nossa amostra exclui muitos dos países mais pobres do mundo, que em geral não podem recorrer ao crédito, em montantes significativos, de prestamistas do sector privado. Com efeito, quase todos eles incumpriram, mesmo em empréstimos concedidos de governo a governo, altamente subsidiados. É um assunto interessante para um outro estudo, mas aqui esta-

---

hemisfério ocidental, para o período de 1980 a 2004. Veja-se Reinhart, Rogoff e Savastano (2003a) para uma tentativa anterior de medir a dívida pública interna dos mercados emergentes.

[25] < http://www.imf.org/ >.

mos essencialmente interessados em fluxos financeiros que, pelo menos em primeira instância, têm uma dimensão substancial de mercado[26].

Como a coluna final do Quadro 3.1 ilustra, a nossa amostra de 66 países representa cerca de 90% do PIB mundial. Muitos destes países, particularmente em África e na Ásia, tornaram-se nações independentes há relativamente pouco tempo (ver coluna 2). Estes países recém-independentes não estiveram tanto tempo expostos ao risco de incumprimento como, por exemplo, os países da América Latina e, por isso, temos de calibrar adequadamente as nossas comparações entre países.

O Quadro 3.1 assinala os países que, na nossa amostra, podem ser considerados «virgens de incumprimento», pelo menos no sentido estrito de que nunca falharam os seus compromissos de reembolso da dívida externa, ou os reescalonaram, uma só vez. Sobressai neste caso um grupo de países que compreende as nações anglófonas de elevado rendimento, a Austrália, o Canadá, a Nova Zelândia e os EUA. O país-mãe, a Inglaterra, incumpriu em épocas anteriores, como já notámos. Além disso, nenhum dos países escandinavos – a Dinamarca, a Finlândia, a Noruega e a Suécia – incumpriu; nem a Bélgica ou os Países Baixos. E na Ásia, Hong Kong, a Coreia, a Malásia, Singapura, Taiwan e a Tailândia, todos eles conseguiram evitar o incumprimento externo. É verdade que dois destes países, a Coreia e a Tailândia, conseguiram-no apenas através de enormes pacotes de empréstimo do FMI, durante a última crise de dívida dos anos 90, e em tudo resto sofreram muitos dos traumas típicos de um país incumpridor. Dos países asiáticos referidos, apenas a Tailândia existia como Estado independente antes do fim da Segunda Guerra Mundial. Os outros tiveram a possibilidade de incumprir durante um período relativamente curto. O incumprimento ou a reestruturação da dívida pública interna reduziria significativamente a lista dos países «virgens», entre outros eliminando os EUA do quadro dos não incumpridores. Por exemplo, a revogação da cláusula-ouro nos EUA, em 1933, significando que as dívidas públicas passavam a ser reembolsadas em moeda fiduciária, em vez de ouro, constituiu uma reestruturação de quase toda a dívida pública interna. Por fim, um país africano, a Maurícia, nunca incumpriu ou reestruturou.

---

[26] O facto de alguns dos países mais pobres do mundo falharem frequentemente o reembolso das suas dívidas a prestamistas oficiais não pode ser concebido como uma crise financeira no sentido convencional do termo, pois, apesar disso, esses prestamistas continuam muitas vezes a fornecer ajuda. Veja-se Bulow e Rogoff (2005) para um debate sobre um tema afim deste, a saber, se os bancos de desenvolvimento multilaterais deveriam ser estruturados como agências de ajuda explícitas.

É notável que os não incumpridores constituam, em geral, sucessos de crescimento impressionante. O que levanta a questão: são as altas taxas de crescimento que evitam o incumprimento, ou é a prevenção do incumprimento que gera altas taxas de crescimento? Não faltam exemplos, na história mundial, de países em elevado crescimento a mergulhar em problemas, quando as economias abrandam.

Quadro 3.1 A quota no PIB mundial por país, em 1913 e 1990

Região e país	Ano da independência (se posterior a 1800)	Percentagem do PIB mundial (em dólares Geary-Khamis de 1990)	
		1913	1990
África			
África do Sul	1910	0,36	0,54
Angola	1975	0,00	0,03
Argélia	1962	0,23	0,27
Costa do Marfim	1960	0,00	0,06
Egipto	1831	0,40	0,53
Marrocos	1956	0,13	0,24
Maurícia★	1968	0,00	0,03
Nigéria	1960	0,00	0,40
Quénia	1963	0,00	0,10
República Centro-Africana	1960	0,00	0,01
Tunísia	1957	0,06	0,10
Zâmbia	1964	0,00	0,02
Zimbabué	1965	0,00	0,05
Ásia			
China		8,80	7,70
Coreia★	1945	0,34	1,38
Filipinas	1947	0,34	0,53
Hong Kong★		n.d.	n.d.
Índia	1947	7,47	4,05
Indonésia	1949	1,65	1,66
Japão		2,62	8,57
Malásia★	1957	0,10	0,33
Myanmar	1948	0,31	0,11
Singapura★	1965	0,02	0,16
Taiwan★	1949	0,09	0,74
Tailândia★		0,27	0,94
Europa			
Alemanha		8,68	4,67
Áustria		0,86	0,48
Bélgica★	1830	1,18	0,63
Dinamarca★		0,43	0,35
Espanha		1,52	1,75
Finlândia★	1917	0,23	0,31
França		5,29	3,79
Grécia	1829	0,32	0,37
Hungria	1918	0,60	0,25
Itália		3,49	3,42
Noruega★	1905	0,22	0,29
Países Baixos★		0,91	0,95

Continuação

Quadro 3.1 Continuação

Região e país	Ano da independência (se posterior a 1800)	Percentagem do PIB mundial (em dólares Geary-Khamis de 1990)	
		1913	1990
Polónia	1918	1,70	0,72
Portugal		0,27	0,40
Reino Unido		8,22	3,49
Roménia	1878	0,80	0,30
Rússia		8,50	4,25
Suécia		0,64	0,56
Turquia		0,67	1,13
América Latina			
Argentina	1816	1,06	0,78
Bolívia	1825	0,00	0,05
Brasil	1822	0,70	2,74
Chile	1818	0,38	0,31
Colômbia	1819	0,23	0,59
Costa Rica	1821	0,00	0,05
El Salvador	1821	0,00	0,04
Equador	1830	0,00	0,15
Guatemala	1821	0,00	0,11
Honduras	1921	0,00	0,03
México	1821	0,95	1,91
Nicarágua	1821	0,00	0,02
Panamá	1903	0,00	0,04
Paraguai	1811	0,00	0,05
Peru	1821	0,16	0,24
República Dominicana	1845	0,00	0,06
Uruguai	1811	0,14	0,07
Venezuela	1830	0,12	0,59
América do Norte			
Canadá★	1867	1,28	1,94
EUA★		18,93	21,41
Oceania			
Austrália★	1901	0,91	1,07
Nova Zelândia★	1907	0,21	0,17
Amostra total: 66 países		93,04	89,24

Fontes: Correlates of War (s.d.), Maddison (2004).
Nota: um asterisco (★) denota que não há história de incumprimento externo soberano ou reestruturação. n.d. não disponível. Vários dos países que evitaram um incumprimento externo, como os EUA, não escaparam a um incumprimento, ou reestruturação, da sua dívida interna. (Ver Capítulo 7).

Os governos podem conseguir um incumprimento parcial *de facto* à sua dívida nominal, em obrigações, por via de inesperados surtos de inflação, como veremos mais tarde, nos Capítulos 11 e 12. Os governos têm várias formas de incumprir parcialmente as suas dívidas e muitas das crises financeiras ao longo dos anos tipificaram-se pela escolha feita pelos governos do seu veículo de financiamento e incumprimento. O facto de a dívida pública ser um denominador comum aos vários tipos de crises ficará mais claro quando nos detivermos nas ligações entre crises, no Capítulo 16.

Parte II

Crises de dívida externa soberana

A maior parte dos países, em todas as regiões do mundo, passou por uma fase prolongada de incumprimento em série da dívida a credores externos.

4
Uma digressão sobre os fundamentos teóricos das crises de dívida

Neste livro, relatamos centenas de episódios nos quais nações soberanas incumpriram os empréstimos que haviam contraído junto de credores externos. Estas «crises de dívida» vão desde os incumprimentos de meados do século XIV, aos créditos concedidos por financeiros florentinos à Inglaterra de Eduardo III, até aos que recaíram sobre os imensos empréstimos feitos maioritariamente por banqueiros de Nova Iorque à América Latina, na década de 70. Porque parecem os países ficar sem dinheiro com tanta frequência? E será que ficam?

O antigo presidente do Citibank (1967-1984) Walter Wriston ficou famoso pela máxima: «Os países não vão à falência». Em retrospectiva, o comentário de Wriston soa a tolice, vindo como veio justamente antes da grande vaga de incumprimentos externos da década de 80. Afinal, ele era o presidente de um grande banco, que havia investido imenso na América Latina. Porém, num certo sentido, o presidente do Citibank tinha razão. Os países não vão à falência no mesmo sentido em que o faz uma firma ou uma companhia. Primeiro, os países não cessam normalmente a actividade. Segundo, um incumprimento soberano é muitas vezes o resultado de uma complexa análise custo-benefício, envolvendo considerações de ordem política e social e não apenas económico-financeiras. A maior parte dos incumprimentos nacionais ocorre muito antes de um país ficar literalmente desprovido de recursos.

Na maioria dos casos, com dor e sofrimento suficientes um país devedor determinado pode reembolsar os credores externos. A questão que a maioria dos dirigentes tem de enfrentar é a de saber onde traçar a linha. A decisão não é sempre inteiramente racional. O ditador romeno Nikolai

Ceausescu insistiu obstinadamente no reembolso, em poucos anos, da dívida de nove mil milhões de dólares, que o seu país pobre devia a bancos externos, durante a crise de dívida da década de 80. Os romenos foram obrigados a passar por invernos frios, com pouco ou nenhum aquecimento, e as fábricas tiveram de reduzir a sua produção, em resultado da escassez de electricidade.

Poucos dirigentes modernos teriam concordado com as prioridades de Ceausescu. O comportamento do ditador romeno é especialmente intrigante tendo em conta que o país podia, presumivelmente, ter renegociado o peso da sua dívida, tal como a maior parte dos outros países em desenvolvimento acabou por conseguir fazê-lo, durante a crise dessa década. Do mesmo modo, nos tempos modernos tem-se por aceite que um país devedor não deve desfazer-se de tesouros nacionais raros com a finalidade de saldar as suas dívidas. Durante a crise financeira russa de 1998, ninguém equacionou por um momento a possibilidade de Moscovo se desfazer de obras de arte do Museu Hermitage, apenas para apaziguar os credores ocidentais[1].

O facto de os prestamistas dependerem da vontade de reembolsar de uma nação soberana, e não apenas da sua capacidade para tal, implica que a bancarrota soberana é de espécie distinta da bancarrota empresarial. Na bancarrota empresarial ou individual, os credores têm direitos bem definidos, que normalmente lhes permitem apropriar-se de muitos dos activos do devedor e receber em penhora uma parcela do seu rendimento futuro. Na bancarrota soberana, os credores podem fazer o mesmo – em teoria –, mas na prática o seu poder de forçar a aplicação do estipulado é muito limitada.

Este capítulo fornece o quadro analítico que nos permite pensar mais em profundidade sobre as bases fundamentais em que assentam os mercados de dívida internacionais. O nosso objectivo aqui não é o de fornecer um levantamento completo da vasta bibliografia sobre o assunto, mas antes o de proporcionar uma visão geral dos problemas[2]. Os leitores essencialmente interessados em compreender a experiência histórica podem optar por saltar

---

[1] Nos anos finais da década de 20, a colectivização da propriedade agrícola, por Estaline, conduziu à fome em massa e a Rússia precisou de dinheiro para importar cereais. Como resultado, o país vendeu alguns dos seus tesouros a estrangeiros, incluindo ao magnata do petróleo Calouste Gulbenkian e ao banqueiro americano Andrew Mellon. Mas Estaline não pôs certamente a hipótese de usar procedimentos destes para reembolsar as velhas dívidas czaristas.
[2] Veja-se Persson e Tabellini (1990) e Obstfeld e Rogoff (1996) para levantamentos da bibliografia pertinente.

este capítulo. Em certo sentido, porém, a análise que aqui levamos a cabo está no centro de tudo o que se segue. Como explicar que os credores externos acabem sempre por confiar que os países devedores lhes reembolsarão, de um modo ou doutro, as dívidas, depois de, no passado, terem ficado regularmente a arder? Como explicar que os residentes nos mercados emergentes acabem sempre por confiar o seu dinheiro aos bancos ou à moeda nacional, quando também ficaram a arder tantas vezes? Porque é que por vezes ocorrem explosões de inflação global, como foi o caso no início dos anos 90, quando 45 países estavam com taxas de inflação acima dos 20%, e não noutros períodos, como no início da década de 2000, quando apenas uns poucos registavam tais taxas?

Não são questões simples e são objecto de imenso debate entre economistas. Nem sequer se descortinam respostas completas. Os problemas sociais, políticos e económicos que subjazem ao incumprimento são, pura e simplesmente, demasiado complexos. Se estes problemas vierem a ser resolvidos pelas gerações futuras de investigadores, talvez o mote deste livro se torne discutível e o mundo entre finalmente numa era na qual será, enfim, possível dizer: «Desta vez é diferente». Todavia, a história está cheia de exemplos de declaração prematura de vitória neste território espinhoso.

Começamos por nos concentrar naquela que é porventura a «imperfeição» fundamental dos mercados de capitais internacionais — a falta de um quadro legal supranacional para garantir a aplicação transfronteiriça de contratos de dívida. Esta é uma maneira abstracta de dizer que, se o governo da Argentina, um país que tem uma história famosa de incumprimento em série, pedir dinheiro emprestado a um banco norte-americano e incumprir depois, as opções do banco para garantir directamente aplicação dos seus direitos são limitadas. Para afinarmos a nossa discussão dos aspectos internacionais do problema, ignoraremos provisoriamente as divisões políticas e económicas no interior do país que pede emprestado e tratá-lo-emos como um único actor. Ignoraremos, assim, a dívida pública interna (dívida em que incorre o governo para com os cidadãos ou bancos do país).

Pode parecer estranho, a quem não esteja familiarizado com a criação de modelos económicos, reduzir a um único actor um governo e a sua população. Em demasiados países, os governos podem ser cleptocráticos e corruptos, sendo as políticas nacionais ditadas pelas elites e não pelo cidadão comum. De facto, a desunião política é muitas vezes um factor indutor crucial dos incumprimentos soberanos e das crises financeiras. O facto de a crise do *suprime* nos EUA se ter deteriorado bastante no trajecto para as eleições do país, em 2008, é muito típico. As posturas pré-eleitorais e a incerteza pós-eleitoral exacerbam normalmente o desafio de se desenvolver uma resposta política credível e coerente. A crise financeira enorme que se abateu sobre o Brasil em 2002 foi desencadeada, em boa medida, pelas preocupações dos investidores relacionadas com a passagem do governo centrista de Fernando Henrique Cardoso para as políticas mais populistas do líder da oposição, Lula da Silva. A ironia foi que o vencedor, de inclinação esquerdista, acabou por se revelar mais conservador, em matéria de gestão macroeconómica, do que os investidores temiam ou, talvez, alguns dos seus apoiantes teriam esperado.

Empréstimo soberano

Se o leitor tiver alguma dúvida de que, mais do que a capacidade, é a vontade de pagar que é normalmente o principal determinante do incumprimento de um país, tem apenas consultar o anterior Quadro 2.2. O quadro mostra que mais de metade dos incumprimentos dos países de rendimento médio ocorre a níveis de dívida externa relativamente ao PIB abaixo dos 60%, quando, em circunstâncias normais, poucos pontos percentuais do seu rendimento destinados ao pagamento dos juros reais bastariam para manter o nível de dívida constante em relação ao produto, um quesito geralmente visto como indicador importante da sua sustentabilidade. Expressos em percentagem das exportações, ou das receitas públicas, tais pagamentos são, por norma, várias vezes mais altos, como ilustraremos posteriormente. Mas, mesmo assim, o esforço seria gerível com o tempo, na maior parte das situações, se exceptuarmos o caso da guerra, especialmente se o país, como um todo, estiver clara e credivelmente empenhado no aumento gradual das exportações para um nível adequado ao reembolso completo.

A centralidade da vontade de pagar, mais do que a capacidade para o fazer, é também clara, quando olhamos para trás alguns séculos, para os empréstimos internacionais dos séculos XVI, XVII e XVIII, aquilo que designamos como o primeiro período de incumprimento. Nessa altura, os maiores prestatários eram a França e a Espanha, com enormes exércitos próprios. Os credores externos dificilmente poderiam acalentar esperanças de impor pela força o pagamento das dívidas. Como Michael Tomz nos lembra, durante a era colonial, no século XIX, as superpotências intervinham periodicamente para garantir o cumprimento dos contratos de dívida[3]. A Inglaterra

---

[3] Tomz (2007).

ameaçava regularmente, e até ocupou, países que falharam o reembolso de dívidas externas. Invadiu, por exemplo, o Egipto, em 1882, e Istambul, na sequência do grande incumprimento turco, de 1876. Do mesmo modo, a «diplomacia da canhoeira» dos EUA, na Venezuela, que começou em meados dos anos 90 do século XIX, foi em parte motivada por questões de pagamento da dívida. E a invasão norte-americana do Haiti, iniciada em 1915, foi justificada pela necessidade de proceder a cobranças. A Caixa 5.2 explica como é que problemas de dívida conduziram a nação independente da Terra Nova à perda de soberania.

Na era moderna, porém, a ideia de recorrer à diplomacia da canhoeira para cobrar dívidas parece descabida (na maior parte dos casos). Uma simples análise custo-benefício não justifica que um governo assuma despesas e riscos tão elevados, especialmente quando o endividamento está tão espalhado através da Europa, do Japão e dos EUA, tornando ainda mais fracos os incentivos para um país recorrer ao uso da força militar.

Que cenouras ou paus podem, assim, os credores externos usar com devedores soberanos? Esta questão foi pela primeira vez coerentemente formalizada num ensaio clássico de Jonathan Eaton e Mark Gersovitz, argumentando que, num mundo incerto e em mudança, os países têm um benefício enorme no acesso aos mercados de capitais internacionais[4]. No passado, esse acesso permitia a um país obter alimentos, em anos de colheita excepcionalmente má. Nos tempos modernos, os países podem precisar de empréstimos para combater recessões ou lançar-se em projectos de infra--estruturas altamente produtivos.

Eaton e Gersovitz argumentam que os benefícios do acesso continuado ao mercado de capital poderiam induzir os governos a manter o pagamento da dívida, à falta de qualquer sistema legal para forçar a sua cooperação. Baseiam a sua análise na conjectura de que os governos têm de se preocupar com a sua «reputação» enquanto prestatários internacionais. Se a negação da dívida a prejudica, não o farão com ligeireza. A abordagem de Eaton e Gersovitz é apelativa, do ponto de vista da teoria económica, em especial porque, em boa medida, não pressupõe instituição alguma. É teoria «pura», ao não depender de quaisquer particularidades do Estado, como sejam as estruturas legais e políticas. Em princípio, a teoria consegue explicar o recurso ao crédito tanto na Idade Média como hoje. Note-se que o argumento da reputação não afirma simplesmente que os países pagam as suas dívidas, agora, para poder pedir ainda mais empréstimos, no futuro. Se esse

---

[4] Veja-se Eaton e Gersovitz (1981).

fosse o caso, o recurso ao crédito internacional seria um esquema Ponzi, com níveis de dívida explosivos[5].

Esta «abordagem da reputação» tem alguns problemas subtis. Se todo o edifício da concessão de crédito internacional fosse simplesmente construído com base na reputação, os mercados de crédito seriam ainda mais frágeis do que de facto são. De certeza que os financeiros italianos do século XIV compreenderam que Eduardo III de Inglaterra poderia morrer numa batalha, ou de doença. Que aconteceria aos seus empréstimos se o seu sucessor tivesse objectivos e aspirações muito diferentes? Se Eduardo III tivesse conseguido conquistar a França, para que haveria ele de precisar dos prestamistas no futuro[6]? Se as instituições de facto não importam, por que razão, ao longo da maior parte da história, tem sido a dívida externa dos mercados emergentes em grande parte denominada em moeda externa e contratada sob jurisdição estrangeira?

Bulow e Rogoff levantaram outra objecção importante à noção de que as instituições e os mecanismos jurídicos internacionais não têm importância nos empréstimos externos[7]. Os países podem, com efeito, ter vontade de reembolsar as suas dívidas, para manter o direito de recorrer a empréstimos no futuro. Mas, em dado momento, o peso da dívida inglesa teria de ter atingido um ponto no qual o valor esperado dos reembolsos da dívida existente excederia qualquer empréstimo futuro. Em dado ponto, um país tem de atingir o seu limite de dívida. Porque não haveria Eduardo III, ou o seu sucessor, de declarar pura e simplesmente as dívidas italianas sem efeito? A Inglaterra poderia, então, ter usado quaisquer pagamentos, que *teria* feito aos seus financeiros, para acumular reservas de ouro, que poderiam vir a ser usadas se viesse a ter um défice futuro.

A abordagem da reputação requer, portanto, alguma disciplina. Bulow e Rogoff argumentam que, nos tempos modernos, as estratégias de investimento sofisticadas (por exemplo, as que são usadas nas bolsas de valores estrangeiras) podem facultar uma protecção tão boa, ou quase tão boa,

---

[5] Se os países pedirem simplesmente empréstimos em montantes cada vez maiores, os níveis de dívida em relação ao rendimento têm, por fim, de explodir, se as taxas mundiais de juro reais (ajustadas ao risco) excederem a taxa de crescimento real de longo prazo do país, o que parece ser geralmente o caso, tanto na prática como sob restrições teóricas razoáveis.

[6] Mais em geral, a abordagem da reputação com base na teoria dos jogos, detalhada por Eaton e Gersovitz, admite tipicamente uma imensa variedade de equilíbrios (resultados), podendo todos eles ser racionalizados pelo mesmo mecanismo reputacional.

[7] Veja-se Bulow e Rogoff (1989b).

contra o incumprimento, como qualquer fluxo potencial de empréstimos externos. Num outro trabalho, Bulow e Rogoff defendem que, em vez de depender apenas do valor da reputação, o reembolso de grande parte dos empréstimos externos, especialmente nos mercados emergentes, poderia ser garantido pelos direitos legais dos credores nos próprios países das fontes de crédito[8]. Se um país quiser garantir a sua própria segurança, muitos dos investimentos que poderá ter de fazer envolverão compras no estrangeiro. Os credores poderão não ter a possibilidade de se apropriar directamente de activos no país do prestatário, mas, investidos de direitos legais suficientes, podem apropriar-se dos activos deste no estrangeiro, em particular nos seus próprios países, mas potencialmente também em países terceiros com sistemas jurídicos muito desenvolvidos. O direito de apreensão de activos no estrangeiro tornará difícil a um país incumpridor obter empréstimos de outros prestamistas internacionais. Se um país incumpre ao banco estrangeiro A e, depois, tenta obter um empréstimo do banco estrangeiro B, o banco B tem de cuidar de saber se o banco A não procurará ver garantida a prioridade do seu direito, quando chegar a altura do reembolso. Neste sentido, a abordagem da reputação e a abordagem legal não são assim tão diferentes, apesar de a semelhança poder ser significativa, no que concerne às políticas a adoptar no desenho e operação do sistema financeiro internacional. Por exemplo, a constituição de um tribunal de insolvências internacional, para substituir os tribunais nacionais, pode ser quase irrelevante, se os direitos legais forem, em qualquer caso, de pouca consequência.

Pôr a tónica nos direitos legais também nos leva a considerar outros custos além do corte no acesso a futuros empréstimos. Um governo que pondere incumprir empréstimos internacionais tem também de levar em linha de conta a ruptura potencial do seu comércio, resultante da necessidade de desviar as suas rotas, e as do seu financiamento, para iludir os credores. A Inglaterra do século XIV dependia da venda de lã aos tecelões italianos e a Itália era o centro do comércio de especiarias, que a Inglaterra precisava de importar. O incumprimento implicava dificultar o comércio futuro com a Itália e o comércio através dela, o que representaria custos consideráveis. Hoje em dia, o comércio e o sector financeiro estão ainda mais intimamente ligados. Por exemplo, a maior parte do comércio, interno e externo, está extremamente dependente de créditos bancários de muito curto prazo, que financiam os bens, durante o envio e até à sua recepção. Se um país incumpre empréstimos de longo prazo, o banco credor pode exercer pressão con-

---

[8] Veja-se Bulow e Rogoff (1989a).

tra uma entidade que tente financiar créditos comerciais. Os países podem lidar com este problema até certo ponto, usando as reservas cambiais do Estado para financiar o seu comércio. Mas os governos estão em geral mal equipados para supervisionar empréstimos comerciais ao nível microeconómico e não podem substituir facilmente a perícia dos bancos. Por último, mas não menos importante, os credores podem fazer valer nos tribunais dos seus próprios países o atendimento de reclamações, que lhes permite potencialmente arrestar quaisquer bens (ou activos) do país incumpridor que atravessem as suas fronteiras. Bulow e Rogoff argumentam que, na prática, credores e devedores normalmente negoceiam um incumprimento parcial, de modo que raramente se observa esse género de arrestos.

A determinado nível, nem o modelo baseado na reputação, de Eaton e Gersovitz, nem a abordagem institucional, de Bulow e Rogoff, parecem suficientemente adequados para explicar a escala e a dimensão dos empréstimos internacionais, ou a diversidade de medidas que os credores activam em situações concretas de incumprimento. O comércio depende não só de convenções legais, mas também da resistência política às guerras de tarifas e de uma troca mais ampla de pessoas e informação para sustentar o crescimento dos negócios e o seu desenvolvimento.

De facto, se a reputação de crédito de um país pode ter apenas um poder explicativo limitado, se for entendida no sentido estrito definido por Eaton e Gersovitz, interpretada em sentido mais amplo – por exemplo, relacionando-a com a sua fiabilidade enquanto parceiro nas relações internacionais – pode ser mais significativa[9]. O incumprimento da dívida pode perturbar os equilíbrios delicados das alianças e acordos de segurança nacionais, e a maior parte dos países tem necessidades e problemas importantes neste domínio.

Além dos empréstimos, o Investimento Directo Estrangeiro (IDE) (por exemplo, quando uma companhia internacional constrói uma fábrica num mercado emergente) pode também ser importante para o desenvolvimento. Uma companhia internacional que queira realizar IDE num país incumpridor preocupar-se-á com possibilidade de expropriação, um fenómeno proeminente nos anos 60 e 70. Os exemplos incluem a tomada, pelo Chile, em 1971, das suas minas de cobre, então nas mãos de companhias norte-americanas, e a nacionalização dos bens das companhias petrolíferas estrangeiras, no início da década de 70, pela OPEP (Organização dos Países Exportadores de Petróleo). Um incumprimento de dívida lança certamente incertezas

---

[9] Bulow e Rogoff (1989b) apresentam um exemplo simples baseado numa guerra de tarifas; Cole e Kehoe (1996) põem este argumento num contexto mais geral.

a respeito do IDE, custando ao país devedor não apenas os fluxos de capitais, mas também a transferência de conhecimento, que os economistas especializados em comércio normalmente associam àquele tipo de investimento[10].

Em suma, os economistas podem encontrar argumentos para explicar porque é que os países são capazes de obter empréstimos no estrangeiro, apesar da limitação dos direitos dos credores. Mas os argumentos são surpreendentemente complexos, sugerindo que os níveis de dívida sustentáveis podem ser também frágeis. Preocupações relativas ao acesso futuro aos mercados de capitais, à manutenção do comércio e, possivelmente, das relações internacionais em sentido mais amplo convergem no apoio aos fluxos de dívida, com a ênfase e o peso relativo de cada um delas dependendo dos factores específicos de cada situação. Isto é, mesmo não podendo um prestamista recorrer directamente ao arresto de activos, como num incumprimento interno convencional, mantém, apesar de tudo, poder suficiente para instigar um país a reembolsar os seus empréstimos, pelo menos os de dimensão modesta. Podemos rejeitar, porém, a noção popular de que os países saldam as suas dívidas para poder obter ainda maiores empréstimos no futuro. Os esquemas Ponzi não podem ser o fundamento do crédito internacional; estes acabam forçosamente por colapsar.

Como é que esse poder limitado dos credores externos se relaciona com a fragilidade da confiança, que sublinhámos no preâmbulo? Sem entrar em muitos detalhes, é fácil imaginar que muitos dos modelos e quadros teóricos a que temos aludido geram equilíbrios altamente frágeis, no sentido de que há, muitas vezes, resultados múltiplos, que podem ser bastante sensíveis a pequenas mudanças nas expectativas. Tal fragilidade aparece em muitos enquadramentos, mas é mais directamente aparente nos casos em que Estados altamente endividados precisam de rolar continuamente o seu financiamento de curto prazo, assunto ao qual dedicamos a nossa atenção, no que se segue.

Iliquidez *versus* insolvência

Sublinhámos a distinção importante entre vontade e capacidade para pagar. Uma outra ideia importante é a distinção entre um país que enfrenta um problema de financiamento de curto prazo e um outro que não quer e/ou pode servir indefinidamente a sua dívida. Na maior parte da literatura, esta

---

[10] Borensztein *et al.* (1989b) examina a evidência empírica da relação entre IDE e o crescimento económico.

distinção é normalmente descrita como a diferença entre «iliquidez e insolvência». Naturalmente que o leitor, por ora, já compreende que esta analogia literal entre um país e uma empresa é muito enganadora. Uma empresa falida pode pura e simplesmente não ser capaz de servir as suas dívidas na totalidade, o que põe em causa a sua continuidade. Um país incumpridor, por outro lado, tomou normalmente uma decisão estratégica: o reembolso (pleno) não vale o sacrifício.

É comum os governos endividarem-se internacionalmente, ou a prazos relativamente curtos, de um a três anos, ou a prazos mais longos, a taxas de juro ligadas à dívida internacional de curto prazo. A razão por que o recurso ao crédito tende a ser de relativamente curto prazo é já por si um tópico. Por exemplo, Diamond e Rajan defendem que os prestamistas querem manter a opção de ser capazes de disciplinar os prestatários que se «portam mal», isto é, falham no investimento de recursos, por forma aumentar a probabilidade de futuros reembolsos[11]. Jeanne argumenta que, sendo o recurso ao crédito de curto prazo um factor de risco acrescido para uma crise financeira (quando muitas vezes a dívida não pode ser rolada), os países são forçados a disciplinar as suas políticas, melhorando o desempenho económico, tanto de devedores como de credores[12]. Por estas e outras razões afins, os empréstimos de curto prazo têm muitas vezes taxas de juro muito mais baixas do que os de longo prazo. Argumentos semelhantes têm sido defendidos a respeito do recurso ao crédito em divisas estrangeiras.

Em qualquer caso, quando um país se endivida a curto prazo não tem apenas necessidade de financiar o pagamento dos juros (com os seus próprios recursos ou com novos empréstimos), como tem também periodicamente de rolar o capital em dívida. Ocorre uma crise de liquidez quando um país, que quer e pode servir as suas dívidas, a longo prazo, está temporariamente incapaz de as rolar. Esta situação contrasta com aquilo que por vezes é informalmente rotulado de problema de «insolvência», no qual um país é percebido como não querendo, ou não podendo, reembolsar a longo prazo. Se um país está, de facto, a fazer face a uma mera crise de liquidez, uma terceira entidade (por exemplo, uma organização prestamista multilateral como o Fundo Monetário Internacional) pode, em princípio, fazer um empréstimo intercalar de curto prazo, sem risco, que manterá o prestatário de pé, evitando-lhe o incumprimento. De facto, se os credores ficassem plenamente convencidos de que o país tem realmente a intenção de reem-

---

[11] Veja-se Diamond e Rajan (2001).
[12] Veja-se Jeanne (2009).

bolsar as suas dívidas num prazo mais longo, seria altamente improvável que o devedor voltasse a cair num problema de liquidez de curto prazo.

Sachs ilustra uma reserva importante[13]. Suponhamos que o dinheiro que um país pede emprestado é fornecido por um grupo grande de prestamistas, cada um deles individualmente pequeno. Pode ser do seu interesse colectivo rolar uma dívida de curto prazo. Mas também se gera um equilíbrio se se der o caso de todos os prestamistas se recusarem a rolá-la, e nesse caso o país prestatário será forçado a incumprir. Se nenhum dos prestamistas, individualmente, puder fornecer dinheiro suficiente para o país fazer face aos seus compromissos de pagamento, pode gerar-se tanto um equilíbrio de «incumprimento», como de «não incumprimento». O exemplo dado por Sachs é uma excelente ilustração do tema da fragilidade financeira e da vulnerabilidade dos devedores à síndrome «desta-vez-é-diferente». Um devedor pode continuar alegremente a rolar dívidas enquanto os prestamistas mantiverem a confiança, mas se, por qualquer razão (possivelmente externa), esta se perde, a concessão de crédito cessa e nenhum prestamista individual tem capacidade ou vontade de a prosseguir.

Já tínhamos ilustrado no preâmbulo a noção de iliquidez *versus* insolvência, por meio das corridas aos bancos, e ela aparecer-nos-á, doravante, em variadas formas. Em termos técnicos, os países podem por vezes estar expostos a «equilíbrios múltiplos», o que implica que a diferença entre o caso de um país que incumpre e um que não incumpre pode, por vezes, ser muito pequena. Para uma determinada estrutura de dívida, e presumindo que todos os actores visam o interesse próprio, pode haver resultados muito diversos, dependendo das expectativas e da confiança.

Os teóricos académicos desenvolveram muitos exemplos concretos de situações nas quais o incumprimento pode ocorrer como resultado de um acontecimento aleatório extrínseco [*sunspot*], que leva um país de um equilíbrio de não incumprimento para um equilíbrio de incumprimento[14]. A possível existência de equilíbrios múltiplos e a noção de que os investidores podem tornar-se temporariamente temerosos relativamente a um país podem também desempenhar um papel importante na justificação de uma intervenção numa crise financeira soberana, por parte de governos dos países credores e de instituições internacionais. O perigo está em que nem sempre é fácil distinguir entre um incumprimento inevitável – no sentido de que um país está de tal modo alavancado e é tão mal gerido, que basta

---

[13] Veja-se Sachs (1984).
[14] Veja-se, por exemplo, Obstfeld e Rogoff (1996, Capítulo 6).

muito pouco para o forçar ao incumprimento – e um que não seria – no sentido de que se trata de um país fundamentalmente saudável, mas está com dificuldades em manter a confiança, por causa de um problema de liquidez muito transitório e facilmente resolúvel. No calor de uma crise, é demasiado tentador para os salvadores potenciais (hoje, designadamente, os prestamistas multilaterais, como o FMI) convencerem-se a si próprios de que enfrentam um problema de confiança, que pode ser resolvido com empréstimos intercalares de curto prazo, quando, de facto, se confrontam com uma crise de insolvência e indisponibilidade para pagar, de raízes muito mais profundas.

Incumprimento parcial e reestruturação

Até ao momento, passámos algo ao largo daquilo que constitui exactamente um incumprimento. Na prática, a maioria dos incumprimentos acaba por ser parcial, incompleta, apesar de o ser, por vezes, depois de longas negociações e muita acrimónia. Os credores podem não ter poder suficiente (qualquer que seja a sua fonte) para garantir o pagamento completo, mas normalmente têm o suficiente para reaver pelo menos algo, muitas vezes uma parcela significativa do que têm a haver. Até mesmo os casos mais famosos de incumprimento total acabaram, muitas vezes, em reembolsos parciais, ainda que muito reduzidos e depois de longas décadas. O governo bolchevique da Rússia recusou-se a reembolsar as dívidas czaristas, em 1918, mas quando a Rússia regressou finalmente aos mercados de dívida, 69 anos depois, teve de negociar um pagamento simbólico da sua dívida incumprida.

Na maioria dos casos, porém, o reembolso parcial é significativo e não simbólico, com o montante pago a ser presumivelmente determinado por complexas considerações de custo-benefício, que já debatemos. Precisamente porque o reembolso parcial resulta tantas vezes de negociações longas e contenciosas, os espectadores interessados são frequentemente arrastados para o processo. Por exemplo, Bulow e Rogoff mostram como terceiras partes bem intencionadas, como as instituições prestamistas internacionais (o caso do FMI), ou governos dos países credores podem ser levados a fazer pagamentos laterais para facilitar um acordo, de um modo muito semelhante ao que leva um agente imobiliário a cortar na sua comissão para vender uma casa[15]. Os prestatários do país e os seus credores tem potencialmente poder negocial face a partes externas, uma vez que o falhanço negocial

---

[15] Veja-se Bulow e Rogoff (1898a, 1989b).

pode interferir no comércio e causar problemas mais vastos no sistema financeiro global, como seja o contágio a outros devedores[16]. Como notámos, a criação do FMI após a Segunda Guerra Mundial coincidiu com episódios mais curtos, mas mais frequentes, de incumprimento soberano. Este fenómeno é bastante consistente com a perspectiva de que os episódios de incumprimento ocorrem até mais frequentemente do que de outro modo seria de esperar, porque tanto prestamistas como prestatários compreendem que, numa adversidade, podem sempre contar com subsídios do FMI e dos governos dos países credores. Literatura mais recente passou a denominar este envolvimento de terceiras partes, com vastos recursos, como o «risco moral» [*moral hazard*] dos empréstimos internacionais.

Uma perspectiva negocial sobre o incumprimento soberano também ajuda a explicar porque é que, além dos incumprimentos estritos, parciais ou completos, incluímos ainda o «reescalonamento» na nossa definição de incumprimento soberano. Num reescalonamento típico, o devedor força os seus credores a aceitar prazos de pagamento mais alargados e, amiúde, concessões na taxa de juro (relativamente às taxas de mercado). As agências de notação de risco, incluindo a Moody's e a Standard and Poor's, consideram, e bem, estes episódios como incumprimentos parciais negociados, nos quais os reescalonamentos acordados minimizam os custos adicionais com comissões legais e outras despesas envolvidas num incumprimento mais litigioso, quando um país e os seus credores pura e simplesmente abandonam a mesa das negociações, pelo menos temporariamente. Os nossos dados distinguem entre reescalonamentos e incumprimentos estritos, mesmo se, de um ponto de vista teórico, os dois são bastante semelhantes.

Por fim, um ponto crítico: o facto de haver países que, por vezes, incumprem as suas dívidas não é, em si mesmo, prova de que os investidores são irracionais. Para emprestar dinheiro a soberanos arriscados, os investidores recebem prémios de risco que, por vezes, excedem os 5% e 10% ao ano. Os prémios de risco implicam que os credores recebem compensações por incumprimentos ocasionais, a maior parte dos quais é, em todo o caso, parcial. De facto, por comparação com a dívida do sector privado, os incumprimentos soberanos conduzem frequentemente a recuperações mais amplas, especialmente quando entram em jogo resgates oficiais.

---

[16] Os cidadãos de um país credor (fora da banca) podem obter ganhos com o comércio tal como os cidadãos do país devedor o fazem. Ou, no caso de uma agência prestamista internacional, como o FMI, credores e devedores podem ser capazes de induzir pagamentos, com base no temor daquela de que um incumprimento conduzirá ao contágio a outros devedores.

Não pretendemos sobrevalorizar a racionalidade dos prestamistas. Com efeito, há muitos casos nos quais os pequenos prémios cobrados às nações soberanas são dificilmente comensuráveis com os riscos envolvidos. Os devedores de alto risco, naturalmente, não só têm de fazer face aos prémios das taxas de juro nos empréstimos que conseguem, como também têm, muitas vezes, de suportar custos adicionais, se os problemas de dívida intensificarem recessões, em caso de incumprimento. Para os países que recorrem ao crédito, a mentalidade desta-vez-é-diferente pode ser ainda mais onerosa do que para os credores. Mas, uma vez mais, teremos de revisitar este assunto num cálculo mais amplo do incumprimento.

Dívida odiosa

Um outro tópico com implicações filosóficas profundas, relevante, em teoria, para pensar acerca do crédito internacional, envolve a noção de «dívida odiosa». Na Idade Média, uma criança podia ser enviada para a prisão destinada aos devedores se os seus pais morressem com dívidas. Teoricamente, isto permitia aos pais pedir mais emprestado, tal era a punição pela falta de pagamento. Hoje em dia, as normas sociais, na maior parte dos países, veriam esta transferência de dívida como completamente inaceitável. Mas é evidente que as nações se endividam intertemporalmente e os filhos de uma geração podem bem ter de saldar as dívidas dos pais. No final da Segunda Guerra Mundial, a dívida interna bruta dos Estados Unidos atingia mais de 100% do PIB, e foram precisas várias décadas para a trazer de volta para um patamar mais normal de 50%.

A doutrina da dívida odiosa afirma basicamente que quando as instituições financeiras emprestam dinheiro a um governo que é manifestamente cleptomaníaco e corrupto, os governos seguintes não deveriam ser obrigados a honrar esses compromissos. Jayachandran e Kremer argumentam que é possível modificar os modelos de dívida tradicionais baseados na reputação, por forma a convencionar o não respeito da dívida odiosa, e que este pode resultar numa melhoria do bem-estar[17]. Porém, há alguma controvérsia sobre se na prática a dívida odiosa pode ser claramente delineada. Toda a gente concorda que, se os dirigentes de um país envolvido num genocídio pedirem emprestado para financiar o seu exército, os prestamistas devem reconhecer a dívida como odiosa e em risco de incumprimento, no caso

---

[17] Veja-se Jayachandran e Kremer (2006).

de mudança de regime. Todavia, podemos imaginar os burocratas globais a discutir sobre, por exemplo, se a dívida emitida pelos Estados Unidos é ou não odiosa, caso em que, obviamente, o conceito não teria suficiente poder discriminatório para ser útil na prática. As linhas de orientação concreta respeitantes à dívida odiosa têm de ser estabelecidas de forma suficientemente limitada para que possam ser aplicadas. Na prática, porém, versões fracas da dívida odiosa poderão ter alguma relevância. As circunstâncias nas quais se acumula um fardo de dívida podem afectar o juízo de «justiça» de um devedor e, portanto, a sua disponibilidade para pagar. Em certas ocasiões, a comunidade internacional pode também estar disponível para tratar o devedor com maior benevolência, dadas as circunstâncias, abrindo-lhe, no mínimo, maior acesso a empréstimos intercalares subsidiados.

Dívida pública interna

Se a teoria da dívida soberana externa é complexa, a teoria da dívida pública interna é-o ainda mais. Para o propósito da sua discussão, presumiremos aqui que a dívida pública interna é denominada em moeda nacional, está sob jurisdição interna e é detida por residentes no país. Das três reservas feitas, a única que é um critério da nossa distinção, do Capítulo 1, é o pressuposto de que a jurisdição pertence às autoridades nacionais. A começar, talvez, pelas obrigações «internas» da Argentina, denominadas em libras esterlinas, de finais do século XIX, tem havido uma série de exemplos históricos nos quais a dívida interna é indexada a uma divisa estrangeira, sendo os mais conhecidos o dos *tesobonos* emitidos pelo México, no início dos anos 90, e os precedentes referidos na Caixa 7.1. Nos anos mais recentes, o fenómeno tem-se tornado mais corrente. À medida que os mercados emergentes prosseguiram a liberalização dos seus mercados de capitais, tornaram-se cada vez mais comuns os residentes externos detentores de dívida interna. A ressalva de que tanto residentes internos como externos podem deter um certo tipo de dívida pode ser relevante, mas ignorá-la-emos aqui para simplificar a nossa discussão[18].

A dívida interna é dívida que um país deve a si próprio. No famoso modelo ricardiano de dívida de Robert Barro, a dívida pública interna não tem qualquer importância, pois os cidadãos muito simplesmente aumentam

---
[18] Veja-se, por exemplo, Broner e Ventura (2007).

a poupança quando a dívida sobe, para compensarem impostos futuros[19]. A análise de Barro, porém, presume que a dívida será sempre honrada, mesmo se os padrões de poupança não forem homogéneos e os reembolsos (ao contrário dos repúdios) favorecerem determinados grupos à custa de outros. O pressuposto levanta a questão de saber porque é que a evolução política não leva periodicamente os países a incumprirem a sua dívida interna. Além disso, ignora-se a questão de saber porque é que, para começar, alguém empresta dinheiro a um governo. Se as pessoas mais idosas detêm a maior parte da dívida de um país, por exemplo, porque é que os eleitores mais jovens não se insurgem periodicamente e votam pelo incumprimento dessa dívida, recomeçando com um nível de impostos mais baixo, à custa de diminuir o património dos mais velhos?

Uma das descobertas mais surpreendentes da Parte III deste livro, sobre a dívida interna, é a de que incumprimentos estritos como esses ocorrem muito mais frequentemente do que se pode imaginar, ainda que sem a frequência dos incumprimentos da dívida externa soberana. Os governos podem ainda incumprir a dívida pública interna por via de inflação elevada e inesperada, como é bem sabido que os EUA e muitos países europeus fizeram, nos anos 70.

Qual é, pois, a âncora da dívida pública interna? Porque é que se paga o que quer que seja aos detentores internos de obrigações? North e Weingast defendem que a capacidade de um governo para estabelecer instituições políticas que sustentem vastas quantias de reembolsos constitui uma imensa vantagem estratégica, permitindo ao país dispor de amplos recursos, especialmente em tempo de guerra[20]. Defendem que um dos mais importantes resultados da «revolução gloriosa» na Inglaterra, de finais de 1600, foi precisamente um enquadramento que promoveu a aplicação dos contratos, dessa forma conferindo à Inglaterra uma vantagem de monta sobre a França rival. A França, como veremos, estava, nesta altura, no pico da sua era de incumprimento em série. A capacidade da Coroa de emitir dívida deu à Inglaterra a poderosa vantagem de ser capaz de mobilizar os recursos necessários para conduzir operações militares, numa era em que o combate começava já a ser uma actividade de intensidade extrema de capital.

Sugerem Kotlikoff, Persson e Svensson que, nas democracias, os mercados de dívida interna podem ser uma convenção sustentável pela reputação, muito à semelhança do modelo de dívida externa soberana de Eaton e

---

[19] Veja-se Barro (1974).
[20] Veja-se North e Weingast (1988).

Gersovitz[21]. Tabellini, num artigo relacionado, sugere que a dívida pode ser sustentável se os eleitores jovens se preocuparem suficientemente com os eleitores mais idosos[22]. Todas estas teorias, e outras que se aplicam ao caso em que o governo não é democrático, mas monárquico, são construídas no pressuposto de que os mercados de dívida são convenções auto-sustentáveis, nas quais os custos e os benefícios se correspondem de modo a assegurar o seu funcionamento contínuo. Porém, como já referimos, os incentivos ao reembolso de qualquer tipo de dívida pública envolvem provavelmente considerações mais amplas do que a mera necessidade de suavizar os impostos e o consumo. Tal como se pode conceber que uma quebra na honra à dívida soberana desencadeia reacções mais vastas nas relações internacionais, para lá do domínio da dívida, também se pode pensar que um incumprimento interno desencadeie uma ruptura do pacto social, que extravasa o problema de conservar a possibilidade de recurso a empréstimos no futuro. Desde logo, em muitas economias a dívida pública não é apenas um meio de os governos suavizarem as receitas ficais, mas uma reserva de valor que ajuda a manter a liquidez nos mercados de crédito. Os governos podem incumprir periodicamente as suas dívidas, mas na maior parte dos países o historial das empresas privadas é ainda pior.

A repressão financeira pode também ser usada como instrumento para expandir os mercados de dívida interna. Na China e na Índia de hoje, a maior parte dos cidadãos está extremamente limitada em matéria de activos financeiros que lhes é permitido deter, sendo as contas bancárias, com juros muito baixos, e o dinheiro em caixa as únicas opções. Com o dinheiro e as jóias em elevado risco de perda e furto, e muito poucas opções de acumulação de riqueza para o pagamento da aposentação, dos cuidados de saúde e da educação dos filhos, os cidadãos põem, ainda assim, grandes quantias nos bancos, apesar dos retornos artificialmente reprimidos. Na Índia, os bancos acabam por emprestar directamente ao Estado grandes quantidades dos seus activos, que, desse modo, beneficia de taxas de juro muito mais baixas do que provavelmente conseguiria, num mercado de capitais liberalizado. Na China, o dinheiro vai directamente para empréstimos às grandes empresas públicas e para projectos de infra-estruturas, uma vez mais a taxas de juro muito inferiores às que de outro modo se obteriam. Este tipo de repressão financeira está longe de ser novidade e era particularmente comum tanto em economias avançadas como em mercados emergentes, no pico dos controlos de capitais internacionais, desde a Segunda Guerra Mundial até aos anos 80.

---

[21] Veja-se Kotlikoff, Persson e Svensson (1988).
[22] Veja-se Tabellini (1991).

Em condições de repressão financeira, os governos podem, naturalmente, obter enormes recursos, explorando ao máximo o seu monopólio sobre os veículos de poupança. Porém, como veremos mais tarde, a emissão de dívida interna floresceu em muitos mercados emergentes, mesmo quando a repressão financeira era bastante limitada, como, por exemplo, nas décadas anteriores à Segunda Guerra Mundial.

Reservaremos o aprofundamento das questões relativas à dívida interna para os Capítulos 7 a 9, onde abordaremos o assunto empiricamente. Aí, mostraremos que há uma interacção importante entre dívida soberana e dívida interna. Uma vez mais, como no caso da dívida externa soberana, o problema dos equilíbrios múltiplos surge frequentemente em modelos de dívida interna[23].

Conclusões

Neste capítulo demos uma visão geral dos principais conceitos que enquadram a dívida soberana e o incumprimento, bem como outro tipo de crises, incluindo as cambiais e bancárias. Sendo assumidamente abstracto, nele pudemos abordar questões fundamentais relacionadas com as crises financeiras internacionais. No livro, voltaremos a alguns destes temas mais tarde, com a ampla informação que recolhemos a ajudar a esclarecer algumas das questões mais difíceis.

Em vários momentos, o trabalho teórico sobre os fundamentos do crédito internacional e dos mercados de capitais levanta a questão de saber porque não são os incumprimentos mais frequentes. Mesmo a Venezuela, campeã dos incumprimentos soberanos na actualidade, com dez episódios desde a sua independência, em 1830, tem ainda uma média de 18 anos de intervalo entre eles. Se as crises recorressem quase continuamente, a mentalidade desta-vez-é-diferente raramente se manifestaria: seria sempre o mesmo, prestamistas e prestatários estariam constantemente alerta e os mercados de dívida nunca chegariam a desenvolver-se significativamente, certamente que não ao ponto em que se tornam possíveis derrocadas espectaculares. Mas a teoria económica diz-nos que até mesmo uma economia relativamente frágil pode continuar a rolar por muito tempo, até que a sua bolha de confiança expluda, por vezes permitindo-lhe, antes disso, escavar um buraco de dívida muito profundo.

---

[23] Por exemplo, ver Barro e Gordon (1983).

5

Ciclos de incumprimento soberano da dívida externa

Não havia razão para grandes aplausos aos decisores políticos, pela falta de incumprimentos soberanos externos maiores, entre 2003 e 2009, depois da vaga das duas décadas precedentes. O incumprimento em série continua a ser a norma, com as vagas internacionais a sucederem-se regularmente, separadas por muitos anos, se não mesmo décadas.

Padrões recorrentes

Começamos a nossa visita ao panorama das crises financeiras abordando o incumprimento soberano da dívida externa, que, como temos vindo a analisar teoricamente, ocorre quando um governo incumpre a dívida contraída a estrangeiros. (Fornecemos na Caixa 5.1 algum enquadramento histórico da emergência dos mercados de dívida soberana.)

Caixa 5.1 O desenvolvimento dos mercados internacionais de dívida soberana em Inglaterra e Espanha

As instituições de dívida moderna, tal como hoje as compreendemos, evoluíram gradualmente. Esse foi particularmente o caso do recurso aos empréstimos internos, no qual a relação entre impostos, reembolsos e poder esteve historicamente muitas vezes envolta numa nebulosa. Os empréstimos eram normalmente muito pouco transparentes, com taxas de juro e calendários de pagamento mal especificados, e frequentemente sem data precisa para os reembolsos do capital em dívida. A promessa de «reembolso» de um rei podia muitas vezes ser eliminada tão facilmente como a cabeça do prestamista. O recurso ao crédito era, amiúde, de natureza fortemente coerciva. A história antiga está repleta de exemplos de famílias inteiras dizimadas, apenas para se lhes ficar com as terras e outros haveres.

Na França do século XIII, os Templários, famosos pelas Cruzadas, foram sistematicamente exilados pelos reis, que se apropriaram do seu património.

Na Idade Média, a Igreja fez aplicar leis sobre a usura, que visavam impedir que os cristãos emprestassem dinheiro entre si, a juros. Naturalmente que se permitia a não cristãos, especialmente a judeus, a realização de empréstimos, mas isso dava ao soberano acesso apenas a uma pequena parte dos fundos totais da nação. Com vista a aceder a importâncias maiores, os prestatários, por vezes com auxílio dos teólogos, tinham de pensar em maneiras de ultrapassar as restrições legais da Igreja. Durante este período, os mercados de crédito internacionais socorriam-se por vezes do expediente de colocar um prestatário a pagar a sua dívida numa moeda mais forte e mais estável do que estava especificado no contrato de empréstimo original, eventualmente reembolsando-a numa moeda que não estava a ser depreciada tão agressivamente. Naturalmente que este tipo de expediente equivale ao pagamento de juros, o que muitas vezes não impedia que fosse visto como aceitável.

Foi nas cidades-estado italianas de Génova, Florença e Veneza, em finais do século XIII, que surgiram os primeiros mercados financeiros já consideravelmente mais sofisticados. (Ver, por exemplo, o excelente tratamento do assunto por MacDonald ou Ferguson[1]). Os primeiros empréstimos assumiram a forma de «impostos reembolsáveis», mas rapidamente o sistema evoluiu para o ponto em que os empréstimos a soberanos eram suficientemente transparentes para que fosse possível desenvolver-se um mercado secundário.

Como sublinhou o historiador Carlo Cipolla, a primeira verdadeira crise de dívida internacional teve as suas raízes em empréstimos feitos por mercadores italianos à Inglaterra, a partir de finais do século XIII[2]. Por essa altura, era a Itália o centro financeiro desenvolvido e a Inglaterra a nação em desenvolvimento, rica em recursos naturais, especialmente em lã de ovelha. Como já referimos, uma série de empréstimos italianos ajudou a financiar várias fases de uma longa série de guerras entre a Inglaterra e a França. Quando Eduardo III de Inglaterra incumpriu, em 1340, depois de uma série de derrotas militares, as notícias chegaram rapidamente a Florença. Tendo os maiores prestamistas concedido quantias avultadas a Eduardo III, a economia florentina foi atingida por uma corrida aos bancos. Todo o processo se desenvolveu em câmara lenta, pelos padrões modernos, mas um dos maiores prestamistas italianos, o Banco Peruzzi, faliu em 1343, e um outro, o Banco Bardi, em 1346. Assim, a Inglaterra, tal como tantos mercados emergentes em eras posteriores, passou pelo trauma de um incumprimento externo soberano, e mais de um vez, antes de finalmente se «graduar» com o estatuto de não incumpridor. Antes da graduação, a Inglaterra viria a passar por vários outros episódios de reestruturação da dívida pública. Mas estes eventos de crédito mais recentes envolveram apenas a dívida interna, como documentaremos.

---

[1] MacDonald (2006); Ferguson (2008).
[2] Cipolla (1982).

De facto, a Inglaterra não se livrou verdadeiramente do seu estatuto de incumpridor em série até à Revolução Gloriosa de 1688, que conduziu a um reforço substancial do poder do Parlamento. Como argumentam North e Weingast na sua obra seminal, estabeleceu-se pela primeira vez uma instituição que se auto-renovava, respondendo pela dívida britânica. Weingast sustentou, além disso, que o Banco de Inglaterra, ao servir de «monitor delegado» burocrático para supervisionar o serviço da dívida pública, estabeleceu o instrumento-chave através do qual o Parlamento exprimia o seu poder[3]. Por certo que uma série de outros factores ajudaram a sustentar o sucesso britânico, incluindo a prática de o seu governo recorrer a dívida de curto prazo para financiar guerras, convertendo-a em dívida de longo prazo assim terminadas as hostilidades. Faz sentido financiar guerras com dívida de curto prazo, pois a incerteza sobre o fim dos conflitos força o governo a pagar um prémio, que ele não quererá prolongar depois. A emissão de dívida de longo prazo também promoveu um mercado secundário activo, que ajudou a manter líquida a dívida inglesa, um ponto sublinhado por Carlos et al.[4]. Por fim, não é demais salientar que um dos principais factores que esteve na base do historial de reembolso relativamente imaculado da Inglaterra foi o seu sucesso notável em muitas guerras. Como já vimos, com respeito aos monarcas britânicos anteriores, nada é tão capaz de produzir uma quebra na dívida como uma derrota militar. Voltaremos ao assunto da «graduação» no final do livro.

Até 1800, poucas nações, com excepção da Inglaterra, tinham adquirido a capacidade de acumular dívidas internacionais significativas e, depois, incumprir. Para atingir o incumprimento em série, de larga escala, é preciso acumular um nível de riqueza suficiente para continuar a convencer cada nova geração de credores de que os ganhos necessários para redimir as dívidas acabarão por aparecer (de que desta vez é diferente) e de que o país é suficientemente estável para assegurar que estará presente no momento dos pagamentos. Depois de 1800, graças ao rápido crescimento do rendimento global, na sequência da Revolução Industrial, bem como à capacidade da Grã-Bretanha de espalhar poupanças excedentárias, muitos países começaram a preencher os critérios de riqueza. Até 1800, além das antigas cidades italianas, mais Portugal e a Prússia, em uma ocasião cada um, apenas a França e a Espanha dispunham dos recursos e da estabilidade para virem a realizar grandes incumprimentos internacionais. E fizeram-no: a Espanha seis vezes, pelas nossas contas, e a França oito, como ilustramos neste capítulo.

A primeira série de incumprimentos da Espanha, em 1557, 1560, 1575 e 1596, no reinado de Filipe II (1556-1598), foi amplamente estudada e debatida pelos historiadores económicos, tal como o foram os episódios seguintes, e bem mais graves, que ocorreram com o seu sucessor, em 1607, 1627 e 1647. A experiência espanhola ilustra uma série de problemas, que recorreram continuamente em casos posteriores de incumprimento em série. A Espanha também é extremamente importante do ponto de vista histórico, pois trata-se do último país a ameaçar dominar a Europa, até Napoleão.

---

[3] North e Weingast (1988); Weingast (1997).
[4] Carlos et al. (2005).

Até ao século XVI, a Espanha era suficientemente difusa e as finanças das suas regiões demasiado ténues para que fosse viável o recurso aos empréstimos internacionais em larga escala. A descoberta do Novo Mundo alterou este estado de coisas. No México e no Peru foram descobertas minas de prata espectaculares e carregamentos imensos começaram a chegar à Europa, por volta de 1540. O enorme aumento de receitas reforçou consideravelmente o poder do rei, que deixava de estar inteiramente dependente de impostos internos, requerendo estes a cooperação das cortes. Na mesma altura, o afluxo de metais preciosos, de prata, em especial, teve um impacto inflacionário muito forte nos preços europeus.

A riqueza recém-descoberta da Espanha tornou relativamente fácil aos monarcas angariar dinheiro por via de empréstimos, e assim fizeram. A alavancagem parecia fazer sentido, dada a possibilidade de domínio da Europa. As várias campanhas de Filipe II contra os turcos e os holandeses, e depois a sua decisão verdadeiramente desastrosa de lançar a «invencível armada» contra a Inglaterra, exigiram verbas imensas. Os financeiros, que incluíam ricos investidores flamengos, alemães e portugueses, mercadores espanhóis e, especialmente, banqueiros italianos, estavam dispostos a emprestar-lhe quantias avultadas, em troca de um prémio de risco suficiente. Ao longo de todo o período, a Coroa Espanhola deveu aos seus credores cerca de metade das suas receitas anuais, apesar de, em dado momento, o montante em dívida exceder o rendimento de dois anos. Naturalmente que, como resumimos no Quadro 6.1, a Espanha de facto incumpriu as suas dívidas e fê-lo repetidamente.

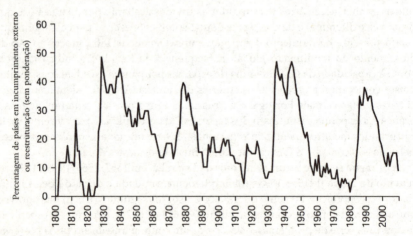

Gráfico 5.1. Incumprimento externo soberano: países em incumprimento externo ou reestruturação, não ponderados, 1800-2008.

Fontes: Lindert e Morton (1989); Suter (1992); Purcell e Kaufman (1993); Reinhart, Rogoff e Savastano (2003a); MacDonald (2006); e Standard and Poor's.
Nota: a amostra inclui todos os países, dos 66 países listados no Quadro 1.1, que eram independentes em cada um dos anos.

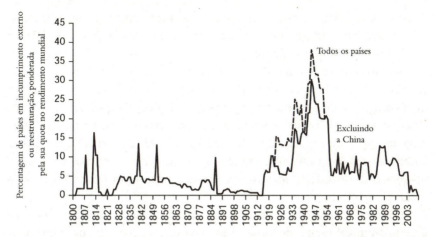

Gráfico 5.2. Incumprimento externo soberano: países em incumprimento externo ou reestruturação, ponderados pela sua quota do rendimento mundial, 1800-2008.

Fontes: Lindert e Morton (1989); Suter (1992); Purcell e Kaufman (1993); Reinhart, Rogoff e Savastano (2003a); Maddison (2004); MacDonald (2006); e Standard and Poor's.
Notas: a amostra inclui todos os países, dos 66 países listados no Quadro 1.1, que eram independentes em cada um dos anos. São usados três conjuntos de ponderadores do PIB: os de 1913 para o período de 1800 a 1913; de 1990 para o período de 1914 a 1990; de 2003 para o período de 1991 a 2008.

O Gráfico 5.1 traça a percentagem de todos os países independentes em estado de incumprimento ou reestruturação, em todos anos entre 1800 e 2008, período para o qual a nossa base de dados é mais completa. No mundo, como um todo, ou pelo menos entre os países que, em conjunto, representam mais de 90% do PIB global, cobertos pelos nossos dados, o período relativamente curto, de pouco incumprimentos, que antecede os finais da primeira década de 2000, pode ser visto como típico das acalmias que se seguem a grandes crises financeiras globais. À parte essas bonanças, há longos períodos em que uma percentagem elevada de todos os países está em estado de incumprimento ou reestruturação. O Gráfico 5.1 revela cinco picos pronunciados, ou ciclos de incumprimento.

O primeiro desses picos ocorreu durante as Guerras Napoleónicas. O segundo foi da década de 1820 a finais de 1840, quando, por vezes, cerca de metade dos países do mundo esteve em incumprimento, incluindo toda a América Latina. O terceiro começou no início da década de 1870 e durou as duas seguintes. O quarto começou na Grande Depressão dos anos 30 e estendeu-se até ao início da década de 50, quando, uma vez mais, cerca de metade de todos os países esteve em incumprimento[5]. O ciclo final de incumprimentos no gráfico abrange as crises de dívida dos anos 1980 e 1990, nos mercados emergentes.

Quando os países são ponderados pelo sua quota de PIB global, como no Gráfico 5.2, a acalmia de incumprimentos depois de 2002 contrasta ainda mais com o século precedente. Apenas as duas décadas que antecederam a Primeira Guerra Mundial – a calmaria dos tempos do padrão-ouro – exibe uma tranquilidade semelhante à do período de 2003 a 2008[6]. Daí em diante, é impossível não reparar que, não sendo incomuns uma ou duas décadas de acalmia, cada uma destas foi invariavelmente seguida por uma nova vaga de incumprimentos.

O Gráfico 5.2 também mostra que os anos imediatamente após a Segunda Guerra Mundial foram, de longe, o pico da maior época de incumprimentos da história moderna. Em 1947, um conjunto de países, que representava 40% do PIB global, estava em estado incumprimento ou reestruturação. Esta situação era parcialmente o resultado de novos incumprimentos originados pela guerra, mas também incluía muitos países que nunca chegaram a emergir dos incumprimentos que rodearam a Grande Depressão dos anos 30[7]. Do mesmo modo, os incumprimentos durante as Guerras Napoleónicas foram tão importantes como os de qualquer outro período. Com excepção da crise do pós-Segunda Guerra Mundial, só o pico da crise de dívida dos anos 80 se aproxima dos níveis de início do século XIX.

Como veremos quando analisarmos experiências de países individuais no Capítulo 6, o incumprimento em série da dívida externa – isto é, o incumprimento soberano repetido – é a norma em todas as regiões do mundo, incluindo a Ásia e a Europa.

---

[5] Kindleberger (1989) é um dos poucos investigadores que sublinham que os anos 50 têm ainda de ser vistos como uma época de crise financeira.

[6] Esta comparação pondera os países em incumprimento pela sua percentagem do rendimento mundial. Numa base não ponderada (onde, por exemplo, os países mais pobres de África ou do Sul da Ásia recebem o mesmo peso que o Brasil ou os EUA), o período de finais dos anos 60 a 1982 conheceu uma percentagem de países independentes em incumprimento ainda mais baixa.

[7] Kindleberger (1989) sublinha a prevalência do incumprimento posterior à Segunda Guerra Mundial, embora não quantifique.

Incumprimento e crises bancárias

A elevada incidência de crises bancárias globais esteve historicamente associada a uma incidência também elevada de incumprimentos soberanos da dívida externa. O Gráfico 5.3 traça a percentagem de países, ponderados pelo seu PIB, a passarem por crises bancárias, em comparação com a percentagem, igualmente ponderada, dos que estão a passar por incumprimentos ou reestruturações da sua dívida externa (tal como no Gráfico 5.2). Os incumprimentos soberanos começaram a subir com o início da Primeira Guerra Mundial, tal como as crises bancárias, e continuaram a escalada durante a Grande Depressão e a Segunda Guerra, quando várias economias avançadas se juntaram às fileiras dos incumpridores. As décadas que se seguiram foram relativamente calmas, até às crises de dívida que varreram os mercados emergentes no início dos anos 80 e nos anos 90[8].

Os canais através dos quais a turbulência financeira global pôde induzir mais crises de dívida soberana nos mercados emergentes são vários e complexos. Alguns deles são como se segue:

- As crises bancárias nas economias avançadas arrastam significativamente em baixa o crescimento mundial. O abrandamento, ou mesmo a contracção, da actividade económica tende a afectar as exportações com especial impacto, limitando a disponibilidade de moeda forte dos governos dos mercados emergentes e dificultando-lhes o serviço da sua dívida externa.
- O enfraquecimento do crescimento global tem estado historicamente associado a uma queda dos preços dos produtos primários. Esta reduz os ganhos de exportação dos países produtores destes bens e, em consequência, afecta negativamente a sua capacidade de pagar a dívida.
- As crises bancárias nos centros financeiros globais (e as contracções de crédito que as acompanham) produzem uma «paragem súbita» da concessão de empréstimos aos países da periferia, para usar o termo popularizado por Guillermo Calvo[9]. Basicamente, os fluxos de capitais do «Norte» secam, por um processo sem relação com os fundamentais

---

[8] Note-se que no Gráfico 5.2 a crise de dívida dos anos 80 não atinge as proporções dos ciclos anteriores de incumprimento, pois apenas países de rendimento médio e baixo incumpriram nessa altura, ao passo que, além de economias de mercado emergente, várias economias avançadas o fizeram durante a Grande Depressão, sendo o número destas ainda maior durante a Segunda Guerra Mundial.

[9] Calvo (1998) credita o falecido Rudy Dornbusch, que cita o velho adágio bancário: «Não é a velocidade que mata. É a paragem brusca» (Dornbusch *et al.* 1995).

económicos subjacentes dos mercados emergentes. Tornando-se difícil obter crédito, a actividade económica nestes mercados contrai e o peso da dívida aumenta a pressão sobre os recursos públicos em declínio.
• As crises bancárias têm sido historicamente «contagiosas», com os investidores a retirarem-se do risco e a generalizarem a experiência de um país a outros, reduzindo globalmente a sua exposição, à medida que a sua riqueza diminui. As consequências são claramente deletérias para a capacidade dos mercados emergentes, tanto para rolar como para servir a sua dívida externa soberana.
• As crises bancárias num país podem causar uma perda de confiança em países vizinhos ou semelhantes, com os credores a identificarem problemas comuns.

Na altura em que escrevemos estes livro, está por ver se a vaga geral de turbulência no sector financeiro de finais da primeira década de 2000 resultará num ciclo análogo de incumprimentos soberanos. Os precedentes visíveis no Gráfico 5.3 parecem, porém, desencorajadores neste particular. Um súbito aumento de incumprimentos soberanos, no ambiente financeiro global da actualidade, não teria nada de surpreendente.

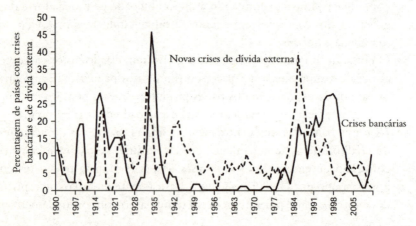

Gráfico 5.3. Proporção de países com crises bancárias e de dívida externa: todos os países, 1900-2008 (sem ponderação).

Fontes: Lindert e Morton (1989); Suter (1992); Purcell e Kaufman (1993); Kaminsky e Reinhart (1999); Bordo *et al.* (2001); MacDonald (2003); Reinhart, Rogoff e Savastano (2003a); Maddison (2004); Caprio *et al.* (2005); Jácome (2008) e Standard and Poor's.
Notas: As novas crises de dívida externa estão datadas pelo primeiro ano de incumprimento. A amostra inclui todos os países. O quadro traça a média móvel de três anos.

Incumprimento e inflação

Se uma vaga global de crises bancárias indica a probabilidade de um aumento de incumprimentos soberanos, pode também assinalar uma subida potencial na percentagem de países que atravessam uma fase de elevada inflação. O Gráfico 5.4, sobre a inflação e o incumprimento (1900-2007), ilustra o movimento, com uma sincronia extremamente acentuada, da percentagem dos países em incumprimento e da percentagem dos que estão a passar por períodos de elevada inflação, definida como uma taxa anual acima dos 20%. Representando a inflação uma forma de incumprimento parcial dos compromissos públicos, não totalmente indexados aos preços ou à taxa de câmbio, este movimento síncrono não é inteiramente surpreendente[10].

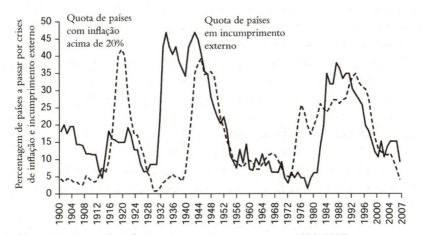

Gráfico 5.4. Crises de inflação e incumprimento externo, 1900-2007.

Fontes: Para os países em incumprimento, ver as fontes do Gráfico 5.1. As fontes para a inflação são demasiado numerosas para as listar aqui, mas são referidas no Anexo A.1 por país e período.

Notas: As crises de inflação estão representadas pelos anos em que a inflação está acima dos 20% ao ano. As probabilidades de ocorrência de inflação e incumprimento são médias simples não ponderadas. Correlações: 1900-2007, 0,39; excluindo a Grande Depressão, 0,60; 1940-2007, 0,75.

Como se mostra no Capítulo 12, o incumprimento via inflação tornou-se mais comum ao longo dos anos, à medida que a moeda fiduciária desalojou a

---

[10] Reinhart, Rogoff e Savastano (2003b) ilustraram o facto de países com historial de incumprimentos externos terem também um mau registo de inflação.

moeda cunhada como principal meio de troca. De facto, mesmo quando nos concentramos na era da moeda fiduciária pós-1900 (Gráfico 5.4), este padrão torna-se evidente. Uma relação muito forte entre a inflação e o incumprimento externo estrito é de safra relativamente moderna. Para o período de 1900 a 2007, o coeficiente de correlação simples das variáveis é de 0,39; para os anos depois de 1940, a correlação quase que duplica, para 0,75.

Este aumento na correlação pode provavelmente ser explicado por uma maior inclinação dos governos para expropriarem por vários canais e pelo abandono do padrão-ouro (ou qualquer outro metal), mais do que por uma mudança nas influências de natureza macroeconómica. Nos incumprimentos da era da Depressão, a deflação era a norma. Na medida em que as quedas no nível dos preços eram inesperadas, ainda mais oneroso e prejudicial para o desempenho económico se tornava o peso do endividamento. Esta relação é a essência da famosa teoria da «dívida-deflação» de Irving Fisher[11]. Como corolário da teoria, uma economia adversa torna presumivelmente o incumprimento mais provável. Em contraste, um ambiente de inflação mais elevado torna menos provável que uma economia seja arrastada para uma espiral deflacionária descendente. Que os incumprimentos e a inflação se movam em sincronia na parte final do período do pós-Segunda Guerra sugere, provavelmente, que os governos estão agora mais dispostos a recorrer a ambos os meios para aliviar o peso real dos juros.

As condições da inflação continuam muitas vezes a deteriorar-se depois do incumprimento externo[12]. Afastados dos mercados de capitais internacionais e tendo de fazer face a receitas em colapso, os governos que não são capazes de restringir a despesa em idêntica medida recorrem regularmente ao imposto da inflação, mesmo na sua forma hiperinflacionária extrema.

Factores globais e ciclos de incumprimento externo global

Já vimos, a partir dos Gráficos 5.1 e 5.2, que as conflagrações financeiras globais podem ser um factor crucial de novas vagas de incumprimento. A nossa extensa base de dados confirma também a perspectiva dominante entre os economistas de que os factores económicos globais, incluindo os

---

[11] Fisher (1933).
[12] Os incumprimentos internos geram ainda piores resultados em termos de inflação; ver Capítulo 9.

preços dos produtos primários e as taxas de juro nos países que são centros financeiros, desempenham um papel maior na precipitação das crises de dívida soberana[13].

Utilizámos uma série de índices de preços reais globais de produtos primários para o período de 1800 a 2008, com vista a verificar o grau sincronia entre o movimento dos incumprimentos e o daqueles preços. Os picos e os mínimos nos ciclos de preços de produtos primários parecem ser indicadores antecipados de análogos pontos críticos no ciclo de fluxo de capital, com os mínimos a resultarem regularmente em múltiplos incumprimentos.

Como Kaminsky, Reinhart e Végh demonstraram para o período do pós-guerra, e Aguiar e Gopinath recentemente formalizaram, o recurso ao crédito nos mercados emergentes tende a ser extremamente pró-cíclico[14]. Tendências favoráveis nos termos de troca dos países (traduzindo-se em preços elevados dos produtos primários) normalmente conduzem a uma aceleração no recurso ao crédito. Quando os preços dos produtos primários caem, a obtenção de empréstimos colapsa e os incumprimentos aumentam. O Gráfico 5.5 ilustra o ciclo de preços de produtos primários, separado em dois períodos na Segunda Guerra Mundial. Como sugere claramente o painel superior do quadro (e é corroborado por testes econométricos), para o período de 1800 a 1940, a altas nos preços dos produtos primários seguem-se quase invariavelmente vagas de novos incumprimentos soberanos. O painel inferior do Gráfico 5.5 calibra a observação do mesmo fenómeno, entre a década de 40 e a primeira década de 2000. Apesar de a associação poder ser detectada para o pós-guerra, não é tão marcada.

Tal como já se referiu, os incumprimentos são também extremamente sensíveis ao ciclo global de fluxos de capital. Quando os fluxos se precipitam em queda, mais países derrapam para o incumprimento. O Gráfico 5.6 documenta esta associação, assinalando a evolução da balança corrente dos centros financeiros (Reino Unido e Estados Unidos), em contraponto ao número de novos incumprimentos, até à ruptura de Bretton Woods. Há uma correlação visual marcada entre os picos no ciclo de fluxos de capital e os novos incumprimentos da dívida soberana. As balanças correntes dos centros financeiros captam melhor as pressões da «abundância global

---

[13] Veja-se Calvo, Leiderman e Reinhart (1993), Dooley *et al.* (1996) e Chuhan *et al.* (1998) para estudos mais antigos quantificando o papel dos factores externos, que influenciam os fluxos de capitais para os mercados emergentes e o seu acesso aos mercados de crédito. Sobre a previsão de incumprimento com factores internos e alguns globais, ver Manasse e Roubini (2005).

[14] Veja-se Kaminsky, Reinhart e Végh (2004) e Aguiar e Gopinath (2007).

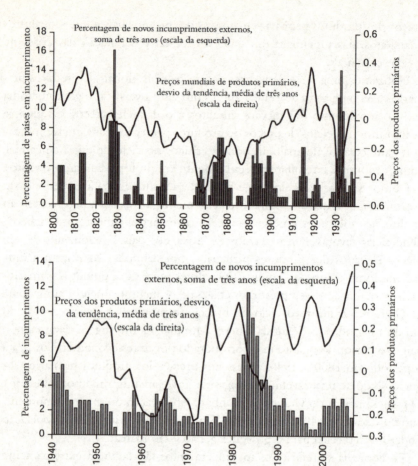

Gráfico 5.5. Preços dos produtos primários e novos incumprimentos externos, 1800-2008.

Fontes: Gayer *et al.* (1953); Boughton (1991); *The Economist* (2002); Fundo Monetário Internacional (vários anos), *World Economic Outlook*; e cálculos dos autores baseados nas fontes listadas nos Anexos A.1 e A.2.
Notas: «Novos incumprimentos externos» refere-se ao primeiro ano do incumprimento. Dado o movimento acentuadamente negativo dos preços dos produtos primários durante o período em amostra, regredimo-los sobre uma tendência linear, por forma a isolar o ciclo.

de poupança», pois dão uma medida líquida do excedente de poupança do país-centro, do que o faz a medida bruta, dada pela série dos fluxos de capital, incluída na nossa base de dados.

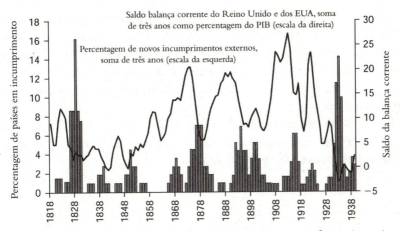

Gráfico 5.6. Fluxos líquidos de capital provenientes dos centros financeiros e incumprimentos externos, 1818-1939.

Fontes: Imlah (1958); Mitchell (2003a, 2003b), Carter *et al.* (2006), e Banco da Inglaterra.
Notas: o saldo da balança corrente para o Reino Unido e os Estados Unidos é definido de acordo com a importância relativa (ainda que de forma simplista) destes países, enquanto centros financeiros e fornecedores principais de capital ao resto do mundo: para 1818-1913, o Reino Unido recebe uma ponderação de 1 (os EUA, 0); para 1914-1939, as duas balanças correntes são igualmente ponderadas; para o período posterior a 1940, os EUA recebem uma ponderação igual a 1.

Uma regularidade ainda mais forte que se encontra na literatura sobre as crises financeiras modernas é a de que os países que recebem entradas de capitais súbitas e avultadas estão em risco de passar por uma crise de dívida[15]. A evidência preliminar, aqui, sugere que o mesmo vale para um período de tempo muito mais amplo de história, com as vagas de entradas de capital a precederem frequentemente crises de dívida externa a nível nacional, regional e global, desde 1800, senão antes.

Reconhecemos que as correlações captadas nestes quadros são meramente ilustrativas e que diferentes episódios de incumprimento envolvem muitos factores diferentes. Mas além de ilustrarem o tipo de inferências que é possível obter a partir de uma base de dados desta dimensão, os quadros põem em acentuado relevo a vulnerabilidade dos países aos ciclos econó-

---

[15] Veja-se o trabalho de Reinhart e Reinhart (2009), que documenta a ocorrência comum de «bonanças de entradas de capitais» nos anos que precedem crises de dívida nos mercados emergentes. É de assinalar que esta análise também mostra que as bonanças no fluxo de capitais precedem crises bancárias, tanto nas economias avançadas como emergentes.

micos globais. O problema é que os países com propensão para as crises, particularmente os incumpridores em série, tendem a sobreendividar-se nos bons tempos, ficando vulneráveis na inevitável recessão. A perspectiva muito espalhada de que «desta vez é diferente» é precisamente a razão por que desta vez normalmente *não* é diferente e a razão por que a catástrofe acaba por se abater outra vez.

O ciclo de fluxos de capital ilustrado no Gráfico 5.6 pode ser visto de forma ainda mais eloquente no estudo de casos individuais de países, mas não temos espaço, aqui, para os incluir.

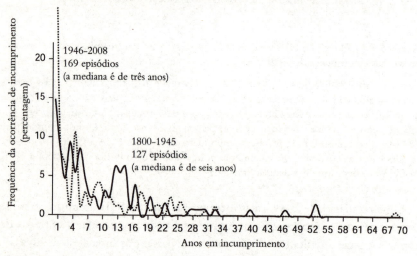

Gráfico 5.7. Duração dos episódios de incumprimento externo, 1800-2008

Fontes: Lindert e Morton (1989); Suter (1992); Purcell e Kaufman (1993); Reinhart, Rogoff e Savastano (2003a); MacDonald (2006); Standard and Poor's; e cálculos dos autores.

Notas: a duração de um episódio de incumprimento é o número de anos entre o ano do incumprimento e o ano da resolução, seja ela por via da reestruturação, do reembolso ou do perdão da dívida. O teste de Kolmogorov-Smirnov para a comparação da igualdade de duas distribuições rejeita a hipótese nula de distribuições iguais a um nível de significância de 1%.

A duração dos episódios de incumprimento

Outro aspecto digno de nota da «vista panorâmica» tem que ver com a observação de que os episódios de incumprimento do pós-Segunda Guerra Mundial têm tido metade da duração média dos que ocorreram entre 1800-1945 – três anos *versus* seis, como se mostra no Gráfico 5.7.

A interpretação caridosa deste facto é a de que os mecanismos de resolução de crise melhoraram desde os tempos idos da diplomacia da canhoeira. Bem vistas as coisas, a Terra Nova perdeu nada menos do que a sua soberania, quando incumpriu a sua dívida externa, em 1936, acabando por tornar-se uma província do Canadá (ver Caixa 5.2); o Egipto, entre outros países, tornou-se um «protectorado» britânico, depois de incumprir.

Já uma explicação mais cínica aponta para a possibilidade de os credores estarem mais disponíveis para aligeirar as exigências aos seus clientes incumpridores em série quando os resgates são facilitados pelas instituições prestamistas multilaterais, como o Fundo Monetário Internacional. Resta o facto de que, como observa Eichengreen em vários trabalhos, o espaço de tempo que medeia entre episódios de incumprimento, no período mais recente, desde a Segunda Guerra Mundial, se ter encurtado consideravelmente. Uma vez reestruturada a dívida, os países são rápidos a realavancar (ver a análise dos países abrangidos pelo Plano Brady na Caixa 5.3)[16].

---

[16] A Caixa 5.3 sumaria alguns dos resultados em Reinhart, Rogoff e Savastano (2003a), que apresentam evidência empírica deste padrão de «rapidez na realavancagem».

Caixa 5.2 Penalização pelo incumprimento externo: o caso extraordinário da Terra Nova, 1928-1933

Tal como os governos por vezes medeiam um acordo, por forma a que um banco saudável absorva um banco falido, também a Grã-Bretanha pressionou para que Terra Nova, soberana mas falida, fosse integrada no Canadá.

As finanças públicas da Terra Nova, na trajectória para o incumprimento, entre 1928 e 1933, podem ser resumidas como se segue:

Ano	Dívida pública total (milhões)	Rácio da dívida sobre as receitas	Juros em percentagem das receitas
1920	n.d.	n.d.	0.20
1928	79.9	8.4	0.40
1929	85.5	8.6	0.39
1930	87.6	7.6	0.36
1931	87.6	9.0	0.44
1932	90.1	11.4	0.59
1933	98.5	12.6	1.58

Fontes: Baker (1994); Sociedade das Nações (vários anos), *Statistical Yearbook*; e cálculos dos autores.
Notas: o rácio da dívida total sobre as receitas, ao tempo do incumprimento externo, para uma média de 89 episódios, é de 4,2. n.d., não disponível.

Acontecimentos específicos que precipitaram a trajectória:

Período ou data	Acontecimento
1928-1933	Os preços do peixe caem 48%, e o do papel de impressão para jornais 35%. O valor total das exportações cai 27%, ao longo do período, e o das importações 44% [17].
Início de 1931	As dificuldades no serviço da dívida começam a agravar-se seriamente, quando o governo têm de pedir emprestado para o conseguir realizar.
17 de Fevereiro, 1933	O governo britânico nomeia uma comissão para examinar o futuro da Terra Nova e, em particular, a situação financeira e as perspectivas.
4 de Outubro, 1933	A primeira recomendação da comissão foi a de se suspender a forma vigente de governo, até que a ilha voltasse a ser capaz de se auto-sustentar.
21 de Dezembro, 1933	A Lei dos Empréstimos é aprovada, retirando a soberania à Terra Nova, para evitar o incumprimento certo.

---

[17] Para um relato completo do episódio, ver Baker (1996).

Entre 1928 e 1933, as receitas públicas, ainda em grande parte provenientes de direitos aduaneiros, caíram e o rácio da dívida sobre as receitas subiu (ver quadro em cima). Os pedidos de ajuda financeira aumentaram, à medida que se sucediam as falências nas unidades industriais de pesca, entre 1930 e 1932. O custo do serviço da dívida começou a ser insuportável.

Muito antes de as dificuldades no serviço da dívida se tornarem manifestas, em 1931, as finanças públicas da Terra Nova estavam já a trilhar um caminho precário. Défices orçamentais persistentes ao longo dos anos relativamente prósperos da década de 20 tinham conduzido a uma aumento da dívida, maioritariamente externa. O rácio da dívida pública sobre as receitas, em torno dos 8, no início da Grande Depressão, era já duas vezes superior ao registado em cerca de 90 episódios de incumprimento! Em 1932, o pagamento dos juros absorvia a parte de leão das receitas. Um incumprimento parecia inevitável. Tecnicamente – e não só do ponto de vista técnico – a Terra Nova não incumpriu.

Como observa David Hale, «a história política da Terra Nova, na década de 30, é agora considerada um capítulo menor da história do Canadá. Não há praticamente consciência dos acontecimentos extraordinários que aí ocorreram. O parlamento britânico e o parlamento da Terra Nova, domínio inglês dotado de autonomia, concordaram que a democracia teria de se subordinar à dívida. O mais antigo parlamento do Império Britânico, depois de Westminster, foi abolido e imposta uma ditadura aos 280 mil anglófonos, que tinham vivido, ao longo de 78 anos, em democracia directa. O governo britânico usou, então, os seus poderes constitucionais para encaminhar o país para uma federação com o Canadá»[18].

Apesar de não revestir os mesmos contornos extremos da Terra Nova, o Egipto, a Grécia e a Turquia também sacrificaram parcialmente a sua soberania – pelo menos no domínio das finanças públicas – à Inglaterra, na sequência dos seus incumprimentos do século XIX. Os EUA estabeleceram um protectorado fiscal na República Dominicana, em 1907, para controlar a sua alfândega e, por fim, ocuparam-na, em 1916. Os Estados Unidos também intervieram no Haiti e na Nicarágua, para controlar as suas alfândegas e garantir receitas para o serviço da dívida. Eram os dias da diplomacia da canhoeira.

---

[18] Hale (2003).

Caixa 5.3 Penalização pelo incumprimento externo? O caso do «bando Brady» em falta

Será realista supor que um país devedor problemático conseguirá «inverter a dívida», saindo de um rácio elevado de endividamento relativamente ao PIB para um rácio baixo, simplesmente por via do crescimento, sem um abate substancial da própria dívida? A emissão de obrigações Brady foi uma tentativa de o conseguir. Tratava-se de obrigações denominadas em dólares, emitidas pelos mercados emergentes, colateralizadas por obrigações de cupão-zero do Tesouro norte-americano. Surgiram na sequência de uma tentativa da década de 80 para reduzir a dívida dos países em desenvolvimento, que incumpriam com frequência os seus empréstimos. As obrigações receberam o seu nome do secretário do Tesouro dos EUA, Nicholas Brady, que promoveu o programa de redução de dívida. Participaram a Argentina, o Brasil, a Bulgária, a Costa Rica, a República Dominicana, o Equador, as Filipinas, a Jordânia, Marrocos, o México, a Nigéria, o Peru, a Polónia, o Uruguai e o Vietname.

Identificar inversões de dívida

Para identificar episódios de inversão considerável de dívida nos países de rendimento médio e baixo, ao longo do período entre 1970 e 2000, Reinhart, Rogoff e Savastano seleccionaram todos os casos em que o rácio da dívida relativamente ao PNB caiu 25 pontos percentuais, ou mais, num espaço de três anos, e depois verificaram se a redução no rácio foi causada por um decréscimo no numerador, por um aumento do denominador, ou por uma combinação de ambos[19]. O algoritmo que usaram permitiu identificar um total de 53 episódios de inversão de dívida para aquele período, 26 dos quais respeitantes a países de rendimento médio e os restantes 27 envolvendo países de baixo rendimento.

Os episódios de inversão

De 22 episódios de inversão de dívida entre os países de rendimento médio nos mercados emergente, 15 coincidiram com um processo de incumprimento ou reestruturação dos compromissos de dívida externa. Em seis dos sete episódios que não coincidiram com um evento de crédito, a inversão foi efectuada principalmente por via de reembolsos líquidos da dívida; em apenas um dos episódios (Suazilândia, 1985) o rácio de dívida diminuiu, basicamente porque o país «cresceu» mais do que as suas dívidas! O crescimento foi também o principal factor explicativo da queda dos rácios de dívida em três dos 15 casos de incumprimento ou reestruturação – nas Filipinas, Marrocos e Panamá. Em geral, o exercício mostrou que, normalmente, os países não diminuem os seus pesos de dívida por via do crescimento, o que fornece razão adicional para o cepticismo em relação aos cálculos tradicionais de sustentabilidade, claramente optimistas, feitos para os países intolerantes à dívida.

---

[19] Reinhart, Rogoff e Savastano (2003a).

Dos casos que envolveram eventos de crédito, o Egipto e a Rússia foram os que obtiveram, de longe, a maior parcela de redução no valor nominal da dívida por via dos acordos de reestruturação que negociaram. Dois países asiáticos que passaram por crises – a Coreia e a Tailândia – executaram os mais avultados reembolsos de dívida entre os episódios em que se evitou um evento de crédito.

Dos episódios de inversão significativa de dívida, destacaram-se pela sua ausência os famosos acordos de reestruturação Brady dos anos 90. Apesar do algoritmo utilizado por Reinhart, Rogoff e Savastano detectar a Bulgária, a Costa Rica, a Jordânia, a Nigéria e o Vietname, países maiores como o Brasil, o México e a Polónia não entram na categoria da inversão de dívida.

O enigma do «bando Brady» em falta: um episódio de rápida realavancagem

Reinhart, Rogoff e Savastano reconstruíram a evolução da dívida externa em 17 países cujos compromissos externos foram reestruturados no âmbito dos acordos Brady, de finais de 80. Da análise ao perfil do endividamento externo, ficou clara a razão por que o algoritmo de inversão de dívida usado por Reinhart, Rogoff e Savastano não detectou 12 dos 17 acordos Brady:

- Em 10 desses 12 casos, a redução do rácio da dívida externa em relação ao PNB produzida pelas reestruturações Brady foi inferior a 25 pontos percentuais. De facto, na Argentina e no Peru, três anos depois do acordo Brady o rácio estava acima do nível que registara no ano anterior à reestruturação!
- No ano 2000, sete dos 17 países que haviam empreendido uma reestruturação segundo o modelo Brady – a Argentina, o Brasil, o Equador, as Filipinas, o Peru, a Polónia e o Uruguai – já tinham rácios de dívida externa relativamente ao PNB acima do nível que haviam registado três anos depois da reestruturação e, no final de 2000, quatro desses países – a Argentina, o Brasil, o Equador e o Peru – já estavam com rácios superiores aos que antecederam o acordo Brady.
- Em 2003, quatro dos membros do bando Brady – a Argentina, a Costa do Marfim, o Equador e o Uruguai – tinham voltado a incumprir ou reestruturar a dívida externa.
- Em 2008, menos de duas décadas depois do acordo, o Equador havia incumprido duas vezes. Uns quantos outros membros do grupo Brady podem seguir o mesmo caminho.

No capítulo que se segue, documentamos as provas amplas da natureza recorrente (ou em série) do ciclo de incumprimento por país, região e época. Fazêmo-lo incluindo episódios famosos de incumprimento ou reestruturação, bem como casos pouco documentados, em economias que são agora avançadas e em vários países asiáticos.

6

Incumprimento externo ao longo da história

Os países dos actuais mercados emergentes não inventaram o incumprimento em série, isto é, o incumprimento soberano repetido. Muito pelo contrário, vários países que hoje são ricos tiverem problemas semelhantes quando eram mercados emergentes. O incumprimento em série da dívida externa é a norma em todas as regiões do mundo, incluindo a Ásia e a Europa.

A perspectiva proporcionada pela escala, ao longo do tempo, e pela extensão, em termos de países, dos nossos dados proporciona uma importante recompensa na compreensão do incumprimento: permite-nos ver que praticamente todos os países incumpriram a sua dívida externa pelo menos uma vez, e muitos fizeram-no várias vezes durante a sua fase económica de mercado emergente, um período que normalmente dura pelo menos um ou dois séculos.

A história antiga do incumprimento em série: a Europa emergente, 1300-1799

Os mercados emergentes da actualidade não podem reclamar a autoria de ter inventado o incumprimento em série. O Quadro 6.1 lista o número de incumprimentos, com os anos em que ocorreram, entre 1300 e 1799, para uma série de países europeus que hoje são ricos (Alemanha, Áustria, França, Inglaterra, Portugal e Espanha).

Os incumprimentos da Espanha estabeleceram um recorde que continua por ser ultrapassado. Com efeito, a Espanha conseguiu incumprir sete vezes, só no século XIX, depois de o ter feito seis vezes nos três séculos precedentes.

Com a sua série de incumprimentos do século XIX, a Espanha tomou à França o ceptro pelo recorde de incumprimentos, que tinha revogado as suas obrigações de dívida em oito ocasiões, entre 1500 e 1800. A população apelidou estes episódios de «sangrias», pois durante o seu curso os monarcas franceses tinham o hábito de executar os maiores credores internos, uma forma primeva e decisiva de «reestruturação da dívida»[1]. O ministro das Finanças francês, Abbé Terray, que desempenhou o cargo entre 1768 e 1774, era até da opinião de que os governos deveriam incumprir pelo menos uma vez por século para restaurar o equilíbrio[2].

Quadro 6.1 Os primeiros incumprimentos externos: Europa, 1300-1799

País	Ano de incumprimento	Número de incumprimentos
Alemanha (Prússia)	1683	1
Áustria	1796	1
Espanha	1557, 1575, 1596, 1607, 1627, 1647	6
França	1558, 1624, 1648, 1661, 1701, 1715, 1770, 1788	8
Inglaterra	1340, 1472, 1594*	2*
Portugal	1560	1

Fontes: Reinhart, Rogoff e Savastano (2003a) e fontes aí citadas, MacDonald (2006).
Nota: o asterisco (*) assinala a nossa incerteza sobre se, nesta altura, o incumprimento da Inglaterra foi à dívida interna ou externa.

Não deixa de ser notável que, apesar do trauma por que o país passou na sequência da Revolução Francesa e das Guerras Napoleónicas, a França tenha acabado por superar o seu estatuto de incumpridor em série. A França não incumpriu nos séculos XIX ou XX, nem o fez (até agora) no século XXI. Pode considerar-se, pois, que a França figura entre os primeiros países a «graduar-se» do incumprimento em série, tema que trataremos mais em detalhe na Caixa 6.1. A Áustria e Portugal incumpriram apenas uma vez até 1800, mas ambos os países incumpriram uma série de vezes no século XIX, como veremos.

---

[1] Veja-se Reinhart, Rogoff e Savastano (2003a), que agradecem a Harold James pelas suas observações.
[2] Winkler (1933), pág. 29. Perguntamo-nos se Thomas Jefferson leu estas palavras, já que, posteriormente, sustentou que «a árvore da liberdade deve ser refrescada de tempos a tempos com o sangue de patriotas e tiranos».

Dois séculos depois de a Inglaterra ter incumprido, no reinado de Eduardo III, Henrique VIII lançou-se numa degradação épica da moeda, incumprindo, de facto, todas as dívidas internas da Coroa. Além disso, apropriou-se por completo das vastas terras da Igreja Católica. Tais confiscos, frequentemente acompanhados de execuções, apesar de não serem incumprimentos estritos de obrigações, certamente que configuram uma recusa dos compromissos soberanos, mesmo que não, em rigor, da dívida internacional.

Caixa 6.1 A graduação francesa depois de oito incumprimentos externos, 1558-1788

As finanças da França eram extremamente instáveis até 1500, graças, em parte, a períodos de degradação espectacular da moeda. Só em 1303, a França degradou o conteúdo de prata das suas moedas em mais de 50%. Por vezes, as receitas francesas provenientes da manipulação da moeda excederam as de quaisquer outras fontes[3].

A monarquia francesa começou a acumular dívidas a partir de 1522, com Francisco I. Acabou por se encontrar em situação de grande vulnerabilidade, em resultado quer de uma contabilidade financeira extremamente opaca, quer da dependência contínua de financiamento de curto prazo, quando Filipe II de Espanha deu um golpe nos mercados financeiros, ao decidir incumprir em 1557. Tal como nos mercados financeiros da actualidade, onde o incumprimento de um país pode espalhar-se por contágio a outros, o rei francês, Henrique II, rapidamente se achou também ele incapaz de rolar a dívida de curto prazo. Os esforços do monarca para assegurar aos seus prestamistas que não tinha a intenção de seguir o exemplo de Filipe II e incumprir ainda ajudaram durante algum tempo, mas em 1558 a França foi forçada a fazê-lo. A derrocada de 1557-1560 foi um acontecimento de dimensão internacional, propagando-se por grande parte da Europa[4].

O problema imediato da França em 1558 pode ter sido o incumprimento da Espanha, mas o problema de fundo foi a sua incapacidade para estabelecer um sistema de finanças menos opaco. Por exemplo, Francisco I vendeu sistematicamente cargos públicos, com o resultado de abdicar de receitas fiscais futuras, em troca de encaixes imediatos. A corrupção grassava. Perdendo o controlo centralizado das receitas fiscais, a França viu-se constantemente abalada por incumprimentos, incluindo muitos episódios menores além dos oito listados no Quadro 6.1.

A Guerra de Sucessão espanhola (1701-1714) conduziu a uma explosão de dívidas, que paralisou em especial a França, dadas as dificuldades do centro em aumentar as receitas fiscais. Estas guerras de dívidas imensas conduziram a algumas das experimentações financeiras mais celebradas e estudadas da história, incluindo as bolhas do Mississípi e dos Mares do Sul, memorializadas na obra clássica de Charles Kindleberger sobre bolhas, manias e pânicos[5].

---
[3] MacDonald (2006).
[4] *Ibid.*
[5] Kindleberger (1989).

Os incumprimentos finais da França, do século XVIII, ocorreram em 1770 e 1788[6]. O incumprimento de 1770 seguiu-se à Guerra dos Sete Anos (1756-1763), na qual a Inglaterra, financeiramente mais desenvolvida, pôde muito simplesmente intensificar a escalada, o que implicava recursos públicos cada vez mais avultados, além da capacidade competitiva da França, financeiramente subdesenvolvida.

Tecnicamente, 1788 é o ano do último incumprimento francês, apesar de, como veremos, a França pós-revolucionária ter passado por uma hiperinflação monumental, que, de facto, levou à eliminação de quase todas as dívidas, públicas e privadas. Em todo o caso, o que é notável na trajectória posterior da história da França é o modo como o país conseguiu graduar-se e evitar novos incumprimentos estritos.

Entradas de capital e incumprimento: uma história do «Velho Mundo»

O ciclo de fluxos de capital aparece de forma eloquente no Gráfico 6.1, que se baseia na Espanha do século XVII. O gráfico mostra como os incumprimentos frequentemente ocorrem na sequência de aumentos acentuados nas entradas de capital, que chegam em grande quantidade, durante a euforia que acompanha o sentimento de que «desta vez é diferente».

Gráfico 6.1. Espanha: incumprimentos e empréstimos à Coroa, 1601-1679 (soma móvel de três anos).

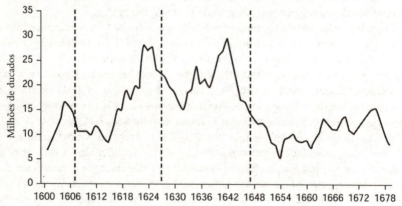

Fontes: Gelabert (1999a, 1999b), European State Finance Database (Bonney, s/d).
Nota: os incumprimentos de 1607, 1627 e 1647 são representados pelas linhas verticais.

---

[6] Reinhart, Rogoff e Savastano (2003a).

Incumprimento externo soberano depois de 1800: um quadro global

Com início no século XIX, a combinação do desenvolvimento dos mercados de capitais internacionais e a emergência de uma série de novos Estados-nação levou a uma explosão de incumprimentos internacionais. O Quadro 6.2 regista 19 episódios de incumprimento e reescalonamento, em África, na Europa e na América Latina. Já explicámos, no Capítulo 4, a razão por que, de um ponto de vista teórico, os reescalonamentos são, de facto, incumprimentos parciais negociados. O assunto é tão fundamental que nos sentimos obrigados a voltar a ele, em particular para sublinhar porque é que, de um ponto de vista prático, o reescalonamento é semelhante a um incumprimento estrito.

É correcto ver, na prática, os reescalonamentos como incumprimentos parciais negociados essencialmente por duas razões. Em primeiro lugar, obviamente porque os reescalonamentos envolvem com frequência reduções nas taxas de juro, se não mesmo do capital em dívida. A segunda razão, e talvez a mais importante, é que os reescalonamentos de dívida internacional sobrecarregam, por norma, os investidores com activos ilíquidos, que podem não ser saldáveis por décadas. A iliquidez é um custo enorme para os investidores, forçando-os a reter um activo arriscado, muitas vezes com uma compensação muito abaixo do preço de mercado do risco. É verdade que os investidores que detiveram dívida soberana incumprida por um número suficiente de anos – por vezes décadas – acabaram por obter um retorno semelhante ao que teriam conseguido investindo em obrigações relativamente livres de risco, emitidas pelos centros financeiros (o Reino Unido ou, mais tarde, os EUA), por idêntico período. De facto, há vários trabalhos escritos que mostram precisamente esses cálculos[7].

Apesar de a semelhança dos ganhos ser interessante, é importante sublinhar que a referência comparativa correcta é o retorno sobre activos ilíquidos de elevado risco, e não o de activos líquidos de baixo risco. Não é por acaso que, na sequência da crise de dívida hipotecária, nos EUA, de 2007, a dívida *subprime* foi vendida com um desconto exorbitante relativamente ao valor esperado dos reembolsos futuros. Os investidores acreditavam, e com razão, que se conseguissem retirar o dinheiro poderiam obter um retorno muito mais elevado noutro sector da economia, desde que se dispusessem a tomar posições ilíquidas com risco substancial. E tinham claramente razão.

---

[7] Por exemplo, veja-se Mauro *et al.* (2006).

Quadro 6.2 Incumprimento externo e reescalonamento: África, Europa e América Latina, no século XIX

País, data da independência[a]	Anos de incumprimento e reescalonamento			
	1800-1824	1825-1849	1850-1874	1875-1899
África				
Egipto, 1831				1876
Tunísia			1867	
Europa				
Alemanha				
Áustria-Hungria	1802, 1805, 1811, 1816		1868	
Hesse	1814			
Prússia	1807, 1813			
Schleswig-Holstein			1850	
Vestefália	1812			
Espanha	1809, 1820	1831, 1834	1851, 1867, 1872	1882
França	1812			
Grécia, 1829		1826, 1843	1860	1893
Países Baixos	1814			
Portugal		1828, 1837, 1841, 1845	1852	1890
Rússia		1839		
Suécia	1812			
Turquia				1876
América Latina				
Argentina, 1816		1827		1890
Bolívia, 1825				1875
Brasil, 1822				1898
Chile, 1818		1826		1880
Colômbia, 1819		1826	1850, 1873	1880
Costa Rica, 1821		1828	1874	1895
El Salvador, 1821		1828		1898
Equador, 1830		1826	1868	1894
Guatemala, 1821		1828		1876, 1894, 1899
Honduras, 1821		1828	1873	
México, 1821		1827, 1833, 1844	1866	1898
Nicarágua, 1821		1828		1894
Paraguai, 1811			1874	1892
Peru, 1821		1826		1876
República Dominicana, 1845			1872	1892, 1897, 1899
Uruguai, 1811				1876, 1891
Venezuela, 1830		1826, 1848	1860, 1865	1892, 1898

Fontes: Standard and Poor's, Purcell e Kaufman (1993), Reinhart, Rogoff e Savastano (2003a) e fontes aí citadas.

[a] São referidas as datas de independência dos países que se tornaram independentes no século XIX.

Investir em activos ilíquidos arriscados é precisamente o modo como o capital de risco e o investimento em acções, para não falar nos fundos das doações às universidades, conseguiram (até finais da primeira década de 2000) obter enormes retornos. Em contraste, os reescalonamentos de dívida a taxas de juro negociadas abaixo do mercado impõem risco ao credor sem nenhuma das vantagens dos investimentos em capital de risco, por exemplo. Assim, a distinção entre reescalonamentos de dívida – incumprimentos parciais negociados – e incumprimentos estritos (que normalmente terminam em reembolsos parciais) não é muito precisa.

O Quadro 6.2 também regista o ano de independência de cada país. A maior parte da África e da Ásia estava sob colonização neste período, o que deu à Europa e à América Latina um avanço considerável na rota da indisciplina orçamental e do incumprimento. Os únicos países africanos a incumprir nesta época foram a Tunísia (1867) e o Egipto (1876). A Áustria, embora não tão prolífera como a Espanha, incumpriu o número impressionante de cinco vezes. A Grécia, que obteve a sua independência apenas em 1829, compensou o tempo perdido ao incumprir quatro vezes. O incumprimento era também desenfreado na região da América Latina, com a Venezuela a incumprir seis vezes, e a Colômbia, a Costa Rica, a República Dominicana e as Honduras quatro vezes.

As colunas do Quadro 6.2 oferecem-nos também um primeiro relance sobre o entrecruzamento dos incumprimentos, a nível regional e internacional. De notar que uma série de países europeus incumpriu durante ou pouco depois das Guerras Napoleónicas, ao passo que muitos países latino-americanos, bem como a terra-mãe, Espanha, a incumpriram nos anos 1820 (ver Caixa 6.2, para um sumário dos primeiros tempos da América Latina os mercados internacionais). A maioria destes incumprimentos esteve associada às guerras de independência na América Latina. Apesar de nenhum dos conjuntos de incumprimentos seguintes ter sido tão pronunciado, em termos de número de países envolvidos, há episódios assinaláveis de incumprimento global de finais de 1860 a meados de 1870 e, de novo, de meados de 1880 até ao início de 1890. Analisaremos à frente o entrecruzamento um pouco mais sistematicamente.

Caixa 6.2 Os primeiros tempos da América Latina nos mercados de capitais, 1822-1825

O recurso ao empréstimo nas nações recentemente independentes (ou recentemente inventadas) da América Latina, entre 1822 e 1825, traduz-se no quadro seguinte:

Estado	Valor total das obrigações emitidas em Londres, 1822-1825 (£)
América Central	163 300
Argentina (Buenos Aires)	3 200 000
Brasil	1 000 000
Chile	1 000 000
Grande Colômbia (Colômbia, Equador e Venezuela)	6 750 000
México	6 400 000
Peru	1 816 000
Poyais	200 000

Fontes: Marichal (1989) e os autores.

Os mercados financeiros voláteis e muitas vezes caóticos das Guerras Napoleónicas haviam acalmado, no início dos anos 1820. A Espanha tinha, em rápida sucessão, perdido colónia atrás de colónia na América Central e do Sul, e as lendárias minas de ouro e prata do Novo Mundo eram de quem as apanhasse.

Sempre numa interminável busca de rendibilidades maiores, os banqueiros e os investidores de Londres foram arrastados pela febre da prata. A grande procura, na Europa, de oportunidades de investimento na América Latina, em conjunção com novos dirigentes latino-americanos desesperadamente carentes de fundos para o apoio ao processo de construção nacional – entre outras coisas –, produziu um surto de empréstimos, maioritariamente de Londres, maioritariamente concedidos a soberanos latino-americanos[8].

De acordo com Marichal, em meados de 1825, 26 companhias mineiras tinham sido registadas na Royal Exchange. Nenhum outro investimento na América Latina atingiu um poder de atracção como este, só comparável ao das acções da Companhia dos Mares do Sul, um século antes, e em 1825 já de triste memória. Neste clima de «irracionalidade exuberante», a América Latina pôde reunir mais de 20 milhões de libras, entre 1822 e 1825.

«General Sir» Gregor MacGregor, que tinha viajado pela América Latina e combatido como mercenário no exército de Simon Bolivar, aproveitou a oportunidade para convencer os seus compatriotas escoceses a investir as suas poupanças no país fictício de Poyais. A sua cidade capital, Saint Joseph, de acordo com o pros-

---

[8] Por este tempo, não eram apenas os Estados latino-americanos a endividar-se. A Grécia, ainda envolvida na sua luta pela independência, Portugal e a Rússia estavam também a emitir e a colocar obrigações denominadas em libras, em Londres.

pecto de investimento que circulava na altura, gabava-se de estar equipada com «amplas avenidas, edifícios com colunas e uma esplêndida catedral abobadada». Os suficientemente intrépidos e visionários para atravessarem o Atlântico e colonizarem Poyais conseguiriam estabelecer serrarias para explorar as florestas nativas, e fundar minas de ouro[9]. Os banqueiros londrinos também estavam impressionados com tais perspectivas de enriquecimento e em 1822 MacGregor, Príncipe de Poyais, fez uma emissão de obrigações em Londres, arrecadando um montante de 160 mil libras esterlinas, com um preço de emissão pública de 80 libras, bem acima do preço de emissão da primeira obrigação chilena posta a circular no mercado[10]. A taxa de juro de 6% era a mesma que se permitia à América Central, a Buenos Aires, ao Chile, à Grande Colômbia e ao Peru, na altura do episódio. Talvez não tenha feito grande diferença oferecer a Poyais condições de empréstimo idênticas às dos soberanos reais, pois todos estes haveriam de incumprir as suas dívidas externas entre 1826-1828, inaugurando a primeira crise de dívida da América Latina.

Voltamo-nos, agora, para o século XX. O Quadro 6.3 mostra os incumprimentos em África e na Ásia, incluindo uma série de países de colonização recente. A Nigéria, apesar da sua riqueza em petróleo, incumpriu o número assombroso de cinco vezes desde que ascendeu à independência, em 1960, mais do que qualquer outro país no mesmo período. A Indonésia incumpriu quatro vezes. Marrocos, registando o seu primeiro incumprimento em 1903, numa primeira fase de independência, também incumpriu três vezes no século XX. A Índia orgulha-se de ter escapado à crise asiática dos anos 90 (graças, em parte, a imponentes controlos de capital e à repressão financeira). De facto, foi forçada a reescalonar a sua dívida externa três vezes desde a independência, ainda que não o tenha voltado a fazer desde 1972. Apesar de não ter incumprido na era comunista, a China incumpriu a sua dívida externa em 1921 e 1939.

Assim, como ilustra o Quadro 6.3, a ideia de que os países da América Latina e os países europeus de baixo rendimento foram os únicos a incumprir no século XX é, no mínimo, um exagero.

---

[9] Para um relato fascinante apoiado em factos deste empreendimento, que se lê como ficção, veja-se a obra de David Sinclair, de 2004, *The Land That Never Was: Sir Gregor Macgregor and the Most Audacious Fraud in History*. Dos 250 colonos que atravessaram o Atlântico rumando a Poyais (que se situava supostamente na Baía das Honduras, onde se localiza o actual Belize), apenas 50 sobreviveram para contar a história.

[10] MacGregor foi também capaz de angariar uma verba adicional de 40 mil libras, por várias vias, perfazendo um total de 200 mil libras, bem acima das 163 mil conseguidas pelos Estados Unidos da América Central durante do *boom* de crédito de 1822 a 1825.

Quadro 6.3 Incumprimento e reescalonamento: África e Ásia, século XX até 2008

País, data da independência[a]	Anos de incumprimento e reescalonamento			
	1900-1924	1925-1949	1950-1974	1975-2008
África				
África do Sul, 1910				1985, 1989, 1993
Angola, 1975				1985
Argélia, 1962				1991
Costa do Marfim, 1960				1983, 2000
Egipto				1984
Marrocos, 1956	1903			1983, 1986
Nigéria, 1960				1982, 1986, 1992, 2001, 2004
Quénia, 1963				1994, 2000
República Centro-Africana, 1960				1981, 1983
Zâmbia, 1964				1983
Zimbabué, 1965			1965	2000
Ásia				
China	1921	1939		
Filipinas, 1947				1983
Japão		1942		
Índia, 1947			1958, 1969, 1972	
Indonésia, 1949			1966	1998, 2000, 2002
Myanmar, 1948				2002
Sri Lanka, 1948				1980, 1982

Fontes: Standard and Poor's, Purcell e Kaufman (1993), Reinhart, Rogoff e Savastano (2003a) e fontes aí citadas.

[a] Referem-se os anos para os países que se tornaram independentes no século XX.

O Quadro 6.4 olha para a Europa e para América Latina, regiões cujos países, salvo poucas excepções, foram independentes durante todo o século XX. Uma vez mais, como nos quadros precedentes, vemos que os incumprimentos soberanos tendem a ocorrer em conjuntos, sendo tal situação particularmente evidente no período da Grande Depressão, quando grande parte do mundo estava em incumprimento, na crise de dívida dos anos 80 e na da década seguinte. O último destes episódios registou um número algo menor de incumprimentos técnicos, graças à intervenção maciça da comunidade oficial, em especial do Fundo Monetário Internacional e do Banco Mundial. Se essas intervenções gigantescas foram ajuizadas, é um assunto diferente, que aqui deixaremos em aberto. Sobressaem, no Quadro 6.4, os cinco incumprimentos da Turquia, os seis do Peru, e os sete do Brasil e do Equador. Há outros países com registo idêntico.

Quadro 6.4 Incumprimento e reescalonamento: Europa e América Latina, do século XX até 2008

País, data de independência[a]	Anos de incumprimento e reescalonamento			
	1900-1924	1925-1949	1950-1974	1975-2008
Europa				
Alemanha		1932, 1939		
Áustria		1938, 1940		
Grécia		1932		
Hungria, 1918		1932, 1941		
Polónia, 1918		1936, 1940		1981
Roménia		1933		1981, 1986
Rússia	1918			1991, 1998
Turquia	1915	1931, 1940		1978, 1982
América Latina				
Argentina			1951, 1956	1982, 1989, 2001
Bolívia		1931		1980, 1986, 1989
Brasil	1902, 1914	1931, 1937	1961, 1964	1983
Chile		1931	1961, 1963, 1966, 1972, 1974	
Colômbia	1900	1932, 1935		
Costa Rica	1901	1932	1962	1981, 1983, 1984
El Salvador	1921	1932, 1938		
Equador	1906, 1909, 1914	1929		1982, 1999, 2008
Guatemala		1933		1986, 1989
Honduras				1981
México	1914	1928		1982
Nicarágua	1911, 1915	1932		1979
Panamá, 1903		1932		1983, 1987
Paraguai	1920	1932		1986, 2003
Peru		1931	1969	1976, 1978, 1980, 1984
República Dominicana		1931		1982, 2005
Uruguai	1915	1933		1983, 1987, 1990, 2003
Venezuela				1983, 1990, 1995, 2004

Fontes: Standard and Poor's, Purcell e Kaufman (1993), Reinhart, Rogoff e Savastano (2003a) e fontes aí citadas.

Nota: as dívidas externas dos Aliados aos EUA, na Segunda Guerra Mundial, foram reembolsadas apenas por acordo mútuo, designadamente a do Reino Unido. Tecnicamente este perdão de dívida constitui um incumprimento.

[a] Referem-se os anos para os países que se tornaram independentes no século XX.

Até aqui temo-nos centrado no número de incumprimentos, mas trata--se de uma medida algo arbitrária. Os episódios de incumprimento podem estar ligados entre si, particularmente quando os termos da reestruturação da dívida são severos e tornam a recaída no incumprimento quase inevitável. Tentámos nestes quadros excluir episódios obviamente relacionados, de modo que quando um episódio subsequente ocorre a uma distância de dois anos do anterior, contamos os dois incumprimentos como um único caso. Porém, para compreender melhor o historial de incumprimento dos diversos países, veremos de seguida o número de anos que cada um passou em incumprimento, desde a sua independência.

Começamos por registar os resultados para a Ásia e África no Quadro 6.5. Para cada país, o quadro fornece o número de incumprimentos ou reescalonamentos (usando o critério acima) e a percentagem de anos desde 1800, ou desde a independência, se esta tiver sido posterior, que o país passou em estado de incumprimento ou reescalonamento. É de assinalar que, mesmo tendo havido inúmeros incumprimentos na Ásia, o episódio típico foi resolvido com relativa rapidez. Apenas a China, as Filipinas, a Índia e a Indonésia passaram mais de 10% do período assim definido em incumprimento (apesar de estes países constituírem a maioria da região, se ponderarmos a sua população). O historial de África é muito pior, tendo vários países do continente passado cerca de metade da sua vida em incumprimento. Certamente que uma das principais razões por que os incumprimentos africanos são muito menos conhecidos do que os da América Latina, por exemplo, é a de que as suas dívidas têm sido comparativamente pequenas e as consequências sistémicas destes episódios menos agudas. Tais circunstâncias não tornaram as suas consequências menos dolorosas para os africanos, que têm naturalmente de suportar os mesmos custos, em termos de consolidação orçamental abrupta e reduzido acesso ao crédito, frequentemente acompanhados de taxas de juro mais altas e depreciações da taxa de câmbio.

Quadro 6.5 O cômputo cumulativo do incumprimento e do reescalonamento: África e Ásia, ano da independência até 2008

País	Percentagem de anos em incumprimento ou reescalonamento, desde a independência ou 1800[a]	Número total de incumprimentos e/ou reescalonamentos
África		
África do Sul	5,2	3
Angola	59,4	1
Argélia	13,3	1
Costa do Marfim	48,9	2
Egipto	3,4	2
Marrocos	15,7	4
Maurícia	0,0	0
Nigéria	21,3	5
Quénia	13,6	2
República Centro Africana	53,2	2
Tunísia	5,3	1
Zâmbia	27,9	1
Zimbabué	40,5	2
Ásia		
China	13,0	2
Coreia	0,0	0
Filipinas	16,4	1
Hong Kong	0,0	0
Índia	11,7	3
Indonésia	15,5	4
Japão	5,3	1
Malásia	0,0	0
Myanmar	8,5	1
Singapura	0,0	0
Sri Lanka	6,8	2
Taiwan	0,0	0
Tailândia	0,0	0

Fontes: cálculos dos autores, Standard and Poor's, Purcell e Kaufman (1993), Reinhart, Rogoff e Savastano (2003a) e fontes aí citadas.

[a] Para os países que se tornaram independentes antes de 1800, os cálculos são feitos a partir deste ano e até 2008.

O Quadro 6.6 fornece o mesmo conjunto de estatísticas para a Europa e América Latina. A Grécia, como já foi referido, passou mais de metade dos seus anos desde 1800 em incumprimento. Uma série de países latino-americanos passou cerca de 40% dos seus anos em incumprimento, incluindo a Costa Rica, a República Dominicana, o México, a Nicarágua, o Peru e a Venezuela.

Observa-se a mesma prevalência de episódios por grande parte da Europa, embora se tenham registado diferenças significativas, relacionadas, principalmente, com a duração da permanência em incumprimento. Compare-se um devedor em série como a Áustria, que tendeu a emergir com relativa

Quadro 6.6 O cômputo cumulativo do incumprimento e do reescalonamento: Europa, América Latina, América do Norte e Oceania, ano da independência até 2008

País	Percentagem de anos em incumprimento ou reescalonamento, desde a independência ou 1800[a]	Número total de incumprimentos e/ou reescalonamentos
Europa		
Alemanha	13,0	8
Áustria	17,4	7
Bélgica	0,0	0
Dinamarca	0,0	0
Espanha	23,7	13
Finlândia	0,0	0
França	4,3	9
Grécia	50,6	5
Hungria	37,1	7
Itália	3,4	1
Noruega	0,0	0
Países Baixos	6,3	1
Polónia	32,6	3
Portugal	10,6	6
Reino Unido	0,0	0
Roménia	23,3	3
Rússia	39,1	5
Suécia	0	0
Turquia	15,5	6
América Latina		
Argentina	32,5	7
Bolívia	22,0	5
Brasil	25,4	9
Chile	27,5	9
Colômbia	36,2	7
Costa Rica	38,2	9
El Salvador	26,3	5
Equador	58,2	9
Guatemala	34,4	7
Honduras	64,0	3
México	44,6	8
Nicarágua	45,2	6
Panamá	27,9	3
Paraguai	23,0	6
Peru	40,3	8
República Dominicana	29,0	7
Uruguai	12,8	8
Venezuela	38,4	10
América do Norte		
Canadá	0,0	0
Estados Unidos	0,0	0
Oceania		
Austrália	0,0	0
Nova Zelândia	0,0	0

Fontes: cálculos dos autores, Standard and Poor's, Purcell e Kaufman (1993), Reinhart, Rogoff e Savastano (2003a) e fontes aí citadas.

[a] Para os países que se tornaram independentes antes de 1800, os cálculos são feitos a partir deste ano data e até a 2008.

rapidez do episódio, com a Grécia, que viveu em estado permanente de incumprimento por mais de um século. Em geral, é possível verificar que os episódios de incumprimento, sendo embora recorrentes, estão longe de ser contínuos. O amplo espaçamento reflecte, sem dúvida, os ajustamentos que devedores e credores fazem, na sequência de cada ciclo de incumprimentos. Por exemplo, hoje, muitos mercados emergentes prosseguem políticas macroeconómicas bastante conservadoras. Com o tempo, porém, esta precaução normalmente dá lugar ao optimismo e à indisciplina, mas só após uma longa acalmia.

Uma forma de resumir os dados nos Quadros 6.5 e 6.6 é olhar para uma linha cronológica que forneça o número de países em incumprimento ou reestruturação, em cada momento. Já a vimos, no Gráfico 5.1, referente ao total de países, e no Gráfico 5.2, com esse total ponderado pela sua quota no rendimento mundial. Esses gráficos ilustram o entrecruzamento de incumprimentos de forma mais acentuada do que o fazem os quadros respeitantes aos primeiros incumprimentos.

À frente, no Capítulo 16, olharemos mais sistematicamente e em maior profundidade para o que constitui verdadeiramente uma crise financeira global.

Parte III

A história esquecida da dívida e do incumprimento internos

Encontrar dados sobre a dívida pública interna, para a maior parte dos países, mesmo das duas últimas décadas, é um exercício de arqueologia.

7

Os factos típicos sobre a dívida e o incumprimento internos

A dívida interna é uma grande parte da dívida total dos países. Nos 64 países para os quais dispomos de séries longas, a dívida interna é, em média, quase dois terços da dívida pública total. Na maior parte da amostra, esta dívida tem normalmente uma taxa de juro de mercado, excepto durante a era de repressão financeira que se seguiu à Segunda Guerra Mundial.

Dívida interna e externa

Na Parte I, discutimos a natureza surpreendentemente exótica da nossa série longa, para 64 países, relativa à dívida interna. De facto, só recentemente uns quantos grupos de académicos começaram a organizar dados para o período contemporâneo[1].

O Gráfico 7.1 traça a evolução da dívida interna em percentagem da dívida pública total, para o período de 1900 a 2007. Varia entre 40 e 80%. (Ver Anexo A.2 para a disponibilidade de dados por país). Os Gráficos 7.2 e 7.3 repartem esta informação por regiões. Os valores nesses gráficos são médias simples dos países. Os rácios são também razoavelmente represen-

---

[1] Reinhart, Rogoff e Savastano (2003a) basearam-se em fontes nacionais para construir um conjunto de dados para países em desenvolvimento e mercados emergentes seleccionados, cobrindo os anos de 1990 a 2002. Mais recentemente, Jeanne e Guscina (2006) forneceram dados detalhados sobre a dívida interna de 19 importantes mercados emergentes, de 1980 a 2005. Cowan *et al.* (2006) forneceram dados para todos os países do hemisfério ocidental, de 1980 (ou 1990) a 2004. Reinhart e Rogoff (2008a) descreveram uma base de dados complementar, cobrindo uma vasta gama de variáveis relacionadas, incluindo a dívida externa, a que também aqui recorremos.

tativos de muitos mercados emergentes da amostra, incluindo países que são agora ricos, como a Áustria, a Espanha e a Grécia, na fase em que eram ainda mercados emergentes[2]. Como se evidencia nos gráficos, os nossos dados incluem uma representação significativa de todos os continentes, e não apenas um punhado de países europeus e latino-americanos, como é o caso da maior parte da literatura sobre dívida externa.

Naturalmente que as experiências são diversas. Nas economias avançadas, a dívida interna representa a parte de leão das responsabilidades do sector público. No outro extremo, nalguns mercados emergentes, especialmente ao longo das décadas de 80 e 90, os mercados de dívida interna sofreram um golpe brutal com a propensão dos governos para inflacionar, por vezes com episódios de hiperinflação. Por exemplo, nos anos seguintes à hiperinflação de 1989 e 1990, a dívida interna representava 10% a 20% da dívida pública do Peru. Mas não foi sempre assim. Os primeiros registos que constam nos dados da Sociedade das Nações, de finais da Primeira Guerra Mundial, mostram que a dívida interna do Peru, nessa altura, era cerca de dois terços da totalidade da dívida do seu sector público, como era, então, o caso em muitos outros países da América Latina. De facto, a parcela era ainda maior nos anos 50, quando os centros financeiros mundiais não estavam envolvidos na concessão de empréstimos externos.

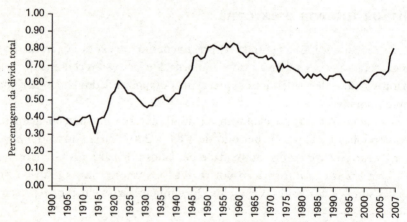

Gráfico 7.1. Dívida pública interna em percentagem da dívida total: todos países, 1900-2007.

Fontes: Sociedade das Nações, Nações Unidas e outras fontes listadas no Anexo A.2.

---

[2] A dívida pública interna nunca foi muito representativa nuns poucos países latino-americanos (o Uruguai destaca-se, a este respeito) e os mercados de dívida pública são praticamente inexistentes nos países africanos da CFA (originalmente *Colonies Françaises d'Afrique*).

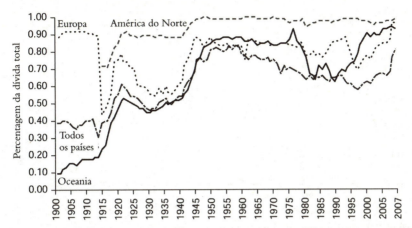

Gráfico 7.2. Dívida pública interna em percentagem da dívida total: economias avançadas, 1900-2007.

Fontes: Sociedade das Nações, Nações Unidas e outras fontes listadas no Anexo A.2.

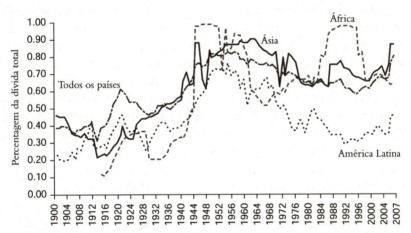

Gráfico 7.3. Dívida pública interna em percentagem da dívida total: economias de mercados emergentes, 1900-2007.

Fontes: Sociedade das Nações, Nações Unidas e outras fontes listadas no Anexo A.2.

Maturidade, taxas de retorno e composição por moeda

Além de mostrar que a dívida interna é uma grande porção da dívida total, os dados também desmentem a crença de que, até recentemente, os mercados emergentes (e os países em desenvolvimento) nunca tinham conseguido

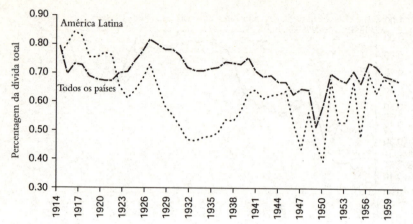

Gráfico 7.4. Percentagem da dívida interna de longo prazo: todos os países e América Latina, 1914-1959.

Fontes: Sociedade das Nações, Nações Unidas e outras fontes listadas no Anexo A.2.

obter empréstimos de longo prazo. Como mostra o Gráfico 7.4, a dívida de longo prazo constitui uma parcela elevada do *stock* de dívida total, ao longo de um segmento importante da amostra, pelo menos para o período de 1914-1959. Para este subperíodo, a base de dados da Sociedade das Nações//Nações Unidas fornece detalhe considerável sobre a estrutura das maturidades. Pode ser uma surpresa para muitos leitores, como o foi para nós, que a tendência moderna para a dívida de curto prazo seja um fenómeno relativamente recente, produto evidente da «fadiga de inflação», dos anos 70 e 80.

Não foi particularmente novidade o facto de muitos mercados emergentes terem começado a pagar taxas de juro baseadas no mercado, sobre sua dívida interna, na década anterior à crise financeira de 2007. É certo que, na época que se segue à Segunda Guerra Mundial, muitos governos reprimiram os seus mercados financeiros internos, com tectos baixos para as taxas dos depósitos e elevados requisitos de reservas nos bancos, entre outros expedientes, tais como o crédito administrado e a obrigatoriedade de limites mínimos de posições em dívida pública nas carteiras de investimento dos fundos de pensões e dos bancos comerciais. Mas, de facto, os dados sobre as taxas de juro da primeira metade do século XX mostram que a repressão financeira não era, nessa altura, nem tão forte nem tão generalizada. Como mostra Quadro 7.1, para os anos 1928-1946, período para o qual temos a melhor documentação, as taxas de juro para as emissões de dívida interna e externa eram relativamente semelhantes, confirmando a ideia de que as taxas de juro da dívida pública interna eram determinadas pelo mercado, ou, pelo menos, reflectiam-no em grande parte.

Quadro 7.1 Taxas de juro da dívida interna e externa, 1928-1946

País	Intervalo de variação das taxas de juro (%)	
	Emissões de dívida interna	Emissões de dívida externa
Alemanha	3½-7	5½-6
África do Sul	3½-6	3½-6
Argentina	3-6	3½-4½
Austrália	2-4	3.375-5
Áustria	4½-6	5
Bélgica	3½-5	3-7
Bolívia	¼-8	6-8
Brasil	4-7	4-7
Bulgária	4-6½	7-7½
Canadá	1-5½	1¼-5½
Chile	1-8	4½-7
Colômbia	3-10	3-6
Costa Rica	6	5-7½
Dinamarca	2½-5	4½-6
Egipto	2½-4½	3½-4
Equador	3	4-8
Espanha	3½-6	3-4
Estados Unidos	1½-2½	Não tem dívida externa
Finlândia	4-5½	2½-7
Grécia	3-9	3-10
Hungria	3½-5	3-7½
Índia	3-5½	3-5½
Itália	3½-5	Não tem dívida externa
Japão	3½-5	4-6½
Nicarágua	5	4-5
Nova Zelândia	2½-4	2½-5
Países Baixos	2½-6	Não tem dívida externa
Polónia	3-7	3-7
Portugal	2.1-7	3-4
Reino Unido	1½-4	Não tem dívida externa transaccionável
Roménia	3½-5	4-7
Suécia	2½-4½	Não tem dívida externa
Tailândia	2½-4½	4½-7
Turquia	2½-5½	6½-7½
Uruguai	5-7	3½-6
Venezuela	3	3

Fontes: Nações Unidas (1948).
Notas: as taxas para as emissões internas são as de dívida de longo prazo, pois facilita a comparação com a dívida externa, que tem um perfil temporal semelhante. As taxas de juro mais elevadas são as mais representativas.

Um tópico final tem a ver com a dimensão da inflação ou da indexação a divisas estrangeiras. Muitos observadores viram a famosa emissão mexicana de dívida interna indexada ao dólar, no início dos anos 90 – os chamados *tesobonos* – como uma grande inovação. Tal como então se pensava, daquela vez seria mesmo diferente. Sabemos agora que não havia novidade alguma. A Argentina tinha emitido obrigações internas em finais de 1800, denominadas em libras esterlinas, e nos anos 60 a Tailândia havia emitido dívida interna indexada ao dólar. (Ver Caixa 7.1 para estudos de caso e os anexos para as fontes)[3].

Caixa 7.1 Dívida interna indexada a divisa externa: *tesobonos* tailandeses?

A nossa série cronológica de dívida interna cobre 64 dos 66 países da amostra e começa em 1914, e, em vários casos, muito antes. Durante este período longo, a dívida interna foi quase exclusivamente (em especial antes dos anos 90) denominada na moeda nacional e detida predominantemente por residentes internos, normalmente bancos. Houve, porém, excepções notáveis, que esbateram as linhas de demarcação entre a dívida interna e a dívida externa. Estes são alguns dos exemplos.

Dívida interna mexicana indexada ao dólar: os «infames» tesobonos

Como parte de um plano de estabilização da inflação, em finais de 1980 o peso mexicano foi ancorado ao dólar norte-americano, por meio de uma banda oficialmente pré-anunciada para a taxa de câmbio. De facto, era uma ligação [*peg*] ao dólar. No início de 1994, o peso foi posto sob pressão especulativa, na sequência do assassinato do candidato presidencial Luis Donaldo Colosio. Para convencer os investidores, na sua maioria norte-americanos, com elevados níveis de exposição às obrigações do tesouro mexicano, de que o governo se comprometia a manter o valor do peso, as autoridades do país começaram a indexar ao dólar o seu *stock* considerável de dívida interna de curto prazo. O meio foram os *tesobonos*, instrumentos de dívida de curto prazo, reembolsáveis em pesos, mas ligados à divisa dos EUA. Em Dezembro de 1994, quando estalou uma nova onda de especulação contra a moeda, quase toda a dívida interna estava denominada em dólares. Antes do final do ano, deixou-se o peso flutuar. Sofreu uma derrocada imediata e desencadeou-se uma crise maior, simultaneamente cambial e bancária, pelo início do ano de 1995. Não fora um pacote de resgate, que bateu o recorde na altura, do Fundo Monetário Internacional e do governo norte-americano, o México teria, com toda a probabilidade, incumprido a sua dívida soberana. As reservas em dólares do banco central quase desapareceram e seriam insuficientes para cobrir as obrigações a vencer-se.

Uma vez que os *tesobonos* estavam indexados ao dólar e eram detidos maioritariamente por não residentes, muitos observadores olharam para a situação como uma repetição de Agosto de 1982, quando o México incumpriu a sua dívida externa a bancos comerciais norte-americanos. Havia, contudo, em 1995 a particularidade nada trivial de que, se os procedimentos de incumprimento tivessem de ser accionados, cairiam sob jurisdição da lei mexicana. Este episódio aumentou a atenção internacional às vulnerabilidades de um país, associadas à forte depen-

---

[3] Naturalmente que, durante os primeiros anos do período entre guerras, muitos países tinham as suas moedas ligadas ao ouro.

dência de dívida em moeda externa, de qualquer tipo. A experiência mexicana não impediu o Brasil de emitir copiosamente dívida indexada ao dólar, na trajectória para a sua saída turbulenta do Plano Real. Surpreendentemente, a crise anterior do México não levantou preocupações relativas à validade ou utilidade dos exercícios de sustentabilidade da dívida exclusivamente centrados na sua componente externa. A dívida pública interna continuaria a ser ignorada pelas instituições multilaterais e pela indústria financeira por cerca de mais uma década.

Obrigações «internas» argentinas, denominadas em libras esterlinas, do final do século XIX e princípio do século XX

O primeiro exemplo nos mercados emergentes, de que tenhamos conhecimento, de dívida interna vinculada a uma divisa estrangeira, destinada maioritariamente a não residentes, vem da Argentina, em 1872[4]. Depois de ter incumprido os seus primeiros empréstimos nos anos 1820, a Argentina permaneceu basicamente afastada dos mercados de capitais internacionais, até finais da década de 1860. Com algumas interrupções, sendo a mais famosa a crise do Barings em 1890, a Argentina fez várias emissões obrigacionistas externas, em Londres, e pelo menos mais três colocações de obrigações «internas», como se chamavam, em 1888, 1907 e 1909. Tanto as obrigações externas como as internas eram denominadas em libras esterlinas. Cerca de um século mais tarde, depois de ter travado, e perdido, uma longa batalha contra uma elevada inflação crónica, as suas dívidas internas, bem como o seu sector bancário, viriam a ser quase completamente dolarizados[5].

A «curiosa» dívida tailandesa indexada ao dólar, da década de 60

A Tailândia não é um país afligido por um historial de elevada inflação. Duas grandes desvalorizações ocorreram em 1950 e 1954, com algum impacto inflacionário moderado, mas a situação de finais dos anos 50 e inícios da década de 60 dificilmente se poderia descrever como requerendo medidas de protecção contra os riscos de inflação, como seja a indexação das dívidas ou o estabelecimento de contratos com base numa divisa estrangeira. Porém, por razões que permanecem para nós misteriosas, entre 1961 e 1968 o governo tailandês emitiu dívida interna indexada ao dólar. Ao longo deste período, a dívida interna representou 80% a 90% da dívida pública total. Apenas cerca de 10% do *stock* de dívida interna estava vinculado ao dólar norte-americano, de modo que em momento algum foi o episó-

---

[4] Deve notar-se que, até há dez a quinze anos, a dívida externa da maioria dos países era em grande parte dívida pública. O recurso do sector privado ao crédito externo tornou-se mais significativo apenas nas duas últimas décadas; ver Prasad *et al.* (2003). Arellano e Kocherlakota (2008) desenvolveram um modelo sobre a relação entre dívida privada e incumprimento público externo.
[5] Veja-se o Capítulo 12 para uma discussão da sequência e das consequências da inflação elevada.

dio tailandês um caso significativo de «dolarização dos passivos». Não dispomos de informação sobre quem foram os principais detentores da dívida interna dolarizada. Talvez essa informação fornecesse uma pista para explicar porque é que essa dívida sequer existiu.

Podemos resumir o que sabemos sobre dívida interna registando que, ao longo da maior parte da história, para a maior parte dos países, especialmente dos mercados emergentes, ela representou uma parcela elevada e muito significativa da dívida total. Nada na estrutura das maturidades destas dívidas, ou relacionado com as taxas de juro que pagaram, justifica a prática comum de as ignorar nos cálculos de sustentabilidade da dívida externa, ou da estabilidade da inflação.

Reconhecemos que há importantes limitações na nossa base de dados. Em primeiro lugar, os dados de que dispomos cobrem, em geral, apenas a dívida pública de nível central. Seria naturalmente desejável dispor de séries longas da dívida pública consolidada, incluindo os compromissos do Estado, dos níveis subnacionais (regiões, províncias, etc.) e a dívida garantida de institutos semipúblicos. Além disso, muitos bancos centrais, em toda a parte do mundo, emitem eles próprios dívida, frequentemente para esterilizar intervenções cambiais[6]. O acréscimo dessa informação melhoraria a nossa percepção da importância que tem tido a dívida pública interna.

Passamos agora a algumas possíveis aplicações importantes dos dados.

Episódios de incumprimento interno

Os modelos teóricos envolvem uma vasta gama de suposições sobre a dívida pública interna. A esmagadora maioria presume simplesmente que a dívida é sempre honrada. Incluem-se nesta categoria os modelos nos quais a política de geração de défices orçamentais é irrelevante, devido à equivalência ricardiana[7]. A proposição básica da equivalência ricardiana é a de que quando um governo corta impostos, emitindo dívida, os agentes económicos não gastam o acréscimo de rendimento disponível, porque compreendem que precisarão de poupar para pagar impostos futuros. Os modelos nos quais a dívida é sempre honrada incluem aqueles em que a dívida pública interna é um factor crucial na determinação do nível de

---

[6] Cf. Calvo (1991) sobre estas práticas «perigosas».
[7] Cf. Barro (1974).

preços, por intermédio da restrição orçamental, e os que envolvem gerações sobrepostas[8]. Há alguma bibliografia que procura ajudar-nos a compreender porque é que os governos chegam sequer a honrar qualquer dívida interna que seja[9]. Porém, a suposição geral de toda a literatura sobre este tópico é a de que, podendo embora os governos eliminar dívida por via da inflação, os incumprimentos estritos da dívida interna são extremamente raros. Esta suposição contrasta fortemente com a da literatura sobre dívida pública externa, na qual o incentivo ao incumprimento dos governos é o principal objecto de inquérito.

Na realidade, a nossa leitura da experiência histórica é a de que os incumprimentos *de jure* explícitos da dívida pública interna, ainda que menos comuns do que os da dívida externa, não são raros. Os nossos dados incluem mais de 70 casos de incumprimento explícito, por comparação com 250 incumprimentos da dívida externa, desde 1800[10]. Estes incumprimentos *de jure* tiveram lugar por via de uma miscelânea de mecanismos, que vão das conversões forçadas a taxas de cupão inferiores, passando pela redução

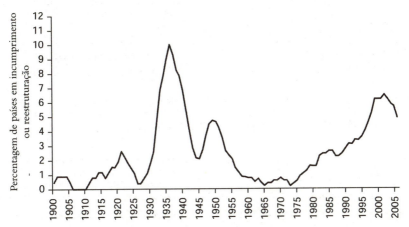

Gráfico 7.5. Dívida soberana interna: percentagem de países em incumprimento ou reestruturação, 1900-2008 (média móvel de cinco anos).

Fontes: Sociedade das Nações, Reinhart, Rogoff e Savastano (2003a), Standard and Poor's e cálculos dos autores.
Nota: agregados não ponderados.

---

[8] Veja-se Woodford (1995) para os primeiros e Diamond (1995) para os últimos.
[9] Por exemplo, Tabellini (1991) ou Kotlikoff *et al.* (1988).
[10] Incluindo uma série de incumprimentos internos muito recentes, a amostra pode, de facto, ser estendida a mais de 70 casos.

Quadro 7.2 Episódios seleccionados de incumprimento ou reestruturação da dívida interna, 1740-1921

País	Datas	Comentário
Argentina	1890	Este incumprimento estendeu-se também a várias emissões obrigacionistas «internas». Estas obrigações, apesar de não terem sido emitidas em Londres, eram denominadas em moeda externa ($£$) e transaccionadas no estrangeiro – são precursoras dos *tesobonos* mexicanos, dos anos 90.
China	Março de 1921	Recorreu-se a um plano de consolidação da dívida interna para resolver um problema de atrasos de pagamento à maior parte dos títulos obrigacionistas do Estado, desde 1919.
Dinamarca	Janeiro de 1813	Durante a crise, as dívidas externas foram servidas, mas as dívidas internas foram reduzidas em 39%.
Estados Unidos	Janeiro de 1790	Nominalmente, o juro foi mantido em 6%, mas parte dele foi adiado por dez anos.
Estados Unidos (nove Estados)	1841-1842	Três Estados repudiaram integralmente as suas dívidas.
Estados Unidos (Estados e muitos governos locais)	1873-1883 ou 1884	Em 1873, dez Estados estavam em incumprimento. No caso da Virgínia Ocidental, a regularização só chegou em 1919.
México	30 de Novembro de 1850	Depois da reestruturação da dívida externa em Outubro desse ano, a dívida interna, que representava 60% do total da dívida pública, foi cortada em cerca de metade.
Peru	1850	As dívidas internas do período colonial não foram canceladas; os preços da dívida colapsaram e esta teve finalmente de ser reestruturada.
Reino Unido	1749, 1822, 1834, 1888-1889	Algumas de entre muitas conversões de dívida para taxas de cupão mais baixas. A maior parte das reduções foi de 0,5% a 1%, nestes episódios.
Rússia	Dezembro de 1917-Outubro de 1918	As dívidas foram repudiadas e o ouro, em quaisquer formas, confiscado, ao que se seguiu o confisco de todas as divisas estrangeiras.

Fontes: foram utilizadas várias fontes na construção deste quadro. Estão todas listadas nas referências bibliográficas.

Quadro 7.3 Episódios seleccionados de incumprimento ou reestruturação da dívida interna, finais de 1920 até à década de 50

País	Datas	Comentário
Alemanha	20 de Junho de 1948	Uma reforma monetária estabeleceu um limite máximo de 40 marcos alemães por pessoa, ao mesmo tempo que se introduziram cancelamentos parciais e o bloqueamento de todas as contas.
Áustria	Dezembro de 1945	O xelim foi restaurado, com um limite de 150 por pessoa. O restante foi posto em contas bloqueadas. Em Dezembro de 1947, grandes montantes de xelins previamente bloqueados foram invalidados. 50% dos depósitos foram temporariamente bloqueados.
Bolívia	1927	Atrasos nos juros duraram até pelo menos 1940.
Canadá (Alberta)	Abril de 1935	Foi a única província a incumprir e o incidente durou cerca de dez anos.
China	1932	Nesta primeira de muitas «consolidações», o custo mensal do serviço interno foi cortado para metade. As taxas de juro foram reduzidas para 6% (de mais de 9%) e os períodos de amortização aumentaram aproximadamente para o dobro.
Espanha	Outubro de 1936-Abril de 1939	Os pagamentos de juros da dívida externa foram suspensos; acumularam-se os atrasos no serviço da dívida interna.
Estados Unidos	1933	Foi revogada a cláusula-ouro. De facto, os EUA recusaram-se a pagar ao Panamá a renda vitalícia em ouro que lhe era devida, de acordo com um tratado de 1903. A disputa foi resolvida em 1936, quando os EUA pagaram o montante acordado em balboas de ouro.
Grécia	1932	Os juros da dívida interna foram reduzidos em 75%, a partir de 1932. A dívida interna era cerca de um quarto do total da dívida pública.
Japão	2 de Março de 1946-1952	Depois de inflação, a troca de notas de banco, de uma por uma, da nova emissão, foi limitada a 100 ienes por pessoa. Os saldos restantes foram depositados em contas bloqueadas.
México	Anos 30	O serviço da dívida externa foi suspenso em 1928. Nos anos 30, os pagamentos de juros incluíam «atrasos de despesa e pensões civis e militares»[a].
Peru	1931	Depois da suspensão do serviço da dívida externa, em Maio de 1929, o Peru fez «pagamentos parciais de juros» da dívida interna.
Reino Unido[b]	1932	A maior parte da dívida pendente da Primeira Guerra Mundial foi consolidada numa renda vitalícia de 3,5%.
Roménia	Fevereiro de 1933	O reembolso das dívidas interna e externa foi suspenso, com excepção de três empréstimos.

(Continuação)

Quadro 7.3 Continuação

País	Datas	Comentário
Rússia	1947	A reforma monetária sujeitou os montantes de moeda em posse de privados a uma redução de 90%.
	10 de Abril de 1957	A dívida interna (cerca de 253 mil milhões de rublos, na altura) foi repudiada.
Uruguai	1 de Novembro de 1932-Fevereiro de 1937	Depois de suspender o reembolso da dívida externa em 20 de Janeiro, os reembolsos da dívida interna foram igualmente suspensos.

Fontes: foram utilizadas várias fontes na construção deste quadro. Estão todas listadas nas referências bibliográficas.

[a] Sociedade das Nações (vários anos), *Statistical Abstract*.
[b] As dívidas da Segunda Guerra Mundial aos EUA foram apenas parcialmente reembolsadas, por acordo mútuo. Tecnicamente, este perdão de dívida constitui um incumprimento.

Quadro 7.4 Episódios seleccionados de incumprimento ou reestruturação da dívida interna, 1970-2008

País	Datas	Comentário
África		
Angola	1976, 1992-2002	
Camarões	2004	
Congo (Kinshasa)	1979	
Gabão	1999-2005	
Gana	1979, 1982	O país incumpriu as notas do banco central, num contexto de conversão para uma nova moeda.
Libéria	1989-2006	
Madagáscar	2002	
Moçambique	1980	
Ruanda	1995	Não houve incumprimento externo.
Serra Leoa	1997-1998	
Sudão	1991	
Zimbabué	2006	Com 98,5% em maturidades inferiores a um ano, a dívida interna foi reestruturada.
Ásia		
Mongólia	1997-2000	
Myanmar	1984, 1987	
Salomão (Ilhas)	1995-2004	
Sri Lanka	1996	Não houve incumprimento externo.
Vietname	1975	
Europa e Médio Oriente		
Croácia	1993-1996	
Kuwait	1990-1991	
Rússia	1998-1999	Foi o maior incumprimento de dívida em moeda nacional (39 mil milhões de dólares norte-americanos), desde o do Brasil em 1990.
Ucrânia	1998-2000	As maturidades das obrigações foram unilateralmente alargadas.

(Continuação)

Quadro 7.4 Continuação

País	Datas	Comentário
Hemisfério Ocidental		
Antígua e Barbuda	1998-2005	
Argentina	1982, 1989-1990, 2002-2005	Dívida denominada em dólares dos EUA foi forçada à conversão em pesos.
Bolívia	1982	Depósitos em dólares dos EUA foram forçados à conversão para a moeda nacional. Os depósitos em divisas externas foram de novo autorizados em 1985, como parte do plano de estabilização, uma vez levantados os controlos de capitais.
Brasil	1986-1987, 1990	Foi apensa aos contratos a revogação das indexações à inflação. O maior incumprimento (62 mil milhões de dólares dos EUA) ocorreu em 1990.
Domínica	2003-2005	
El Salvador	1981-1996	É o único caso na América Latina no qual um incumprimento da dívida interna *não* foi acompanhado por um incumprimento externo.
Equador	1999	
Granada	2004-2005	
México	1982	Depósitos em dólares forçados à conversão em pesos.
Panamá	1988-1989	O crédito de fornecedores internos, salários, pensões militares e civis registam atrasos de pagamento.
Peru	1985	Depósitos em dólares dos EUA foram forçados à conversão em moeda local. Os depósitos em moeda externa foram de novo autorizados em 1988.
República Dominicana	1975-2001	
Suriname	2001-2002	
Venezuela	1995-1997, 1998	

Fontes: foram utilizadas várias fontes na construção deste quadro. Estão todas listadas nas referências bibliográficas.

unilateral do capital em dívida, às vezes em conjunção com uma conversão monetária, até à suspensão de pagamentos. O Gráfico 7.5 agrega os dados, traçando a evolução ao longo do tempo da percentagem de países em incumprimento da dívida interna.

A nossa lista de incumprimentos internos está quase certamente incompleta, pois este tipo de incidentes é muito mais difícil de detectar do que os incumprimentos de dívida externa. Nem mesmo os incumprimentos internos muito correntes durante a Grande Depressão dos anos 30, tanto em economias avançadas como em economias em desenvolvimento, estão bem documentados. Como exemplo mais recente, considere-se a Argentina. Entre 1980 e 2001, o país incumpriu três vezes a dívida interna. Os dois incumprimentos que se estenderam também à dívida externa – em 1982 e 2001 – atraíram considerável atenção internacional. Porém, o incumprimento em larga escala de 1989, que não envolveu um novo incumprimento da dívida externa, é escassamente conhecido além-fronteiras.

Algumas reservas com respeito à dívida interna

Porque haveria um governo de se recusar a pagar integralmente a dívida pública interna, quando pode, muito simplesmente, resolver o seu problema com inflação? Uma resposta, naturalmente, é a de que a inflação causa distorções, especialmente relevantes no sistema bancário e no sector financeiro. Podem ocorrer situações em que, apesar da possibilidade de escolha da inflação, um governo considere o repúdio como o menor dos males ou, pelo menos, como o menos oneroso. Os custos potenciais da inflação são especialmente problemáticos quando a dívida é de prazo relativamente curto, ou está indexada, pois nessa circunstância o governo tem de inflacionar muito mais agressivamente para atingir uma redução real significativa no serviço da dívida. Noutros casos, como o dos EUA durante a Grande Depressão, o incumprimento (pela revogação da cláusula-ouro, em 1933) foi uma pré-condição para a reinflação da economia, por via de políticas orçamentais e monetárias expansionistas.

Naturalmente que existem outras formas de incumprimento de facto, além da inflação. A combinação de elevada repressão financeira com aumentos de inflação era uma forma especialmente popular de incumprimento, entre meados de 60 e inícios de 80. Brock sustenta que a inflação e os requisitos de reservas estão positivamente correlacionados, particularmente em África e na América Latina[11]. São também comuns os tectos para as taxas de juro combinados com surtos inflacionários. Por exemplo, durante o reescalonamento da dívida externa da Índia, entre 1972 e 1976, as taxas

---

[11] Brock (1989). As reservas mínimas para os países em desenvolvimento na amostra de Brock, de 1960 até ao início da década de 80, eram de cerca de 0,25, mais do que o triplo das reservas mínimas nas economias avançadas.

de juro interbancárias no país eram de 6,6% e 13,5%, respectivamente em 1973 e 1974, ao passo que a inflação foi, naqueles anos, de 21,2% e 26,6%. Estes episódios de incumprimento *de facto* através da repressão financeira não estão listados entre os nossos eventos de crédito *de jure*. Só passam a contar a partir do momento em que a inflação excede o limiar dos 20%, que usamos para definir uma crise inflacionária[12].

É claro que a suposição em que se baseiam muitos modelos teóricos, segundo a qual os governos honram sempre o valor facial nominal da dívida, é um exagero significativo, particularmente no caso dos mercados emergentes, passados e presentes. Todavia, também advertimos contra a adopção da conclusão no extremo oposto, segundo a qual os governos podem ignorar poderosos interesses internos e simplesmente incumprir à vontade (*de jure* ou *de facto*) a dívida interna. Procederemos agora à exploração de algumas implicações do sobreendividamento interno no incumprimento externo e na inflação.

---

[12] Uma outra forma subtil de incumprimento é exemplificada pelo tratamento dado pelo governo argentino à dívida indexada à inflação, em 2007. A maioria dos observadores imparciais concorda que, neste período, a taxa oficial de inflação no país estava consideravelmente subestimada, por manipulação governamental. Essa subestimação representou um incumprimento parcial da dívida indexada, numa dimensão razoável, e afectou muitos detentores de obrigações. E, porém, o incumprimento argentino interno *de facto* não teve grandes repercussões na imprensa estrangeira ou nas agências de notação de risco.

8

Dívida interna: a peça em falta para explicar o incumprimento externo e a elevada inflação

Reconhecer a importância da dívida interna pode ser um grande contributo para resolver o quebra-cabeças que é a questão de saber porque tantos países incumprem (ou reestruturam) as suas dívidas externas em patamares aparentemente baixos de endividamento. Com efeito, quando se começa a levar em conta os compromissos de dívida interna, anteriormente ignorados, descobre-se muitas vezes que a pressão orçamental, na altura do incumprimento, é bastante intensa.

Neste capítulo, mostraremos também como a dívida interna pode explicar o paradoxo de alguns governos parecerem escolher taxas de inflação muito acima de qualquer nível justificável pelas receitas de senhoriagem[1], oriundas da base monetária. Muito sumariamente exposto, o problema está em que, se um governo abusar do seu monopólio monetário, imprimindo promiscuamente moeda, acabará por reduzir de tal modo a procura a ela dirigida que o valor real das receitas provenientes da sua criação será menor do que seria o caso em níveis mais baixos de inflação. Apesar de a dívida interna ser amplamente ignorada na vasta bibliografia empírica sobre a inflação elevada e a hiperinflação, descobrimos que, em muitos casos observados, a dívida pública interna escondida era pelo menos da mesma ordem de grandeza da base monetária (notas e moedas metálicas, mais depósitos da banca no banco central) e, por vezes, um múltiplo avultado dessa quantia.

---

[1] Receitas públicas equivalentes à diferença entre o valor nominal da moeda emitida e o custo de produzi-la (*N. T.*).

Para entender o quebra-cabeças da intolerância à dívida

Começamos por revisitar a sabedoria convencional sobre o incumprimento da dívida externa e as suas implicações para os exercícios de sustentabilidade da dívida e para os limiares de incumprimento. Com efeito, nos 250 episódios de incumprimento da dívida externa constantes da nossa base de dados é claro que a dívida interna paira com enorme peso na grande maioria deles. O Quadro 8.1 dá-nos os rácios da dívida externa e da dívida total (incluindo esta responsabilidades internas e externas) em relação às receitas públicas, na véspera de muitos dos mais famosos incumprimentos dos séculos XIX e XX. Medimos a dívida por meio da relação com as receitas públicas, pois os dados sobre o PIB nominal são imprecisos, ou inexistentes, para as datas dos episódios de incumprimento do século XIX. Para muitos países, as fontes normais não fornecem nada que se aproxime de uma série cronológica contínua do PIB neste século[2]. As exportações, que fariam sentido como a base principal para aferir a capacidade de um país de servir a dívida externa devida a estrangeiros, são talvez menos importantes do que as receitas públicas, desde que se acrescente a dívida pública interna ao cálculo de sustentabilidade.

Quadro 8.1 Rácios de dívida à data do incumprimento: episódios seleccionados

País	Ano do incumprimento	Rácio da dívida pública externa sobre as receitas	Rácio da dívida pública total sobre as receitas
México	1827	1,55	4,20
Espanha	1877	4,95	15,83
Argentina	1890	4,42	12,46
Alemanha	1932	0,64	2,43
China	1939	3,10	8,96
Turquia	1978	1,38	2,69
México	1982	3,25	5,06
Brasil	1983	0,83	1,98
Filipinas	1983	0,23	1,25
África do Sul	1985	0,09	1,32
Rússia	1998	3,90	4,95
Paquistão	1998	3,32	6,28
Argentina	2001	1,59	2,62

Fontes: ver Anexos A.1 e A.2.

Olhando mais geralmente para a nossa amostra, o Gráfico 8.1 toma por base os 89 episódios de incumprimento externo, de 1827 a 2003, para os quais temos dados completos sobre a dívida externa, a dívida total e as receitas. Vemos que em todas as regiões do mundo, excepto na América Latina,

---

[2] Uma das melhores fontes canónicas é Maddison (2004).

a dívida externa representava menos de metade da dívida total no ano do incumprimento externo. Na América Latina, o rácio médio é mais alto, mas mesmo assim é apenas de 60%.

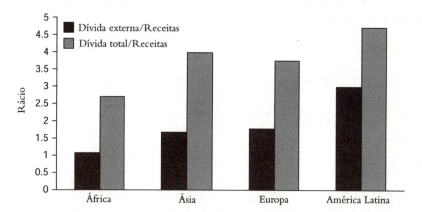

Gráfico 8.1. Rácios da dívida pública em relação às receitas durante o incumprimento externo: 89 episódios, 1827-2003.

Fontes: Sociedade das Nações, Mitchell (2003a, 2003b), Nações Unidas e outras fontes listadas nos Anexos A.1 e A.2.

Assim, a revelação de dados sobre a dívida interna sugere pelo menos uma resposta parcial à questão básica que atravessa toda literatura sobre dívida internacional: porque tendem os governos dos mercados emergentes a incumprir, quando o nível dos seus reembolsos e os seus rácios de dívida em relação ao PIB se encontram em patamares surpreendentemente tão baixos[3]? No Capítulo 2, por exemplo, referimo-nos aos dados que evidenciam que os incumpridores em série tendem a incumprir a rácios de dívida em relação ao PIB abaixo do limite superior de 60%, estabelecido pelo Tratado de Maastricht, para a zona euro[4]. Se levarmos em conta a dívida pública interna, a anomalia desaparece em grande parte.

Os Gráficos 8.2 e 8.3 dão-nos uma outra perspectiva dos dados, apresentando a distribuição de frequências (simples e acumuladas) dos rácios de dívida externa e dívida total em relação às receitas, de todos os episódios de incumprimento externo da nossa amostra, para os quais dispomos de dados completos. Como os gráficos ilustram, os rácios da dívida externa estão concentrados numa média muito inferior à dos rácios da dívida total,

---

[3] Por exemplo, Bulow e Rogoff (1988b); Reinhart, Rogoff e Savastano (2003a).
[4] Veja-se Reinhart, Rogoff e Savastano (2003a).

no ano do episódio de incumprimento, sendo estes valores médios respectivamente de 2,4 e 4,2. Uma diferença desta proporção é consistente com os episódios individualmente considerados, como o Quadro 8.1 evidencia para alguns casos bem conhecidos. É também consistente com os dados por regiões, ao longo do tempo.

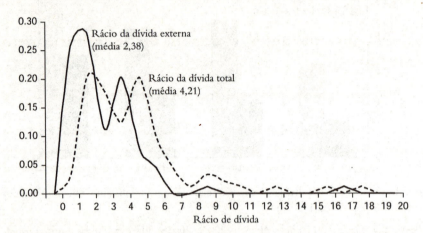

Gráfico 8.2. Rácios da dívida pública em relação às receitas durante o incumprimento externo: frequência da ocorrência, 1827-2003.

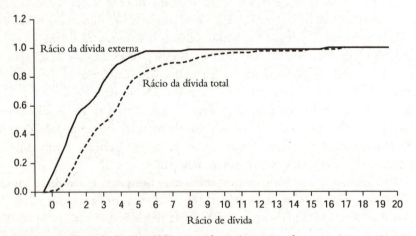

Gráfico 8.3. Rácios da dívida pública em relação às receitas durante o incumprimento externo: frequência da ocorrência acumulada, 1827-2003.

Fontes: Sociedade das Nações, Mitchell (2003a, 2003b), Nações Unidas e outras fontes listadas nos Anexos A.1 e A.2., e cálculos dos autores.
Nota: Kolmogorov-Smirnov, 31,46; significante a 1%.

Obviamente que se a dívida interna fosse trivial, a distribuição de frequências do rácio de dívida total à data do incumprimento deveria justapor-se ao da dívida interna. Isto é, mostrar-se-ia que a dívida interna, que antecede o incumprimento, é uma parcela muito pequena da dívida total. Mas não é o caso, e a bateria de testes normais rejeita liminarmente a hipótese[5].

Dívida interna antes e depois do incumprimento externo

A dívida interna não se mantém estática nos períodos que rodeiam os episódios de incumprimento externo. De facto, a acumulação de dívida interna antes da crise exibe muitas vezes saltos frenéticos idênticos aos da dívida externa, na trajectória para o seu incumprimento. O padrão é ilustrado pelo Gráfico 8.4, que descreve a acumulação de dívida ao longo dos cinco anos que compreendem o ano do incumprimento e os quatro que o antecedem, para a totalidade dos episódios da nossa amostra.

Presumivelmente, o movimento coordenado das dívidas interna e externa é produto do mesmo comportamento pró-cíclico da política orçamental, documentado por investigadores que nos antecederam[6]. Como tem sido mostrado por várias vezes ao longo do tempo, os governos dos mercados emergentes tendem a tratar choques favoráveis como se fossem permanentes, alimentando orgias de despesa pública e endividamento que acabam em lágrimas[7].

O Gráfico 8.4 não vai além da data de incumprimento. Se fosse, veríamos que os países continuam frequentemente a acumular dívida pública interna depois de terem sido afastados dos mercados de capitais internacionais.

---

[5] Por exemplo, o teste Kolmogorov-Smirnov rejeita a hipótese de que as duas distribuições de frequência sejam iguais ao nível de 1%.

[6] Veja-se Gavin e Perotti (1977) e Kaminsky, Reinhart e Végh (2004) para dados empíricos sobre políticas macroeconómicas pró-cíclicas. Veja-se também Aguiar e Gopinath (2007) para um modelo no qual o comportamento pró-cíclico da balança corrente pode ser explicado pelo elevado nível do rácio entre choques permanentes e transitórios nos mercados emergentes.

[7] Naturalmente que os países ricos da actualidade passaram por muitos dos mesmos problemas em épocas anteriores – quando também eles eram incumpridores em série e também eles exibiam uma política orçamental altamente pró-cíclica.

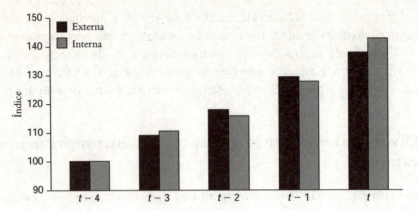

Gráfico 8.4. A acumulação de dívida pública interna e externa na trajectória para o incumprimento externo: 89 episódios, 1827-2003.

Fontes: Sociedade das Nações, Nações Unidas e outras fontes listadas nos Anexos A.1 e A.2.
Nota: o ano do incumprimento é sinalizado por *t*; *t*-4=100.

A China pré-comunista (Gráfico 8.5) fornece um exemplo interessante e instrutivo da razão de ser da acumulação de dívida interna, no rescaldo de muitos incumprimentos externos. Antes dos seus dois maiores incumprimentos, em 1921 e 1939, o governo chinês dependia quase exclusivamente da dívida externa. Mas tendo-se fechado o acesso aos empréstimos do exterior, o governo, ainda a braços com a necessidade de se financiar, foi forçado a recorrer aos empréstimos internos, apesar do subdesenvolvimento dos mercados financeiros nacionais. Não surpreende, pois, que a dívida pública interna tenha explodido na sequência de ambos os incidentes. Por meados da década de 40, o governo chinês dependia quase exclusivamente do endividamento interno.

A literatura sobre inflação e o «imposto inflacionário»

Uma outra área da literatura que tem largamente ignorado a dívida interna é a da investigação empírica sobre a alta inflação e a hiperinflação. Desde Cagan que os investigadores se concentraram nos incentivos do governo para obter receitas de senhoriagem da base monetária[8]. Um paradoxo recorrente

---

[8] Cf. Cagan (1956). A receita de senhoriagem é simplesmente o rendimento real que um governo pode realizar pelo exercício do seu monopólio sobre a impressão de moeda. A receita pode ser decomposta entre a que provém da quantidade de moeda necessária para satisfazer a procura originada no crescimento das transacções e a que provém do

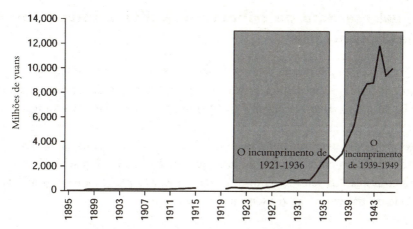

Gráfico 8.5. Saldo de dívida pública interna: China, 1895-1949.

Fontes: Huang (1919); Cheng (2003); Nações Unidas, Departamento de Assuntos Económicos (vários anos), *Statistical Yearbook, 1948-1984*; cálculos dos autores.
Nota: faltam dados para os anos de 1916 a 1919.

nesta literatura tem a ver com a questão de saber porque é que os governos por vezes parecem aumentar a inflação acima e para lá da taxa de maximização da senhoriagem. Foram dadas muitas respostas astutas e plausíveis a esta pergunta, com lugar proeminente para as considerações sobre a consistência temporal e a credibilidade. Mas nós sugerimos que a existência de uma dívida pública interna significativa pode ser um factor maior, que vem sendo ignorado, tendo especialmente em consideração – como já argumentámos – que, frequentemente, grande parte de dívida é de longo prazo e não indexada. Não aludimos apenas ao estudo de episódios raros de hiperinflação, mas também ao do fenómeno bastante mais comum da alta inflação, ou da inflação moderadamente elevada, tal como foi estudada, por exemplo, por Dornbusch e Fisher, e muitos outros, desde então[9]. Apesar de haver literalmente centenas de estudos sobre finanças inflacionárias, nos países em desenvolvimento e em economias na fase posterior aos conflitos, a dívida interna é raramente mencionada, e menos ainda utilizada na análise de séries temporais.

---

crescimento restante, que causa inflação, dessa forma diminuindo o poder de compra da moeda existente. O último efeito é geralmente referido como imposto inflacionário. Num trabalho clássico, Sargent (1982) inclui dados sobre o *stock* de bilhetes do tesouro detidos pelos bancos centrais, depois da Primeira Guerra Mundial, para cinco países (Alemanha, Áustria, Checoslováquia, Hungria e Polónia). Mas é claro que estas dívidas são apenas a superfície do balanço consolidado do governo.
[9] Veja-se Dornbusch e Fisher (1993).

Qual é a base de tributação: a dívida interna ou a base monetária?

Tal como na bibliografia sobre a dívida externa, a hipótese implícita é a de que a dívida pública interna é relativamente desprovida de importância. Mas será uma boa abordagem? O Quadro 8.2 sugere que, em muitos episódios importantes, a dívida interna foi um factor maior de incentivo ao governo para permitir inflação, se não mesmo o factor dominante[10]. Assim, a comparação entre as taxas de inflação efectivas e uma hipotética «taxa de maximização da senhoriagem», calculada apenas a partir da base monetária, pode muitas vezes não ter sentido.

Quadro 8.2 Inflação e dívida pública interna: episódios seleccionados, 1917-1994

País	Ano	Taxa de inflação	Rácio da dívida pública interna em relação ao PIB	Rácio da base monetária em relação ao PIB	Rácio da dívida pública interna em relação aos passivos internos totais
		Alguns episódios de hiperinflação			
Alemanha	1920	66,5	52,6	19,4	73,0
	1923	22.220.194.522,37	0,0	0,0	1,0
Argentina	1989	3.079,5	25,6	16,4	61,2
Brasil	1987	228,3	164,9	9,8	94,4
	1990	2.947,7	155,1	7,1	95,6
		Episódios de alta inflação			
Filipinas	1981	13,1	10,4	6,6	61,1
	1984	46,2	11,0	13,9	44,2
Grécia	1922	54,2	53,0	34,3	60,7
	1923	72,6	41,3	32,7	55,9
Itália	1917	43,8	79,1	24,1	76,6
	1920	56,2	78,6	23,5	77,1
Japão	1944	26,2	236,7	27,8	89,5
	1945	568,1[a]	266,5	74,4	78,2
Noruega	1918	32,5	79,3	86,4	47,9
	1920	18,1	106,9	65,6	62,3
Turquia	1990	60,3	14,7	7,4	66,6
	1994	106,3	20,2	7,1	73,9

Fontes: ver Anexos A.1 e A.2.
Notas: os rácios «monetário» e de «dívida» referem-se aos níveis no início de cada período. Os episódios de hiperinflação obedecem à definição clássica de Cagan.

[a] Este episódio não obedece à definição clássica de Cagan.

---

[10] A possibilidade do recurso à inflação inesperada para incumprir a dívida nominal está bem compreendida na bibliografia teórica, como em Barro (1983).

Por exemplo, vemos pelo Quadro 8.2 que quando a inflação disparou pela primeira vez para 66% na Alemanha, em 1920, depois da Primeira Guerra Mundial, a dívida interna era quase o triplo da base monetária. No caso do Brasil, era quase 20 vezes maior[11].

A importância da dívida interna não se confina aos episódios de hiperinflação. O Quadro 8.2 lista também uma série de casos de inflação elevada. A dívida pública interna representava quase 80% dos passivos internos totais do Japão (incluindo moeda), em 1945, quando a inflação ultrapassou os 500%. Em todos os casos listados no Quadro 8.2, a dívida pública interna é pelo menos da mesma ordem de grandeza da base monetária, excepto no caso da Noruega, onde estava ligeiramente abaixo desta, em 1918.

A «tentação de inflacionar» revisitada

Os cálculos precisos dos ganhos dos governos com a inflação, resultantes da diminuição do valor real das suas dívidas, requerem consideravelmente mais informação sobre a estrutura temporal da dívida e os pagamentos de juros do que aqueles de que dispomos na nossa base de dados para diversos países. Uma informação crucial é a medida em que a inflação é antecipada, ou não. Além disso, há que saber das reservas mínimas dos bancos, dos regulamentos sobre taxas de juro, do grau de repressão financeira e outras restrições, para fazer qualquer cálculo seguro. Mas o facto de o valor nominal da dívida interna se ter revelado tão elevado, por comparação com a base monetária, em tantos episódios importantes de elevada inflação, sugere que se lhe tem de dar muito mais atenção em estudos futuros[12].

Já abordámos algumas conexões potenciais entre o incumprimento externo, a inflação e a dívida interna, e sublinhámos que o incumprimento por via da inflação é um elemento importante no cálculo do incumprimento

---

[11] O caso do Brasil é excepcional, uma vez que parte da dívida estava indexada à inflação, apesar de desfasamentos no esquema de indexação poderem mesmo assim possibilitar ao governo diminuir a dívida de longo prazo com uma taxa de inflação suficientemente elevada. De facto, parece ter sido exactamente isso que sucedeu, pois o país caiu e voltou a recair, de um episódio hiperinflacionário para outro, por muitos anos.

[12] Calvo e Guidotti (1992) desenvolveram um modelo da estrutura de maturidades óptima para a dívida nominal, por via do qual o governo equilibra flexibilidade (a opção de eliminar dívida de longo prazo em estado de pressão financeira) em contraponto a elevada credibilidade por manter uma taxa de inflação reduzida (conseguida pelo recurso a dívida de muito curto prazo, mais difícil de eliminar pela inflação).

interno. No capítulo seguinte, dirigiremos a nossa atenção para algumas características comparativas das experiências de incumprimento interno *versus* incumprimento externo, à escala de múltiplos países, que até agora permaneceram inexploradas.

9
Incumprimento interno e externo: o que é pior? E quem tem prioridade?

Mostrámos que a quantidade de dívida interna é, em geral, grande, particularmente nos episódios de incumprimento externo ou elevada inflação. É evidente que se quisermos compreender como é que as crises se desenrolam, será uma importante ajuda compreender melhor a ordem de prioridade entre a dívida interna e externa. Nesta secção, tentamos dar um primeiro passo na observação de algumas características fundamentais dos dados. O desenrolar das crises será evidentemente diferente nos diversos países e ao longo do tempo. Muitos factores, como sejam a independência do banco central e o regime de taxa de câmbio, serão provavelmente relevantes. Apesar disso, são reveladoras algumas comparações simples das trajectórias do produto e da inflação, na aproximação e na sequência dos incumprimentos interno e externo[1].

Os nossos cálculos devem ser tomados apenas como uma aproximação, por várias razões. Uma delas é que pura e simplesmente antes da nossa não havia qualquer base de dados abrangente sobre incumprimentos de dívida interna explícitos, e muito menos sobre incumprimentos *de facto*. Apesar de estarmos confiantes de que temos um quadro relativamente completo dos incumprimentos externos e dos episódios de elevada inflação na nossa

---

[1] Deve notar-se que outros indicadores económicos, além da inflação e do crescimento do PIB *per capita*, que examinaremos em detalhe, forneceriam uma resposta mais rica à questão mais ampla de saber a que ponto se têm de deteriorar as condições antes de um país considerar a hipótese de incumprir. Mais concretamente, os impactos do incumprimento interno, por comparação com o externo, em indicadores sociais que se relacionam com a pobreza, a saúde, a distribuição do rendimento, etc., devem ser, em princípio, muito diferenciados.

amostra, simplesmente não sabemos ao certo quantos casos de incumprimento interno nos escaparam, mesmo restringindo a atenção aos incumprimentos *de jure*. Neste capítulo, damos uma indicação geral de como estão escondidos nos arquivos históricos episódios claros de incumprimento interno. Assim, a nossa lista é seguramente a cota inferior da incidência real.

Por fim, e merecedor de discussão, a nossa abordagem é sistemática na documentação da *incidência* do incumprimento, mas omissa sobre a sua *magnitude*. Apesar de a nossa base de dados sobre dívida pública poder fornecer uma apreciação valiosa da dimensão do incumprimento original, ou reestruturação, seria um exagero sugerir que tais dados proporcionam um retrato dos detalhes subsequentes da operação, ou das taxas de recuperação efectivamente verificadas. Com estas advertências em mente, há uma série de resultados que sobressaem.

PIB real antes e depois dos incumprimentos de dívida

Primeiro: quão deterioradas estão as condições macroeconómicas na véspera de um incumprimento? Sem margem para dúvida, as quedas no produto, na trajectória para um incumprimento de dívida interna, são normalmente bem mais severas do que as que se observam antes de um incumprimento externo. Como realçam os Gráficos 9.1 e 9.2, a queda acumulada média,

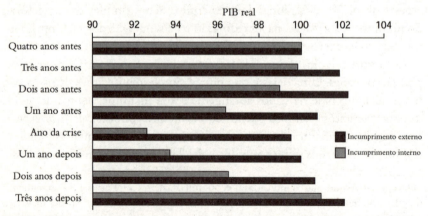

Gráfico 9.1. PIB real, antes, durante e depois das crises de dívida interna e externa, 1800-2008.

Fontes: Maddison (2004), Total Economy Database (2008) e cálculos dos autores.
Nota: o PIB real tem um índice igual 100 no quarto ano anterior à crise.

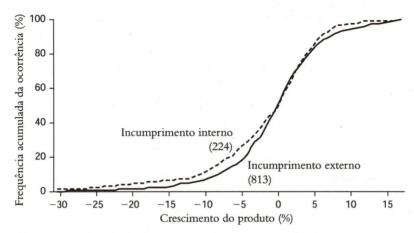

Gráfico 9.2. Crises de dívida interna e externa, e PIB real, três anos antes e no ano da crise, 1800-2008.

Fontes: Maddison (2004), Total Economy Database (2008) e cálculos dos autores.
Nota: o teste Kolmogorov-Smirnov (teste K-S) é usado para determinar se dois conjuntos de dados diferem significativamente. O teste K-S tem a vantagem de não assumir hipóteses a respeito da distribuição dos dados. O teste é não-paramétrico e de distribuição livre. Aqui, Kolmogorov-Smirnov, 8,79; significante a 1%.

nos três anos que precedem uma crise de incumprimento interno, é de 8%. Só no ano da crise, é de 4%. A queda média nos eventos de dívida externa é de 1,2%. Para comparar os antecedentes dos incumprimentos interno e externo, fizemos uma série de testes para anos isolados, bem como para a variação acumulada, no período que precede o incumprimento. O último teste incluiu um total de 224 observações, para as crises internas (ou seja, 224 observações anuais, antes das crises) e 813 para as derrocadas externas (de novo, os anos multiplicados pelo número de crises).

Como já assinalámos, os resultados devem ser interpretados com precaução, pois muitos episódios internos são casos de crises gémeas de incumprimento e, por consequência, o produto está também a ser afectado pela limitação de acesso ao crédito externo, se não mesmo pelo seu fechamento.

Inflação antes e depois dos incumprimentos de dívida

Um exercício semelhante para a taxa de inflação mostra diferenças ainda mais acentuadas (Gráficos 9.3 e 9.4). A inflação no ano do incumprimento externo eleva-se, em média, a 33%[2]. Mas galopa verdadeiramente durante as crises de dívida interna, atingindo uma média de 170% no ano do incidente[3]. Nos anos seguintes, mantém-se em ou acima dos 100%. Sem surpresa, o incumprimento através da inflação acompanha o incumprimento interno – antes, durante e depois das expropriações internas mais explícitas. A extensa bibliografia académica sobre a inflação tem sido omissa neste ponto[4]. Concluímos que o incumprimento interno aberto tende a ocorrer apenas em tempos de grave perturbação macroeconómica.

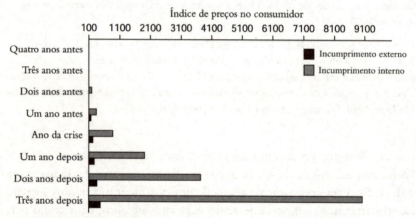

Gráfico 9.3. Preços no consumidor, antes, durante e depois das crises de dívida interna e externa, 1800-2008.

Fontes: Fundo Monetário Internacional (vários anos), *International Financial Statistics* e *World Economic Outlook*; fontes adicionais listadas no Anexo A.1 e cálculos dos autores.
Nota: os preços estão indexados a 100, quatro anos antes do incumprimento.

---

[2] Não poderá surpreender que a inflação suba na sequência de um incumprimento externo, especialmente tendo em conta a típica depreciação maciça da taxa de câmbio.

[3] Excluímos o incumprimento interno da Bolívia, de 1982, destas médias, porque a inflação teve um pico acima dos 11 000% no ano antecedente ($t-1$) ao incumprimento.

[4] Reinhart e Savastano (2003) discutem as conversões forçadas dos depósitos bancários em moeda externa (como também os vimos na Argentina, em 2002), durante a hiperinflação na Bolívia e no Peru.

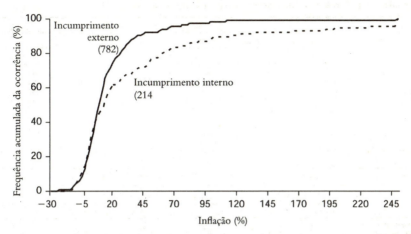

Gráfico 9.4. Crises de dívida interna e externa, e inflação, três anos antes e no ano da crise, 1800-2008.

Fontes: Fundo Monetário Internacional (vários anos), *International Financial Statistics* e *World Economic Outlook*; fontes adicionais listadas no Anexo A.1 e cálculos dos autores.

O Quadro 9.1 apresenta uma abordagem mais analítica à comparação do crescimento do PIB real e da inflação, entre episódios de incumprimento de dívida interna e externa. As colunas registam valores médios da amostra, para o crescimento económico e a inflação, na trajectória para, e na sequência dos incumprimentos aos dois tipos de dívida. As linhas na base registam os resultados do teste Kolmogorov-Smirnov, um teste estatístico que visa determinar se as duas distribuições de frequência são idênticas. Tanto o crescimento real como a inflação têm comportamentos distintos em torno dos incumprimentos internos, por comparação com os incumprimentos externos.

Quadro 9.1 Produto e inflação em torno e durante as crises

	Testes de médias					
	Crescimento real médio do PIB			Inflação média		
	Crise interna	Crise externa	Diferença	Crise interna	Crise externa	Diferença
t−3	−0.2	1.8	−2.0*	35.9	15.6	20.3*
t−2	−0.9	0.4	−1.3	38.3	14.6	23.7*
t−1	−2.6	−1.4	−1.2	68.0	15.0	53.0*
t (crise)	−4.0	−1.2	−2.8*	171.2	33.4	137.8*
t +1	1.2	0.4	0.8	119.8	38.2	81.6*
t +2	3.0	0,7	2.3*	99.2	28.9	70.2*
t +3	4.6	1.4	3.2*	140.3	29.1	111.2*
t−3 até t	−1.9	−0.1	−1.8*	79.4	19.7	59.7*
t +1 até t +3	2.9	0.8	0.8	119.8	32.1	87.7*
	Testes Kolmogorov-Smirnov à igualdade das duas distribuições					
	Número de observações		Valor estatístico K-S	Número de observações		Valor estatístico K-S
	Crise interna	Crise externa		Crise interna	Crise externa	
t-3 até t e t+1 até t+3	224	813	8.8*	214	782	20.0*

Fontes: Fundo Monetário Internacional (vários anos), *International Financial Statistics* e *World Economic Outlook*; Maddison (2004); Total Economy Database (2008) e fontes adicionais listadas nos Anexos A.1 e A.2; cálculos dos autores.

Notas: os testes às médias-*t* assumem variâncias desconhecidas e desiguais. O ano do incumprimento é indicado pela letra *t*. Um asterisco (*) denota que a diferença é estatisticamente significante a um nível de 1%. O valor crítico do teste Kolmogorov-Smirnov a 1% de significância é 5,16.

A incidência de incumprimentos das dívidas a credores externos e internos

Para tentar esclarecer a incidência comparativa da expropriação de residentes e não residentes, construímos quatro séries temporais para o período de 1800 a 2006, mostrando a probabilidade de incumprimento externo (ou a percentagem de países da nossa amostra que estão em incumprimento externo, em cada ano); a estatística comparável para os episódios de incumprimento interno; a probabilidade de uma crise de inflação (definida aqui como a percentagem de países, em cada um dos mais de 200 anos da nossa amostra, com uma taxa de inflação anual acima dos 20%); e a soma da incidência de elevada inflação e incumprimento interno, que sumariza a expropriação dos bens de residentes internos[5].

---

[5] Os Estados Unidos são, naturalmente, a excepção moderna. A dívida dos EUA é quase toda ela interna (com a amortização das Obrigações Carter). Porém, cerca de 40% é detida por não residentes, maioritariamente bancos centrais e instituições oficiais, e

O Gráfico 9.5 mostra a probabilidade de incumprimento externo, por comparação com a estatística referente ao incumprimento interno, através da inflação ou do incumprimento explícito. O Quadro 9.2 apresenta um sumário estatístico dos dados de base. Durante o primeiro período e até à Segunda Guerra Mundial, a incidência do incumprimento externo era mais elevada do que depois[6]. Mais concretamente, entre 1800 e 1939 a probabilidade de um incumprimento externo era de 20%, por comparação com 12%, para os residentes internos.

Se tomarmos a amostra no seu conjunto, não há diferença estatisticamente significativa entre a incidência do incumprimento das dívidas a credores internos e estrangeiros. Com a adopção generalizada do moeda fiduciária, aparentemente a inflação tornou-se num meio mais expedito de expropriação. Como resultado, a incidência da tributação dos residentes internos aumentou, depois da Segunda Guerra[7].

O Gráfico 9.6 traça a probabilidade de incumprimento interno como percentagem da probabilidade total de incumprimento. Um rácio acima de 0,5 implica que os credores internos são mais expropriados do que os estrangeiros, ao passo que abaixo desse valor é o inverso.

Este primeiro passo na observação dos dados, admitidamente muito incipiente, não nos dissuade em nada da convicção que já exprimimos, de que a dívida interna é muitas vezes detida por actores com importante peso político nos países devedores, e não pode ser sempre tratada com ligeireza, como se se tratasse dívida subordinada em sentido estrito, questão que foi realçada por Allan Drazen[8].

é toda denominada em dólares. Portanto, a inflação nos EUA afectaria também não residentes.

[6] O enorme pico de incumprimentos externos nos anos 20 do século XIX ficou a dever-se à muito estudada primeira vaga de incumprimentos soberanos dos países latino-americanos recém-independentes. Mas também a Grécia e Portugal incumpriram nessa altura.

[7] Veja-se o Gráfico 9.6.
[8] Drazen (1998).

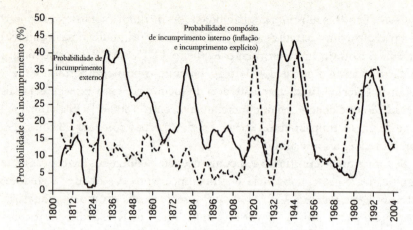

Gráfico 9.5. Quem é expropriado, os residentes ou os estrangeiros? A probabilidade de incumprimento interno e externo, 1800-2006.

Fontes: Fundo Monetário Internacional (vários anos), *International Financial Statistics* e *World Economic Outlook*; Maddison (2004); Total Economy Database (2008) e fontes adicionais listadas no Anexo A.1; cálculos dos autores.

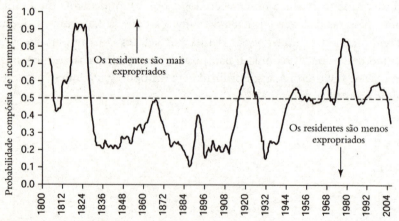

Gráfico 9.6. Probabilidade compósita de incumprimento interno como percentagem da probabilidade total de incumprimento, 1800-2006.

Fontes: Fundo Monetário Internacional (vários anos), *International Financial Statistics* e *World Economic Outlook*; Maddison (2004); Total Economy Database (2008) e fontes adicionais listadas no Anexo A.1; cálculos dos autores.

Quadro 9.2 Quem é expropriado, os residentes ou os estrangeiros? Testes preliminares à igualdade das duas proporções (distribuição binomial), 1800-2006

		As duas amostras	1800-2006	1800-1939	1940-2006
$n_1 = n_2$	Número de observações (anos) para as quais a probabilidade de incumprimento externo e interno foi calculada		207	139	66
p_1	Probabilidade de incumprimento externo		0.1975	0.2048	0.1823
p_2	Probabilidade compósita de incumprimento interno[a]		0.1505	0.1202	0.2138
$p_1 - p_2$	Diferença		0.0470	0.0846	-0.0315
Teste-Z			1.2625	1,9122★	-0.4535
	Nível de significância		0.1034	0.0279	0.6749
Quem foi mais expropriado, os residentes ou os estrangeiros?			Incidência idêntica	Estrangeiros	Incidência idêntica

Fontes: Fundo Monetário Internacional (vários anos), *International Financial Statistics* e *World Economic Outlook*; Maddison (2004); Total Economy Database (2008) e fontes adicionais listadas nos Anexos A.1 e A.2; cálculos dos autores.

Notas: este quadro responde à pergunta: a probabilidade de expropriação dos residentes internos aumentou no período recente (isto é, de 1800-1939 para 1940-2006)? A resposta é: Sim! Teste-Z, 1,4716; nível de significância, 0,0706★★. O teste estatístico à igualdade das duas proporções é calculado da seguinte forma:

$$Z = \frac{(p_1 - p_2)}{\left\{P(1-P)\left[\frac{1}{n_1} + \frac{1}{n_2}\right]\right\}^{1/2}}, \text{ onde } P = \frac{p_1 n_1 + p_2 n_2}{n_1 + n_2}.$$

[a] A probabilidade compósita do incumprimento interno é definida como a probabilidade do incumprimento explícito da dívida interna mais a probabilidade de uma crise de inflação (ou seja, de incumprimento através da inflação).

★ denota significância ao nível de 5%.

★★ denota significância ao nível de 1%.

O Quadro 9.2 permite-nos olhar de modo mais sistemático para a diferença de tratamento dos residentes internos e dos estrangeiros, ao longo do tempo. Regista as médias da probabilidade de incumprimento interno e externo da amostra, para o período entre 1800 e 2006, bem como para os subperíodos separados pela Segunda Guerra Mundial. Como se refere nas notas do quadro, a probabilidade de expropriação dos residentes internos é mais elevada no pós-guerra.

Sumário e discussão de temas seleccionados

Nos capítulos anteriores, fornecemos novos e extensos dados comparativos, para muitos países, referentes a uma variável macroeconómica que os governos muitas vezes conseguem manter bem escondida do público: a dívida pública interna. Apresentámos também o que julgamos ser a primeira tentativa de montar um catálogo internacional de incumprimentos históricos deste segmento de dívida pública, ao longo de dois séculos e abrangendo 66 países.

O nosso primeiro olhar sobre os dados sugere que os investigadores devem revisitar a bibliografia empírica sobre a sustentabilidade da dívida pública externa e sobre os incentivos dos governos para favorecerem a elevada inflação e a hiperinflação, levando em conta a informação agora revelada sobre dívida pública interna e, se possível, com base em definições mais latas de dívida pública e dívida com garantia pública. Naturalmente que a forma como a dívida interna tem impacto na inflação e no incumprimento externo variará com os episódios e as circunstâncias. Em alguns casos, a dívida interna é eliminada pela inflação elevada; noutros, os governos incumprem a dívida externa.

Como é que a dívida pública interna dos mercados emergentes escapou ao radar de tantos economistas? Muitos investigadores, conscientes das dificuldades de emissão de dívida nestas economias, no ambiente de inflação elevadíssima dos anos 80 e 90, acreditaram muito simplesmente que jamais alguém emprestaria voluntariamente em moeda interna a um governo cleptocrático de um mercado emergente. Obviamente que ninguém confiaria na capacidade desse governo resistir à tentação de reduzir a dívida a zero por via da inflação. A conclusão lógica era a de que a dívida pública em moeda interna não pode existir. É verdade que alguns, poucos, investigadores consideraram a possibilidade. Alesina e Tabellini, por exemplo, consideraram o caso teórico em que a dívida interna seria honrada com prioridade sobre a dívida externa[9]. Mas à falta de quaisquer dados, ou mesmo da consciência da existência anterior de quantidades significativas de dívida pública interna virtualmente em todos os países (mesmo na sua fase de mercados emergentes), estes exemplos isolados não tiveram grande impacto no meio académico dominante ou na literatura sobre política económica.

A falta de transparência demonstrada por tantos governos e instituições multilaterais, falhando a construção de séries temporais de dívida interna

---
[9] Veja-se Alesina e Tabellini (1990).

facilmente disponíveis, é intrigante. Afinal, estes governos recorrem rotineiramente aos mercados internos e externos para vender dívida. Em princípio, a incerteza sobre o desempenho passado de um governo no reembolso das suas dívidas eleva a probabilidade de maiores prémios de risco nas suas novas emissões. Mais intrigante ainda é o facto de os investidores globais não insistirem na disponibilização de informação histórica relevante para avaliar os títulos que podem comprar. Qualquer empresa de cartões de crédito quererá conhecer o historial de compras e de reembolsos de um consumidor, que níveis de dívida este conseguiu gerir no passado e em que circunstâncias. É óbvio que a informação histórica é igualmente relevante tratando-se de governos.

Podemos apenas supor que muitos governos não querem que os mercados de capitais reconheçam plenamente os riscos em que incorrem, ao empilharem dívida e garantias de dívida, devido ao medo de terem de pagar custos de financiamento muito mais elevados. A publicação de dados históricos levará os investidores a perguntar porque é que a informação corrente não é igualmente disponibilizada. Pensar-se-ia ainda que haveria razões fortes para que os governos menos esbanjadores abrissem as suas contas mais prontamente, sendo, por isso, recompensados com taxas de juro mais baixas. Esta transparência, por seu turno, pressionaria os prestatários mais fracos. Porém, hoje, até mesmo os Estados Unidos têm um sistema contabilístico extraordinariamente opaco, repleto de garantias extra-balanço, que representam potencialmente custos elevados. Na sua resposta à crise financeira mais recente, o governo dos EUA, incluindo a comissão de governadores da Reserva Federal, integrou imensas garantias dessas nas suas contas, assumindo passivos que, numa base actuarial – avaliados à data do resgate –, eram da mesma ordem de grandeza, se não maior, das despesas com a defesa, por exemplo. A razão por que tantos governos não facilitam a incorporação dos seus historiais de dívida nas bases de dados correntes é uma questão importante para a investigação académica futura e o trabalho científico sobre políticas públicas.

Numa perspectiva aplicada, pode argumentar-se, com plausibilidade, que uma agência internacional forneceria um valioso bem público se conseguisse garantir a aplicação de requisitos básicos de informação e transparência entre países, ou pelo menos promover a sua adopção. É sem dúvida curioso que as instituições financeiras multilaterais da actualidade nunca tenham assumido plenamente a tarefa de publicar sistematicamente dados sobre a dívida pública, especialmente à luz do suposto papel de primeira linha dessas agências no alerta aos decisores políticos e aos investidores sobre riscos de crise. Em vez disso, o sistema parece ter esquecido completamente a história da dívida interna, supondo que o florescimento em curso dos respectivos mercados é algo inteiramente novo e diferente[10]. Mas, como os nosso dados históricos sobre dívida pública interna, de nível central, sublinham, com força inesperada, nada poderia estar mais longe da verdade. Com efeito, com os nossos dados temos razões para crer que tocámos apenas na ponta do *iceberg*, em termos de compreensão plena das responsabilidades explícitas e contingentes do sector público.

---

[10] Além de reportarem simplesmente dados sobre dívida, as instituições financeiras internacionais, como o Fundo Monetário Internacional e o Banco Mundial, podem também ajudar disseminando informação sobre as melhores práticas (veja-se, por exemplo, a evolução institucional debatida em Wallis e Weingast 1988).

Parte IV

Crises bancárias, inflação e derrocadas cambiais

Os países podem superar uma história de repetidos combates à inflação elevada, mas ainda nenhum se «graduou» das crises bancárias.

10

Crises bancárias

Apesar de muitas economias hoje avançadas se terem «graduado», ultrapassando uma história de incumprimento em série da dívida soberana, ou de períodos de inflação muito elevada, até hoje a superação da prova das crises bancárias tem-se mostrado ilusória. De facto, nas economias avançadas e para o período de 1800 a 2008, o que emerge é um quadro de crises bancárias em série.

Até muito recentemente, os estudos das crises bancárias baseavam-se na história dos países avançados – essencialmente os pânicos bancários anteriores à Segunda Guerra Mundial – ou na experiência dos actuais mercados emergentes[1]. Esta dicotomia talvez tenha origem na crença de que, no que respeita às economias avançadas, as crises financeiras desestabilizadoras, sistémicas, envolvendo múltiplos países, são uma relíquia do passado[2]. Naturalmente que a Segunda Grande Contracção – a crise financeira global, que recentemente afundou os EUA e a Europa – deitou por terra esta ideia errada, ainda que a um enorme custo social.

Como demonstraremos neste capítulo, as crises bancárias desde há muito que abalam indiscriminadamente países ricos e pobres. Para sustentar esta conclusão, usamos a nossa amostra principal, de 66 países e, depois, uma mais alargada para alguns exercícios. Passamos em revista as crises bancárias, que vão desde o pânico financeiro na Dinamarca, durante as Guerras Napoleónicas, até à recente «primeira crise financeira global do século XXI». Mostra-se que a incidência de crises bancárias é notavelmente semelhante em países de rendimento elevado e nos países do segmento de rendimentos

---

[1] Veja-se Gorton (1988) e Calomiris e Gorton (1991) sobre pânicos bancários antes da Segunda Guerra Mundial; Sundararajan e Baliño (1991) para o estudo de vários casos de mercados emergentes; e Jácome (2008) sobre crises bancárias na América Latina.
[2] Estudos que abrangem episódios tanto nas economias avançadas como emergentes incluem os de Demirgüç-Kunt e Detragiache (1998), Kaminsky e Reinhart (1999) e Bordo *et al.* (2001).

médio a baixo. De facto, o cômputo das crises é particularmente elevado nos centros financeiros mundiais: França, Reino Unido e Estados Unidos. Talvez ainda mais surpreendentes sejam os paralelos qualitativos e quantitativos que atravessam grupos de rendimento díspares. Estes paralelos emergem claramente, apesar do historial recente, relativamente imaculado, dos países ricos, em matéria de incumprimento soberano.

Para o estudo das crises bancárias, há três notas a fazer, relativamente aos dados que estão na base deste livro. Primeiro, reiterar que os nossos dados sobre as crises bancárias remontam até 1800. Segundo, tanto quanto sabemos, somos os primeiros a examinar os padrões dos preços da habitação nos períodos que rodeiam as maiores crises bancárias nos mercados emergentes, incluindo a Ásia, a Europa e a América Latina. A nossa informação sobre os mercados emergentes facilita a comparação, em termos de duração e magnitude, com os ciclos de preços da habitação mais bem documentados das economias avançadas, que, como é há muito sabido, desempenham um papel central nas crises financeiras. Concluímos que os ciclos de preços do imobiliário, na vizinhança das crises bancárias, são semelhantes, em duração e amplitude, entre os dois grupos de países. Este resultado é surpreendente, dado que quase todas as outras séries temporais, macroeconómicas e financeiras – sobre o rendimento, o consumo, a despesa pública, as taxas de juro, etc. –, exibem uma maior volatilidade nos mercados emergentes[3]. Terceiro, a nossa análise recorre aos dados históricos abrangentes que compilámos sobre receitas fiscais, ao nível central, e dívida pública, também de nível central (como detalhámos no Capítulo 3). Estes dados permitem obter uma nova perspectiva sobre as consequências orçamentais das crises bancárias, realçando, designadamente, as implicações para as receitas fiscais e a dívida pública, que são bem mais substanciais do que os custos de resgate, normalmente o ponto em que a literatura se concentra.

Estabelece-se que as crises bancárias conduzem quase invariavelmente a fortes quedas das receitas fiscais, enquanto os outros factores conducentes a défices mais elevados podem incluir o funcionamento dos estabilizadores automáticos, a política orçamental anticíclica e maiores despesas com juros, em resultado do aumento dos prémios de risco e da baixas nas notações de crédito (particularmente, mas não exclusivamente, nos mercados emergentes). Em média, na era moderna, o aumento real da dívida pública de nível nacional é de 86%, nos três anos que se seguem a uma crise bancária. (Isto é, se o governo central tem uma dívida de 100 mil milhões de dólares no início da crise, ela subirá para 186 mil milhões três anos depois, ajustados

---

[3] Veja-se, por exemplo, Agénor *et al.* (2000).

do efeito da inflação). Estas consequências orçamentais, que incluem custos directos e indirectos, são de uma ordem de grandeza maior do que os custos habituais com resgates de bancos. O facto de a dimensão dos efeitos ser comparável nas economias avançadas e nas economias dos mercados emergentes é, uma vez mais, assinalável. Obviamente que tanto os custos com resgates como os outros custos orçamentais dependem de uma série de factores políticos e económicos, com realce para as respostas públicas adoptadas e a severidade do choque real que desencadeia a crise[4].

Um preâmbulo à teoria das crises bancárias

Crises bancárias em sistemas financeiros reprimidos

A nossa amostra inclui basicamente dois tipos de crises bancárias. O primeiro é comum em países em desenvolvimento pobres, na África e outras regiões, apesar de por vezes aparecer em mercados emergentes mais ricos, como a Argentina. Estas crises são, de facto, uma forma de incumprimento interno, a que os governos recorrem, em países onde a repressão financeira é uma forma importante de tributação. Debaixo de repressão financeira, os bancos são veículos que permitem aos governos extorquir mais impostos indirectos dos cidadãos, monopolizando a totalidade do sistema de poupanças e pagamentos, e não apenas o de criação de moeda. Os governos forçam os residentes a poupar nos bancos, ao permitir-lhes poucas, se não mesmo nenhumas, alternativas. Depois, enchem os bancos de dívida, por via das reservas mínimas obrigatórias e outros expedientes. Os expedientes permitem aos governos financiarem parte da sua dívida a taxas de juro muito baixas – a repressão financeira é, assim, uma forma de tributação. Os cidadãos põem o seu dinheiro nos bancos porque há poucas outras aplicações seguras para as suas poupanças. Os governos, por seu turno, adoptam regulamentos e restrições para forçar os bancos a reemprestarem o dinheiro, financiando a dívida pública. Obviamente que nos casos em que os bancos são geridos pelos governos, estes impõem-lhes muito simplesmente a concessão de empréstimos.

Os governos muitas vezes podem tornar, e tornam de facto, o imposto de repressão financeira ainda maior, mantendo tectos às taxas de juro, ao mesmo

---

[4] Reinhart e Rogoff (2008a, 2008c) mostram que o crescimento do produto normalmente desacelera antes de uma crise.

tempo que criam inflação. Foi, por exemplo, o que a Índia fez no início da década de 70, quando limitou a 5% as taxas de juro dos bancos e engendrou um aumento da inflação para mais de 20%. Por vezes, nem mesmo este tipo de expedientes é suficiente para satisfazer a necessidade voraz dos governos de captar receitas provenientes das poupanças e cessam o pagamento das suas dívidas por inteiro (um incumprimento interno). O incumprimento interno, por seu turno, força os bancos a incumprir as suas responsabilidades e os depositantes perdem parte ou a totalidade do seu dinheiro. Em alguns casos, o governo pode ter emitido uma garantia de depósitos, mas quando o incumprimento ocorre, pura e simplesmente repudia também a promessa.

Crises bancárias e corridas aos bancos

As verdadeiras crises bancárias, da variedade que mais normalmente vivem os mercados emergentes e as economias avançadas, são uma criatura de outra espécie. Como mencionámos no preâmbulo, o papel dos bancos na transformação das maturidades – transformando o financiamento via depósitos de curto prazo em empréstimos de longo prazo – torna-os, de forma completamente única, vulneráveis às corridas dos depositantes[5]. Os bancos normalmente pedem emprestado a curto prazo, na forma de depósitos de poupança e depósitos à ordem, que podem, em princípio, ser levantados muito rapidamente. Ao mesmo tempo, emprestam em maturidades mais longas, na forma de empréstimos directos concedidos às empresas, bem como por via das aplicações em títulos com prazos mais longos e de maior risco. Em tempos normais, os bancos detêm recursos líquidos mais do que suficientes para lidar com quaisquer surtos no levantamento de depósitos. Durante uma «corrida», porém, os depositantes perdem confiança no banco e levantam em massa. À medida que os levantamentos se acumulam, o banco é forçado a liquidar activos sob pressão, geralmente a preços de «venda urgente», em especial se detiver empréstimos altamente ilíquidos e idiossincráticos, como os que são concedidos a empresas locais, sobre as quais tem muito melhor informação do que quaisquer outros investidores. O problema de ter de liquidar a preços de venda urgente pode estender-se a uma gama muito mais vasta de activos durante uma crise bancária sistémica, do tipo que aqui nos interessa. Os diversos bancos muitas vezes detêm carteiras de activos semelhantes, e se todos tentarem vender ao mesmo tempo o mercado pode secar por completo. Activos relativamente líquidos, em tempos normais, podem subitamente tornar-se altamente ilíquidos, precisamente na pior altura.

---

[5] Veja-se Diamond e Dybvig (1983).

Assim, mesmo que o banco fosse completamente solvente na ausência de uma corrida, o seu balanço pode ser destruído ao ter de liquidar activos a preços de urgência. Nesta circunstância, o motivo da corrida ao banco auto-realiza-se, ao ser antecipado. Trata-se, pois, de mais um exemplo de equilíbrios múltiplos, análogo ao que sucede quando os credores de um país se recusam colectivamente a rolar dívida de curto prazo. No caso de uma corrida bancária, são os depositantes que se recusam, de facto, a rolar a dívida.

Na prática, os sistemas bancários têm várias formas de lidar com as corridas. Se a corrida é só a um banco, este pode ser capaz de obter crédito de um grupo de outros bancos privados, que para todos os efeitos fornecem garantias de depósitos uns aos outros. Se, porém, a corrida afecta um conjunto suficientemente grande de instituições, estas garantias privadas e colectivas não funcionam. Um exemplo de uma tal corrida foi a crise financeira do *subprime*, de 2007, pois o mesmo tipo de activos hipotecários problemáticos estava largamente espalhado no sector bancário. As crises de taxa de câmbio, tal como foram vividas por tantas economias em desenvolvimento, nos anos 90, são outro exemplo de crise financeira sistémica, afectando quase todos os bancos de um país. Em ambos os tipos de crise, é uma perda real no sistema bancário que acaba por desencadear o choque. O choque pode ser gerido, se se mantiver a confiança no sector bancário. Porém, se houver uma corrida, esta pode fazer falir todo o sistema, convertendo um prejuízo numa devastação. Diamond e Dybvig sustentam que a garantia de depósitos consegue prevenir as corridas bancárias, mas o seu modelo não integra o facto de, à falta de regulação eficaz, a garantia de depósitos poder induzir os bancos a assumirem riscos excessivos[6].

As corridas aos bancos, em geral, são apenas um exemplo importante da fragilidade de devedores, públicos e privados, altamente alavancados, tal como os considerámos no preâmbulo deste livro. A implosão do sistema financeiro dos EUA, em 2007-2008, deu-se precisamente porque muitas firmas financeiras, fora do perímetro do sector bancário tradicional e regulado, financiavam os seus investimentos ilíquidos com recurso a empréstimos de curto prazo. Nos sistemas financeiros modernos, não são apenas os bancos que estão sujeitos a corridas, mas também instituições financeiras de outro tipo, que têm carteiras altamente alavancadas, financiadas por empréstimos de curto prazo.

---

[6] *Ibid.*

Porque são tão grandes os custos das recessões associadas a crises bancárias

As crises financeiras graves raramente ocorrem isoladas. Não são tanto o gatilho de uma recessão. Com maior frequência, são um mecanismo de amplificação: uma inversão no ciclo do crescimento do produto leva a uma série de incumprimentos a empréstimos obtidos na banca, que força uma retracção na concessão de novos empréstimos por outros bancos, o que conduz a um nova queda do produto e a problemas adicionais de pagamento, etc. Além disso, as crises bancárias são muitas vezes acompanhadas por outros tipos de crise, incluindo crises de taxa de câmbio, crises de dívida, interna e externa, e crises de inflação; no Capítulo 16 exploraremos mais em detalhe a coincidência e sucessão temporal das crises. Assim, conviria alguma precaução, para não interpretar esta primeira abordagem à nossa extensa base de dados históricos como prova definitiva dos efeitos causais das crises bancárias; há aqui uma área relativamente nova, na qual muito mais trabalho de investigação está ainda por fazer.

Dito isto, a literatura teórica e empírica sobre o modo como as crises financeiras podem ter impacto sobre a actividade real é extremamente vasta e está bem desenvolvida. Um dos estudos mais influentes deve-se a Bernanke, em 1983, que mostrou que quando quase metade dos bancos norte-americanos faliu, no início da década de 30, o sistema financeiro levou muito tempo a reconstruir a sua capacidade creditícia. De acordo com Bernanke, o colapso do sistema financeiro foi uma das principais razões para a persistência da Grande Depressão, intermitentemente, ao longo de uma década, em vez de terminar num ano ou dois, como acontece com uma recessão normal. (Bernanke tornou-se presidente da Reserva Federal em 2006, e teve, naturalmente, oportunidade de pôr as suas intuições académicas em prática, durante a Segunda Grande Contracção, que começou em 2007).

Num trabalho posterior, com Mark Gertler, Bernanke apresentou um modelo teórico, que detalhava o modo como a presença de imperfeições no mercado financeiro, devidas a assimetrias de informação entre prestamistas e prestatários, pode resultar numa amplificação dos choques de política monetária[7]. No modelo Bernanke-Gertler, um decréscimo de riqueza (devido, por exemplo, a um choque de produtividade adverso) tem um efeito desproporcionado na produção, com as empresas a terem de reduzir os seus planos de investimento. E são forçadas a fazê-lo, pois baixando os lucros que retêm são obrigadas a financiar uma porção maior dos seus projectos

---

[7] Veja-se Bernanke e Gertler (1990).

de investimentos por via de financiamento externo, mais caro, em vez do financiamento interno relativamente barato. As recessões causam uma perda de valor das garantias reais, que é depois amplificada através do sistema financeiro.

Kiyotaki e Moore traçam uma dinâmica semelhante num modelo intertemporal mais complexo[8]. Mostram como um colapso nos preços da terra, como o que ocorreu no Japão no início da década de 90, pode minar o valor das garantias reais de uma empresa, conduzindo a uma retracção do investimento, que causa nova queda nos preços da terra, etc.

No seu artigo de 1983, Bernanke sublinhou que o colapso do canal de crédito, nas recessões, afecta especialmente os pequenos e médios prestatários, que não têm nome reconhecido e, por conseguinte, têm um acesso muito mais limitado do que os grandes aos mercados obrigacionistas e accionistas, como alternativa ao financiamento bancário, mais orientado por relações de conhecimento. Muitos trabalhos posteriores confirmaram que os pequenos e médios prestatários são desproporcionadamente afectados durante as recessões, com uma quantidade razoável de evidências apontando para a canal da concessão de empréstimos bancários como factor central[9]. Não nos deteremos por mais tempo na vasta bibliografia teórica sobre a relação entre os mercados financeiros e a actividade real, excepto para dizer que há sustentação empírica e teórica significativa para a perspectiva de que uma colapso no sistema bancário de um país pode ter pesadas implicações na sua trajectória de crescimento[10].

Voltamo-nos agora para a evidência empírica. Dada a vulnerabilidade dos sistemas bancários às corridas, combinada com a evidência teórica e empírica de que as crises bancárias são poderosos amplificadores das recessões, não surpreende que os países tenham maiores dificuldades em superar crises financeiras do que em escapar a uma longa história de crises de dívida soberana. No caso das últimas, é possível falar-se de «graduação», com os países a passarem séculos sem recaírem em incumprimento. Mas, até hoje, nenhum país dos mais importantes conseguiu passar a prova das crises bancárias.

---

[8] Veja-se Kiyotaki e Moore (1997).
[9] Cf., por exemplo, Bernanke e Gertler (1995).
[10] Veja-se Bernanke *et al.* (1999).

Crises bancárias: uma ameaça de oportunidades iguais

Como já mostrámos, a frequência do incumprimento (ou reestruturação) da dívida externa é significativamente mais baixa nas economias avançadas do que nos mercados emergentes. Para muitos países de elevado rendimento, essa frequência foi, de facto, nula, a partir de 1800[11]. Mesmo países com uma história longa de múltiplos incumprimentos até essa data, como a França ou a Espanha, apresentam sinais de se terem graduado na prova do incumprimento em série da dívida externa.

A segunda coluna dos Quadros 10.1 e 10.2 realça a enorme diferença na experiência do incumprimento soberano externo, entre mercados emergentes (designadamente em África e na América Latina, mas mesmo em vários países asiáticos) e a Europa Ocidental, a América do Norte e a Oceania, regiões de rendimento elevado. A terceira coluna dos quadros referidos apresenta cálculos análogos para cada país, para as crises bancárias (isto é, o número de anos em crises bancárias, de acordo com a extensa base de dados que aqui desenvolvemos, dividido pelo número de anos desde que o país se tornou independente, ou desde 1800, no caso de ser independente antes dessa data). Uma facto notável que sobressai dos quadros é o de que o tempo médio que um país passa em estado de incumprimento soberano é muito maior do que a duração média das crises financeiras. Um país pode evitar os seus credores externos por um longo período. É bem mais oneroso deixar pendente uma crise bancária interna, presumivelmente pelos efeitos paralisantes que isso traria ao comércio e ao investimento.

---

[11] Referimo-nos ao incumprimento da dívida externa. A espalhada revogação da cláusula-ouro e outras formas de reestruturação – da dívida interna – pelos Estados Unidos e outras economias desenvolvidas durante a Grande Depressão dos anos 30 são consideradas incumprimentos sobre a dívida interna (dívida emitida sob jurisdição nacional).

Quadro 10.1 Crises de dívida e crises bancárias: África e Ásia, ano da independência até 2008

País	Percentagem de anos em incumprimento ou reescalonamento, desde a independência, ou desde 1800	Percentagem de anos em crise bancária, desde a independência, ou desde 1800
África		
África do Sul	5,2	6,3
Angola	59,4	17,6
Argélia	13,3	6,4
Costa do Marfim	48,9	8,2
Egipto	3,4	5,6
Marrocos	15,7	3,8
Maurícia	0,0	2,4
Nigéria	21,3	10,2
Quénia	13,6	19,6
Tunísia	9,6	9,6
Zâmbia	27,9	2,2
Zimbabwe	40,5	27,3
Ásia		
China	13,0	9,1
Coreia	0,0	17,2
Filipinas	16,4	19,0
Índia	11,7	8,6
Indonésia	15,5	13,3
Japão	5,3	8,1
Malásia	0,0	17,3
Myanmar	8,5	13,1
República Centro-Africana	53,2	38,8
Singapura	0,0	2,3
Sri Lanka	6,8	8,2
Tailândia	0,0	6,7
Taiwan	0,0	11,7

Fontes: cálculos dos autores; Purcell e Kaufman (1993); Kaminsky e Reinhart (1999); Bordo *et al.* (2001); Reinhart, Rogoff e Savastano (2003a) e fontes aí citadas; Caprio *et al.* (2005); Jácome (2008); e Standard and Poor's. Ver também Anexo A.2.
Nota: para os países que se tornaram independentes antes de 1800, os cálculos são desde este ano até 2008.

Quadro 10.2 Crises de dívida e crises bancárias: Europa, América Latina, América do Norte e Oceania, ano da independência até 2008

País	Percentagem de anos em incumprimento ou reescalonamento, desde a independência, ou desde 1800	Percentagem de anos em crise bancária desde, a independência, ou desde 1800
Europa		
Alemanha	13,0	6,2
Áustria	17,4	1,9
Bélgica	0,0	7,3
Dinamarca	0,0	7,2
Espanha	23,7	8,1
Finlândia	0,0	8,7
França	0,0	11,5
Grécia	50,6	4,4
Hungria	37,1	6,6
Itália	3,4	8,7
Noruega	0,0	15,7
Países Baixos	6,3	1,9
Polónia	32,6	5,6
Portugal	10,6	2,4
Reino Unido	0,0	9,2
Roménia	23,3	7,8
Rússia	39,1	1,0
Suécia	0,0	4,8
Turquia	15,5	2,4
América Latina		
Argentina	32,5	8,8
Bolívia	22,0	4,3
Brasil	25,4	9,1
Chile	27,5	5,3
Colômbia	36,2	3,7
Costa Rica	38,2	2,7
El Salvador	26,3	1,1
Equador	58,2	5,6
Guatemala	34,4	1,6
Honduras	64,0	1,1

(continuação)

América Latina *(continuação)*		
México	44,6	9,7
Nicarágua	45,2	5,4
Panamá	27,9	1,9
Paraguai	23,0	3,1
Peru	40,3	4,3
República Dominicana	29,0	1,2
Uruguai	12,8	3,1
Venezuela	38,4	6,2
América do Norte		
Canadá	0,0	8,5
Estados Unidos	0,0	13,0
Oceania		
Austrália	0,0	5,7
Nova Zelândia	0,0	4,0

Fontes: cálculos dos autores; Purcell e Kaufman (1993); Kaminsky e Reinhart (1999); Bordo *et al.* (2001); Reinhart, Rogoff e Savastano (2003a) e fontes aí citadas; Caprio *et al.* (2005); Jácome (2008); e Standard and Poor's. Ver também Anexo A.2.

Os Quadros 10.3 e 10.4 apresentam uma outra perspectiva sobre a prevalência das crises bancárias. A segunda coluna apresenta o número de crises, em vez do número de anos passados nelas, desde a independência do país, ou desde 1800. A terceira coluna restringe o enfoque ao período após a Segunda Guerra Mundial. Vale a pena realçar alguns aspectos. *Para as economia avançadas, ao longo da totalidade do período, o que emerge é um retrato de crises bancárias em série.* Os centros financeiros mundiais – o Reino Unido, os EUA e a França – sobressaem neste domínio, com 12, 13 e 15 episódios de crises, desde 1800, respectivamente. A frequência caiu marcadamente, quer para as economias avançadas, quer para os maiores mercados emergentes, no pós-guerra. Porém, todas estes países, com a excepção de Portugal, passaram pelo menos por uma crise no pós-guerra, antes do recente episódio. Quando a vaga actual de crises, no fim, for plenamente contabilizada, a queda aparente será provavelmente ainda menos pronunciada. Assim, *apesar de muitas economias actualmente avançadas se terem graduado de uma história de incumprimento em série da dívida soberana e de inflação muito elevada (acima dos 20%), a graduação na prova das crises bancárias tem-se mostrado ilusória*. Como mostraremos mais tarde, o mesmo se aplica às crises cambiais. De facto,

Quadro 10.3 Frequência das crises bancárias: África e Ásia, até 2008

País	Número de crises bancárias, desde a independência, ou desde 1800	Número de crises bancárias, desde a independência, ou desde 1945
África		
África do Sul[a]	6	2
Angola	1	1
Argélia	1	1
Costa do Marfim	1	1
Egipto	3	2
Marrocos	1	1
Maurícia	1	1
Nigéria	1	1
Quénia	2	2
República Centro-Africana	2	2
Tunísia	1	1
Zâmbia	1	1
Zimbabwe	1	1
Ásia		
China	10	1
Coreia	3	3
Filipinas	2	2
Índia[a]	6	1
Indonésia	3	3
Japão	8	2
Malásia	2	2
Myanmar	1	1
Singapura	1	1
Sri Lanka	1	1
Tailândia	2	2
Taiwan	5	3

Fontes: cálculos dos autores, Kaminsky e Reinhart (1999), Bordo *et al.* (2001), Caprio *et al.* (2005), e Jácome (2008). Ver também Anexo A.2.

[a] Para a África do Sul, os cálculos são para o período de 1850 a 2008, e para a Índia, de 1800 a 2008.

como os Quadros 10.1 a 10.4 evidenciam, apesar das diferenças dramáticas no desempenho recente do incumprimento soberano, a incidência das crises bancárias é praticamente a mesma nas economias avançadas e nos mercados emergentes. Deve notar-se também que, à medida que os mercados financeiros se desenvolveram nas economias mais pequenas e mais pobres, a frequência das crises bancárias aumentou[12].

Quadro 10.4 Frequência das crises bancárias: Europa, América Latina, América do Norte e Oceania, até 2008

País	Número de crises bancárias, desde a independência, ou desde 1800	Número de crises bancárias, desde a independência, ou desde 1945
Europa		
Alemanha	8	2
Áustria	3	1
Bélgica	10	1
Dinamarca	10	1
Espanha	8	2
Finlândia	5	1
França	15	1
Grécia	2	1
Hungria	2	2
Itália	11	1
Noruega	6	1
Países Baixos	4	1
Polónia	1	1
Portugal	5	0
Reino Unido	12	4
Roménia	1	1
Rússia	2	2
Suécia	5	1
Turquia	2	2
América Latina		
Argentina	9	4
Bolívia	3	3

(continuação)

---

[12] Como já reconhecemos, a nossa contabilização das crises financeiras nos países mais pobres pode estar incompleta, especialmente para períodos mais remotos, apesar dos nossos melhores esforços.

América Latina (continuação)		
Brasil	11	3
Chile	7	2
Colômbia	2	2
Costa Rica	2	2
El Salvador	2	2
Equador	2	2
Guatemala	3	2
Honduras	1	1
México	7	2
Nicarágua	1	1
Panamá	1	1
Paraguai	2	1
Peru	3	1
República Dominicana	2	2
Uruguai	5	2
Venezuela	2	2
América do Norte		
Canadá	8	1
Estados Unidos	13	2
Oceania		
Austrália	3	2
Nova Zelândia	1	1

Fontes: cálculos dos autores, Kaminsky e Reinhart (1999), Bordo *et al.* (2001), Caprio *et al.* (2005), e Jácome (2008).

Nota: para os países que se tornaram independentes antes de 1800, os cálculos são para 1800-2008.

Os Quadros 10.5 e 10.6 resumem, por região, o registo do número de crises bancárias e a percentagem de anos que cada uma delas passou em crise. O Quadro 10.5 começa em 1800. Só inclui as crises pós-independência, o que explica porque é que os mercados emergentes têm totais acumulados menores. O Quadro 10.6 apresenta o registo para o período posterior a 1945.

Quer os cálculos comecem em 1800 (Quadro 10.5), quer em 1945 (10.6), em média não há diferenças significativas, nem na incidência nem no número de crises bancárias, entre as economias avançadas e as economias emergentes.

De facto, as crises infestam ambos os tipos de países. E de facto, antes da Segunda Guerra Mundial as economias avançadas, com os seus sistemas financeiros mais desenvolvidos, eram mais susceptíveis a crises bancárias do que muitas das economias mais pequenas de baixo rendimento[13]. Naturalmente que se pode argumentar que os países mais pequenos recorriam aos credores externos como seus banqueiros e, assim, a série de incumprimentos das dívidas externas poderia ter sido uma série de crises bancárias internas, se tivessem sectores financeiros mais desenvolvidos.

Quadro 10.5 Resumo da incidência e frequência das crises bancárias, 1800 (ou independência) até 2008

Região ou grupo	Percentagem de anos em crises bancárias, desde a independência, ou 1800	Número de crises bancárias
África	12,5	1,7
Ásia	11,2	3,6
Europa	6,3	5,9
América Latina	4,4	3,6
Argentina, Brasil e México	9,2	9,0
América do Norte	11,2	10,5
Oceania	4,8	2,0
Economias avançadas	7,2	7,2
Economias emergentes	8,3	2,8

Fontes: Quadros 10.1-10.4.

Notas: as economias avançadas incluem o Japão, a América do Norte, a Oceania e todos os países europeus não listados, a seguir, como parte da Europa emergente. As economias emergentes incluem África, toda a Ásia excepto o Japão, a América Latina e a Europa emergente (Hungria, Polónia, Roménia, Rússia e Turquia).

---

[13] Para ser mais preciso, as economias avançadas passaram por 7,2 crises em média, ao passo que a média para os países de mercados emergentes é de 2,8.

Quadro 10.6 Resumo da incidência e frequência das crises bancárias, 1945 (ou independência) até 2008

Região ou grupo	Percentagem de anos em crises bancárias, desde a independência, ou 1800	Número de crises bancárias
África	12,3	1,3
Ásia	12,4	1,8
Europa	7,1	1,4
América Latina	9,7	2,0
Argentina, Brasil e México	13,5	3,0
América do Norte	8,6	1,5
Oceania	7,0	1,5
Economias avançadas	7,0	1,4
Economias emergentes	10,8	1,7

Fontes: Quadros 10.1-10.4.
Notas: as economias avançadas incluem o Japão, a América do Norte, a Oceania e todos os países europeus não listados, a seguir, como parte da Europa emergente. As economias emergentes incluem África, toda a Ásia excepto o Japão, a América Latina e a Europa emergente (Hungria, Polónia, Roménia, Rússia e Turquia).

Crises bancárias, mobilidade do capital e liberalização financeira

Consonante também com a teoria moderna das crises é a impressionante correlação entre o aumento da liberdade de circulação de capitais e a incidência de crises bancárias, como evidencia o Gráfico 10.1. O gráfico traça a evolução de dados altamente agregados, mas a segmentação da informação por regiões, ou países, reforça a sua mensagem. *Períodos de elevada mobilidade internacional do capital produziram repetidamente crises bancárias internacionais, e não apenas os famosos episódios dos anos 90, mas ao longo de toda história.* O gráfico traça a média móvel de três anos da percentagem da totalidade dos países que estão a passar por crises bancárias, segundo a escala do lado direito. Evoluindo pela métrica da escala do lado esquerdo, temos o índice de mobilidade internacional do capital, construído com base nos critérios

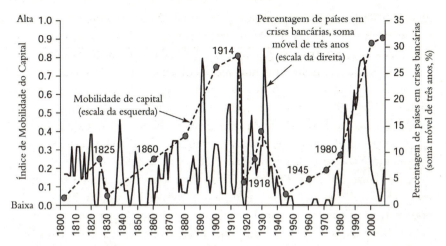

Gráfico 10.1. Mobilidade do capital e incidência das crises bancárias: todos os países, 1800-2008

Fontes: Kaminsky e Reinhart (1999), Bordo *et al.* (2001), Obstfeld e Taylor (2004), Caprio *et al.* (2005), e cálculos dos autores.
Notas: a amostra inclui todos os países, mesmo os que não figuram na amostra principal de 66. A lista completa das crises bancárias e respectivas datas está nos Anexos A.3 e A.4. Na escala da esquerda, actualizamos o índice que escolhemos para a mobilidade do capital, assumidamente insuficiente, mas, mesmo assim, um sumário conciso de forças complexas. A linha tracejada mostra o índice de mobilidade do capital, dado por Obstfeld e Taylor (2004), que se fez retroceder ao período de 1800 a 1859, usando os mesmos critérios.

de Obstfeld e Taylor, temporalmente actualizado e aplicado ao passado mais remoto, por forma a cobrir a totalidade do período da amostra[14]. Apesar das limitações do índice Obstfeld-Taylor, pensamos que não deixa de fornecer um resumo conciso de forças complexas, enfatizando a mobilidade *de facto* do capital, com base em fluxos efectivos.

Para o período posterior a 1970, Kaminsky e Reinhart apresentaram evidência formal do nexo entre crises e liberalização financeira[15]. Em 18 das 26 crises bancárias que estudaram, o sector financeiro havia sido liberalizado há cinco ou menos anos, normalmente menos. Nos anos 80 e 90, a maior parte dos episódios de liberalização estiveram associados a crises financeiras de

---

[14] Veja-se Obstfeld e Taylor (2004).
[15] Veja-se Kaminsky e Reinhart (1999).

severidade variável. Apenas num grupo restrito de países, como por exemplo o Canadá, a liberalização ocorreu sem sobressaltos. Mais especificamente, Kaminsky e Reinhart mostram que a probabilidade de uma crise bancária, na condição de ter havido liberalização financeira, é maior do que a probabilidade incondicional. Usando uma amostra de 53 países no período que vai de 1980 a 1995, Demirgüç-Kunt e Detragiache também mostram, no quadro de um modelo logit multivariável, que a liberalização financeira tem um efeito independente negativo na estabilidade do sector financeiro, e que o resultado é robusto, dada uma série de especificações[16].

A formalização da evidência avançada por Caprio e Klingebiel sugere que a regulação inadequada e a falta de supervisão, à altura da liberalização, podem desempenhar um papel crucial na explicação da razão por que a desregulamentação e as crises bancárias estão tão intimamente intricadas[17]. Uma vez mais, trata-se de um problema comum aos países desenvolvidos e aos mercados emergentes. Na primeira década de 2000, os EUA, apesar de toda a sua *hubris,* pois desta vez é diferente, mostraram que não são excepção, pois a inovação financeira é uma variante do processo de liberalização.

Bonanças nos fluxos de capitais, ciclos de crédito e preços dos activos

Nesta secção, examinaremos algumas das características comuns às crises bancárias, através de países, regiões e ao longo do tempo. Centramo-nos nas regularidades verificadas nos ciclos de fluxos internacionais de capital, de crédito e dos preços de activos (especificamente, dos preços da habitação e das acções).

Bonanças nos fluxos de capitais e crises bancárias

Um dos traços comuns aos períodos que antecedem as crises bancárias é o surto sustentado de entradas de capital, para o qual Reinhart e Reinhart cunharam o termo «bonança de fluxo de capitais». Delinearam um critério para a sua definição – em traços largos, envolvendo entradas equivalentes a

---

[16] Veja-se Demirgüç-Kunt e Detragiache (1998). Vaja-se também Drees e Pazarbasioglu (1998) para uma abordagem muito esclarecedora sobre a experiência nórdica de liberalização financeira.
[17] Veja-se Caprio e Klingebiel (1996).

vários pontos percentuais de PIB, ao longo de vários anos –, catalogaram, país por país, os episódios de «bonança», entre 1960 e 2006, e examinaram os nexos entre estes e as crises bancárias[18]. Detectam crises de acordo com a definição e com a datação do Anexo A.3[19].

A partir das datas das crises bancárias e das bonanças de fluxo de capitais podem ser calculadas duas probabilidades específicas para cada país: a probabilidade incondicional de uma crise bancária e a probabilidade da sua ocorrência, nos três anos que antecedem e nos três seguintes a um ano de bonança, ou vários – isto é, a probabilidade condicional de uma crise. Se as bonanças de fluxo de capitais tornam os países mais susceptíveis de crises, a probabilidade condicional destas, P (Crise, Bonança), será maior do que a probabilidade incondicional, P (Crise).

O Quadro 10.7 reproduz um subconjunto dos resultados obtidos por Reinhart e Reinhart, relevante para as crises bancárias[20]. Apresenta o resultado agregado, de todos os países da amostra, para as probabilidades condicional e incondicional. *A probabilidade de uma crise bancária, na condição de uma bonança de fluxo de capitais, é maior do que a probabilidade incondicional.* A linha final do Quadro 10.7 fornece a percentagem de países para os quais P (Crise, Bonança) $>$ P (Crise), como indicação adicional de quão comum é, através dos vários países, ver bonanças associadas a um ambiente mais propício a crises. A maioria dos países (61%) regista uma propensão mais elevada para passar por uma crise bancária no período que rodeia uma bonança. A percentagem seria mais elevada se tivéssemos incluído no quadro dados posteriores a 2007. Muitos países que passaram pelas crises bancárias

---

[18] Para definir uma bonança de fluxo de capitais, Reinhart e Reinhart (2009) estabeleceram um algoritmo que confere tratamento uniforme aos países comparados, mas é suficientemente flexível para permitir diferenças significativas entre as respectivas balanças correntes. Tal como Kaminsky e Reinhart (1999), seleccionaram um limiar para definir as bonanças, que é comum aos países comparados (neste caso, o 20º percentil da amostra). O limiar inclui a maior parte dos mais bem conhecidos episódios na literatura, mas não é suficientemente inclusivo para classificar como bonança uma deterioração mais «rotineira» da balança corrente. Uma vez que as distribuições de frequência subjacentes variam bastante de país para país, o limiar comum produz patamares bastante diferentes entre eles. Por exemplo, no caso da Índia, uma economia relativamente fechada, o patamar para a definição de uma bonança é um rácio do défice da balança corrente sobre o PIB acima dos 1,8%, ao passo que para a Malásia, mais orientada para o comércio, o patamar comparável é um rácio de 6,6%.

[19] Reinhart e Reinhart fizeram um exercício análogo para as crises cambiais, de dívida e inflação.

[20] Veja-se Reinhart e Reinhart (2009).

Quadro 10.7 O efeito de uma bonança de fluxo de capitais na probabilidade de uma crise bancária, numa amostra de 66 países, 1960-2007

Indicador	Percentagem de países
Probabilidade de uma crise bancária	
Na condição de uma bonança de fluxo de capitais (janela de três anos)	18,4
Incondicional	13,2
Diferença	5,2*
Percentagem de países para os quais a probabilidade condicional é maior do que a probabilidade incondicional	60,9

Fontes: Reinhart e Reinhart (2009, Quadros 2 e 4), e cálculos dos autores.
Notas: a janela compreende os três anos que antecedem a bonança (ver Reinhart e Reinhart, 2009, Quadro 2), o ano (ou anos, se forem consecutivos) de bonança, e os três que se seguem ao episódio. O asterisco (*) denota significância a um nível de 1% de confiança.

mais severas, no final da primeira década de 2000, também registaram persistentes défices da balança corrente, no período antecedente. Estão no grupo muitos países desenvolvidos, como a Espanha, a Islândia, a Irlanda, o Reino Unido e os EUA.

Estes resultados sobre as bonanças de fluxo de capitais são também consistentes com outras regularidades empíricas identificadas em torno dos ciclos de crédito. Mendoza e Terrones, que examinaram estes ciclos, tanto em economias avançadas como em economias de mercado emergente, usando uma metodologia muito diferente da que acabámos de apresentar, revelam que os *booms* de crédito neste segundo grupo de economias são frequentemente precedidos por surtos de entradas de capital. Concluem também que apesar de nem todos estes *booms* terminarem em crises financeiras, a maior parte das crises nos mercados emergentes é precedida de *booms* de crédito. Os autores fazem a ligação entre estes últimos e as altas de preços de activos, assunto para o qual nos voltamos agora[21].

Ciclos de preços das acções e da habitação, e crises bancárias

Nesta secção, sumarizamos a literatura sobre bolhas nos preços de activos e crises bancárias, ampliando-a para incorporar novos dados sobre os pre-

---
[21] Cf. Mendoza e Terrones (2008). Ver ainda Kaminsky e Reinhart, que também examinaram o crescimento real do crédito disponível para o sector privado em torno tanto de crises bancárias como cambiais.

ços da habitação nos mercados emergentes, bem como informação sobre as crises que estão em curso nas economias avançadas. A agora tristemente célebre bolha imobiliária dos Estados Unidos, que começou a deflacionar pelo final de 2005, ocupa o principal lugar como culpada da recente crise financeira global. Mas a Segunda Grande Contracção está longe de ser única neste particular. Num trabalho anterior, documentámos a trajectória dos preços reais da habitação, na proximidade de todas as crises bancárias posteriores à Segunda Guerra Mundial, nas economias avançadas, com ênfase particular nas «Cinco Grandes» crises (Espanha, 1977; Noruega, 1987; Finlândia e Suécia, 1991 e Japão, 1992)[22]. O padrão que sobressai é claro: um *boom* nos preços reais da habitação, na aproximação à crise, é seguido por uma queda acentuada, no ano em que aquela se inicia, e nos seguintes. Bordo e Jeanne, ao estudarem também as economias avançadas no período de 1970 a 2001, mostraram que as crises bancárias tendem a ocorrer no pico do *boom* dos preços reais da habitação, ou imediatamente a seguir à contracção brusca[23]. Gerdrup apresentou uma narrativa convincente sobre os nexos entre as três crises bancárias da Noruega, que ocorreram entre a década de 90 do século XIX e 1993, e os ciclos de expansão acentuada e contracção brusca, nos preços da habitação[24].

O Quadro 10.8 ilustra a dimensão e a duração das inversões descendentes dos preços da habitação que, historicamente, acompanharam crises bancárias maiores, tanto nas economias avançadas como nos mercados emergentes. Se já anteriormente haviam sido examinadas as ligações entre as crises bancárias nos países desenvolvidos e o ciclo dos preços da habitação, tanto em trabalhos nossos prévios como outros (na maior parte das vezes estudos de caso), é a primeira vez que é fornecida evidência sistemática sobre o comportamento dos preços da habitação nas economias de mercado emergente, aquando de algumas das suas maiores crises. Os episódios incluem as «Seis Grandes» crises asiáticas de 1997-1998, na Coreia, Filipinas, Indonésia, Malásia e Tailândia, e na muito fustigada Hong Kong.

Outros episódios nos mercados emergentes incluem a megacrise argentina, de 2001-2002, e a crise da Colômbia de 1998, que resultou na pior recessão desde que estão disponíveis contas nacionais, que começaram a ser registadas no início da década de 20 do século XX. Na conjuntura das crises recentes, incluímos a Hungria, além das economias avançadas que, bem

---

[22] Veja-se Reinhart e Rogoff (2008b). Os anos referem-se ao começo da crise.
[23] Cf. Bordo e Jeanne (2002).
[24] Veja-se Gerdrup (2003).

próximas da actualidade, tiveram bolhas no mercado da habitação (Espanha, Estados Unidos, Irlanda, Islândia e Reino Unido)[25].

Quadro 10.8 Ciclos de preços reais da habitação e crises bancárias

País	Ano da crise	Pico	Mínimo	Duração da inversão negativa	Dimensão da queda (%)
Economias avançadas: as Cinco Grandes					
Espanha	1977	1978	1982	Quatro anos	-33,3
Finlândia	1991	1989: 2º trimestre	1995: 4º trimestre	Seis anos	-50,4
Japão	1992	1991: 1º trimestre	Continua	Continua	-40,2
Noruega	1987	1987: 2º trimestre	1993: 1º trimestre	Cinco anos	-41,5
Suécia	1991	1990: 2º trimestre	1994: 4º trimestre	Quatro anos	-31,7
Economias asiáticas: As Seis Grandes					
Coreia do Sul[a]	1997		2001: 2º trimestre	Quatro anos	-20,4
Filipinas	1997	1997: 1º trimestre	2004: 3º trimestre	Sete anos	-53,0
Hong Kong	1997	1997: 2º trimestre	2003: 2º trimestre	Seis anos	-58,9
Indonésia	1997	1994: 1º trimestre	1999: 1º trimestre	Cinco anos	-49,9
Malásia	1997	1996	1999	Três anos	-19,0
Tailândia	1997	1995: 3º trimestre	1999: 4º trimestre	Quatro anos	-19,9
Outras economias emergentes					
Argentina	2001	1999	2003	Quatro anos	-25,5
Colômbia	1998	1997: 1º trimestre	2003: 2º trimestre	Seis anos	-51,2
Episódios históricos					
EUA	1929	1925	1932	Sete anos	-12,6
Noruega	1898	1899	1905	Seis anos	-25,5
Casos em curso					
Espanha	2007	2007: 1º trimestre	Continua	Continua	-3,1
Estados Unidos	2007	Dezembro de 2005	Continua	Continua	-16,6
Hungria	2008	2006	Continua	Continua	-11,3
Irlanda	2007	Outubro de 2006	Continua	Continua	-18,9
Islândia	2007	Novembro de 2007	Continua	Continua	-9,2
Reino Unido	2007	Outubro de 2007	Continua	Continua	-12,1

Fontes: Bank for International Settlements e fontes de países específicos, descritas nos Anexos A.1 e A.2.

[a] Série insuficiente para estabelecer o pico.

Há dois aspectos que sobressaem do sumário estatístico apresentado no Quadro 10.8. Em primeiro lugar, a persistência do ciclo dos *preços reais da habitação*, tanto nas economias avançadas como nos mercados emergentes, normalmente da ordem dos quatro a seis anos[26]. Em segundo, *as magnitudes das quedas nos preços reais desses activos em torno das crises bancárias, do pico ao mínimo, não são significativamente diferentes dos mercados emergentes para as economias avançadas*. Esta semelhança é bastante surpreendente, dado que a maior

---

[25] As comparações históricas são difíceis de obter, porque a maior parte das séries de preços reais da habitação são de factura recente, mas incluímos nesta categoria dois episódios mais antigos: o dos Estados Unidos, durante a Grande Depressão, e o da Noruega, na viragem do século (1898).

[26] Veja-se o trabalho de Ceron e Suarez (2006), que estima a sua duração média em seis anos.

parte das séries temporais macroeconómicas exibe uma volatilidade drasticamente mais elevada nos mercados emergentes; merece, portanto, atenção adicional[27]. Certo é que os primeiros resultados aqui apresentados, comparando os períodos de expansão e contracção pronunciadas dos preços da habitação, em torno das datas das crises bancárias, parecem fornecer sólido apoio à tese de que estas são uma ameaça de oportunidade iguais.

As prolongadas inversões descendentes dos preços da habitação, que se seguem às crises financeiras, contrastam acentuadamente com o comportamento dos preços reais das acções, como ilustra o Gráfico 10.2, no qual o padrão da queda e recuperação forma um V mais evidente. (O gráfico respeita apenas aos mercados emergentes, mas, como desenvolveremos mais tarde, na Parte V, os preços das acções nas economias avançadas exibem uma recuperação em V semelhante.)

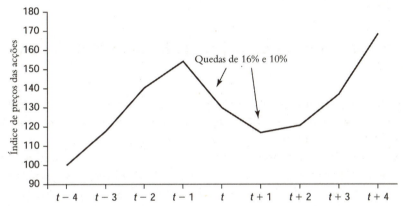

Gráfico 10.2. Preços reais das acções e crises bancárias: 40 episódios nos mercados emergentes, 1920-2007

Fontes: Global Financial Data (s/d) e cálculos dos autores.
Notas: quatro dos 40 episódios são anteriores à Segunda Guerra Mundial (1921-1929). O ano da crise é indicado por t; t-4=100.

O gráfico mostra a evolução dos preços reais das acções, no período que vai dos quatro anos que antecedem o ano da crise aos quatro que se seguem. Como a imagem torna claro, os preços das acções atingem o pico antes da

---

[27] Por exemplo, Agénor *et al.* (2006) fornece indícios de que o produto e o consumo real são muito mais voláteis nos mercados emergentes; Kaminsky, Reinhart e Végh (2003) apresentam dados que corroboram que a amplitude do ciclo na despesa pública real é muitas vezes mais elevada nos mercados emergentes.

crise bancária, caem por dois a três anos antes de ela chegar e, no caso dos mercados emergentes, até ao ano imediatamente a seguir. A recuperação completa-se quando, três anos depois da crise, os preços reais das acções estão, em média, acima do pico que a antecedeu. Porém, a sequência da crise do Japão apresenta um contra-exemplo decepcionante deste padrão, pois os preços das suas acções recuperaram apenas marginalmente até um pico muito inferior ao nível anterior à crise e depois continuaram numa deriva em baixa.

Pode conjecturar-se que uma das principais razões para as crises bancárias serem acontecimentos tão prolongados é o facto de envolverem o extenso ciclo do mercado do imobiliário, de um modo que não acontece nas «puras derrocadas dos mercados bolsistas» – como foi o caso, por exemplo, da Segunda-feira Negra, de Outubro de 1987, ou a explosão da bolha das tecnologias de informação (TI), em 2001[28].

Bolhas de excesso de capacidade na indústria financeira?

Philippon analisou a expansão do sector de serviços financeiros, incluindo a actividade seguradora, nos EUA, que atingiu uma média de 4,9% do PIB, entre 1976 e 1985, subindo depois para 7,5%, no período de 1996 a 2005[29]. No seu trabalho, o autor argumentava que este ganho não seria sustentável e que seria provável uma queda de pelo menos 1% do PIB. Na sequência da crise do *subprime*, a redução do sector financeiro, ao longo de 2008 e 2009, veio a mostrar-se significativamente maior. A explosão pré-crise e a implosão pós-crise do sector financeiro, em torno de uma crise bancária, também não são novidade, ou uma especificidade, dos EUA.

O Gráfico 10.3 traça a evolução do número de bancos, nos EUA, antes e depois da Grande Depressão. Talvez a bolha accionista e imobiliária se tenha também estendido ao número de instituições financeiras. Esta expansão no número de instituições financeiras, no período que antecede uma crise, com a contracção que se lhe segue, foi observada durante outras crises bancárias – especialmente nos casos em que a liberalização financeira precede a crise.

---

[28] Esta ideia é condizente com o facto de os preços da habitação serem bastante mais inerciais do que os das acções.
[29] Veja-se Philippon (2007).

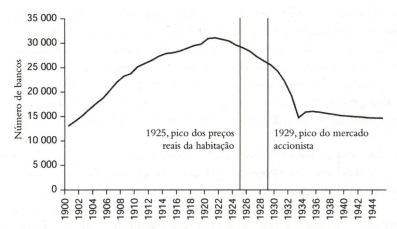

Gráfico 10.3. Número de bancos nos Estados Unidos, 1900-1945.

Fontes: Carter *et al.* (2006).

A herança orçamental das crises financeiras revisitada

Olhando para os efeitos orçamentais e sobre o crescimento das crises bancárias, encontramos de novo alguns paralelos surpreendentes entre os países desenvolvidos e os mercados emergentes. A nossa análise das consequências orçamentais, em particular, afasta-se marcadamente da literatura anterior, que se concentrava quase exclusivamente nos «custos de resgate» imputados aos Estados, os quais, como teremos ocasião de argumentar, são extremamente difíceis de medir. Nós, em contrapartida, concentramo-nos nos custos orçamentais para o governo central, e em particular na enorme acumulação de dívida que se segue às crises bancárias. Podemos fazê-lo recorrendo à extensa compilação de dados sobre a evolução anual da dívida interna, transversal a múltiplos países, que está na base da investigação para este livro, dados que temos já vindo a explorar em capítulos anteriores. Esta informação permite-nos evidenciar o surto acentuado na dívida que ocorre na sequência de uma crise.

O conceito equívoco de custos de resgate

Como já assinalámos, grande parte da literatura sobre os episódios de crises bancárias concentra-se na estimativa dos custos orçamentais finais dos resgates (ver, por exemplo, a excelente abordagem de Frydl e diversos trabalhos publicados pelo Norges Bank)[30]. Todavia, tais estimativas variam amplamente entre os estudos, dependendo da metodologia, e variam ainda mais com o tempo, dependendo do horizonte temporal escolhido para calcular o impacto orçamental da crise, um aspecto sublinhado por Frydl[31].

O Quadro 10.9 apresenta os limites superior e inferior desse intervalo de variação, para algumas das crises bancárias mais conhecidas, tanto em economias avançadas como em economias emergentes, em quase todas as regiões. As discrepâncias entre estimativas são elevadas e, em alguns casos, incríveis. Entre as «Cinco Grandes» crises das economias avançadas, desde a Segunda Guerra Mundial, as diferenças nas estimativas dos custos de resgate para a Espanha e para o Japão, por exemplo, são de 11% e 16% do PIB, respectivamente. Além disso, como sublinha Vale, se os custos forem calculados para um período de tempo mais longo na sequência da crise, o retrato que emerge é ainda mais discordante com as estimativas no limite superior do intervalo; mostra que o governo norueguês teve de facto um pequeno lucro com a resolução do seu episódio bancário, na venda ulterior das acções dos bancos nacionalizados[32].

Quadro 10.9 Contabilidade criativa? Custos de resgate das crises bancárias

País, ano inicial	Estimativa do custo de resgate em percentagem do PIB		
	Limite superior	Limite inferior	Diferença
Argentina, 1981	55,3	4,0	51,3
Chile, 1981	41,2	29,0	12,2
Espanha, 1977	16,8	5,6	11,2
Estados Unidos (crise das poupanças e empréstimos), 1984	3,2	2,4	0,8
Filipinas, 1984	13,2	3,0	10,2
Gana, 1982	6,0	3,0	3,0
Japão, 1992	24,0	8,0	16,0
Noruega, 1987	4,0	2,0	2,0[a]
Suécia, 1991	6,4	3,6	2,8

Fontes: Frydl (1999) e fontes aí citadas.

[a] Norges Bank (2004) sustenta que o governo norueguês acabou por realizar um pequeno ganho líquido no termo da resolução da crise bancária.

---

[30] Veja-se Frydl (1999) e Norges Bank (2004). Veja-se também Sanhueza (2001), Hoggarth *et al.* (2005) e Caprio *et al.* (2005).
[31] Um problema semelhante afecta os trabalhos que visam determinar a eficácia das intervenções cambiais, medindo a rendibilidade das compras e vendas neste mercado. Os resultados dependem significativamente da largura da janela temporal e dos pressupostos sobre os custos de financiamento. Veja-se Neely (1995).
[32] Cf. Vale (2004).

No que se segue, argumentamos que essa quase generalizada atenção centrada em cálculos opacos sobre custos de resgate é simultaneamente falha de orientação e incompleta. É falha de orientação porque não há critérios consensuais para a feitura desses cálculos. É incompleta porque as consequências orçamentais das crises bancárias excedem em muito os custos imediatos de resgate. As consequências são essencialmente o resultado do impacto adverso significativo da crise sobre as receitas públicas, em quase todos os casos, e do facto de, em alguns episódios, a reacção da política orçamental à crise também envolver pacotes de estímulo substanciais.

O crescimento na sequência das crises

O facto de a maior parte das crises bancárias, em especial as sistémicas, estarem associadas a inversões negativas do ciclo económico está bem estabelecido na literatura empírica, apesar dos efeitos em algumas variáveis cruciais, como sejam a dívida pública e a dívida com a habitação, e, mais em geral, as finanças públicas, estarem muito menos estudados[33]. O Gráfico 10.4 mostra a evolução do produto nas economias avançadas como grupo, bem como no subgrupo das que passaram pelas «Cinco Grandes» crises (Japão, países nórdicos e Espanha), ao passo que o Gráfico 10.5 amplia a análise, com um sumário comparável para as crises bancárias do pós-guerra nos mercados emergentes. Como antes, *t* representa o ano da crise. É interessante verificar que os gráficos mostram uma queda mais acentuada nos mercados emergentes, mas com um retorno ao crescimento algo mais rápido, em comparação com as economias avançadas. Está para lá do âmbito deste livro apurar as consequências de mais longo prazo das crises bancárias no crescimento. É demasiado difícil delinear o fim de uma crise bancária e o crescimento é pura e simplesmente um assunto demasiado complexo para o misturar aqui. Mesmo assim, este padrão pós-crise é digno de nota, porque o crescimento, sendo em si mesmo importante, tem, todavia, implicações não triviais nos saldos orçamentais, na dívida pública e, mais em geral, nos custos e consequências de qualquer crise financeira.

---

[33] Veja-se, por exemplo, Frydl (1999), Kaminsky e Reinhart (1999) e, especialmente, Rajan *et al.* (2008), que examinam as consequências do canal de crédito sobre o produto, na sequência das crises bancárias, usando informação microeconómica. Salientamos que praticamente todos os casos de colapso do produto estudados por Barro e Ursúa (2008) estão associados a crises bancárias.

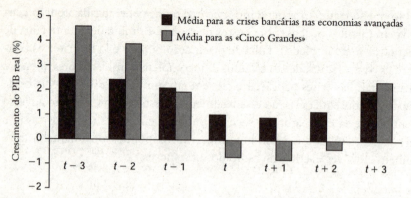

Gráfico 10.4. Crescimento do PIB real *per capita* (em PPC) e crises bancárias: economias avançadas

Fontes: Maddison (2004); Fundo Monetário Internacional (vários anos), *World Economic Outlook*; Total Economy Database (2008) e cálculos dos autores.

Notas: os episódios de crises bancárias estão listados no Anexo A.3. O ano da crise é indicado por *t*.

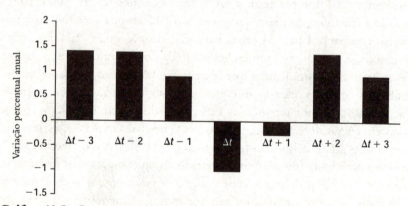

Gráfico 10.5. Crescimento do PIB real *per capita* (em PPC) e crises bancárias: economias de mercado emergente (112 episódios).

Fontes: Maddison (2004); Fundo Monetário Internacional (vários anos), *World Economic Outlook*; Total Economy Database e cálculos dos autores.

Notas: os episódios de crises bancárias estão listados nos Anexos A.3 e A.4. O ano da crise é indicado por *t*.

Para lá dos custos de resgate: o impacto de uma crise nas receitas e na dívida

Desde a Segunda Guerra Mundial que a reacção das políticas públicas mais comum a uma crise bancária sistémica, tanto nas economias avançadas como emergentes, tem sido a de montar, com variado grau de sucesso, um resgate ao sector, através compra de maus activos, fusões dirigidas de maus bancos com instituições relativamente sólidas, nacionalizações directas, ou uma combinação destas possibilidades. Em muitos casos, tais medidas tiveram consequências orçamentais maiores, particularmente nas primeiras fases da crise. Porém, como já sublinhámos por várias vezes, as crises bancárias são acontecimentos que se prolongam no tempo, com consequências demoradas nos mercados de activos – em particular, nos preços do imobiliário e na economia real. Não surpreende, pois, que as receitas públicas sejam adversa e significativamente afectadas pelas crises.

Como referimos, vários estudos traçaram os impactos adversos das crises bancárias na actividade económica. O que ficou por explorar foram as consequências directas da recessão nas finanças públicas e, especificamente, nas receitas fiscais. O Gráfico 10.6 traça o padrão médio do crescimento real das receitas ao longo dos três anos que precedem a crise, no ano em que esta

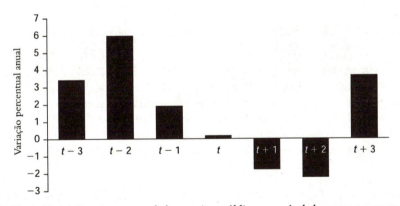

Gráfico 10.6. Crescimento real das receitas públicas, ao nível do governo central, e crises bancárias: todos os países, 1800-1944.

Fontes: a informação sobre receitas é obtida de Mitchell (2003a, 2003b). Para as inúmeras fontes sobre preços, especificadas por país, ver Reinhart e Rogoff (2008a).
Notas: o gráfico mostra que a pressão das crises sobre as receitas não é nova. As receitas do governo central estão deflacionadas pelos preços no consumidor. Há um total de 86 episódios de crises bancárias entre 1800 e 1944, para o qual temos dados sobre as receitas. O ano da crise é indicado por t.

se declara, e durante o triénio que se segue, para um total de 86 episódios, entre 1800-1944, para o qual temos dados completos sobre as receitas[34].

O Gráfico 10.7 mostra um exercício comparável para todas as 138 crises bancárias desde a Segunda Guerra Mundial. Os padrões das amostras pré e pós-guerra não são idênticos, mas surpreendentemente semelhantes. O crescimento anual das receitas é robusto nos anos que antecedem a crise bancária, enfraquece significativamente no ano da crise e, depois, registam-se quedas nos anos imediatamente a seguir. Nos episódios anteriores à Guerra, as receitas caem em média dois anos, enquanto nas crises do pós-guerra o mergulho estende-se ao terceiro ano.

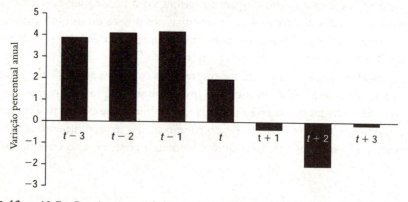

Gráfico 10.7. Crescimento real das receitas públicas, ao nível do governo central, e crises bancárias: todos os países, 1945-2007.

Fontes: a informação sobre receitas é obtida de Mitchell (2003a, 2003b). Para as inúmeras fontes sobre preços, especificadas por país, ver Reinhart e Rogoff (2008a).
Notas: o gráfico mostra que os custos de resgate são apenas uma parte da explicação do surto de dívida pública após a crise. As receitas do governo central estão deflacionadas pelos preços no consumidor. Há um total de 138 episódios de crises bancárias entre 1945 e 2007, para o qual temos dados sobre as receitas. O ano da crise é indicado por *t*.

Paralelos na perda de receitas entre os mercados emergentes e as economias desenvolvidas

Mais uma vez, são surpreendentes os paralelos na perda de receita entre os países desenvolvidos e os mercados emergentes. O Gráfico 10.8 mostra as quedas de receitas nos anos em torno das crises bancárias, para as economias

---

[34] As receitas (de Mitchell, 2003a, 2003b) são deflacionadas por índices de preços no consumidor; as numerosas fontes sobre estes dados são referidas, país por país e para cada período, no Anexo A.2.

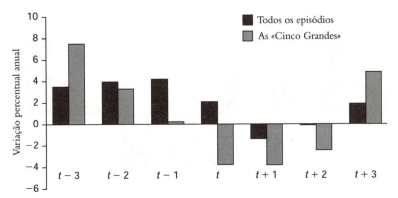

Gráfico 10.8. Crescimento real das receitas públicas, ao nível do governo central, e crises bancárias: economias avançadas, 1815-2007.

Fontes: a informação sobre receitas é obtida de Mitchell (2003a, 2003b). Para as inúmeras fontes sobre preços, especificadas por país, ver Reinhart e Rogoff (2008a).
Notas: as receitas do governo central estão deflacionadas pelos preços no consumidor. O ano da crise é indicado por *t*.

avançadas, ao longo da amostra, com as «Cinco Grandes» crises do pós-guerra destacadas ao lado. Em geral, o crescimento das receitas é retomado, a partir de uma base mais baixa, ao terceiro ano após a crise. As economias avançadas exibem uma tendência mais forte para recorrer a medidas de estímulo, destinadas a amortecer o impacto negativo sobre a actividade económica, como se observou no caso mais espectacular do Japão, nos anos 90, recorrendo agressivamente à despesa em infra-estruturas. Os mercados emergentes, mais intolerantes à dívida e mais dependentes da disposição dos mercados internacionais de capitais para o financiamento, estão muito menos preparados para se empenhar em políticas orçamentais anticíclicas. Em todo o caso, o efeito de uma crise na trajectória das receitas fiscais é geralmente semelhante nos dois tipos de países. O Gráfico 10.9 mostra a queda de receitas em torno das crises bancárias nos mercados emergentes, para a globalidade da amostra. A queda média de receitas é, com efeito, muito semelhante à observada para as «Cinco Grandes» crises, embora a recuperação seja mais rápida – em linha com a retoma mais pronta do crescimento, tal como referimos na secção anterior.

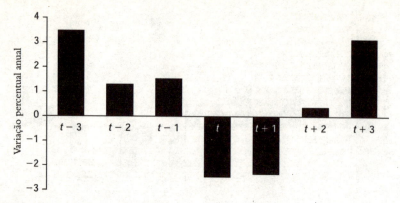

Gráfico 10.9. Crescimento real das receitas públicas, ao nível do governo central, e crises bancárias: economias de mercado emergente, 1873-2007.

Fontes: a informação sobre receitas é obtida de Mitchell (2003a, 2003b). Para as inúmeras fontes sobre preços, especificadas por país, ver Anexo A.1.
Notas: o gráfico mostra que a pressão sobre as receitas faz aumentar a dívida. As receitas do governo central estão deflacionadas pelos preços no consumidor. O ano da crise é indicado por *t*.

A acumulação de dívida pública na sequência das crises bancárias

Para obter uma aproximação imperfeita do impacto de uma crise nas finanças públicas, recorremos aos dados históricos sobre dívida pública de nível nacional, compilados no Anexo A.2, já anteriormente apresentados. É importante assinalar que estes dados fornecem apenas um retrato parcial, pois o país inteiro, incluindo o nível estadual e municipal, e não apenas a administração central, é afectado pela crise. Além disso, é típico, durante estes episódios, que a dívida com garantia pública suba acentuadamente, e esta tendência não se revela nos números respeitantes à dívida pública de nível nacional.

Com estas reservas em mente, o Gráfico 10.10 apresenta um sumário da evolução da dívida na sequência de algumas das maiores crises bancárias do pós-guerra, tanto em economias avançadas como em mercados emergentes.

Sem surpresa, tudo somado, o resgate do sector bancário, a queda de receitas e os pacotes de estímulo orçamental que acompanharam algumas destas crises implicaram aumentos dos défices, que acresceram ao *stock* existente de dívida pública. O que é talvez surpreendente é a dimensão impressionante desse aumento de dívida. *Se o stock for indexado a 100 no ano (t) da crise, a experiência média é de um aumento da dívida real para 186, três anos depois*

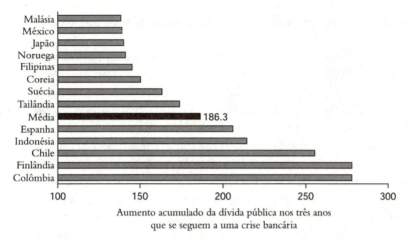

Gráfico 10.10. A evolução da dívida pública real na sequência das maiores crises do pós-guerra: mercados avançados e emergentes

Fontes: Reinhart e Rogoff (2008c).
Nota: o *stock* de dívida está indexado a 100, no ano da crise (apenas dívida ao nível do governo central).

da crise. Isto é, o stock *real de dívida quase duplica*[35]. Tais aumentos no nível de endividamento dos Estados são igualmente evidentes nos mercados emergentes e nas economias avançadas, e extremamente acentuados em ambos os casos. Pode dizer-se que o verdadeiro legado das crises bancárias é um maior nível de endividamento público – muito acima dos custos directos e imediatos dos grandes pacotes de resgate[36]. Obviamente que, como já salientámos, o aumento da dívida pública depende de uma vasta gama de factores políticos e económicos, incluindo a eficácia da resposta das políticas públicas e a severidade do choque real inicial na economia, que desencadeou a crise. Em todo o caso, a universalidade do forte aumento da dívida é impressionante.

---

[35] De facto, em alguns casos importantes, como o do Japão, a acumulação acelerada de dívida prossegue por mais de uma década, de modo que o corte temporal nos três primeiros anos subestima grosseiramente as consequências a mais longo prazo.

[36] Note-se que o Gráfico 10.10 dá a mudança percentual da dívida e não do rácio desta em relação ao PIB, tendo em vista não distorcer os números por efeito de grandes quedas no produto, que muitas vezes acompanham as crises. Porém, a mensagem básica seria a mesma, se olhássemos para a dívida em proporção do PIB. Note-se ainda que os cálculos se baseiam na dívida total ao nível do governo central.

Viver entre escombros: algumas observações

Talvez os países se possam «graduar», superando o incumprimento em série da dívida soberana e os episódios recorrentes de inflação muito elevada ou, pelo menos, libertar-se deles por períodos extremamente longos, como os casos da Áustria, da França, da Espanha e de outros países parecem ilustrar. A história diz-nos, contudo, que a superação das crises financeiras e bancárias é muito mais ilusória. E não deveríamos ter precisado da crise financeira de 2007 para o recordar. Dos 66 países da nossa amostra, apenas a Áustria, a Bélgica, os Países Baixos e Portugal escaparam a crises bancárias de 1945 a 2007. Ao longo de 2008, porém, até mesmo três destes países estão entre os que entraram em operações de resgate enormes.

Com efeito, a vaga de crises financeiras que começou com o choque da crise do *subprime*, nos Estados Unidos, em 2007, desfez qualquer ideia que se pudesse ter até aí, entre académicos, participantes no mercado ou decisores políticos, de que as crises financeiras agudas são coisa do passado, ou foram relegadas para os «voláteis» mercados emergentes. A síndrome desta-vez-é-diferente esteve viva e de boa saúde nos EUA, onde começou por tomar a forma da crença generalizada de que os fortes ganhos de produtividade, originados na indústria de tecnologias de informação (TI), justificavam rácios preço/lucro (PER) nos mercados accionistas que excediam largamente qualquer padrão histórico[37]. A ilusão acabou com a explosão da bolha das TI, em 2001. Mas os excessos regressaram rapidamente, mudando de forma, num mercado diferente. A titularização dos créditos hipotecários *subprime*, combinada com uma forte apetência por estes instrumentos em países como a Alemanha, o Japão e os maiores mercados emergentes, como a China, alimentaram a percepção de que os preços da habitação continuariam a subir eternamente. A nova ilusão era de que «desta vez é diferente» porque havia novos mercados, novos instrumentos e novos prestamistas. Em particular, pensava-se que a engenharia financeira tinha domado melhor o risco, ao adaptar melhor as exposições, à medida dos apetites dos investidores. Entretanto, os contratos de derivados ofereciam toda a espécie de oportunidades de cobertura de risco. Sabemos agora como se desmoronou a última ilusão popular. Voltaremos à crise financeira mais recente, a Segunda Grande Contracção, nos Capítulos 13 a 16.

---

[37] Uma questão importante é saber quão raramente as crises bancárias, por via de mudanças súbitas na liquidez do mercado, podem amplificar os efeitos sobre os preços dos activos, tal como é analisado por Barro (2009).

Em suma, a experiência histórica já mostrou que os países ricos não são tão «especiais» como os líderes da claque argumentavam, quer no que respeita à gestão das entradas de capital, quer, em especial, no que se refere a crises bancárias. A extensa e nova compilação de informação na qual se baseia este livro inclui dados sobre os preços da habitação, em alguns dos principais mercados emergentes, bem como sobre receitas e dívida interna, que atravessam quase um século, para a maioria dos países, e para muitos mais do que isso. Surpreendentemente, não apenas é semelhante a frequência e a duração das crises bancárias nos países desenvolvidos e de rendimento médio, como o são também as medidas quantitativas do processo da sua formação e da sua eclosão. Designadamente, em ambos os grupos a duração das quedas nos preços reais da habitação, na sequência de uma crise financeira, é muitas vezes de quatro anos ou mais, e as dimensões das derrocadas são comparáveis. Impressionante é a descoberta do imenso surto de dívida por que a maior parte dos países passa, no rescaldo de uma crise financeira, com a dívida pública de nível central normalmente a aumentar 86% em média, em termos reais, nos três anos que se seguem à sua emergência.

Este capítulo enfatizou os custos muito elevados das recessões associadas a crises bancárias sistémicas. É importante sublinhar, porém, que na teoria das crises bancárias, brevemente discutida na introdução a este capítulo, elas são vistas como um mecanismo de amplificação e não necessariamente como um mecanismo causal exógeno. Quando um país sofre um choque adverso – devido, por exemplo, a uma queda súbita da produtividade, a uma guerra, ou a fortes distúrbios políticos ou sociais – os bancos naturalmente ressentem-se. A taxa de incumprimentos dos empréstimos sobe em flecha. Os bancos tornam-se vulneráveis a pesadas perdas de confiança e levantamentos, e as taxas de falência bancária aumentam. As falências bancárias, por seu vez, levam a um decréscimo na criação de crédito. Os bancos saudáveis não conseguem facilmente cobrir as carteiras de empréstimos dos bancos falidos, porque a concessão de crédito, em especial às pequenas e médias empresas, envolve muitas vezes conhecimento especializado e redes de relações. As falências bancárias e a retracção dos empréstimos, por seu turno, aprofundam a recessão, causando mais incumprimentos de empréstimos e falências bancárias, etc.

As economias modernas dependem de sistemas financeiros sofisticados e quando os sistemas bancários bloqueiam, o crescimento económico pode rapidamente enfraquecer, ou mesmo paralisar. É por essa razão que as falências bancárias podem ser tão problemáticas para uma economia e é também essa a razão por que os países em crise que não conseguem consertar os seus sistemas financeiros – como o Japão nos anos 90 – se podem encontrar numa situação de entrada e saída intermitente de recessões, com um desempenho económico abaixo do seu potencial, durante anos.

Apesar de existir uma teoria bem desenvolvida que explica porque são tão problemáticas as falências bancárias, enquanto mecanismo de amplificação de recessões, a evidência empírica que apresentamos não mostra decisivamente, em si mesma, que os bancos são o único problema. O tipo de colapso nos preços do imobiliário e das acções, que rodeia as crises bancárias, como aqui documentámos, teria efeitos adversos muito substanciais mesmo na ausência de colapsos dos bancos. Como veremos no Capítulo 16, sobre os tipos de crise, muitos outros tipos – como sejam as crises de inflação, de taxa de câmbio e de incumprimento interno e soberano – frequentemente assolam um país, em coincidência com crises bancárias, em especial da estirpe mais severa. Assim, aquilo que aqui, na realidade, mostrámos é que as crises bancárias graves estão associadas a recessões profundas e prolongadas, e que é necessária mais investigação para estabelecer os nexos de causalidade e, mais importante ainda, para ajudar a definir prioridades na resposta das políticas. Porém, o facto de as recessões associadas a graves crises bancárias serem, de modo tão consistente, profundas e partilharem tantas características comuns terá de servir de ponto-chave de partida para os investigadores futuros tentarem desenredar estes episódios difíceis.

11

Incumprimento pela degradação monetária: um favorito do «Velho Mundo»

Apesar de a inflação se ter tornado um lugar-comum e um problema crónico apenas a partir do uso generalizado do papel-moeda, no início do século XX, quem estuda a história da moeda metálica sabe que os governos descobriram processos de «extrair senhoriagem» da moeda em circulação muito antes disso. O principal expediente era a degradação do conteúdo da cunhagem, quer pela mistura de metais mais baratos, quer pelo corte das moedas e reemissão de unidades menores, mas com a mesma denominação. As modernas impressoras de papel-moeda são apenas um método tecnologicamente mais avançado e mais eficiente para atingir o mesmo objectivo[1].

Reis, imperadores e outros soberanos descobriram formas inventivas de evitar o pagamento das dívidas ao longo da história. Winkler dá-nos uma história particularmente divertida dos primeiros incumprimentos, começando com Dionísio de Siracusa, na Grécia do século IV a.C.[2]. Dionísio, que tinha obtido um empréstimo dos seus súbditos na forma de promissórias, emitiu um decreto, segundo o qual todo o dinheiro em circulação deveria ser entregue ao governo, sob pena de morte para quem se recusasse. Depois de ter recolhido toda as moedas, gravou em cada uma delas, de um dracma, a marca de dois dracmas, e usou o montante obtido para pagar as suas dívidas. Apesar de não termos informação para o período, a teoria tradicional dos preços tem a forte presunção de que o seu nível terá subido em

---
[1] Veja-se, por exemplo, Sargent e Velde (2003). Ferguson (2008) apresenta uma abordagem esclarecedora das raízes antigas do dinheiro.
[2] Cf. Winkler (1928).

flecha, na sequência da fraude de Dionísio. Com efeito, a teoria monetária clássica sugere que, tudo o resto igual, incluindo a produção do país, os preços deveriam ter duplicado, com a duplicação da oferta monetária, o que significa uma taxa de inflação de 100%. Na prática, o nível da inflação poderia ter sido maior, assumindo que o caos financeiro e a incerteza, que terão certamente assolado Siracusa, conduziram a um decréscimo do produto, ao mesmo tempo que a oferta monetária dobrava.

Se esta inovação tinha precedentes, ignoramo-lo. Mas sabemos que o exemplo de Dionísio contém vários elementos que viriam a ser observados ao longo da história, com uma regularidade surpreendente. Primeiro, a inflação há muito que é a arma predilecta nos incumprimentos soberanos de dívida interna e, se possível, da dívida internacional. Segundo, os governos podem ser extremamente criativos na montagem dos incumprimentos. Terceiro, os soberanos têm poderes coercivos sobre os seus súbditos que os ajudam a orquestrar «suavemente» incumprimentos de dívida interna, que não são normalmente possíveis com a dívida internacional. Mesmo nos tempos modernos, muitos países fizeram aplicar sanções severas a quem violou restrições às contas de capital e às divisas. Quarto, os governos lançam-se em expansões monetárias maciças, em parte porque, desse modo, podem ganhar por meio de impostos de senhoriagem sobre os saldos monetários reais (desvalorizando, com inflação, o valor da moeda em posse dos cidadãos e emitindo mais para satisfazer a procura). Mas também pretendem reduzir, ou mesmo eliminar, o valor real do saldo vivo de dívida pública. Como fizemos notar no Capítulo 8, por muito que o canal da dívida interna seja óbvio, tem sido negligenciado no estudo de muitos episódios, pois os dados não estão facilmente disponíveis.

Para os economistas, Henrique VIII de Inglaterra deveria ser quase tão famoso por cercear as moedas do reino como o é por ter decapitado as suas rainhas. Apesar de ter herdado uma enorme fortuna do seu pai, Henrique VII, e mesmo depois de ter confiscado os bens da Igreja, acabou por se encontrar num tal desespero, à falta de fundos, que recorreu a uma degradação monetária de proporções épicas. A degradação começou em 1542, continuou até ao fim do reinado de Henrique VIII, em 1547, e prosseguiu pelo do seu sucessor, Eduardo VI. Em termos acumulados, a libra perdeu 83% do seu conteúdo de prata ao longo deste período[3]. (O leitor deve reter que por «degradação» nos referimos à redução do conteúdo de prata ou ouro das moedas, o que não é o mesmo que «inflação», que mede o seu poder de compra. Numa economia em crescimento, um governo pode conseguir degradar lentamente as suas

---

[3] MacDonald (2006).

moedas sem baixar o seu poder de compra, pois a população aumentará a procura monetária, à medida que cresce o custo das transacções).

Os Quadros 11.1 e 11.2 fornecem detalhes sobre as datas e dimensão das degradações monetárias, numa longa série de países europeus, entre 1258 e 1799, durante a era que antecedeu o desenvolvimento do papel-moeda, e no século XIX, o período de transição para este.

Quadro 11.1 Expropriação através da degradação monetária: Europa, 1258-1799

País, moeda	Período coberto	Queda acumulada no conteúdo de prata da moeda (%)	Maior degradação (%) e ano		Percentagem de anos durante os quais ocorreu degradação de moeda (redução do conteúdo de prata)	
					Todos	De 15% ou mais
Alemanha						
Baviera-	1417-1499	-32,2	-21,5	1424	3,7	1,2
Augsburgo,	1500-1799	-70,9	-26,0	1685	3,7	1,0
pfennig	1350-1499	-14,4	-10,5	1404	2,0	0,0
Frankfurt,	1500-1798	-12,8	-16,4	1500	2,0	0,3
pfennig						
Áustria, Viena,	1371-1499	-69,7	-11,1	1463	25,8	0,0
kreuzer	1500-1799	-59,7	-12,5	1694	11,7	0,0
Bélgica, *hoet*	1349-1499	-83,8	-34,7	1498	7,3	3,3
	1500-1799	-56,3	-15,0	1561	4,3	0,0
Espanha						
Nova Castela,	1501-1709	-62,5	-25,3	1642	19,8	1,3
maravedi	1351-1499	-7,7	-2,9	1408	2,0	0,0
Valência, dinar	1500-1650	-20,4	-17,0	1501	13,2	0,7
França, libra	1258-1499	74,1	56,8	1303	6,2	0,4
Tours	1500-1789	78,4	36,2	1718	14,8	1,4
Itália, lira	1280-1499	-72,4	-21,0	1320	5.0	0,0
florentina	1500-1799	-35,6	-10,0	1550	2,7	0,0
Países Baixos						
grosso	1366-1499	-44,4	-26,0	1488	13,4	5,2
flamengo	1500-1575	-12,3	-7,7	1526	5,3	0,0
Florim	1450-1499	-42,0	-34,7	1496	14,3	6,1
	1500-1799	-48,9	-15,0	1560	4,0	0,0
Portugal, real	1750-1799	-25,6	-3,7	1766	34,7	0,0
Reino Unido,	1260-1499	-46,8	-20,0	1464	0,8	0,8
penny	1500-1799	-35,5	-50,0	1551	2,3	1,3
Rússia, rublo	1761-1799	-42,3	-14,3	1798	44,7	0,0
Suécia, marco	1523-1573	-91,0	-41,4	1572	20,0	12,0
ortug						
Turquia, *akche*	1527-1799	-59,3	-43,9	1586	10,5	3,1

Fontes: principalmente Allen e Unger (2004) e outras fontes listadas no Anexo A.1.

Quadro 11.2 Expropriação através da degradação monetária: Europa, século XIX

País	Período coberto	Queda acumulada no conteúdo de prata da moeda (%)	Maior degradação (%) e ano		Percentagem de anos durante os quais ocorreu degradação de moeda (redução do conteúdo de prata)	
					Todos	De 15% ou mais
Alemanha	1800-1830	-2,2	-2,2	1816	3,2	0,0
Áustria	1800-1860	-58,3	-55,0	1812	37,7	11,5
Portugal	1800-1855	-12,8	-18,4	1800	57,1	1,8
Reino Unido	1800-1899	-6,1	-6,1	1816	1,0	0,0
Rússia	1800-1899	-56,6	-41,3	1810	50,0	7,0
Turquia	1800-1899	-83,1	-51,2	1829	7,0	7,0

Fontes: principalmente Allen e Unger (2004) e outras fontes listadas no Anexo A.1.

Os quadros ilustram o sucesso espectacular dos monarcas na aplicação de políticas monetárias inflacionárias, por via da degradação. O Reino Unido conseguiu uma redução de 50% no conteúdo de prata da sua moeda, em 1551, a Suécia realizou uma degradação de 41,%, em 1572, e na Turquia ela atingiu 44%, em 1586. O rublo russo passou por uma degradação de 14%, em 1798, como parte do esforço financeiro de guerra do país. A terceira coluna de cada quadro apresenta a degradação monetária acumulada ao longo de extensos períodos, totalizando muitas vezes 50% ou mais. O Quadro 11.2 olha para estatísticas de países europeus no século XIX. Os casos extremos incluem a degradação da Rússia, em 1810, de 41%, e da Áustria, em 1812, de 55%, ambos relacionados com as Guerras Napoleónicas. Em 1829, a Turquia conseguiu reduzir o conteúdo de prata das suas moedas em 51%.

O padrão de degradação sustentada aparece claramente evidenciado no Gráfico 11.2, que traça o conteúdo de prata da média das moedas europeias (mais a Rússia e a Turquia), com ponderações iguais, da nossa amostra anterior. O Gráfico 11.2 exibe aquilo que referimos como «a marcha para a moeda fiduciária» e mostra como a moderna inflação não é assim tão diferente da degradação como alguns pudessem julgar. O leitor lembrar-se-á que a moeda fiduciária é moeda que não tem valor intrínseco e é procurada pela população em grande medida porque o governo decreta que nenhuma outra moeda pode ser usada nas transacções.

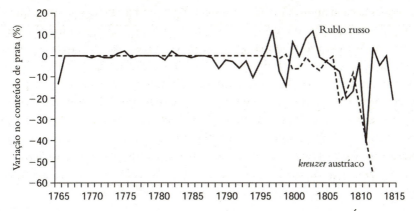

Gráfico 11.1. Alterações no conteúdo de prata da moeda, 1765-1815: Áustria e Rússia, durante as Guerras Napoleónicas.

Fontes: Principalmente Allen e Unger (2004) e outras fontes listadas no Anexo A.1.3.

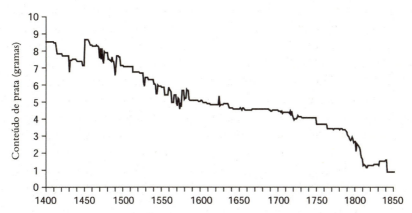

Gráfico 11.2. A marcha para a moeda fiduciária, Europa, 1400-1850: média do conteúdo de prata de dez moedas.

Fontes: Principalmente Allen e Unger (2004) e outras fontes listadas no Anexo A.1.3. *Notas:* nos casos em que havia mais de uma moeda em circulação num determinado país (como, por exemplo, em Espanha, com o maravedi de Nova Castela e o dinar de Valência), calculamos a média simples. Recorde-se que as Guerras Napoleónicas duraram de 1799 a 1815. Em 1812, Áustria degradou a sua moeda em 55%.

Talvez pareça excessivo dedicar aqui tanta atenção à degradação monetária, quando as crises financeiras há muito que passaram a desenrolar-se de acordo com mecanismos bem mais imponentes e extravagantes. E, porém, a experiência da degradação ilustra muitos tópicos importantes. Mostra que a inflação e o incumprimento não são nada de novo; só os instrumentos mudaram. Mais importante ainda, a mudança da moeda metálica para o papel-moeda fornece um exemplo de como a inovação tecnológica não gera, necessariamente, tipos de crise financeira completamente novos, mas pode exacerbar os seus efeitos, de maneira muito semelhante à da tecnologia militar, que foi tornando as guerras mais mortíferas, continuamente, ao longo da história. Por fim, o nosso estudo das degradações monetárias reforça o que referimos, sobre o facto de as economias hoje avançadas terem já passado pelo mesmo tipo de traumas de incumprimento, inflação e desvalorização, que hoje infesta muitos dos actuais mercados emergentes.

12

Inflação e derrocadas cambiais modernas

Se o incumprimento em série é a norma dos países que estão atravessar a fase de desenvolvimento de mercado emergente, a tendência para cair em períodos de inflação elevada, ou extremamente elevada, é um denominador comum ainda mais impressionante[1]. Nenhum mercado emergente da história, incluindo os Estados Unidos, cuja taxa de inflação, em 1779, esteve próxima dos 200%, conseguiu escapar a crises de elevada inflação.

Naturalmente que os problemas do incumprimento, externo e interno, e da inflação estão inteiramente relacionados. Não se pode esperar que um governo que opta pelo incumprimento às suas dívidas preserve o valor da moeda nacional. A criação de moeda e os custos com os juros da dívida entram ambos no cômputo das restrições orçamentais e, numa crise de financiamento, um soberano apropria-se geralmente de todos os recursos, quaisquer que sejam as fontes.

Neste capítulo, começamos por uma visita aérea, por assim dizer, a toda a nossa informação sobre inflação, informação essa que, tanto quanto sabemos, cobre consideravelmente mais episódios de inflação elevada e uma amostra maior de países do que qualquer compilação anterior. De seguida, passaremos em revista os colapsos da taxa de câmbio, fortemente correlacionados com os episódios de elevada inflação. Na maior parte dos casos, a inflação alta e estes colapsos resultam do abuso, pelo governo, do autoproclamado monopólio da emissão monetária. Na secção final deste capítulo, veremos como, no rescaldo de uma crise de inflação elevada, este monopólio sobre a moeda (e às vezes sobre o sistema de pagamentos em geral) é frequentemente minado, através da muito generalizada aceitação de (e/ou indexação

---
[1] Végh (1992) e Fischer *et al*. (2002) são leituras essenciais para o debate sobre a bibliografia respeitante às crises de inflação relativamente modernas.

a) uma moeda forte alternativa, ou da «dolarização». Tal como as crises bancárias, também a inflação elevada tem consequências adversas e persistentes sobre a economia.

Descoberta crucial, que salta à vista, da nossa viagem histórica às taxas de inflação e de câmbio é a marcada dificuldade geral dos países em escaparem a períodos de inflação elevada e volátil. De facto, há um forte paralelo entre a dificuldade de ultrapassar uma história de elevada inflação e a dificuldade de ultrapassar uma história de incumprimento em série, e, vai de si, as duas estão muitas vezes interligadas.

Uma história antiga das crises de inflação

Por muito espectaculares que tenham sido algumas degradações monetárias registadas nos Quadros 11.1 e 11.2, é indiscutível que o advento da máquina impressora elevou a inflação para um patamar inédito. O Gráfico 12.1 ilustra a taxa média de inflação para todos os países da nossa amostra, de 1500 a 2007 (usamos a média móvel de cinco anos para alisar o ciclo e os erros de medição). Evidencia um claro enviesamento para a inflação ao longo da história, apesar de, como é óbvio, se registarem sempre períodos de deflação, resultantes dos ciclos económicos, das más colheitas, etc. A partir do século XX, porém, a inflação subiu em flecha. (Registamos que a nossa amostra para

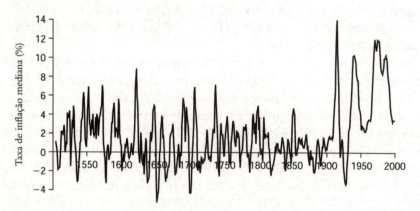

Gráfico 12.1. Taxa de inflação mediana: média móvel de cinco anos para todos os países, 1500-2007.

Fontes: dada a extensão do período coberto e do número de países incluídos, os preços no consumidor (ou os índices de custo de vida) são extraídos de fontes muito diversas. Estão listadas em detalhe, por país e período, no Anexo A.1.

a inflação retrocede até ao século XIV, para países como a França e a Inglaterra, mas por forma a obter uma comparação mais ampla e uniforme começamos aqui a série em 1500).

Nos três quadros deste capítulo, olhamos para dados nacionais de inflação ao longo dos séculos. O Quadro 12.1 apresenta informação dos séculos XVI a XVIII, para um vasto conjunto de moedas. É impressionante verificar que, neste período, todos os países, tanto da Ásia como da Europa, passaram por um número significativo de anos com uma inflação superior a 20%, e a maioria até mesmo acima de 40%. Tome-se a Coreia, por exemplo. Os dados de que dispomos para este país começam em 1743. A Coreia passou por uma inflação acima dos 20% em quase metade do período de tempo que vai até 1800, e acima dos 40% em quase um terço do tempo. A Polónia, para a qual os nossos dados retrocedem até 1704, regista percentagens semelhantes. Até mesmo o Reino Unido viveu em inflação superior a 20% em 5% do período, a partir de 1500 (e trata-se provavelmente de uma subestimação, pois considera-se geralmente que os dados oficiais sobre inflação durante a Segunda Guerra Mundial e os anos imediatamente posteriores estão bem abaixo dos níveis efectivamente verificados). As colónias latino-americanas do Novo Mundo passaram por frequentes surtos de inflação elevada, muito antes das guerras pela independência da Espanha.

Crises modernas de inflação: comparações regionais

O Quadro 12.2 olha para os anos de 1800 a 2008, para 13 países africanos e 12 asiáticos. A África do Sul, Hong Kong e a Malásia têm claramente o melhor registo de resistência à inflação elevada, apesar de os historiais de Hong Kong e da Malásia retrocederem apenas até 1948 e 1949, respectivamente[2], ao passo que o sul-africano regride até 1896.

Todavia, a maior parte dos países africanos e asiáticos passou por vagas de inflação elevada e muito elevada. A ideia de que os países asiáticos têm sido imunes à elevada inflação de estilo latino-americano é tão ingénua como a ideia de que esses países eram imunes a crises de incumprimento, até à sua crise financeira, em finais da década de 90. A China passou por uma inflação acima dos 1500%, em 1947[3], e a Indonésia acima dos 900%, em 1966.

---

[2] Os dados do Quadro 12.2, para muitos países, incluindo, por exemplo, a Malásia, remontam ao período anterior à independência.
[3] A China, que inventou a máquina impressora muito antes da Europa, conheceu episódios famosos de elevada inflação, gerada pela moeda em papel, nos séculos XII e XIII

Quadro 12.1 «Incumprimento» através da inflação: Ásia, Europa e «Novo Mundo», 1500-1799

País	Período coberto	Percentagem de anos em que a inflação excedeu		Número de hiperinflações[a]	Máxima inflação annual	Ano do pico inflacionário
		20%	40%			
Ásia						
China	1639-1799	14,3	6,2	0	116,7	1651
Coreia	1743-1799	43,9	29,8	0	143,9	1787
Japão	1601-1650	34,0	14,0	0	98,9	1602
Europa						
Alemanha	1501-1799	10,4	3,4	0	140,6	1622
Áustria	1501-1799	8,4	6,0	0	99,1	1623
Bélgica	1501-1799	25,1	11,0	0	185,1	1708
Dinamarca	1749-1799	18,8	10,4	0	77,4	1772
Espanha	1501-1799	4,7	0,7	0	40,5	1521
França	1501-1799	12,4	2,0	0	121,3	1622
Itália	1501-1799	19,1	7,0	0	173,1	1527
Noruega	1666-1799	6,0	0,8	0	44,2	1709
Países Baixos	1501-1799	4,0	0,3	0	40,0	1709
Polónia	1704-1799	43,8	31,9	0	92,1	1762
Portugal	1729-1799	19,7	2,8	0	83,1	1757
Reino Unido	1501-1799	5,0	1,7	0	39,5	1587
Suécia	1540-1799	15,5	4,1	0	65,8	1572
Turquia	1586-1799	19,2	11,2	0	53,4	1621
O «Novo Mundo»						
Argentina	1777-1799	4,2	0,0	0	30,8	1780
Brasil	1764-1799	25,0	4,0	0	33,0	1792
Chile	1751-1799	4,1	0,0	0	36,6	1763
Estados Unidos	1721-1799	7,6	4,0	0	192,5	1779
México	1742-1799	22,4	7,0	0	80,0	1770
Peru	1751-1799	10,2	0,0	0	31,6	1765

Fontes: dada a extensão do período coberto e do número de países incluídos, os preços no consumidor (ou os índices de custo de vida) são extraídos de fontes muito diversas. Estão listadas em detalhe, por país e período, no Anexo A.1.

[a] Define-se aqui hiperinflação como uma taxa anual de inflação de 500% ou mais (não é a definição tradicional de Cagan).

Quadro 12.2 «Incumprimento» através da inflação: África e Ásia, 1800-2008

País	Início do período coberto	Percentagem de anos em que a inflação excedeu		Número de hiperinflações[a]	Máxima inflação anual	Ano do pico inflacionário
		20%	40%			
África						
África do Sul	1896	0,9	0,0	0	35,2	1919
Angola	1915	53,3	44,6	4	4 416,0	1996
Argélia	1879	24,1	12,0	0	69,2	1947
Costa do Marfim	1952	7,3	0,0	0	26,0	1994
Egipto	1860	7,5	0,7	0	40,8	1941
Marrocos	1940	14,9	4,5	0	57,5	1947
Maurícia	1947	10,0	0,0	0	33,0	1980
Nigéria	1940	22,6	9,4	0	72,9	1995
Quénia	1949	8,3	3,3	0	46,0	1993
República Centro-Africana	1957	4,0	0,0	0	27,7	1971
Tunísia	1940	11,9	6,0	0	72,1	1943
Zâmbia	1943	29,7	15,6	0	183,3	1993
Zimbabué	1920	23,3	14,0	Em curso	66 000	
Ásia						
China	1800	19,3	14,0	3	1 579,3	1947
Coreia	1800	35,3	24,6	0	210,4	1951
Filipinas	1938	11,6	7,2	0	141,7	1943
Hong Kong	1948	1,7	0,0	0	21,7	1949
Índia	1801	7,3	1,5	0	53,8	1943
Indonésia	1819	18,6	9,6	1	939,8	1966
Japão	1819	12,2	4,8	1	568,0	1945
Malásia	1949	1,7	0,0	0	22,0	1950
Myanmar	1872	22,2	6,7	0	58,1	2002
Singapura	1949	3,4	0,0	0	23,5	1973
Tailândia	1821	14,0	7,5	0	78,5	1919
Taiwan	1898	14,7	11,0	0	29,6	1973

Fontes: dada a extensão do período coberto e do número de países incluídos, os preços no consumidor (ou os índices de custo de vida) são extraídos de fontes muito diversas. Estão listadas em detalhe, por país e período, no Anexo A.1.

[a] Define-se aqui hiperinflação como uma taxa anual de inflação de 500% ou mais (não é a definição tradicional de Cagan).

Até mesmo os «tigres» asiáticos, como Singapura e Taiwan, passaram por inflações bem superiores aos 20%, no começo da década de 70.

África, talvez sem surpresa, tem um historial consideravelmente pior. Angola teve uma inflação superior aos 4000%, em 1996, e o Zimbabué, já com mais de 66 000% em 2007, está a caminho de superar a República do Congo (um dos países em desenvolvimento pobres, sem acesso aos mercados de capitais privados globais, não incluído na nossa amostra), que passou por três episódios de hiperinflação, desde 1970[4]. No Zimbabué, em 2008 a taxa de inflação revelar-se-á ainda pior.

Finalmente, o Quadro 12.3 apresenta as taxas de inflação, de 1800 a 2008, para a Europa, América Latina, América do Norte e Oceania. As experiências europeias incluem as grandes hiperinflações do pós-guerra, estudadas por Cagan[5]. Mas mesmo deixando de lado as hiperinflações, países como a Polónia, a Rússia e a Turquia passaram por experiências de elevada inflação numa percentagem de tempo extraordinariamente grande do período considerado. Nos tempos modernos, não se pensa nos países escandinavos como tendo problemas maiores de inflação, mas também eles tiveram elevadas subidas do nível de preços em períodos anteriores. A Noruega, por exemplo, registou uma taxa de inflação de 152%, em 1812, a Dinamarca, de 48%, em 1800, e a Suécia, 36%, em 1918. É famosa a história espectacular de inflação da América Latina, no pós-Segunda Guerra Mundial, como o quadro ilustra, com muitos episódios de hiperinflação em tempo de paz, nas décadas de 80 e 90. Posto numa perspectiva mais ampla, em termos de países e história, o pobre desempenho da América Latina revela-se, porém, menos singular.

Mesmo o Canadá e os EUA tiveram, cada um deles, um episódio de inflação acima dos 20%. Apesar da inflação dos Estados Unidos nunca mais ter atingido os três dígitos depois do século XVIII, chegou aos 24% em 1864, durante a Guerra Civil. (É certo que a Confederação do Sul atingiu uma inflação de três dígitos, com a sua moeda, durante a Guerra Civil, que os estados separatistas acabaram por perder). A taxa de inflação no Canadá também chegou aos 24%, em 1917. Em todo o Quadro 12.3, pode ver-se que apenas a Nova Zelândia e o Panamá não tiveram períodos de inflação acima dos 20%, apesar de no primeiro destes países ela ter chegado aos 17%, ainda em 1980, e no Panamá aos 16%, em 1974.

(para mais sobre este tema, ver, por exemplo, Fischer *et al.* 2002). Estes episódios estão na nossa base de dados.

[4] Reinhart e Rogoff (2002).

[5] Cagan (1956).

Quadro 12.3 «Incumprimento» através da inflação: Europa, América Latina, América do Norte e Oceania, 1800-2008

País	Início do período coberto	Percentagem de anos em que a inflação excedeu		Número de hiperinflações[a]	Máxima inflação anual	Ano do pico inflacionário
		20%	40%			
Europa						
Alemanha	1800	9,7	4,3	2	2,22E+10	1923
Áustria	1800	20,8	12,1	2	1.733,0	1922
Bélgica	1800	10,1	6,8	0	50,6	1812
Dinamarca	1800	2,1	0,5	0	48,3	1800
Espanha	1800	3,9	1,0	0	102,1	1808
Finlândia	1861	5,5	2,7	0	242,0	1918
França	1800	5,8	1,9	0	74,0	1946
Grécia	1834	13,3	5,2	4	3,02E+10	1944
Hungria	1924	15,7	3,6	2	9,63E+26	1946
Itália	1800	11,1	5,8	0	491,4	1944
Noruega	1800	5,3	1,9	0	152,0	1812
Países Baixos	1800	1,0	0,0	0	21,0	1918
Polónia	1800	28,0	17,4	2	51 699,4	1923
Portugal	1800	9,7	4,3	0	84,2	1808
Reino Unido	1800	2,4	0,0	0	34,4	1800
Rússia	1854	35,7	26,4	8	13 534,7	1923
Suécia	1800	1,9	0,0	0	35,8	1918
Turquia	1800	20,5	11,7	0	115,9	1942
América Latina				0		
Argentina	1800	24,6	15,5	4	3 079,5	1989
Bolívia	1937	38,6	20,0	2	11 749,6	1985
Brasil	1800	28,0	17,9	6	2 947,7	1990
Chile	1800	19,8	5,8	0	469,9	1973
Colômbia	1864	23,8	1,4	0	53,6	1882
Costa Rica	1937	12,9	1,4	0	90,1	1982
República Dominicana	1943	17,2	9,4	0	51,5	2004
El Salvador	1938	8,7	0,0	0	31,9	1986
Equador	1939	36,8	14,7	0	96,1	2000
Guatemala	1938	8,7	1,4	0	41,0	1990

(continuação)

País	Início do período coberto	Percentagem de anos em que a inflação excedeu		Número de hiperinflações[a]	Máxima inflação anual	Ano do pico inflacionário
		20%	40%			
Honduras	1937	8,6	0,0	0	34,0	1991
México	1800	42,5	35,7	0	131,8	1987
Nicarágua	1938	30,4	17,4	6	13 109,5	1987
Panamá	1949	0,0	0,0	0	16,3	1974
Paraguai	1949	32,8	4,5	0	139,1	1952
Peru	1800	15,5	10,7	3	7 481,7	1990
Uruguai	1871	26,5	19,1	0	112,5	1990
Venezuela	1832	10,3	3,4	0	99,9	1996
América do Norte						
Canadá	1868	0,7	0,0	0	23,8	1917
Estados Unidos	1800	1,0	0,0	0	24,0	1864
Oceania						
Austrália	1819	4,8	1,1	0	57,4	1854
Nova Zelândia	1858	0,0	0,0	0	17,2	1980

Fontes: dada a extensão do período coberto e do número de países incluídos, os preços no consumidor (ou os índices de custo de vida) são extraídos de fontes muito diversas. Estão listadas em detalhe, por país e período, no Anexo A.1.
[a] Define-se aqui hiperinflação como uma taxa anual de inflação de 500% ou mais (não é a definição tradicional de Cagan).

À semelhança das calmarias que se sucedem aos incumprimentos de dívida, os primeiros anos que se seguiram à recessão global de 2001 revelaram-se um período relativamente tranquilo, em termos de surtos de inflação muito elevada, apesar de um grupo de países (incluindo a Argentina, a Venezuela e naturalmente o Zimbabué) terem passado por problemas[6]. Muitos observadores, seguindo a mesma lógica com que se aborda o incumprimento externo, concluíram que «desta vez é diferente» e que a inflação não voltaria nunca mais. Concordamos que se deram passos consideráveis na compreensão do que deve ser o propósito de um banco central e a política monetária, e em particular a importância de aquele ser uma instituição independente, que atribui um forte peso à estabilização da inflação. Mas, como no caso dos incumprimentos externos, a experiência sugere que os períodos calmos não se prolongam indefinidamente.

[6] À data em que escrevemos, a taxa de inflação «oficial» da Argentina é de 8%; estimativas informadas colocam-na em 26%.

O Gráfico 12.2 traça a percentagem de países que passaram por crises de inflação, definidas como uma taxa anual de 20% ou mais, em cada um dos anos que vão de 1800 a 2007, em quatro painéis distintos para a África, a Ásia, a Europa e a América Latina, respectivamente. Nenhuma das regiões tem um historial particularmente imaculado. Depois da Segunda Guerra Mundial, a incidência de inflação elevada foi maior em África e na América Latina do que noutras regiões, com tendência a intensificar-se durante as décadas de 80 e 90. A maré mundial de inflação é ainda de safra recente. Veremos se a inflação reemergirá de novo nos anos que se seguirão à crise financeira de finais da primeira década de 2000, particularmente em resposta ao aumento dos *stocks* de dívida pública, à erosão do «espaço» orçamental (a capacidade para lançar pacotes de estímulo) e, em particular, no caso de uma erupção de incumprimentos soberanos nos mercados emergentes acabar por se seguir.

Derrocadas cambiais

Tendo já discutido as crises de degradação monetária e de inflação, pareceria algo redundante incluir nesta fase uma longa exposição sobre as derrocadas de taxa de câmbio. A nossa base de dados a elas respeitante é quase tão rica como a referente aos preços, especialmente se levarmos em conta as taxas de câmbio baseadas na prata (ver os anexos para uma descrição detalhada). Apesar de não entrarmos aqui em detalhes, uma análise mais sistemática dos dados mostrará que, em geral, *as crises de inflação e de taxa de câmbio andam a par na esmagadora maioria dos episódios, ao longo do tempo e através dos países, com um nexo acentuadamente mais forte nos países sujeitos a inflação crónica, onde é maior a passagem que liga as taxas de câmbio aos preços.*

Quando olhamos para o comportamento da taxa de câmbio, podemos ver que experiência mais eloquente nos vem das Guerras Napoleónicas, quando a instabilidade nesta variável escalou para níveis nunca antes observados, e que não voltariam a sê-lo nos quase cem anos seguintes. Ilustra-se o facto claramente nos Gráficos 12.3 e 12.4, com o primeiro a retratar a incidência dos picos de depreciação cambial e o último a mostrar a inflação média. Os gráficos também exibem uma incidência significativamente mais elevada de derrocadas e variações médias maiores no período mais recente. O que não deveria constituir surpresa, dada a proeminência das crises de taxa de câmbio no México (1994), na Ásia (1997), na Rússia (1998), no Brasil (1999) e na Argentina (2001), entre outros países.

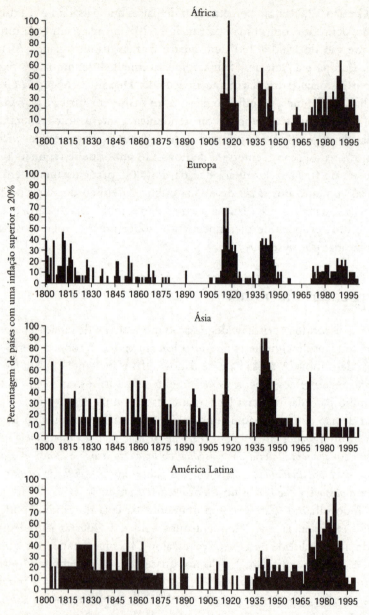

Gráfico 12.2. A incidência de uma taxa anual de inflação acima dos 20%: África, Ásia, Europa e América Latina, 1800-2007.

Fontes: dada a extensão do período coberto e do número de países incluídos, os preços no consumidor (ou os índices de custo de vida) são extraídos de fontes muito diversas. Estão listadas em detalhe, por país e período, no Anexo A.1.

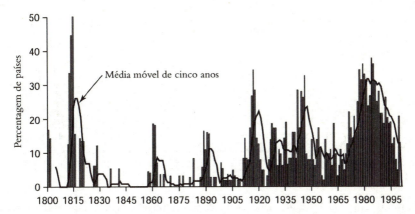

Gráfico 12.3. Derrocadas cambiais: percentagem de países com taxas anuais de depreciação cambial maiores do que 15%, 1800-2007.

Fontes: as fontes primárias são Global Financial Data (s/d) e Reinhart e Rogoff (2008a), mas numerosas outras estão listadas no Anexo A.1.
Nota: o surto à esquerda do gráfico marca as Guerras Napoleónicas, que duraram de 1799 a 1815.

A sequência dos episódios de elevada inflação e dos colapsos cambiais

Os países com uma elevada inflação sustentada passam muitas vezes pela experiência da dolarização, isto é, de uma mudança radical para o uso de uma divisa estrangeira como meio de troca, unidade de conta e reserva de valor. Na prática, isto pode implicar o uso de uma moeda estrangeira forte para o comércio ou, ainda mais usual, a indexação das contas bancárias, das obrigações e outros activos financeiros a uma divisa externa (aquilo a que chamámos noutro trabalho em conjunto com Savastano, «dolarização das responsabilidades»)[7]. Em muitos casos, uma mudança duradoura para a dolarização é um dos muitos custos de longo prazo dos episódios de elevada inflação, que muitas vezes persiste apesar dos esforços dos governos para a evitar. Um governo que usou e abusou do seu monopólio sobre a moeda e o sistema de pagamentos descobrirá muitas vezes, na sequência disso, que se tornou mais difícil garantir a aplicação desse monopólio. Reduzir a dolarização e retomar o controlo da política monetária é muitas vezes um dos principais objectivos da política de desinflação, depois de um período de

---
[7] Reinhart, Rogoff e Savastano (2003b).

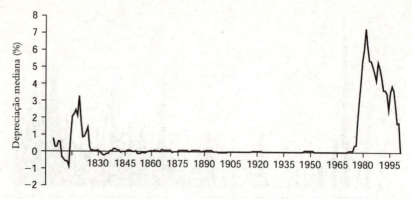

Gráfico 12.4. Depreciação mediana anual: média móvel de cinco anos para todos os países, 1800-2007.

Fontes: as fontes primárias são Global Financial Data (s/d) e Reinhart e Rogoff (2008a), mas numerosas outras estão listadas no Anexo A.1.
Nota: o surto à esquerda no gráfico marca as Guerras Napoleónicas, que duraram de 1799 a 1815.

elevada inflação. Mas a desdolarização pode ser extremamente difícil de realizar. Nesta pequena secção, faremos uma digressão sobre este fenómeno monetário importante.

As desinflações bem sucedidas não foram, em geral, acompanhadas por grandes quedas no grau de dolarização. De facto, o painel superior do Gráfico 12.5 mostra que o grau de dolarização no final do período de desinflação era igual ou maior ao que se registava à data do pico inflacionário, em mais de metade dos episódios. Além disso, o decréscimo no grau de dolarização, em muitos dos outros episódios, foi geralmente pequeno. Esta persistência é consistente com a evidência de «histerese», apresentada por estudos que se baseiam num critério mais limitado de dolarização interna. Neste contexto, *histerese* significa apenas a tendência de um país que foi dolarizado para permanecer nesse estado muito depois de terem sido debeladas as razões que originaram a mudança (normalmente a inflação excessiva na moeda nacional).

A persistência da dolarização é uma regularidade que tende a estar associada às histórias de inflação nacionais. Com efeito, os países que tiveram sucessivos surtos de elevada inflação ao longo das últimas décadas geralmente exibiam um grau mais elevado de dolarização, no final dos anos 90, do que os países com melhores historiais (Gráfico 12.5, painel inferior). Interpretar a probabilidade (incondicional) de elevada inflação, a que recorremos no

Gráfico 12.5, como uma medida aproximada da credibilidade da política monetária permite-nos ganhar alguma perspectiva explicativa da razão por que chegar a uma inflação baixa não é, em geral, condição suficiente para um rápido decréscimo no grau de dolarização; a saber, um país com um historial inflacionário pobre terá de manter a inflação em níveis baixos por

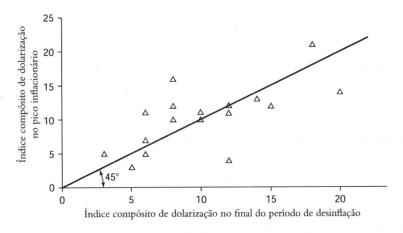

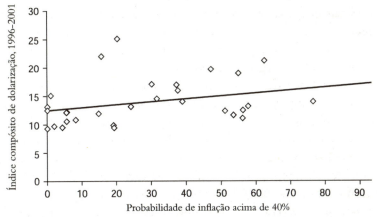

Gráfico 12.5. A persistência da dolarização.

Fontes: Reinhart, Rogoff e Savastano (2003a).
Notas: o painel superior mostra que a desinflação não teve efeitos claros no grau de dolarização. «Final do período de desinflação» define-se como o ano em que a taxa de inflação desceu abaixo dos 10%. O painel inferior mostra que os níveis correntes de dolarização de um país estão relacionados com o seu historial de elevada inflação. A probabilidade incondicional foi calculada a partir de dados mensais sobre a inflação, para o período de 1958 a 2001.

um período longo, até poder reduzir significativamente a probabilidade de um outro surto[8].Trata-se de mais um paralelo com as dificuldades a que um país faz face para se graduar na prova de superação da intolerância à dívida.

É possível também mostrar a relação entre os níveis correntes de dolarização de um país e o seu historial de taxa de câmbio. Taxas de câmbio de mercado paralelo e amplos mecanismos de controlo cambial foram a norma, e não a excepção, em países com historiais de inflação elevada. Inversamente, muito poucos países com ligações a moedas fortes e taxas de câmbio unificadas passaram por surtos de elevada inflação[9]. A evidência sugere, portanto, um laço entre, por um lado, os níveis correntes de dolarização e, por outro, a dependência anterior do país de controlos cambiais e de práticas cambiais múltiplas.

Desfazer a dolarização interna

Mostrámos que a redução da inflação normalmente não é suficiente para desfazer a dolarização interna, pelo menos em horizontes temporais inferiores a cinco anos. Não obstante, alguns países conseguiram reduzir o seu grau de dolarização interna. Para os identificar, é útil tratar separadamente os casos em que essa redução teve origem numa diminuição da emissão nacional de dívida pública em moeda externa daqueles em que a origem esteve numa diminuição da percentagem representada pelos depósitos em moeda externa no agregado monetário largo.

Os poucos países da nossa amostra que conseguiram desdolarizar as responsabilidades emitidas internamente em moeda estrangeira seguiram uma de duas estratégias: amortizaram o *stock* de dívida restante nos termos originais e descontinuaram a emissão dessas obrigações, ou mudaram a moeda de denominação da dívida – por vezes, mas nem sempre, recorrendo a métodos de mercado. Um exemplo da primeira estratégia foi a decisão do México de redimir em dólares dos EUA todos os *tesobonos* restantes indexados a esta divisa, por altura da crise, em Dezembro de 1994 (usando empréstimos obtidos no Fundo Monetário Internacional e do governo dos Estados Unidos) e cessar, desde aí, a emissão de obrigações de dívida interna denominadas

---

[8] A secção seguinte examina em detalhe a experiência de países que registaram importantes quedas no grau de dolarização interna, inclusive num contexto de desinflação.
[9] Reinhart e Rogoff (2004) mostram que países com sistemas de taxa de câmbio duais tendem a ter desempenhos médios de crescimento piores e comportamentos inflacionários muito piores.

em moeda estrangeira. Um exemplo recente da última foi a decisão da Argentina, em finais de 2001, de converter as obrigações do tesouro, emitidas originalmente em dólares dos EUA (sob jurisdição interna) para a moeda nacional.

As reduções de dolarização interna por via dos decréscimos de quota dos depósitos em moeda externa no agregado monetário largo são mais comuns na nossa amostra. Para identificar apenas os casos em que a reversão da dolarização dos depósitos foi ampla e duradoura, procurámos reunir todos os episódios nos quais o rácio dos depósitos em divisas externas relativamente àquele agregado satisfez as seguintes condições: (1) registou uma queda de, pelo menos, 20%; (2) estabeleceu-se a um nível abaixo dos 20% imediatamente depois da queda e (3) permaneceu abaixo dos 20% até ao fim do período amostral.

Apenas quatro dos 85 países para os quais temos dados sobre depósitos em moeda estrangeira satisfizeram os três critérios, entre 1980 e 2001: Israel, a Polónia, o México e o Paquistão (Gráfico 12.6). Em 16 outros países o rácio dos depósitos em moeda externa em relação ao agregado monetário largo caiu mais de 20% em parte do período. Porém, em alguns destes países, como por exemplo a Bulgária e o Líbano, o rácio de dolarização dos depósitos fixou-se num nível consideravelmente superior a 20%, depois da queda. E na maioria dos outros casos (12 em 16) o rácio de dolarização caiu inicialmente abaixo da fasquia dos 20%, mas reemergiu posteriormente para patamares superiores[10]. Algumas formas de dolarização são ainda mais difíceis de erradicar. Actualmente, entre metade e dois terços dos créditos hipotecários na Polónia, um dos desdolarizadores relativamente mais bem sucedidos, são denominados numa divisa estrangeira, a maior parte em francos suíços.

Em três dos quatro casos que satisfizeram as três condições para uma redução ampla e duradoura do rácio de dolarização dos depósitos, a reversão começou no momento em que as autoridades impuseram restrições à convertibilidade dos depósitos em dólares. Em Israel, em finais de 1985, as autoridades introduziram um período obrigatório de um ano de retenção para todos os depósitos em moeda estrangeira, tornando-os substancial-

---

[10] Este padrão foi particularmente comum na segunda metade da década de 90 entre as economias em transição (Azerbaijão, Bielorrússia, Lituânia e Rússia), mas esteve também presente noutros países e períodos – por exemplo, na Bolívia e no Peru, no início dos anos 80, e no Egipto, em meados de 90.

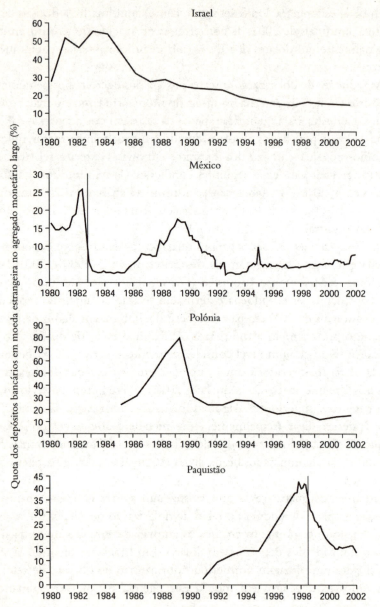

Gráfico 12.6. A desdolarização dos depósitos bancários: Israel, Polónia, México e Paquistão, 1980-2002.

Fonte: ver Anexo A.1.

Nota: nos painéis sobre o México e o Paquistão a linha vertical marca a data, respectivamente nos anos de 1982 e 1998, na qual se registou uma conversão forçada dos depósitos bancários em moeda estrangeira.

mente menos atractivos do que outros instrumentos financeiros indexados[11]. Em contraste, no México, em 1982, e no Paquistão, em 1998, as autoridades ordenaram a conversão forçada dos depósitos em moeda externa para a divisa nacional, usando uma taxa de câmbio substancialmente inferior (isto é, mais apreciada) à do mercado.

É interessante notar que nem todos os países que introduziram restrições severas à disponibilidade dos depósitos em dólares conseguiram baixar sustentadamente o rácio de dolarização. A Bolívia e o Peru adoptaram medidas semelhantes às do México e Paquistão, no início dos anos 80, mas após alguns anos de extrema instabilidade macroeconómica, que os levou à beira da hiperinflação, ambos os países acabaram por voltar a permitir depósitos em moeda estrangeira e desde então permaneceram altamente dolarizados, a despeito do sucesso notável na redução da inflação.

Mesmo nos países onde as restrições aos depósitos em dólares conduziram, até agora, a uma redução da dolarização dos depósitos, os custos da desdolarização estiveram longe de ser triviais. No México, a fuga de capitais quase duplicou, para cerca de 6,5 mil milhões de dólares por ano, o crédito bancário ao sector privado caiu quase para metade nos dois anos que se seguiram à conversão forçada, e a inflação e o crescimento registaram um desempenho decepcionante, durante vários anos[12]. Quanto ao Paquistão, é demasiado cedo para saber se a desdolarização compulsiva de 1998 se revelará permanente, ou se acabará por ser invertida, como foi o caso na Bolívia e no Peru – e na Argentina, com a sua «pesoização» forçada, de 2001-2002.

Este capítulo cobriu um vasto território, traçando os principais momentos da fascinante história mundial da inflação e das derrocadas de taxa de câmbio. Praticamente todos os países do mundo, em especial na sua fase de mercado emergente, passaram por surtos de inflação, muitas vezes persistentes e recorrentes. De facto, a história da inflação revela quão profundamente difícil é para os países em geral superarem definitivamente o seu registo de má gestão macroeconómica sem terem recaídas ocasionais, mas muito dolorosas. A elevada inflação leva os residentes a minimizarem a sua exposição a posteriores desmandos macroeconómicos, e por muito tempo. A sua procura mais reduzida de papel-moeda nacional diminui a base a partir da qual o governo consegue assegurar receitas da inflação, tornando mais doloroso (em termos orçamentais) restaurar a inflação baixa. Uma dinâmica desestabilizadora da taxa de câmbio aparece como corolário natural. Em casos

---

[11] Veja-se Bufman e Leiderman (1992).
[12] Veja-se Dornbusch e Werner (1994).

extremos, os cidadãos podem encontrar vias para contornar mais agressivamente o monopólio do governo sobre a moeda usando divisas fortes, ou o governo pode achar-se ele próprio forçado a garantir indexação dos depósitos e outras responsabilidades a uma moeda forte, por forma a restaurar o sistema de pagamentos. Este enfraquecimento do monopólio público sobre a moeda pode também levar muito tempo a superar.

Parte V

O desmoronamento do *subprime* nos EUA e a Segunda Grande Contracção

Até que ponto são relevantes as referências da história para aferir a trajectória de uma crise financeira global nos nossos dias? Nesta parte do livro, recorremos ao nosso conjunto de dados históricos para desenvolver referências capazes de medir a severidade de uma crise, quer em termos da evolução que a ela conduziu, quer da possível evolução posterior. Há poucos anos, muita gente diria que os melhoramentos na engenharia financeira e na condução da política monetária tinham feito muito para domar o ciclo económico e limitar o risco do contágio financeiro. Mas a recente crise financeira global provou que estavam enganados.

Quando a «crise financeira do *subprime*», como foi inicialmente chamada, começou a desencadear-se, no Verão de 2007, uma leitura rápida da imprensa financeira internacional ter-nos-ia levado a concluir que a economia mundial se estava a mover em território desconhecido. E já depois de os acontecimentos terem tomado um rumo decidido para o pior, no início do Outono de 2008, muito do comentário adquiriu um tom apocalíptico, normalmente reservado a uma ameaça capaz de pôr fim à civilização como a conhecemos. Se, porém, os decisores políticos tivessem olhado para a história recente das crises financeiras, teriam descoberto nela um enquadramento qualitativo e quantitativo capaz de lhes permitir avaliar a evolução da crise.

Nos próximos quatro capítulos tentaremos fazer exactamente isso, recorrendo a experiências passadas para fazer analogias e usando os nossos dados para estabelecer referências quantitativas. Porque muitos dos nossos leitores quererão começar pela crise mais recente, fizemos o nosso melhor para tornar esta parte do livro relativamente autónoma, revendo e repetindo temas maiores de capítulos anteriores, quando necessário.

No primeiro destes capítulos, o 13º, começaremos com uma visão geral da história das crises bancárias, concebida para permitir ao leitor pôr a crise actual em perspectiva. Prestaremos especial atenção ao debate sobre os desequilíbrios enormes e globais das balanças correntes, que precederam a crise e, dirão alguns, ajudaram a desencadeá-la. Como mostraremos, dificilmente se poderá dizer que os empréstimos imensos que os EUA obtiveram do estrangeiro, antes da crise (expressos numa sequência de défices de enormes proporções da balança corrente e da balança comercial), foram o único sinal de alarme. De facto, a economia dos EUA, no epicentro da crise, evidenciou muitos outros sinais de que estava à beira de uma crise financeira profunda. Outras medidas, como a inflação nos preços dos activos, muito em especial no sector imobiliário, a alavancagem crescente das famílias e o abrandamento da produção – indicadores antecipados típicos de uma crise financeira –, todas elas revelavam sintomas inquietantes. Dum ponto de vista estritamente quantitativo, o período que antecedeu a crise financeira dos EUA mostrava todos os sinais de um acidente à espera de acontecer. Naturalmente que os EUA andavam longe de ser os únicos a mostrar os sinais clássicos de uma crise financeira, com a Grã-Bretanha, a Espanha e a Irlanda, entre outros, a exibirem muitos dos mesmos sintomas.

No capítulo seguinte, o 14º, estenderemos a comparação entre crises passadas e a actual, examinando a evolução posterior de crises financeiras graves. Para ampliar o nosso conjunto de dados, incluiremos uma série de episódios bem conhecidos dos mercados emergentes. Como vimos no Capítulo 10, sobre as crises bancárias, os mercados emergentes e os países desenvolvidos apresentam resultados surpreendentemente semelhantes na sequência de crises financeiras, pelo menos numa série de áreas essenciais, pelo que o exercício é razoável. Na maior parte do capítulo, o grupo de crises que usaremos como termo comparativo é constituído por episódios do pós--guerra, mas no final faremos comparações com a Grande Depressão. Pode argumentar-se plausivelmente que a política macroeconómica foi demasiado passiva nas fases iniciais da Grande Depressão. Com efeito, é provável que os esforços para manter orçamentos equilibrados, na sequência da queda das receitas fiscais, tenham sido profundamente contraproducentes, enquanto a relutância em abandonar o padrão-ouro contribuiu para a deflação em muitos países. Mesmo assim, as comparações são importantes, pois nenhuma outra crise financeira desde a Grande Depressão foi de natureza tão global.

Depois, no Capítulo 15, exploraremos as conexões que transmitem as crises através dos diversos países, que vão das ligações financeiras ao comércio, e até factores comuns como sejam os choques tecnológicos e geopolíticos. Distinguiremos também entre os factores de alta velocidade, ou «rápidos e furiosos», que fazem as crises extravazar fronteiras muito depressa – por exemplo, por via das bolsas – e os factores de baixa velocidade, ou de «combustão lenta», pelos quais a transmissão leva um pouco mais tempo a fazer-se.

No último destes quatro capítulos, no 16°, olhamos para a crise recente numa perspectiva global. Será o culminar de tudo o que ficou para trás. A extensão dos nossos dados, que cobrem quase todas as regiões do mundo, permite-nos apresentar uma definição operativa de crise financeira global. Além disso, a análise que fizemos dos diferentes tipos de crise descritas neste livro permite-nos desenvolver um novo índice de crise à escala global, que essencialmente agrega o número de crises diferentes por que cada país está a passar. Assim, o Capítulo 16 é decisivo para reunir o espectro completo de crises que considerámos no livro. Mesmo que não pareça provável que a crise mais recente se aproxime em severidade da Grande Depressão dos anos 30, os leitores poderão achar as comparações instrutivas.

13
A crise do *subprime* nos EUA: uma comparação internacional e histórica

Este capítulo começa com um resumo rápido da incidência global das crises bancárias, ao longo do século passado, tirando partido da vasta recolha de dados feita para este livro. O nosso objectivo é pôr a situação internacional de finais da primeira década de 2000, a «Segunda Grande Contracção», num contexto histórico mais amplo[1]. Veremos depois, neste capítulo e no próximo, como é que a crise financeira do *subprime*, de extracção recente, compara com as crises financeiras do passado. Em termos genéricos, mostraremos que tanto na aproximação à recente crise como na sua sequência, à data em que escrevemos este livro, os EUA têm seguido exactamente as pegadas quantitativas de uma crise financeira profunda típica.

Além das comparações quantitativas, discutiremos também neste capítulo a reemergência da síndrome «desta-vez-é-diferente» – a insistência em que determinada combinação de factores invalida as anteriores leis do investimento –, que se manifestou nas vésperas do desmoronamento. Esta tarefa não é particularmente difícil, pois as observações e as obras escritas de académicos, decisores políticos e participantes dos mercados financeiros, no período que antecedeu a crise, fornecem ampla evidência da síndrome. Privilegiaremos, em particular, o debate sobre se o recurso maciço ao crédito, pelos Estados Unidos, proveniente do resto do mundo, anterior à crise, deveria ter sido visto com um sinal de alarme crítico.

---

[1] Como indicámos na nota 8 ao preâmbulo, usamos a expressão «Segunda Grande Contracção» seguindo a descrição de Friedman e Schwartz (1963) dos anos 30 como «A Grande Contracção». Veja-se também Felton e Reinhart (2008, 2009), que usam a expressão «Primeira Crise Financeira Global do Século XXI».

Uma perspectiva histórica global da crise do *subprime* e da sua sequência

Antes de nos centrarmos na Segunda Grande Contracção, que começou em 2007, será útil passar em revista a incidência das crises bancárias num período mais amplo da história, que começámos por examinar no Capítulo 10. Um olhar mais atento aos dados informa-nos que a primeira crise bancária numa economia avançada, na nossa amostra, é a da França, em 1802. As primeiras crises nos mercados emergentes ocorreram na Índia, em 1863, na China, em vários episódios, durante os anos que vão da década de 1860 a 1870, e no Peru, em 1873. Porque estamos aqui interessados em comparações internacionais de largo espectro, centrar-nos-emos essencialmente na informação respeitante ao século XX, pois é suficientemente rica para permitir um tratamento empírico sistemático[2].

O Gráfico 13.1 traça a incidência de crises bancárias entre os países da nossa amostra, que, o nosso leitor lembrar-se-á, representa cerca de 90% do rendimento mundial, em paridades de poder de compra (PPC). A imagem baseia-se na mesma informação exposta no Gráfico 10.1, excepto pelo facto de aqui retermos apenas os dados relativos às crises bancárias e dispensarmos os referentes à mobilidade do capital. Como antes, o gráfico exibe a percentagem de todos os países independentes que, em cada ano do período que vai de 1900 a 2008, atravessaram crises bancárias, usando a média móvel de três anos. Como no Gráfico 10.1 e numa série de outros semelhantes ao longo do livro, o cômputo do Gráfico 13.1 pondera os países pela sua quota no PIB mundial, de forma que as crises nas maiores economias têm um impacto maior no traçado geral da linha.

Este agregado ponderado tem em vista fornecer uma medida do impacto «global» das crises bancárias individuais. Portanto, uma crise nos EUA ou na Alemanha tem um peso muito maior do que uma crise em Angola ou nas Honduras, países incluídos na nossa amostra de 66 economias. O leitor deve levar em conta que, apesar de pensarmos que o Gráfico 13.1 fornece um retrato razoável da parcela de mundo em crise bancária, em qualquer momento da amostra, ele é apenas uma medição aproximada, pois as crises bancárias têm uma severidade variável.

---

[2] Ver o Capítulo 10 para uma abordagem mais aprofundada.

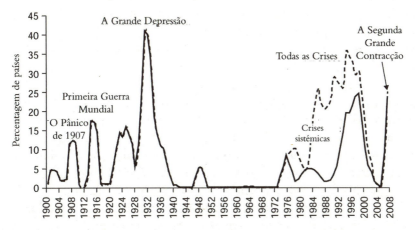

Gráfico 13.1. A proporção de países com crises bancárias, 1900-2008, ponderados pela sua quota no rendimento mundial.

Fontes: Kaminsky e Reinhart (1999), Bordo *et al.* (2001), Maddison (2004), Caprio *et al.* (2005), Jácome (2008) e fontes adicionais listadas no Anexo A.3, que fornece as datas das crises bancárias.

Notas: a amostra inclui todos os 66 países listados no Quadro 1.1, desde que independentes em cada um dos anos cobertos. São usados três grupos de ponderadores do PIB; os de 1913 para o período de 1800 a 1913, os de 1900 para o período de 1914 a 1990 e finalmente os de 2003 para o período de 1991 a 2008. A linha tracejada refere-se a todas as crises, a linha contínua refere-se às crises sistémicas (por exemplo, nos anos 80 e 90, as crises dos países nórdicos, depois as do Japão e do resto da Ásia). Os dados de 2007 e 2008 indicam as crises na Alemanha, Áustria, Bélgica, Espanha, Estados Unidos, Hungria, Japão, Países Baixos e Reino Unido. O gráfico mostra a média móvel de três anos.

Como notámos no Capítulo 10, a maior incidência de crises bancárias neste período de 109 anos é detectada na Grande Depressão mundial dos anos 30. Antes disso, «vagas» menos espalhadas de *stress* financeiro global apareceram durante e à volta do Pânico de 1907, que teve origem em Nova Iorque, bem como nas crises que acompanharam a eclosão da Primeira Guerra Mundial. O Gráfico 13.1 também nos recorda a relativa calma entre finais de 1940 e inícios da década de 70. Esta calma pode ser parcialmente explicada pelo forte crescimento da produção mundial, mas talvez mais ainda pela repressão dos mercados financeiros internos (em grau variado) e pelos pesados controlos de capitais, que se seguiram, por muitos anos, à Segunda Guerra Mundial. (Não estamos necessariamente a sugerir que tal repressão e tais controlos sejam o método correcto para lidar com o risco de crises financeiras).

Como também observámos no Capítulo 10, a liberalização financeira e da conta de capital internacional – a redução e a remoção de barreiras ao investimento dentro e fora de um país – a partir do início da década de 70 enraizou-se em todo o mundo. E assim o fizeram também as crises bancárias[3]. Depois de um longo hiato, a percentagem de países com dificuldades na banca começou pela primeira vez a expandir-se nessa década. A ruptura do sistema de taxas de câmbio fixas de Bretton Woods, em conjunção com um aumento acentuado dos preços do petróleo, catalisaram uma recessão global prolongada, resultando em problemas no sector financeiro numa série de economias avançadas. No princípio dos anos 80, um colapso nos preços globais dos produtos primários, combinado com taxas de juro altas e voláteis nos EUA, contribuíram para uma enxurrada de crises bancárias e de dívida soberana nas economias emergentes, sendo especialmente famosas as da América Latina e, depois, de África. As altas taxas de juro aumentaram os custos do serviço de grandes dívidas, muitas vezes financiadas a taxas variáveis ligadas aos mercados mundiais. Os preços em queda dos produtos primários, a principal exportação da maioria dos mercados emergentes, também lhes tornou esse serviço mais difícil.

Os EUA também passaram pela sua própria crise bancária, originada nas suas instituições de poupança e empréstimo, com início em 1984, apesar de ter sido uma crise relativamente suave, se comparada com as dos anos 30 e 2000. No final dos anos 80 e princípios de 90, os países nórdicos viveram algumas das piores crises bancárias que as nações ricas conheceram depois da Segunda Guerra Mundial, na sequência de um surto de entradas de capitais (empréstimos do estrangeiro) e de uma subida fortíssima dos preços do imobiliário. Em 1992, a bolha japonesa nos preços dos activos explodiu e trouxe uma crise bancária, que se prolongou por uma década. Pela mesma altura, com o colapso do bloco soviético, vários países ex-comunistas da Europa de Leste juntaram-se às fileiras das nações a braços com problemas no sector bancário. À medida que se aproximava a segunda metade da década de 90, uma série de mercados emergentes enfrentavam uma segunda volta de crises bancárias. Aos problemas no México e na Argentina (1994-1995) seguiu-se a famosa crise asiática de 1997-1998 e, depois, turbulências na Rússia e na Colômbia, entre outros[4]. A fase ascendente desse ciclo de crises bancárias foi

---
[3] Explorámos mais este tema no Capítulo 10.
[4] Apesar dos pesados controlos de capitais da China a terem protegido de derrocadas cambiais contagiosas, durante a turbulência asiática, não a protegeram de uma crise bancária sistémica e cara, resultante em primeiro lugar da concessão de crédito em larga escala a empresas públicas ineficientes e falidas.

encerrada pela Argentina, em 2001, e o Uruguai, em 2002. Um breve período de tranquilidade seria abruptamente interrompido no Verão de 2007, quando a crise do *subprime*, nos EUA, começou em força, transformando-se rapidamente em crise financeira global[5].

Como é bem sabido, a crise financeira dos EUA, de finais da primeira década de 2000, estava firmemente enraizada na bolha do mercado imobiliário, alimentada por aumentos imponentes e sustentados nos preços da habitação, por um influxo maciço de capital estrangeiro barato, resultante de défices recordes da balança comercial e da balança corrente, e por uma política de regulação cada vez mais permissiva, que ajudou a impelir a dinâmica entre estes factores, num padrão que quantificaremos posteriormente. Para pôr a bolha na habitação em perspectiva histórica, o Gráfico 13.2 traça a evolução do agora famoso índice de preços da habitação Case-Schiller, deflacionado pelo deflator do PNB (o gráfico permanece essencialmente inalterado, se recorrermos ao índice de preços no consumidor)[6]. Desde 1891, quando a série de preços começa, nenhum *boom* de preços da habitação se compara, em termos de magnitude e duração, ao registado nos anos que culminaram no fiasco hipotecário do *subprime*, em 2007. *Entre 1996 e 2007, ano em que os preços atingiram o pico, o aumento real acumulado foi de cerca de 92% — mais de três vezes o acréscimo acumulado de 27%, entre 1980 e 1996!* Em 2005, no auge da bolha, houve ainda um aumento real de 12%, isto é, cerca de seis vezes mais do que a taxa de crescimento real do PIB *per capita* nesse ano. Até mesmo as décadas prósperas do pós-Segunda Guerra Mundial, quando as tendências demográfica e do rendimento conferiam sustentação aos preços da habitação, são uma pálida comparação com o surto pré-2007[7]. Em

---

[5] O Gráfico 13.1 não capta plenamente a extensão da irrupção presente de crises financeiras, pois a Irlanda e a Islândia, ambas a passarem por crises bancárias no momento em que escrevemos, não fazem parte da nossa amostra central de 66 países.

[6] O Índice Case-Shiller é descrito por Robert Shiller (2005) e em anos recentes tem sido publicado mensalmente em conjunto com a Standard and Poor's, tal como explanado na sua página na internet, *www.standardandpoors.com*. O referido índice centra-se em revendas das mesmas habitações e, portanto, é razoavelmente considerado uma medida mais precisa dos movimentos de preços do que os índices que comportam todas as vendas. Naturalmente que há vários enviesamentos até mesmo no Índice Case-Shiller (como, por exemplo, o seu confinamento às maiores áreas metropolitanas). É, porém, amplamente considerado a medida mais precisa das variações de preços da habitação nos EUA.

[7] O Índice Case-Shiller parece fornecer uma história bastante plausível dos preços da habitação, mas, como reserva, fazemos notar que a construção da série exigiu um número significativo de hipóteses que permitissem interpolar dados em falta para alguns intervalos, particularmente antes da Segunda Guerra Mundial.

meados de 2007, uma subida acentuada nas taxas de incumprimento dos créditos hipotecários à habitação para baixos rendimentos acabou por pôr em marcha um autêntico pânico financeiro de dimensão global.

A síndrome desta-vez-é-diferente e o período que antecede a crise do *subprime*

A crise financeira global de finais da primeira década de 2000, quer se meça pela profundidade, extensão e (potencial) duração da recessão que a acompanha, quer pelo forte efeito nos mercados de activos, é a mais séria das que sucederam desde a Grande Depressão. Foi um momento transformador na história económica mundial, cuja resolução final vai muito provavelmente remodelar a política e a economia, pelo menos durante uma geração.

Era forçoso que a crise tivesse sido uma surpresa, especialmente no que se refere ao seu impacto profundo nos EUA? Ouvindo uma longa lista de estudiosos, investidores e decisores políticos norte-americanos, pensar-se-ia que o desmoronamento financeiro de finais da primeira década de 2000 surgiu do nada, ou foi uma espécie de acontecimento «seis sigma». O presidente da Reserva Federal, Alan Greenspan, argumentou por várias vezes vezes que inovações financeiras como a titularização e a avaliação de opções

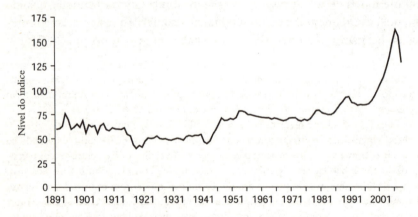

Gráfico 13.2. Preços reais da habitação: Estados Unidos, 1891-2008.

Fontes: Shiller (2005), Standard and Poor's e Departamento do Comércio dos EUA.
Notas: os preços da habitação estão deflacionados pelo deflator do PNB. Os preços reais da habitação estão indexados a 100, em 2000.

[option pricing] estavam a gerar novas e melhores formas de distribuir o risco, e simultaneamente a tornar mais líquidos activos tradicionalmente ilíquidos, como as casas. Portanto, estavam justificados os preços cada vez mais elevados de activos de risco.

Poderíamos parar aqui e dizer que muita gente estava convencida de que «desta vez é diferente» porque os Estados Unidos são «especiais». Porém, dado o marco histórico que o recente colapso financeiro norte-americano, e global, representa, um pouco mais de contexto ajudar-nos-á a compreender porque é que tanta gente foi iludida.

Os riscos envolvidos no endividamento sustentado dos EUA ao resto do mundo: o debate antes da crise

O presidente Greenspan esteve entre a legião dos que rotulavam de alarmistas aqueles que se preocupavam excessivamente com o défice crescente da balança corrente dos EUA[8]. Greenspan argumentou que o enorme défice, que atingiu mais de 6,5% do PIB em 2006 (acima de 800 mil milhões de dólares), era, em grande medida, apenas o reflexo de uma tendência mais geral de aprofundamento da integração financeira global, que estava a permitir aos países sustentarem maiores défices, ou excedentes, correntes do que no passado. No seu livro de 2007, na véspera da crise, Greenspan caracteriza o persistente défice da balança corrente dos EUA como um tema secundário, e não um factor primário de risco, um factor que, tal como outros, como sejam a escalada dos preços da habitação e o aumento manifesto do endividamento das famílias, não deveria causar excessivo alarme entre os decisores políticos norte-americanos[9].

O presidente da Reserva Federal não estava só no seu relativo optimismo face ao endividamento dos EUA. Ficou famosa a argumentação do secretário do Tesouro norte-americano, Paul O'Neill, segundo a qual era natural que outros países emprestassem aos EUA, dada a sua elevada taxa de

---

[8] O saldo da balança corrente é basicamente uma medida alargada do saldo da balança comercial – importações menos exportações –, ampliado para incluir proveitos do investimento. Note-se que a balança corrente representa a soma dos fluxos de empréstimos do exterior, quer públicos, quer privados; não é a mesma coisa que o défice público. É perfeitamente possível que o Estado tenha um défice orçamental e a balança corrente esteja excedentária, desde que a poupança privada o compense.
[9] Greenspan (2007).

crescimento da produtividade, e a balança corrente era um «conceito sem significado»[10].

O sucessor de Greenspan, Ben Bernanke, num discurso de 2005 descreveu memoravelmente a bebedeira de endividamento dos EUA como um produto da «abundância global de poupança», causada por uma convergência de factores, muitos dos quais fora do controlo dos decisores políticos do país[11]. Os factores incluíam um forte desejo dos mercados emergentes de se protegerem contra o risco de futuras crises económicas, depois da série de crises na América Latina e na Ásia, durante os anos 90 e inícios de 2000. Ao mesmo tempo, os países do Médio Oriente procuravam aplicações para os lucros do petróleo e países com sistemas financeiros subdesenvolvidos, como a China, queriam diversificar investimentos em activos mais seguros. Bernanke explicou também que era natural que algumas economias avançadas, como o Japão e a Alemanha, tivessem elevadas taxas de poupança, dado o facto de as suas populações estarem a envelhecer rapidamente. Todos estes factores conspiravam para fornecer um imenso reservatório de poupanças líquidas, em busca de um lugar de repouso seguro e dinâmico, o que significava os Estados Unidos. Obviamente que esta fonte barata de financiamento era uma oportunidade para os EUA. A questão com que as autoridades se poderiam ter debatido um pouco mais seria: «Não é demasiado bom para ser possível?» O mesmo género de argumento desta-vez-é-diferente aparece com demasiada frequência nos discursos dos decisores políticos dos mercados emergentes, quando os seus países estão a receber entradas maciças de capitais: «Baixas taxas de retorno no resto do mundo estão, muito simplesmente, a tornar particularmente atractivo o investimento no nosso país».

À medida que o dinheiro inundava os EUA, instituições financeiras norte-americanas, incluindo bancos de investimento poderosos como o Goldman Sachs, o Merrill Lynch, adquirido pelo Bank of America num «casamento à pressa», em 2008, e o agora defunto Lehman Brothers, bem como grandes bancos universais (com um sector de retalho), como o Citibank, todas viram os seus lucros aumentar em flecha. A dimensão do sector financeiro dos EUA (incluindo banca e seguros) mais do que duplicou, de uma média de aproximadamente 4% do PIB, em meados da década de 70, para quase 8% em 2007[12]. Os quadros de topo dos cinco maiores bancos de investimento dividiram um bónus de mais de 36 mil milhões de dólares em 2007. Líderes do sector financeiro explicavam que os seus elevados

---

[10] *Economist Magazine*, «The O'Neill Doctrine», editorial, 25 de Abril de 2002.
[11] Bernanke (2005).
[12] Veja-se Philippon (2007).

retornos eram, de facto, resultado da inovação e de produtos com genuíno valor acrescentado, e tendiam a menorizar grosseiramente a expressão dos riscos latentes que as suas empresas estavam a tomar. (Note-se que faz parte da nossa definição operativa da síndrome desta-vez-é-diferente a noção de que «as antigas regras de avaliação deixaram de se aplicar»). Aos seus olhos, a inovação financeira era uma plataforma-chave, que permitia aos EUA efectivamente endividarem-se em muito maiores quantidades no estrangeiro do que de outro modo teria sido possível. Por exemplo, inovações como a titularização permitiam aos consumidores norte-americanos fazer dos seus activos na habitação, antes disso ilíquidos, máquinas de multibanco, o que representava uma redução na poupança preventiva[13].

E onde estavam os académicos e os economistas da política económica, a respeito dos perigos representados pelo défice da balança corrente dos EUA? As opiniões variaram ao longo de um vasto espectro. Por um lado, Obstfeld e Rogoff argumentaram em várias publicações que o défice da balança corrente dos EUA, extraordinariamente elevado, era provavelmente insustentável[14]. Observaram que se se somassem os excedentes de todos os países do mundo com poupanças líquidas (países onde a poupança excedia o investimento nacional, incluindo a China, o Japão, a Alemanha, a Arábia Saudita e a Rússia), os Estados Unidos tinham estado a absorver mais de dois terços desse montante, entre 2004-2006. De modo que a bebedeira de endividamento teria de ser invertida, talvez de forma muito precipitada, o que resultaria em movimentos bruscos nos preços dos activos, que poderiam causar severas pressões sobre o complexo sistema global de derivados[15].

Muitos outros adoptaram uma perspectiva igualmente preocupada. Por exemplo, em 2004, Nouriel Roubini e Brad Setser fizeram a projecção de que o endividamento dos EUA iria piorar muito, atingindo 10% do PIB, antes de um colapso dramático[16]. Paul Krugman, que recebeu o Prémio Nobel em 2008, argumentou que haveria inevitavelmente de se dar um «momento Wile E. Coyote», quando a insustentabilidade da balança corrente dos EUA se

---

[13] A titularização dos créditos hipotecários envolve o agrupamento e reembalagem de conjuntos de créditos avulsos deste tipo, por forma a transformar empréstimos individuais altamente idiossincráticos em produtos mais padronizados. Assim, na medida em que a balança corrente dos EUA estava a ser impulsionada pela superior inovação financeira nacional, nada havia a temer. Ou, pelo menos, os reguladores financeiros de topo dos EUA assim o afirmavam.

[14] Veja-se Obstfeld e Rogoff (2001, 2005, 2007).

[15] Obstfeld e Rogoff (2001).

[16] Roubini e Setser (2004).

tornasse evidente para todos e de repente o dólar sofreria um colapso[17]. Há muitos outros exemplos de trabalhos académicos que ilustraram os riscos[18].

Porém, muitos investigadores respeitáveis, académicos, a trabalhar na área das políticas públicas e dos mercados financeiros adoptaram uma perspectiva muito mais optimista. Numa série de trabalhos influentes, Michael Dooley, David Folkerts-Landau e Peter Garber – «o trio Deutschebank» – argumentaram que o défice monumental da balança corrente dos EUA era apenas uma consequência natural da aposta de mercados emergentes no crescimento liderado pelas exportações, bem como da sua necessidade de diversificarem aplicações em activos seguros[19]. Com perspicácia, chamaram ao sistema que propagava os défices norte-americanos «Bretton Woods II», pois os países asiáticos mantinham as suas moedas quase-ligadas ao dólar, tal como os países europeus haviam feito quarenta anos antes.

Richard Cooper, economista de Harvard, também foi eloquente na defesa da ideia de que o défice externo corrente dos EUA tinha fundamento lógico e não implicava, na altura, necessariamente perigos claros[20]. Salientou a posição hegemónica dos EUA nos sistemas financeiro e de segurança globais e a extraordinária liquidez dos mercados financeiros norte-americanos, bem com dos seus mercados de habitação, para sustentar o seu argumento. De facto, o discurso de Bernanke sobre a abundância global de poupança sintetizou, de várias maneiras, ideias interessantes, já em circulação na literatura académica e de investigação sobre políticas públicas.

Deve notar-se que outros, como Ricardo Hausmann e Federico Sturzenegger, da Kennedy School of Government da Universidade de Harvard, apresentaram argumentos mais exóticos, afirmando que os activos externos dos EUA estavam mal calculados e eram, de facto, muito maiores do que as estimativas oficiais[21]. A existência desta «matéria negra» ajudava a explicar como é que os EUA podiam financiar uma série de défices correntes e comerciais aparentemente infindável. Ellen McGrattan, do Minesota, e Ed Prescott, de Arizona (outro Prémio Nobel) desenvolveram um modelo

---

[17] Krugman (2007). Wile E. Coyote é o desgraçado personagem da banda desenhada *Road Runner*, de Chuck Jones. Os seus esquemas falham invariavelmente, e quando desemboca num precipício, está já a um instante ou dois apenas de reconhecer o abismo debaixo de si.

[18] Veja-se Obstfeld e Rogoff (2009) para uma análise mais detalhada da literatura; ver também Wolf (2008).

[19] Dooley *et al.* (2004a, 2004b).

[20] Cooper (2005).

[21] Hausmann e Sturzenegger (2007).

para calibrar efectivamente a matéria negra e descobriram que a explicação podia plausivelmente dar conta de pelo menos metade do défice da balança corrente dos EUA[22].

Além de debaterem o endividamento externo dos Estados Unidos, os economistas também discutiram a questão conexa de saber se os decisores políticos se deveriam preocupar com a explosão dos preços da habitação em curso no país, como vimos na secção anterior. Mais uma vez mais, decisores políticos de topo argumentaram que os elevados preços da habitação podiam ser justificados pelos novos mercados financeiros, que tornavam mais fácil obter empréstimos com base nas casas adquiridas a crédito, e pelos reduzidos riscos macroeconómicos, que aumentavam o valor dos activos de risco. Tanto Greenspan como Bernanke defenderam vigorosamente que a Reserva Federal não deveria prestar excessiva atenção aos preços da habitação, excepto na medida em que eles pudessem afectar os objectivos primeiros do banco central, ou seja, o crescimento e a estabilidade de preços. De facto, antes de entrar para a Reserva Federal, Bernanke expôs as suas perspectivas em termos mais formalizados e convincentes, num artigo de que foi co-autor com o professor Mark Gertler, da Universidade de Nova Iorque, em 2001[23].

Por um lado, a lógica de a Reserva Federal ignorar os preços da habitação fundava-se na proposição perfeitamente razoável de que o sector privado pode ajuizar sobre o nível de equilíbrio desses preços (ou dos das acções) pelo menos tão bem como qualquer burocrata do governo. Por outro, poderia ter prestado mais atenção ao facto de a subida dos preços dos activos estar a ser alimentada por um aumento imparável do rácio de endividamento das famílias em relação ao PIB, contra o pano de fundo de mínimos de sempre na taxa de poupança dos particulares. O rácio do endividamento, que esteve mais ou menos estável, na ordem dos 80% do rendimento das famílias, até 1993, subiu para 120%, em 2003, e para cerca de 130%, em meados de 2006. Investigação empírica da autoria de Bordo e Jeanne e do Bank for International Settlements sugeriu que quando os *booms* na habitação são acompanhados por abruptas subidas de dívida, o risco de crise aumenta significativamente[24]. Apesar de este trabalho não ser necessariamente definitivo, levantava certamente questões sobre a política de negligência benévola

---

[22] Curcuru *et al.* (2008) argumentam que a hipótese da «matéria negra» está em contradição com os dados.
[23] Veja-se Bernanke e Gertler (2001).
[24] Bordo e Jeanne (2002), Bank for International Settlements (2005).

da Reserva Federal. Por outro lado, o facto de o *boom* habitacional estar a ter lugar em muitos países em várias partes do mundo (ainda que em muito menor extensão, se é que ocorria sequer, nos principais países excedentários, como a Alemanha e o Japão) levantava dúvidas a respeito da génese do problema e sobre se as políticas nacionais, monetária ou regulatória, isoladamente, seriam um remédio eficaz.

Bernanke, quando era ainda governador da Reserva Federal, em 2004, argumentou sensatamente que é tarefa da política de regulação, e não da política monetária, lidar com bolhas nos preços da habitação, alimentadas por padrões de concessão de crédito inapropriadamente fracos[25]. Naturalmente que isso levanta a questão de saber o que fazer se, por razões políticas ou outras, a regulação não responder adequadamente a uma bolha no preço de um activo. De facto, pode argumentar-se que foi precisamente a imensa entrada de capitais do estrangeiro que alimentou a inflação nos preços dos activos e os baixos *spreads* nas taxas de juro que, em última instância, mascararam os riscos, quer aos olhos dos reguladores, quer das agências de notação.

Em todo o caso, os problemas mais extremos e imediatos foram causados pelo mercado do crédito hipotecário feito a prestatários *subprime*, ou de baixos rendimentos. Os «avanços» na titularização, bem como a subida aparentemente infindável dos preços da habitação, permitiu a pessoas que nunca antes pensaram poder fazê-lo comprar casas. Infelizmente, muitas delas dependiam de empréstimos concedidos a taxas de juro variáveis e a taxas iniciais baixas «atractivas». Quando chegou a altura de actualizar as condições de empréstimo, as taxas de juro em alta e a deterioração da economia tornou difícil a muitos cumprir as suas obrigações. E assim começou a *débâcle* do *subprime*.

É razoável considerar que a presunção dos EUA de que o seu sistema financeiro e regulatório conseguiria resistir a entradas de capital maciças, de forma sustentada, sem quaisquer problemas, lançou os fundamentos da crise financeira global de finais da primeira década de 2000. A noção de que «desta vez é diferente», porque desta vez os EUA têm um sistema superior, mostrou-se uma vez mais falsa. Os retornos dos mercados financeiros de dimensão fora do comum eram, de facto, bastante exagerados pelas entradas de capital, tal como seria o caso nos mercados emergentes. O que pode, em retrospectiva, ser considerado erro crasso da regulação, incluindo a desregulação do mercado de crédito hipotecário *subprime* e a decisão, de 2004, do supervisor dos mercados de títulos, a Securities and Exchange Comission,

---

[25] Veja-se Rolnick (2004).

de permitir aos bancos de investimento triplicar os rácios de alavancagem (isto é, o rácio que mede a quantidade de risco em relação ao capital), pareceu benigno na altura. As entradas de capital impulsionaram os empréstimos e os preços dos activos, reduzindo ao mesmo tempo os *spreads* em todos os tipos de activos de risco, levando o Fundo Monetário Internacional a concluir em Abril de 2007, no seu *World Economic Outlook* bianual, que os riscos para a economia global se tinham tornado extremamente baixos e que, de momento, não havia grandes preocupações. Quando a agência internacional que tem a seu cargo a vigilância à escala global declara que não há riscos, não pode haver sinal mais seguro de que desta vez *é* diferente.

Mais uma vez, a crise que começou em 2007 partilha muitos paralelismos com o período de expansão acentuada que antecede uma crise de mercado emergente, quando os governos são muitas vezes incapazes de tomar medidas preventivas para descomprimir o sistema; esperam que a bonança de entrada de capital dure indefinidamente. Em vez disso, frequentemente adoptam medidas que impulsionam as suas economias para níveis superiores de risco, num esforço para prolongar um pouco mais o *boom*.

Apresentamos em seguida uma breve caracterização do debate que envolveu a mentalidade desta-vez-é-diferente e levou à crise financeira do *subprime* nos EUA. Muitos foram levados a pensar que «desta vez é diferente» pelas seguintes razões:

- Os Estados Unidos, com o mais fiável dos sistemas de regulação financeira, o mais inovador dos sistemas financeiros, um sistema político forte e os mercados de capitais maiores e mais líquidos do mundo, eram um caso especial. Poderiam resistir a entradas de capital maciças, sem preocupações.
- As economias emergentes em desenvolvimento rápido precisavam de um lugar seguro para investir os seus fundos, por razões de diversificação.
- A crescente integração financeira mundial estava a aprofundar os mercados de capitais globais e a permitir que os países se endividassem mais profundamente.
- Além de outros pontos fortes, os EUA têm instituições e decisores de política monetária de superior qualidade.
- Novos instrumentos financeiros estavam a permitir a muitos prestatários entrarem nos mercados hipotecários.
- O que estava a acontecer resumia-se a mais um passo no aprofundamento da globalização financeira, graças à inovação, e não devia ser fonte de preocupações maiores.

Os episódios de crises financeiras do pós-guerra centradas na banca

Tal como cresceu a lista das razões por que «desta vez é diferente», dadas por académicos, figuras do mundo de negócios e decisores políticos, assim sucedeu com as semelhanças entre os desenvolvimentos na economia dos EUA e os observados no período que conduziu a outros episódios de crise.

Para examinar os antecedentes da crise do *subprime* nos EUA, de 2007, que posteriormente se transformou na Segunda Grande Contracção, começamos por olhar para os dados das 18 crises financeiras centradas na banca, que ocorreram no período a seguir à Segunda Guerra Mundial[26]. Por agora, limitamos a nossa atenção às crises nos países industrializados, para evitar aparências de exagero, ao comparar os EUA com os mercados emergentes. Sendo claro que, como tivemos ocasião de ver no Capítulo 10, as crises financeiras nos mercados emergentes e nas economias avançadas não são assim tão diferentes. Mais à frente, no Capítulo 14, alargaremos o conjunto comparativo.

Os episódios de crise usados na comparação estão listados no Quadro 13.1.

Entre as 18 crises financeiras centradas na banca, do pós-guerra, todas as «Cinco Grandes» envolveram quedas no produto, durante um período prolongado, muitas vezes por dois ou mais anos. A pior delas, antes da de 2007, foi, naturalmente, a do Japão, em 1992, que lançou o país numa «década perdida». Porém, as anteriores do grupo das «Cinco Grandes» foram também acontecimentos extremamente traumáticos.

As restantes 13 crises financeiras nos países ricos representaram acontecimentos menores, que estiveram associados a um desempenho económico significativamente pior do que o normal, mas não foram catastróficas. Por exemplo, a crise dos EUA, que começou em 1984, foi a crise das poupanças e empréstimos[27]. Algumas das outras 13 crises tiveram um impacto relativamente pequeno, mas retêmo-las por ora para propósitos de comparação. Ficará em breve claro que o período que antecedeu a crise financeira dos

---

[26] Começámos por assinalar as semelhanças notáveis entre a crise do *subprime* nos EUA e outras crises financeiras profundas em Reinhart e Rogoff (2008b), publicado pela primeira vez em Dezembro de 2007. Na altura em que estamos a escrever, naturalmente que os factos apoiam esmagadoramente a leitura que fizemos dos acontecimentos. As nossas fontes incluíram Caprio e Klingebiel (1996 e 2003), Kaminsky e Reinhart (1999) e Caprio *et al.* (2005).

[27] Mais tarde olharemos para algumas medições alternativas para aferir a profundidade destas crises financeiras, sustentando que a medida tradicional – custos orçamentais do saneamento bancário – é demasiado redutora.

Quadro 13.1 Crises financeiras centradas na banca, a seguir à Segunda Guerra Mundial, nas economias avançadas

País	Ano de início da crise
Crises severas (sistémicas): as «Cinco Grandes»	
Espanha	1977
Noruega	1987
Finlândia	1991
Suécia	1991
Japão	1992
Crises mais suaves	
Reino Unido	1974
Alemanha	1977
Canadá	1983
Estados Unidos (poupanças e empréstimos)	1984
Islândia	1985
Dinamarca	1987
Nova Zelândia	1987
Austrália	1989
Itália	1990
Grécia	1991
Reino Unido	1991
França	1994
Reino Unido	1995

Fontes: Caprio e Klingebiel (1996, 2003), Kaminsky e Reinhart (1999) e Caprio *et al.* (2005).

EUA de finais da primeira década de 2000 não se assemelhou ao das crises mais suaves, apesar de a maioria dos decisores políticos e jornalistas parecer não se ter dado conta disso na altura.

Uma comparação da crise do *subprime* com as crises passadas nas economias avançadas

Na escolha das variáveis que usámos para medir o risco nos EUA de uma crise financeira, recorremos à literatura sobre a previsão de crises, tanto nos países desenvolvidos como nos mercados emergentes[28]. Esta literatura sugere que subidas acentuadas nos preços dos activos, o abrandamento da actividade económica real, grandes défices da balança corrente e a acumulação sustentada de dívida (pública, privada, ou ambas) são importantes precursores de crises financeiras. Tenhamos também em conta o que se disse no Capítulo 10 sobre as «bonanças» de fluxo de capitais, evidenciando que as entradas continuadas de capital têm sido fortes marcadores de crises financeiras, pelo menos no período a seguir a 1970, de maior liberalização do sector. Historicamente, a liberalização ou a inovação financeiras têm sido também precursores recorrentes deste tipo de crises, como mostrámos no Capítulo 10.

Começamos por comparar no Gráfico 13.3 a subida de preços na habitação. t representa o ano inicial da crise financeira. Pela mesma convenção, o período t-4 denota quatro anos antes da crise e as linhas do gráfico, para todos os casos, prolongam-se até t+3, excepto, obviamente, para a trajectória da crise recente, a qual, à data em que escrevemos, e provavelmente por algum tempo mais, permanecerá nas mãos do destino[29]. O gráfico confirma o que os estudos de caso mostravam, a saber, que um aumento enorme nos preços da habitação normalmente precede uma crise financeira. É algo desconcertante notar que, de acordo com o gráfico, a subida nos EUA excedeu a média observada nas «Cinco Grandes» crises financeiras e a inversão negativa parece ser mais abrupta (o ano t+1 é 2008).

---

[28] Veja-se, por exemplo, Kaminsky, Lizondo e Reinhart (1998) e Kaminsky e Reinhart (1999).

[29] Para os EUA, tal como já fizemos neste capítulo, os preços da habitação são medidos pelo Índice Case-Shiller. Os restantes dados sobre preços da habitação foram disponibilizados pelo Bank for International Settlements e são descritos por Gregory D. Sutton (2002). Há muitas limitações na informação internacional respeitante aos preços da habitação; em geral, não fornece a história longa que permitiria uma comparação mais enriquecedora entre diversos ciclos económicos. Porém, é provável que capte razoavelmente bem a principal variável em que estamos interessados, a saber, a queda do pico ao mínimo no preço da habitação, mesmo se porventura exagerar a duração da descida, pois essa informação é relativamente lenta reflectir as mudanças nos preços subjacentes do mercado.

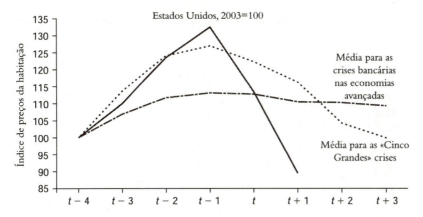

Gráfico 13.3. Preços reais da habitação e crises bancárias do pós-guerra: economias avançadas.

Fontes: Bank of International Settlements (2005); Shiller (2005); Standard and Poor's; Fundo Monetário Internacional (vários anos), *International Financial Statistics* e cálculos dos autores.
Notas: usam-se os preços no consumidor para deflacionar o índice nominal de preços da habitação. O ano da crise é indicado por *t*; *t*-4=100.

No Gráfico 13.4 olhamos para as taxas de crescimento real dos índices de preços nos mercados accionistas[30]. Vemos que, na aproximação à crise, os preços das acções nos EUA se aguentaram melhor do que os preços de qualquer dos grupos comparativos, talvez, em parte, por causa da resposta anticíclica agressiva da Reserva Federal à recessão de 2001 e, em parte também, por causa do «elemento de surpresa» substancial no grau de severidade da crise mais recente. Mas um ano depois da sua eclosão (*t*+1), os preços das acções tinham caído a pique, em linha com o que aconteceu nas «Cinco Grandes» crises financeiras anteriores.

No Gráfico 13.5 olhamos para a trajectória do défice da balança corrente dos EUA, que era muito mais elevado e mais persistente do que é típico de outras crises[31]. No gráfico, as barras mostram a trajectória da balança corrente dos EUA, de 2003 a 2007, como percentagem do PIB, e a linha tracejada representa a média para as 18 crises anteriores. O facto de o

---

[30] Para os EUA, o índice é o S&P 500.
[31] Segundo Reinhart e Reinhart (2009), entre 2005 e 2007 o episódio dos EUA é classificável como «bonança de fluxo de capitais» (ou seja, um período de entradas de capitais anormalmente elevadas, o que é uma outra forma de dizer recurso a empréstimos do exterior acima da média).

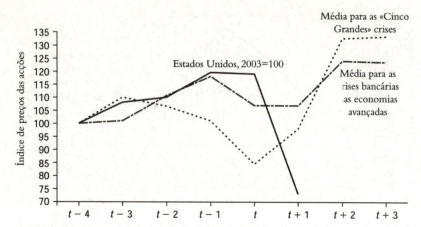

Gráfico 13.4. Preços reais das acções e crises bancárias do pós-guerra: economias avançadas.

Fontes: Global Financial Data (s/d); Fundo Monetário Internacional (vários anos), *International Financial Statistics* e cálculos dos autores.

Notas: usam-se os preços no consumidor para deflacionar o índice nominal de preços das acções. O ano da crise é indicado por t; t-4=100.

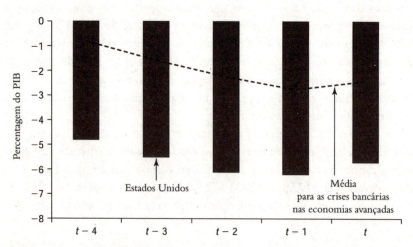

Gráfico 13.5. Rácio do saldo da balança corrente em relação ao PIB, antes das crises bancárias do pós-guerra: economias avançadas.

Fontes: Fundo Monetário Internacional (vários anos), *World Economic Outlook* e cálculos dos autores.

dólar norte-americano ter permanecido a moeda de reserva mundial, num período em que muitos bancos centrais, particularmente na Ásia, estavam a acumular máximos históricos de montantes de reservas cambiais, certamente que aumentou o capital externo disponível para financiar os recordes nos défices da balança corrente dos EUA.

As crises financeiras raramente ocorrem num vácuo. São mais os casos em que uma crise financeira começa apenas depois de um choque real ter abrandado o crescimento económico. Assim, funcionam mais como um amplificador do que como um gatilho. O Gráfico 13.6 traça o crescimento real do PIB *per capita* na véspera das crises. A crise dos EUA, que começou em 2007, segue o mesmo padrão invertido, em V, que caracterizou os episódios de crise anteriores. Tal como no caso dos preços das acções, a resposta do PIB foi um pouco atrasada. De facto, em 2007, apesar de o crescimento nos EUA ter abrandado, estava nessa altura mais em linha com o padrão de recessão mais suave da média de todas as crises.

Em 2008, os acontecimentos deterioraram-se e o abrandamento acentuou-se. No início de 2009, o consenso – baseado nas previsões publicadas pelo *Wall Street Journal* – era o de que a recessão seria mais profunda do que a da experiência média das «Cinco Grandes». Note-se que nos casos graves das «Cinco Grandes» o ritmo de crescimento caiu mais de 5%, do pico ao mínimo e manteve-se baixo por cerca de três anos.

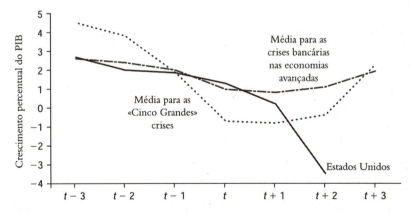

Gráfico 13.6. Crescimento PIB real *per capita* (em PPC) e crises bancárias do pós--guerra: economias avançadas.

Fontes: Fundo Monetário Internacional (vários anos), *World Economic Outlook* e *Wall Street Journal.*
Notas: feita em Julho de 2009, a previsão do consenso (-3,5%), para esse ano, está assinalada no gráfico para os EUA. O ano da crise é indicado por *t.*

O nosso gráfico final deste capítulo, o Gráfico 13.7, ilustra a trajectória da dívida pública real (deflacionada pelos preços no consumidor)[32]. A dívida pública crescente foi um precursor praticamente universal de outras crises do pós-guerra, apesar de a acumulação de dívida antes de uma crise empalidecer na comparação com o seu crescimento posterior a ela, com a evolução da actividade económica fraca a esmagar as receitas fiscais, como veremos no Capítulo 14. A acumulação de dívida nos EUA, antes da crise de 2007, era inferior à média das «Cinco Grandes». As comparações envolvendo a dívida privada, a que já aludimos, no caso dos EUA, seriam também interessantes, mas infelizmente os dados comparáveis para os países aqui considerados não são fáceis de obter. No caso dos Estados Unidos, o rácio da dívida das famílias sobre o seu rendimento disparou em cerca de 30% em menos de uma década e pode bem colapsar, com os consumidores a tentarem passar a posições menos arriscadas à medida que a recessão continuar.

Uma reserva em relação à afirmação que fizemos, de que os indicadores mostravam os Estados Unidos em elevado risco de crise financeira profunda, na aproximação a 2007: comparados com outros países que passaram por crises financeiras, os Estados Unidos tiveram um bom desempenho com

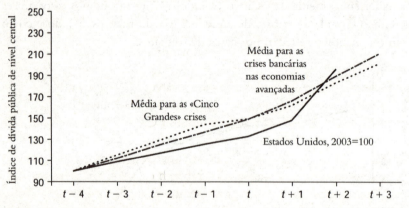

Gráfico 13.7. Dívida pública real de nível central e crises bancárias do pós-guerra: economias avançadas.

Fontes: Departamento do Tesouro dos EUA; Fundo Monetário Internacional (vários anos), *International Financial Statistics;* Anexos A.1 e A.2 e fontes aí citadas, e cálculos dos autores.
Notas: usam-se os preços no consumidor para deflacionar a dívida nominal. O ano da crise é indicado por *t*; *t*-4=100.

---

[32] Em princípio, o crescimento da dívida pública real é determinado tomando o aumento na dívida pública nominal e ajustando-o pelo aumento representado pela inflação em todos os preços.

respeito à inflação antes desse ano. As crises mais antigas em economias desenvolvidas ocorreram naturalmente num período de inflação em queda nos países ricos.

Sumário

Porque foi tanta gente incapaz de ver a crise de 2007 a aproximar-se? No que respeita aos indicadores tradicionais das crises financeiras, havia uma série de luzes vermelhas a acender e apagar, com todo o brilho, e com muita antecedência. Não pretendemos afirmar que teria sido fácil prevenir a crise financeira dos EUA se os decisores políticos tivessem compreendido os riscos, antes de ela ocorrer. Centrámo-nos em assuntos macroeconómicos, mas muitos dos problemas estavam escondidos nas «canalizações» dos mercados financeiros, tal como se tornou penosamente evidente desde o começo da crise. Alguns desses problemas poderiam ter levado anos a resolver. Acima de tudo, a subida vertiginosa dos preços na habitação – mais de 100%, em termos nacionais, em cinco anos – devia ter funcionado como alarme, especialmente se se levar em conta que era alimentada por uma alavancagem crescente. No início de 2008, o valor total das hipotecas nos EUA era de cerca de 90% do PIB. Os decisores políticos deviam ter tomado medidas muitos anos antes da crise, para descomprimir deliberadamente o sistema. Infelizmente os esforços para manter o crescimento e impedir quedas bruscas nas bolsas tiveram o efeito de remover a válvula de segurança no nível de pressão. Mesmo com as proporções épicas desta crise financeira, os EUA não incumpriram, até meados de 2009. Fossem os EUA um mercado emergente, a sua taxa de câmbio teria caído a pique e as taxas de juro subido em flecha. O acesso aos mercados de capitais ter-se-ia perdido, numa paragem brusca, de tipo clássico, como a descrevem Dornbusch e Calvo. No primeiro ano a seguir à crise (2007), aconteceu exactamente o oposto: o dólar apreciou-se e as taxas de juro caíram, com os investidores a considerarem outros países como ainda mais arriscados do que os EUA e a comprarem copiosamente obrigações do Tesouro norte-americano[33]. Mas atenção, comprador! A longo prazo, a taxa de câmbio dos EUA e as taxas de juro podem bem inverter a marcha, especialmente se não forem adoptadas políticas para restabelecer uma base firme de sustentabilidade orçamental de longo prazo.

---

[33] Veja-se as conclusões de Reinhart e Reinhart (2008), que explicam estas variações nas taxas de juro e taxas de câmbio como anomalias dos EUA – porque os EUA são demasiado grandes para falir.

14
A sequência das crises financeiras

No capítulo anterior apresentámos uma análise histórica comparativa da crise financeira do *subprime*, nos EUA, em 2007, com outras crises bancárias nas economias avançadas, no período após a Segunda Guerra Mundial, olhando para as fases que as antecederam. Mostrámos que os indicadores típicos para os Estados Unidos, como a inflação nos preços dos activos, a alavancagem crescente, os grandes e persistentes défices da balança corrente e uma trajectória de abrandamento do crescimento económico exibiam praticamente todos os sinais de um país à beira de uma crise financeira – de facto, de uma crise grave. Neste capítulo fazemos uma análise histórica semelhante, centrada na sequência das crises bancárias sistémicas. Naturalmente que à medida que os acontecimentos se desenrolarem, a sequência da crise financeira dos EUA poderá revelar-se melhor ou pior do que as referências comparativas aqui expostas. Porém, o exercício tem um valor próprio, pois na análise de choques extremos como aqueles que estão a afectar a economia norte-americana e a economia global no momento em que escrevemos, os modelos macroeconómicos normais, calibrados para períodos de crescimento estatisticamente «normais», poderão ter pouca utilidade.

No capítulo precedente, excluímos deliberadamente países dos mercados emergentes do grupo comparativo, para não parecer que estávamos a exagerar. Afinal, os Estados Unidos são um centro financeiro global altamente sofisticado. O que podem ter as economias avançadas em comum com os mercados emergentes, no que respeita às crises bancárias? Na realidade, como mostrámos no Capítulo 10, os antecedentes e a sequência das crises bancárias nos países ricos e nos mercados emergentes têm uma quantidade de aspectos comuns surpreendente. Exibem um padrão genericamente semelhante nos preços da habitação e das acções, no desemprego, nas receitas públicas e na dívida. Além disso, historicamente a frequência ou incidência de crises não difere muito, mesmo se se limitarem as comparações ao período a seguir à Segunda Guerra Mundial (desde que se leve em conta a crise financeira global em curso, de finais da primeira década de 2000). Assim, neste capítulo, voltando-nos para a caracterização da sequência das crises financeiras severas, incluímos alguns casos recentes dos mercados emergentes, por forma a expandir o conjunto de comparadores relevantes[1].

Em geral, as crises financeiras são acontecimentos prolongados no tempo. A maior parte das vezes, os períodos subsequentes às crises financeiras severas têm as seguintes características comuns.

- *Primeiro,* os colapsos dos mercados de activos são profundos e prolongados. As quedas reais nos preços da habitação atingem em média 35%, ao longo de seis anos, ao passo que os preços das acções colapsam 56%, durante a inversão negativa da trajectória, que dura cerca de três anos e meio.
- *Segundo,* a sequência das crises bancárias está associada a quedas acentuadas na produção e no emprego. As taxas de desemprego sobem em média sete pontos percentuais na fase negativa do ciclo, que dura em média mais de quatro anos. O produto cai, do pico ao mínimo, mais de 9%, apesar da duração média da inversão negativa, de cerca de dois anos, ser consideravelmente mais breve do que a do desemprego[2].
- *Terceiro,* como notámos antes, o valor da dívida pública tende a explodir; aumentou em média 86%, em termos reais, relativamente ao nível pré-crise, nos principais episódios do pós-guerra. Como já tivemos ocasião de discutir no Capítulo 10, e reiteramos aqui, a principal causa das explosões de dívida não é o custo, muito citado, do resgate e recapitalização do sistema bancário. Os custos de resgate são – é um facto – difíceis de medir, e a divergência entre estimativas de estudos

---

[1] Também incluídos nas comparações estão dois episódios anteriores à Guerra em países desenvolvidos para os quais dispomos de informação sobre os preços da habitação e outros dados relevantes.

[2] Para que fique claro, os cálculos dos máximos e mínimos são feitos com base nas séries individuais. As datas para o pico e para o mínimo são as que estão mais próximas da crise e referem-se a pontos críticos locais (e não globais), seguindo em grande parte a mesma abordagem em que Burns e Mitchell (1946) foram pioneiros, no seu estudo clássico dos ciclos económicos dos EUA. Assim, por exemplo, no caso dos preços das acções do Japão, o mínimo é a cava local, em 1995, mesmo que a recuperação subsequente nos mercados accionista tenha deixado os referidos preços bem abaixo do pico anterior à crise (e posteriores mínimos tenham colocado os preços em níveis ainda mais baixos).

diferentes é considerável. Mas mesmo o limite superior do intervalo de variação das estimativas é uma pálida imagem dos aumentos efectivamente observados na dívida pública. Na realidade, o maior factor destes aumentos é o colapso inevitável das receitas fiscais por que passam os governos, na sequência de contracções profundas e prolongadas do produto. Muitos países também são afectados por uma forte subida do peso dos juros da dívida, pois as taxas de juro sobem em flecha e, em alguns episódios, como é o caso exemplar do Japão, nos anos 90, o esforço da política orçamental anticíclica contribui para a acumulação de dívida. Vale a pena notar que pode ser difícil aferir as diferenças nas políticas orçamentais anticíclicas dos diversos países, pois alguns, como os países nórdicos, têm poderosos estabilizadores automáticos estabelecidos, através de elevadas taxas marginais de imposto e generosos subsídios de desemprego, ao passo que outros países, como os EUA e o Japão, têm estabilizadores muito mais fracos.

Na última parte do capítulo, olharemos para as referências quantitativas comparáveis do período da Grande Depressão, a última crise financeira global profunda, antes da mais recente. A profundidade e duração do declínio da actividade económica são de cortar a respiração, mesmo em comparação com crises severas do pós-guerra. Os países em crise levaram em média dez anos para recuperar o nível de produto *per capita* que registavam em 1929. Nos primeiros três anos da Depressão, o desemprego subiu uma média de 16,9 pontos percentuais entre os 15 maiores países do nosso grupo comparativo.

Episódios históricos revisitados

O capítulo precedente incluiu todas as principais crises bancárias do pós--guerra no mundo desenvolvido (um total de 18) e colocou uma ênfase especial nas alcunhadas «Cinco Grandes» (Espanha, 1977; Noruega, 1987; Finlândia, 1991; Suécia, 1991 e Japão, 1992). Ficou muito claro nesse capítulo, bem como a partir da evolução subsequente da crise financeira dos EUA, de 2007, que esta deve ser considerada, qualquer que seja a métrica, uma crise grave, do tipo das «Cinco Grandes». Assim, neste capítulo concentrar-nos-emos apenas nas crises financeiras sistémicas severas, incluindo as «Cinco Grandes» das economias desenvolvidas, mais alguns episódios famosos dos mercados emergentes: as crises asiáticas de 1997-1998 (na Coreia, nas Filipinas, em Hong Kong, na Indonésia, na Malásia e na Tailândia); a da Colômbia, em 1998, e o colapso da Argentina, em 2001. São casos para os quais temos todos ou a maior parte dos dados relevantes, que permitem comparações quantitativas significativas em torno de variáveis-chave, como os mercados accionistas e da habitação, o desemprego, o crescimento, etc. Têm um papel central na análise os dados históricos sobre os preços na habitação, que podem ser difíceis de obter e são decisivos para se aferir o episódio recente[3]. Incluímos ainda dois outros casos históricos para os quais dispomos de informação sobre os preços na habitação: o da Noruega, em 1899, e dos Estados Unidos, em 1929.

A inversão negativa depois de uma crise: profundidade e duração

No Gráfico 14.1, baseado nos mesmos dados do Quadro 10.8, voltamos a olhar para a fase de contracção brusca no ciclo dos preços da habitação, em torno das crises bancárias, no conjunto alargado de informação. Incluímos alguns países que viveram crises após 2007. As crises mais recentes estão representadas pelas barras mais escuras e as crises passadas pelas barras claras. A queda acumulada, em termos reais, nos preços da habitação, do pico ao mínimo, perfaz a média de 35,5%[4]. As quedas mais drásticas ocorreram na Finlândia, na Colômbia, nas Filipinas e em Hong Kong. As suas derrocadas andaram entre os 50% e os 60%, medidas do pico ao mínimo. A baixa nos preços da habitação nos EUA, durante o último episódio, na altura em que escrevemos – quase 28% em termos reais, até finais de 2008, de acordo com o Índice Case-Shiller –, é já de mais do dobro da dimensão da registada durante a Grande Depressão.

É de salientar que a duração das quedas nos preços da habitação foi muito longa, atingindo uma média de seis anos. Mesmo excluindo o caso extraordinário do Japão – com os seus 17 anos consecutivos de quedas nos preços reais da habitação – a média continua a superar os cinco anos. Como o Gráfico 14.2 ilustra, as quedas nos preços das acções são muito mais profundas do que na habitação, mas menos duradouras. A duração menor de uma inversão negativa nas acções, comparativamente à dos preços do imobiliário, talvez não deva surpreender, dado o facto dos preços das primeiras serem

---

[3] No Capítulo 10, olhámos para as crises financeiras em 66 países ao longo de dois séculos, sublinhando os grandes paralelismos entre mercados emergentes e países desenvolvidos, incluindo, por exemplo, a quase universal escalada da dívida pública.

[4] A média histórica, a preto no diagrama, não inclui as crises em curso.

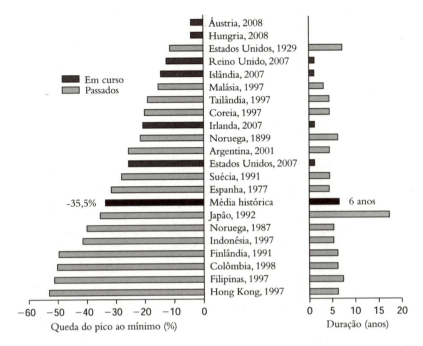

Gráfico 14.1. Ciclos passados e presentes dos preços reais da habitação e crises bancárias.

Fontes: Anexos A.1 e A.2, e fontes aí citadas.
Notas: cada episódio de crise bancária está identificado pelo país e pelo ano de início da crise. Só são incluídos os principais episódios de crises bancárias (sistémicas) para os quais existam dados. A média histórica não inclui os episódios de crise em curso. Para estes, os cálculos são feitos para os seguintes períodos: até Outubro de 2008, referência mensal, para a Islândia e Irlanda; 2007, referência anual, para a Hungria; e até ao terceiro trimestre de 2008, referência trimestral, para todos os outros casos. São usados os índices de preços no consumidor para deflacionar os preços nominais da habitação.

muito menos inerciais. A queda histórica média dos preços das acções foi de 55,9%, com o período da inversão cíclica negativa a durar 3,4 anos. No final de 2008, a Islândia e a Áustria tinham já vivido quedas nos preços das acções, do pico ao mínimo, que excediam em muito a média do grupo histórico de comparação.

No Gráfico 14.3 olhamos para os aumentos da taxa de desemprego através dos dados históricos do grupo comparativo. (Uma vez que a taxa de desemprego é um indicador atrasado, não incluímos a crise mais recente, apesar de notarmos que a taxa para os EUA já subiu cinco pontos percen-

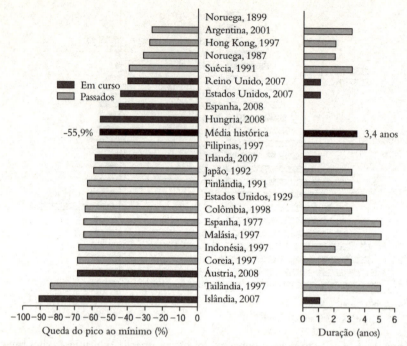

Gráfico 14.2. Ciclos passados e presentes dos preços reais das acções e crises bancárias.

Fontes: Anexos A.1 e A.2, e fontes aí citadas.

Notas: cada episódio de crise bancária está identificado pelo país e pelo ano de início da crise. Só são incluídos os principais episódios de crises bancárias (sistémicas) para os quais existam dados. A média histórica não inclui os episódios de crise em curso. Para estes, os cálculos são baseados em dados até 2 de Dezembro de 2008. São usados os índices de preços no consumidor para deflacionar os preços nominais das acções.

tuais, desde o seu valor cíclico mínimo de 4%). Em média, o desemprego aumenta ao longo de quase cinco anos, com uma subida da taxa de cerca de sete pontos percentuais. Apesar de nenhum dos episódios do pós-guerra ter rivalizado com a subida do desemprego de mais de 20 pontos percentuais, vivida pelos EUA durante a Grande Depressão, em muitos casos as consequências das crises financeiras no emprego não deixaram de ser bastante pesadas. Nos mercados emergentes, as estatísticas oficiais provavelmente subestimam a verdadeira dimensão do problema.

É interessante notar, como o Gráfico 14.3 revela, que durante crises bancárias os mercados emergentes, particularmente na Ásia, parecem ter um melhor desempenho em matéria de desemprego do que as economias avançadas. A Colômbia, com a sua profunda recessão, em 1998, foi uma excepção.

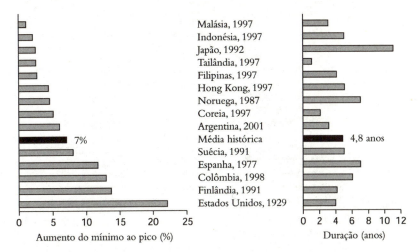

Gráfico 14.3. Ciclos passados do emprego e crises bancárias.

Fontes: Organização para a Cooperação e Desenvolvimento Económicos; Fundo Monetário Internacional (vários anos), *International Financial Statistics*; Carter *et al.* (2006); várias fontes nacionais e cálculos dos autores.

Notas: cada episódio de crise bancária está identificado pelo país e pelo ano de início da crise. Só são incluídos os principais episódios de crises bancárias (sistémicas) para os quais existam dados. A média histórica não inclui os episódios de crise em curso.

Apesar de haver problemas de informação bem conhecidos, envolvidos na comparação das taxas de desemprego entre diversos países[5], o desempenho relativamente pobre das economias avançadas sugere a possibilidade de uma maior flexibilidade no ajustamento em baixa dos salários nos mercados emergentes ajudar a amortecer o desemprego, em períodos de graves dificuldades económicas. As lacunas da rede de segurança social nas economias de mercado emergente, por comparação com as dos países industrializados, tornarão também, presumivelmente, os trabalhadores mais ansiosos por evitar a perda do emprego.

No Gráfico 14.4 olhamos para os ciclos do PIB real *per capita* aquando das crises. A dimensão da queda média, de 9,3%, é impressionante. É notório, como já fizemos notar, que para o período do pós-guerra as quedas do PIB real foram menores nas economias avançadas do que nas economias de

---

[5] De assinalar que o «subemprego», muito espalhado em muitos mercados emergentes, e o vasto sector informal da economia não são plenamente apreendidos pelas estatísticas do desemprego oficiais.

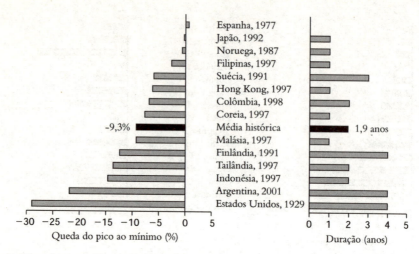

Gráfico 14.4. Ciclos passados do PIB real *per capita* e crises bancárias.

Fontes: Total Economy Database (TED); Carter *et al.* (2006) e cálculos dos autores.
Notas: cada episódio de crise bancária está identificado pelo país e pelo ano de início da crise. Só são incluídos os principais episódios de crises bancárias (sistémicas) para os quais existam dados. A média histórica não inclui os episódios de crise em curso. O total do PIB é em milhões de dólares dos EUA, de 1990 (convertidos em PPC Geary-Khamis), dividido pela população a meio do ano.

mercado emergente. Uma explicação provável da razão por que se verificam contracções mais graves nos mercados emergentes será a de que estes são susceptíveis de reversões abruptas na disponibilidade de crédito externo. Quando a chega a «paragem súbita» do capital estrangeiro, para usar um termo popularizado por Rudiger Dornbusch e Guillermo Calvo, a actividade económica entra em espiral descendente[6].

Comparado com o do desemprego, o ciclo do PIB, do pico ao mínimo, é mais breve, de apenas dois anos. Presumivelmente, isto será em parte o resultado de o crescimento do PIB potencial ser positivo e nós estarmos apenas a medir variações absolutas de rendimento, e não hiatos relativos ao produto potencial. Em todo o caso, as recessões associadas às crises financeiras são invulgarmente longas, em comparação com as recessões normais, que duram tipicamente menos de um ano[7]. De facto, recessões de mais de

---

[6] De novo, ver Calvo (1983) e Dornbusch *et al.* (1995).
[7] Veja-se Fundo Monetário Internacional (vários anos), *World Economic Outlook*, Abril de 2002, Capítulo 3.

um ano só ocorrem, habitualmente, em economias que requerem profundas reestruturações, como a da Grã-Bretanha, nos anos 70 (antes da chegada ao poder da primeiro-ministro Margaret Thatcher), a da Suíça, nos anos 90, a do Japão, depois de 1992, esta última não apenas devida ao seu colapso financeiro, mas também à necessidade de reorientar a economia face à ascensão da China. As crises bancárias geralmente requerem reestruturações dolorosas do sistema financeiro e, desse modo, são um exemplo importante deste princípio geral.

A herança orçamental das crises

Receitas em queda e despesas a subir, devido a uma combinação de custos de resgate e despesas mais elevadas com transferências e com o serviço da dívida, levam a uma deterioração marcada e rápida do saldo orçamental. Os episódios finlandês e sueco destacam-se neste campo; o último passou de um excedente, antes da crise, de 4% do PIB para um défice colossal de 15%. Ver Quadro 14.1.

Quadro 14.1 Défices orçamentais (nível central) como percentagem do PIB

País, ano da crise	Ano anterior à crise	Pico do défice (ano)	Aumento ou decréscimo (-) do défice orçamental
Argentina, 2001	-2,4	-11,9 (2002)	9,5
Chile, 1980	4,8	-3,2 (1985)	8,0
Colômbia, 1998	-3,6	-7,4 (1999)	3,8
Coreia, 1997	0,0	-4,8 (1998)	4,8
Espanha, 1977[a]	-3,9	-3,1 (1977)	-0,8
Finlândia, 1991	1,0	-10,8 (1994)	11,8
Indonésia, 1997	2,1	-3,7 (2001)	5,8
Japão, 1992	-0,7	-8,7 (1999)	9,4
Malásia, 1997	0,7	-5,8 (2000)	6,5
México, 1994	0,3	-2,3 (1998)	2,6
Noruega, 1987	5,7	-2,5 (1992)	7,9
Suécia, 1991	3,8	-11,6 (1993)	15,4
Tailândia, 1997	2,3	-3,5 (1999)	5,8

Fontes: Fundo Monetário Internacional (vários anos), *Government Financial Statistics* e *World Economic Outlook*, e cálculos dos autores.

[a] Como se vê pelo Gráfico 14.4, a Espanha foi o único país na nossa amostra a mostrar um (modesto) aumento no crescimento do PIB *per capita* no período pós-crise.

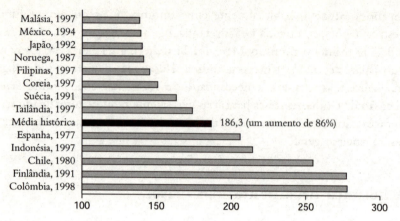

Gráfico 14.5. Aumento acumulado na dívida pública real, nos três anos que seguiram às crises bancárias passadas.

Fontes: Anexos A.1 e A.2, e fontes aí citadas.
Notas: cada episódio de crise bancária está identificado pelo país e pelo ano de início da crise. Só são incluídos os principais episódios de crises bancárias (sistémicas) para os quais existam dados. A média histórica não inclui os episódios de crise em curso, que se omitem por completo, pois as crises presentes começaram em 2007, ou depois, e a comparação de *stocks* de dívida aqui apresentada refere-se aos três anos subsequentes ao seu início. A dívida pública tem um índice igual a 100 no ano da crise.

O Gráfico 14.5 mostra o aumento real da dívida pública de nível central, nos três anos que se seguiram a uma crise bancária. A deterioração nas finanças públicas é impressionante, com uma média de aumento da dívida de mais de 86%. O cálculo aqui apresentado baseia-se em informação relativamente recente, das últimas décadas, mas recorde-se que no Capítulo 10 deste livro usámos os dados históricos que descobrimos sobre a dívida interna para mostrar que a acumulação de dívida pública foi uma característica definitória da sequência das crises bancárias, por mais de um século. Olhamos para o aumento percentual na dívida, em vez da dívida em percentagem do PIB, porque por vezes a queda abrupta do produto complica a interpretação dos rácios dívida/PIB. Já o sublinhámos, mas vale a pena repetir, que a característica acumulação maciça de dívida pública é impulsionada principalmente por uma acentuada queda das receitas fiscais, devida às recessões profundas que acompanham as crises financeiras mais severas. Os muito propalados custos de resgate bancário foram, em muitos casos, apenas uma contribuição relativamente menor para o aumento do peso da dívida que se segue às crises.

Risco soberano

Como se mostra no Gráfico 14.6, o incumprimento soberano, a reestruturação da dívida e/ou quase incumprimento (evitado por pacotes de resgate internacional) têm sido parte da experiência das crises financeiras em muitos mercados emergentes; não pode, pois, surpreender a queda da notação de risco de crédito dos países, durante uma crise. Mas as economias avançadas não saem ilesas. A notação de risco soberano da Finlândia caiu de 79 para 69 no espaço de três anos, deixando o país com uma classificação próxima de alguns mercados emergentes! O Japão também sofreu várias reduções de nível das mais famosas agências de notação de risco.

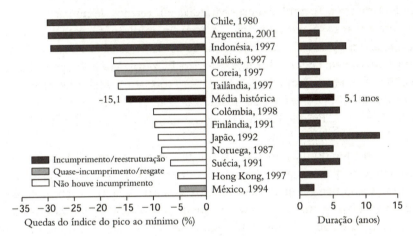

Gráfico 14.6. Ciclos das notações de risco soberano do *Institutional Investor* e crises bancárias passadas.

Fontes: Institutional Investor (vários anos) e cálculos dos autores.
Notas: as notações de risco do *Institutional Investor* variam de 0 a 100, aumentando com a qualidade do crédito.

Comparações com as experiências da Primeira Grande Contracção, nos anos 30 do século XX

Até agora, as nossas referências comparativas têm sido as crises financeiras do pós-guerra. As semelhanças quantitativas entre essas crises e a mais recente, nos EUA, pelo menos no que respeita ao período imediatamente antecedente e à trajectória inicial posterior, têm sido marcantes. Porém, em muitos aspectos esta «Segunda Grande Contracção» é muito mais profunda do que as outras crises do grupo comparativo, pois é de alcance global na sua extensão, ao passo que as outras crises severas do pós-Segunda Guerra Mundial ficaram circunscritas a um país ou, no pior dos casos, foram de âmbito regional. Como veremos em mais detalhe no Capítulo 17, as autoridades políticas reagiram de forma algo hesitante nos anos 30, o que também pode explicar a duração e gravidade dessa crise. Mas dada a incerteza persistente sobre a evolução futura da crise de finais da primeira década de 2000 – a Segunda Grande Contracção –, é útil olhar para os dados dos anos 30, a Primeira Grande Contracção.

O Gráfico 14.7 compara as crises dos anos 30 com as crises profundas posteriores à Segunda Guerra Mundial, em termos de número de anos durante os quais o produto caiu do pico ao mínimo. O painel superior mostra as crises do pós-guerra, incluindo as da Colômbia, Argentina, Tailândia, Indonésia, Suécia, Noruega, México, Filipinas, Malásia, Japão, Finlândia, Espanha, Hong Kong e Coreia – 14 ao todo. O painel inferior mostra 14 crises da Grande Depressão, incluindo as da Argentina, Chile, México, Canadá, Áustria, França, Estados Unidos, Indonésia, Polónia, Brasil, Alemanha, Roménia, Itália e Japão.

Cada metade do diagrama forma um histograma vertical. O número de anos que cada país, ou grupo de países, esteve em crise é medido pelo eixo vertical. O número de países em crise para cada extensão de tempo é medido pelo eixo horizontal. Vê-se claramente no diagrama que as recessões que acompanharam a Grande Depressão foram de muito maior duração do as que estiveram associadas às crises bancárias do pós-guerra. No pós-guerra, o produto caiu, em média, do pico ao mínimo, durante 1,7 anos, com as inversões negativas mais longas, de quatro anos, a ocorrerem na Argentina e na Finlândia. Mas com a Depressão, muitos países, incluindo os EUA e o Canadá, passaram por inversões de quatro anos ou mais, com o México e a Roménia a registarem quedas do produto durante seis anos. Na Grande Depressão, a duração média da queda do produto foi de 4,1 anos[8].

É importante reconhecer que as medidas normais da profundidade e duração das recessões não são particularmente adequadas para captar o rombo épico no produto que frequentemente acompanha as crises financeiras graves. Um dos factores a levar em conta é a dimensão da queda e o outro

---

[8] Outras comparações e paralelos assinaláveis com a Grande Depressão são apresentados em Eichengreen e O'Rourke (2009).

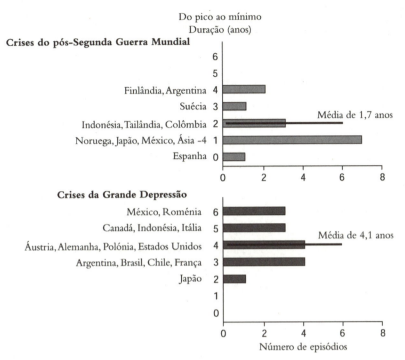

Gráfico 14.7. A duração das maiores crises financeiras: 14 episódios da Grande Depressão *versus* 14 episódios do pós-Segunda Guerra Mundial (duração da queda do produto *per capita*).

Fontes: Anexo A.3 e cálculos dos autores.

Notas: os 14 episódios do pós-guerra são os da Espanha, 1977; Noruega, 1987; Finlândia, 1991; Suécia, 1991; Japão, 1992; México, 1994; Indonésia, Tailândia e (agrupados como Ásia-4) Hong Kong, Coreia, Malásia e Filipinas, todos em 1997; Colômbia, 1998; e Argentina, 2001. Os 14 episódios da Grande Depressão são compostos pelos 11 episódios de crises bancárias e outros três associados a crises menos sistémicas, mas ainda assim registando contracções económicas igualmente devastadoras, no Canadá, Chile e Indonésia, nos anos 30. As crises bancárias foram as do Japão, 1927; Brasil, México e Estados Unidos, todas em 1929; França e Itália, 1930; e Áustria, Alemanha, Polónia e Roménia, 1931.

é o crescimento, por vezes muito modesto, depois de o sistema financeiro ter recomeçado a funcionar após as crises. Uma perspectiva alternativa é dada pelo Gráfico 14.8, que mede o número de anos que os países levaram a recuperar o nível de produto anterior à crise. Naturalmente que, depois de uma queda abrupta da produção, só o regresso ao ponto de partida pode requerer um longo período de crescimento. Ambas as metades do gráfico

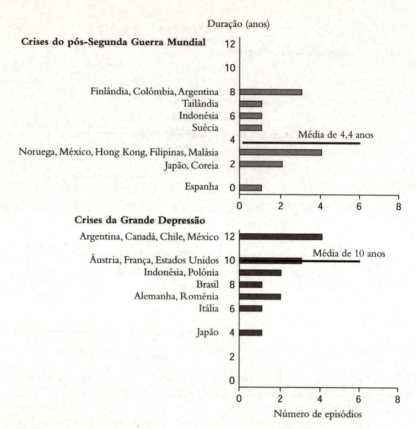

Gráfico 14.8. A duração das maiores crises financeiras: 14 episódios da Grande Depressão *versus* 14 episódios do pós-Segunda Guerra Mundial (número de anos que o produto *per capita* levou para regressar ao nível anterior à crise).

Fontes: Anexo A.3 e cálculos dos autores.
Notas: Os 14 episódios do pós-guerra são os da Espanha, 1977; Noruega, 1987; Finlândia, 1991; Suécia, 1991; Japão, 1992; México, 1994; Coreia, Filipinas, Hong Kong, Indonésia, Malásia e Tailândia, todos em 1997; Colômbia, 1998; e Argentina, 2001. Os 14 episódios da Grande Depressão são compostos pelos 11 episódios de crises bancárias e outros três associados a crises menos sistémicas, mas ainda assim registando contracções económicas igualmente devastadoras, no Canadá, Chile e Indonésia. As crises bancárias foram as do Japão, 1927; Brasil, México e Estados Unidos, todas em 1929; França e Itália, 1930; e Áustria, Alemanha, Polónia e Roménia, 1931. O nível pré-crise para a Grande Depressão é o de 1929.

são impressionantes. Para os episódios do pós-guerra, foram precisos 4,4 anos em média para o produto superar o desnível que o separava do período pré-crise. O Japão e a Coreia conseguiram-no com relativa rapidez, em apenas dois anos, ao passo que a Colômbia e a Argentina precisaram de oito anos. As coisas foram muito piores durante a Depressão, quando os países levaram em média 10 anos a aumentar a produção até ao nível anterior à crise, em parte porque nenhum país estava em posição de «exportar a sua trajectória de recuperação», uma vez que a procura agregada mundial implodira. O gráfico mostra, por exemplo, que os EUA, a França e a Áustria levaram 10 anos a reconstruir o seu produto, para o nível inicial anterior à crise, ao passo que o Canadá, o México, o Chile e a Argentina levaram 12 anos. Assim, a era da Grande Depressão estabelece referências para a trajectória potencial da crise financeira de finais da primeira década de 2000 muito mais assustadoras do que as principais comparações que temos vindo a fazer com as crises severas do pós-guerra.

Como mostraremos no Capítulo 16, os aumentos de desemprego na Grande Depressão foram também muito maiores do que nas crises financeiras severas a seguir à Segunda Guerra Mundial. O aumento médio da taxa de desemprego foi de 16,8 pontos percentuais. Nos EUA, o desemprego subiu de 3,2% para 24,9%.

Por fim, no Gráfico 14.9 olhamos para a evolução da dívida pública real durante as crises da era da Grande Depressão. É interessante notar que a dívida pública cresceu mais devagar na sequência destas crises do que o fez nas crises severas do pós-guerra. Na Depressão, foram precisos seis anos para a dívida pública real aumentar 84% (por comparação com metade do tempo nas crises do pós-guerra). Parte da diferença reflecte a extrema lentidão das respostas políticas durante a Grande Depressão. É também digno de nota que a dívida pública nos mercados emergentes não tenha aumentado nas últimas fases das crises (do terceiro ao sexto ano). Alguns destes mercados emergentes já tinham sido arrastados para o incumprimento, tanto da dívida interna como da dívida externa. Outros podem ter tido de fazer face ao tipo de limitações externas que discutimos, em relação com a intolerância à dívida e, como tal, tinham pouca capacidade de financiar défices orçamentais.

Observações finais

Uma análise da sequência das crises financeiras graves do pós-guerra revela que tiveram efeitos profundos e duradouros nos preços dos activos, no produto e no emprego. Os aumentos de desemprego e as quedas nos preços da habitação estenderam-se por cinco e seis anos, respectivamente. A dívida pública real aumentou uma média de 86% em três anos.

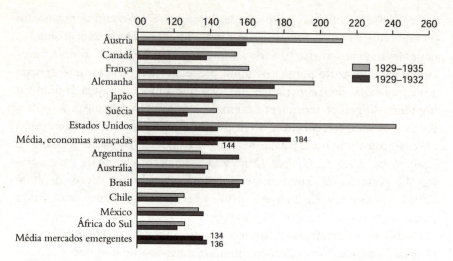

Gráfico 14.9. Aumento acumulado da dívida pública real, três e seis anos após o início da Grande Depressão de 1929: países seleccionados.

Fontes: Reinhart e Rogoff (2008b) e fontes aí citadas.

Notas: os anos de início das crises bancárias variam entre 1929 e 1931. A Austrália e o Canadá não tiveram uma crise bancária sistémica, mas são incluídos para efeitos de comparação, pois ambos os países sofreram contracções económicas severas e prolongadas. O ano de 1929 marca o pico do produto mundial e, portanto, é usado como marcador do início do episódio da Depressão.

Até que ponto são relevantes as referências históricas para se aferir a trajectória de uma crise como a crise financeira de finais da primeira década de 2000, a Segunda Grande Contracção? Por um lado, pode afirmar-se que as autoridades dispõem agora de enquadramentos de política monetária mais flexíveis, em particular graças a um regime de taxa de câmbio menos rígido. E alguns bancos centrais mostraram agressividade ao agir logo desde o início, de um modo claramente ausente nos anos 30, ou na experiência mais recente do Japão. Por outro, não deveríamos forçar demasiado a ilusão de que somos mais astutos do que os que nos antecederam. Há alguns anos, muita gente afirmaria que os progressos da engenharia financeira tinham feito muito para domar o ciclo económico e limitar o risco de contágio financeiro. E como vimos na secção final deste capítulo, as crises da Grande Depressão foram acontecimentos bastante mais traumáticos do que mesmo as mais graves das crises que se seguiram à Segunda Guerra Mundial. Na Depressão, os países em crise levaram em média 10 anos a recuperar o nível de PIB real *per capita* anterior. Mesmo assim, nas crises do pós-guerra, o tempo necessário para recuperar o nível de produto anterior à crise foi quase de quatro anos e meio (apesar do crescimento ter retomado muito mais rapidamente, foi ainda assim preciso tempo para que a economia regressasse ao ponto de partida).

O que sabemos é que, depois do início da crise recente de 2007, os preços dos activos e outros indicadores de crise típicos tombaram nos EUA, e não só, em linha com os precedentes históricos. É certo que os mercados accionistas recuperaram, desde aí, algum terreno, mas em geral seguindo o padrão da experiência histórica (como sublinhado no Capítulo 10), segundo o qual as recuperações em forma de V nos preços das acções são muito mais comuns do que no caso dos preços da habitação ou do emprego. Além disso, as análises deste capítulo aos resultados pós-crise para o desemprego, a produção e a dívida pública fornecem referências numéricas que deverão inspirar cuidados quanto à profundidade que as crises financeiras podem atingir. Na realidade, as nossas comparações históricas com o período após a Segunda Guerra Mundial tomam por base, em larga medida, episódios que foram de natureza individual ou regional. A natureza global da crise recente tornou muito mais difícil, e controversa, para cada um dos países individuais, a via do crescimento para sair da crise por meio do aumento das exportações, ou do alisamento dos efeitos sobre o consumo por recurso ao crédito externo. Como se notou no Capítulo 10, a experiência histórica sugere que a breve calmaria nos incumprimentos soberanos que se seguiu a 2002 está em risco de chegar a um final abrupto. É verdade que a planeada quadruplicação dos recursos do Fundo Monetário Internacional (FMI), a par da suavização aparente das condições de empréstimo da instituição, poderia ter o efeito de pôr a rolar em câmara lenta a próxima ronda de incumprimentos, mesmo que com uma explosão maior no final, se o próprio FMI se vier a ver envolvido em problemas maiores de reembolsos. De outro modo, como mencionámos repetidamente, os incumprimentos nos mercados emergentes tendem a aumentar acentuadamente, quando muitos países estão simultaneamente a passar por crises bancárias internas.

15

As dimensões internacionais da crise do *subprime*: resultados de contágio ou fundamentos comuns?

Nos dois capítulos precedentes sublinhámos as semelhanças entre a última crise financeira – a Segunda Grande Contracção – e as crises anteriores, especialmente quando vistas da perspectiva dos Estados Unidos como epicentro. Há naturalmente diferenças em aspectos importantes entre a crise de finais da primeira década de 2000 e as crises posteriores à Segunda Guerra Mundial, particularmente se se atender à ferocidade com que a recessão se espalhou à escala global, a partir do quarto trimestre de 2008. A «paragem súbita» no financiamento estendeu-se rapidamente às pequenas e médias empresas em todo o mundo, com as maiores apenas capazes de se financiarem em termos bem mais onerosos do que antes. Os governos dos mercados emergentes estão igualmente sob pressão, apesar de, em meados de 2009, os diferenciais [*spreads*] de crédito soberano se terem estreitado substancialmente, depois do apoio maciço dos países ricos ao Fundo Monetário Internacional, a que aludimos no capítulo anterior[1].

---

[1] O FMI é efectivamente o prestamista global de última instância para os mercados emergentes, que normalmente enfrentam graves restrições quando querem emitir nova dívida nos mercados, durante uma crise. Dada a quadruplicação dos recursos do FMI, acordada a 2 de Abril de 2009, no encontro, em Londres, dos chefes de Estado do Grupo dos 20 (incluindo os dos maiores países ricos e dos maiores mercados emergentes), o pânico dos mercados mundiais sobre os riscos de incumprimento soberano foi consideravelmente reduzido. Porém, as garantias do FMI aplicam-se apenas à dívida pública e os diferenciais de risco na dívida do sector empresarial dos mercados emergentes permanecem elevados, em meados de 2009, com as taxas de incumprimento empresarial a

Como é que uma crise local ou regional se transforma numa crise global? Neste capítulo sublinharemos a distinção fundamental entre a transmissão internacional que ocorre em resultado de choques comuns (como, por exemplo, o colapso da bolha tecnológica, em 2001, ou o colapso dos preços da habitação da crise mais recente) e a transmissão devida a mecanismos que são verdadeiramente o resultado do contágio transfronteiriço, emanando do epicentro da crise.

No que se segue, fornecemos uns quantos exemplos históricos de crises financeiras que rapidamente se espalharam além-fronteiras e apresentamos um enquadramento analítico para se compreender os factores que tornam mais provável a alimentação do contágio internacional a partir de uma crise que começa por ser essencialmente interna. Usamos estes episódios como pontos de referência para discutir a aglomeração de crises bancárias em múltiplos países, tão marcante na crise de finais da década de 2000, quando é evidente a presença tanto de choques comuns como de ligações internacionais. Mais tarde, no Capítulo 16, desenvolveremos um índice de severidade da crise, que nos permite definir referências tanto para crises financeiras regionais como globais.

Conceitos de contágio

Ao definir contágio, distinguimos dois tipos: a repercussão de «combustão lenta» e o tipo de inflamação que se caracteriza por uma transmissão transfronteiriça veloz, a que Kaminsky, Reinhart e Végh chamaram «rápida e furiosa». Explicam especificamente que:

> Referimo-nos a «contágio» como um episódio no qual há efeitos significativos *imediatos* numa série de países, na sequência de um evento – isto é, quando as consequências são *rápidas e furiosas* e se desenrolam numa questão de horas ou dias. Esta reacção «rápida e furiosa» contrasta com os casos em que a reacção internacional inicial às notícias é muda. Estes últimos casos não impedem a emergência de efeitos graduais e persistentes, que podem ter cumulativamente consequências económicas maiores. Referimo-nos a estes casos graduais como *repercussões* [spillovers]. *Choques* externos *comuns*, tais como alterações nas taxas de juro internacionais

---

continuarem a aumentar. Está por ver se, e até que ponto, estes problemas de dívida se repercutirão na situação financeira dos governos por via dos resgates, como foi frequentemente o caso no passado.

ou nos preços do petróleo, não estão também *automaticamente* incluídos na nossa definição operativa de contágio[2].

Acrescentamos a esta classificação a noção de que os choques comuns não têm de ser todos externos. Esta reserva é particularmente importante, tendo em vista o episódio recente. Os países podem partilhar fundamentos macroeconómicos «internos» comuns, como sejam as bolhas na habitação, bonanças de entrada de capital, alavancagens privadas e (ou) públicas crescentes, etc.

Episódios passados escolhidos

Bordo e Murshid, e Neal e Weidenmier salientaram que as correlações entre múltiplos países, nas crises bancárias, também eram comuns entre 1880 e 1913, um período de mobilidade internacional do capital relativamente elevada, sob o regime do padrão-ouro[3]. No Quadro 15.1, olhamos para um intervalo mais largo de tempo, incluindo o século XX. O quadro lista os anos durante os quais as crises bancárias se produziram em grupos. O Anexo A.3 fornece detalhes adicionais sobre as datas para cada país[4]. A famosa crise do Barings, de 1890, que envolveu a Argentina e o Reino Unido, antes de se espalhar a outros países, parece ter sido o primeiro episódio de aglomeração internacional de crises bancárias. Seguiu-se-lhe o pânico de 1907, que começou nos EUA e rapidamente se estendeu a outras economias avançadas, em particular à Dinamarca, França, Itália, Japão e Suécia. Estes episódios são referências comparativas razoavelmente boas para o contágio financeiro actual[5].

---

[2] Kaminsky, Reinhart e Végh (2003); citação da pág. 55, sublinhado nosso.
[3] Bordo e Murshid (2001), e Neal e Weidenmier (2003). Neal e Weidenmier sublinham que períodos de contágio aparente podem ser mais facilmente interpretados como respostas a choques comuns, tema a que voltaremos no contexto da crise recente. Mas talvez a questão essencial no que respeita à perspectiva histórica sobre o contágio financeiro esteja resumida da melhor forma por Bordo e Murshid, que concluem que há poucos indícios que sugiram que as conexões entre países sejam mais fortes na sequência de uma crise financeira do período recente, por comparação com o período entre 1880 e 1913, o primeiro auge da globalização dos mercados financeiros que eles estudam.
[4] O Quadro 15.1 não inclui a aglomeração de outros «tipos» de crise, como sejam a onda de incumprimentos soberanos em 1825, ou as derrocadas cambiais e degradações monetárias das Guerras Napoleónicas. Uma vez mais, os índices que desenvolvemos no Capítulo 16 permitir-nos-ão capturar este género de aglomeração, envolvendo quer múltiplos países, quer diferentes tipos de crise.
[5] Veja-se Neal e Weidenmier (2003), e Reinhart e Rogoff (2008a).

Quadro 15.1 Crises bancárias globais, 1890-2008: contágio ou fundamentos comuns?

Anos de aglomeração nas crises bancárias	Países afectados	Comentários
1890-1891	Argentina, Brasil, Chile, Estados Unidos, Portugal e Reino Unido	A Argentina incumpriu e houve corridas a todos os seus bancos (ver della Paolera e Taylor, 2001); o Baring Brothers foi à falência.
1907-1908	Chile, Dinamarca, Estados Unidos, França, Itália, Japão, México e Suécia	Uma queda nos preços do cobre minou a solvência de uma sociedade fiduciária (quase-banco) em Nova Iorque.
1914	Argentina, Bélgica, Brasil, Estados Unidos, França, Índia, Itália, Japão, Noruega, Países Baixos e Reino Unido	Estalou a Primeira Guerra Mundial.
1929-1931	Economias avançadas: Alemanha, Bélgica, Espanha, Estados Unidos, Finlândia, França, Grécia, Itália, Portugal e Suécia Mercados emergentes: Argentina, Brasil, China, Índia e México	Os preços reais dos bens primários caíram cerca de 51%, entre 1928 e 1931. As taxas de juro reais atingiram quase 13% nos EUA.
1981-1982	Mercados emergentes: Argentina, Chile, Colômbia, Congo, Egipto, Equador, Filipinas, Gana, México, Turquia e Uruguai	Entre 1979 e 1982, os preços reais dos bens primários caíram cerca de 40%. As taxas de juro reais nos EUA atingiram cerca de 6% – o maior registo desde 1933. Começou uma crise de dívida nos mercados emergentes, que se estenderia por uma década.
1987-1988	Muitos países pequenos, a maior parte deles de baixos rendimentos; a África subsariana foi, em particular, fortemente atingida	Estes anos marcaram o final de uma série em cadeia de crises de dívida, que durou quase uma década.
1991-1992	Economias avançadas: República Checa, Finlândia, Grécia, Japão e Suécia Outros países: Argélia, Brasil, Egipto, Geórgia, Hungria, Polónia, Roménia e República Eslovaca	Rebentaram bolhas de preços do imobiliário e das acções nos países nórdicos e no Japão; muitas economias em transição estavam a braços com a liberalização e a estabilização.
1994-1995	Argentina, Bolívia, Brasil, Equador, México e Paraguai Outras economias: Azerbaijão, Camarões, Croácia, Lituânia e Suazilândia	A «crise tequila» mexicana deu o primeiro golpe ao surto de capitais para os mercados emergentes, que se verificava desde o início da década de 90.
1997-1999	Ásia: Hong Kong, Filipinas, Indonésia, Malásia, Tailândia, Taiwan e Vietname Outras economias: Brasil, Colômbia, El Salvador, Equador, Maurícia, Rússia, Turquia e Ucrânia	Foi dado o segundo golpe aos movimentos de capitais para os mercados emergentes.
2007-presente	Alemanha, Espanha, Estados Unidos, Hungria, Irlanda, Islândia, Japão, Reino Unido e outros	Rebentaram a bolha do *subprime* nos EUA e outras bolhas imobiliárias, noutras economias avançadas.

Fontes: baseado nos Capítulos de 1 a 10 do livro.

Naturalmente que os episódios de contágio das crises bancárias anteriores à Segunda Guerra Mundial são apenas uma pálida imagem da Grande Depressão, onde também se assistiu a um número elevadíssimo de incumprimentos quase simultâneos das dívidas soberanas externas e internas.

Fundamentos comuns e a Segunda Grande Contracção

A conjuntura de elementos relacionados com a recente crise é exemplar dos dois canais de contágio: ligações cruzadas e choques comuns. Sem qualquer dúvida, a crise financeira dos EUA, de 2007, repercutiu-se noutros mercados através de ligações directas. Por exemplo, instituições financeiras alemãs e japonesas (e de outros países tão longínquos como o Cazaquistão) tinham vindo a procurar rendimentos mais atractivos no mercado do *subprime* dos Estados Unidos, talvez devido ao facto de as oportunidades de lucro no imobiliário nacional serem limitadas, no melhor dos casos, ou desanimadoras, no pior. Com efeito, depois da crise tornou-se evidente que muitas instituições financeiras de fora dos EUA tinham exposições nada negligenciáveis ao mercado do *subprime*[6]. Trata-se de um canal clássico de transmissão ou contágio, através do qual uma crise num país se espalha através das fronteiras internacionais. No contexto presente, porém, o contágio, ou as repercussões, são apenas parte da história.

Que muitos outros países vivessem dificuldades económicas, ao mesmo tempo que os Estados Unidos, ficou a dever-se, em larga medida, também ao facto de muitas das características do período antecedente da crise do *subprime* estarem igualmente presentes noutras economias avançadas. Dois elementos comuns sobressaem. Primeiro, muitos países da Europa e de outras regiões (a Islândia e a Nova Zelândia, por exemplo) tinham construído as suas próprias bolhas imobiliárias (Gráfico 15.1). Em segundo lugar, os EUA não eram os únicos com grandes défices da balança corrente e a viverem uma «bonança de fluxo de capitais», como mostrámos no Capítulo 10. A Bulgária, a Espanha, a Irlanda, a Islândia, a Letónia, a Nova Zelândia e o Reino Unido, entre outros, estavam a importar capital do estrangeiro, que ajudou a impulsionar um *boom* de crédito e dos preços dos activos[7]. Tais tendências tornaram por si mesmas estes países vulneráveis às habituais conse-

---

[6] Dada a opacidade dos balanços de muitas instituições financeiras destes países, a extensão completa da exposição é, até agora, desconhecida.
[7] Veja-se Reinhart e Reinhart (2009) para uma listagem completa dos episódios de bonança de entrada de capitais.

quências perversas das derrocadas dos mercados de activos e das reversões nos fluxos de capitais – ou às «paragens súbitas» *à la* Dornbusch/Calvo –, independentemente do que pudesse ter acontecido nos Estados Unidos.

As repercussões directas por via da exposição aos mercados do *subprime* dos EUA e os fundamentos comuns discutidos acima foram, em acréscimo, complementadas por outros canais de transmissão «padrão», comuns em tais

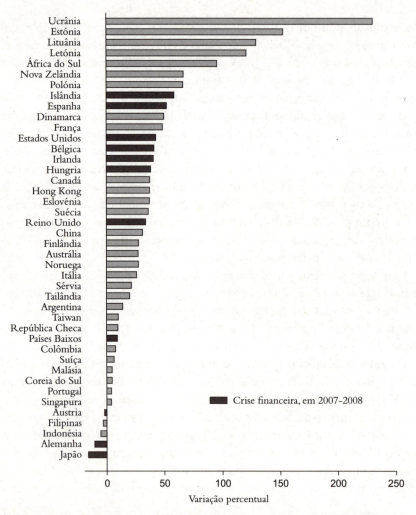

Gráfico 15.1. Variação percentual nos preços reais da habitação, 2002-2006.

Fontes: Bank for International Settlements e fontes listadas no Anexo A.1.
Nota: os dados da China cobrem o período de 2003 a 2006.

episódios: especificamente, a prevalência de credores comuns. Por exemplo, um banco austríaco exposto à Hungria, quando esta enfrenta graves turbulências económicas, cortará os empréstimos não apenas à Hungria, mas a outros países (predominantemente da Europa de Leste) aos quais estava a conceder crédito, o que transmitirá o «choque», por via do prestamista comum, da Hungria para esses países. Um papel análogo foi desempenhado por um banco japonês comum na transmissão internacional da crise asiática de 1997-1998 e por bancos dos EUA, durante a crise de dívida latino-americana, de inícios de 80.

Estarão mais repercussões a caminho?

Como já fizemos notar, as repercussões em geral não ocorrem com a rapidez das surpresas adversas e das paragens súbitas nos mercados financeiros. Portanto, tendem a não induzir imediatamente efeitos negativos de balanço. A sua evolução mais gradual não torna, porém, os seus efeitos cumulativos menos sérios.

As economias comparativamente abertas, de crescimento historicamente rápido, da Ásia, depois de terem começado por sobreviver relativamente bem, acabaram por ser gravemente atingidas pelas recessões de finais da primeira década de 2000 nas economias avançadas. As economias asiáticas são não só mais sustentadas pelas exportações do que as de outras regiões, como as suas exportações têm uma maior componente de bens industriais, o que torna a procura mundial a elas dirigida muito mais elástica em relação ao rendimento do que a procura de bens primários.

Apesar de não estarem tão orientadas para as exportações como a Ásia, as economias do Leste da Europa foram severamente afectadas pelas recessões dos seus parceiros comerciais mais ricos do Ocidente. Observação semelhante pode fazer-se em relação ao México e à América Central, isto é, a países simultaneamente muito integrados com os EUA e significativamente dependentes das remessas dos seus trabalhadores aí emigrados. As economias mais baseadas em produtos primários, da África e da América Latina, bem como as nações produtoras de petróleo, sentiram os efeitos do enfraquecimento global da procura, por via dos efeitos nos seus mercados, onde os preços começaram a cair acentuadamente a partir do Outono de 2008.

Elemento crucial para determinar a extensão do dano aos mercados emergentes, provocado por estes efeitos de repercussão, será a velocidade de recuperação dos países do «Norte». À medida que os amortecedores nas reservas cambiais (construídos nos anos de bonança anteriores a 2007) se forem erodindo e as finanças públicas deteriorando, as pressões financeiras no serviço da dívida, pública e privada, intensificar-se-ão. Como salientámos, as crises financeiras severas são acontecimentos prolongados no tempo. Dada a tendência para o aumento dos incumprimentos soberanos, na rastro tanto das crises financeiras globais como das quedas bruscas nos preços dos bens primários, a sequela da Segunda Grande Contracção pode bem ser um número elevado de incumprimentos, reescalonamentos e/ou regastes maciços do FMI.

16
Medidas compósitas de turbulência financeira

Neste livro, destacámos a aglomeração de crises que se entrecruzam em diversas conjunturas, quer atravessando países diversos, quer juntando-se em tipos de crise variados. Um país que está a passar por uma crise de taxa de câmbio pode em breve dar por si numa crise bancária e numa crise de inflação, seguindo-se por vezes incumprimentos internos e externos. As crises transmitem-se também entre países, por contágio ou factores comuns, como discutimos no capítulo anterior.

Até agora, porém, não fizemos qualquer tentativa de construir um índice quantitativo que combine crises ao nível regional ou global. Aqui, em linha com a abordagem algorítmica que aplicámos à definição de eventos específicos de crise financeira, apresentaremos vários tipos de índices de turbulência financeira que nos ajudarão a aferir a severidade global, regional e nacional de uma crise.

O nosso índice de turbulência financeira revela algumas informações verdadeiramente impressionantes. A crise financeira global mais recente – a que chamámos a «Segunda Grande Contracção» – é claramente a única crise financeira de carácter global que ocorreu no período do pós-Segunda Guerra Mundial. Mesmo que a Segunda Grande Contracção não venha a evoluir para uma Segunda Grande Depressão, ultrapassa, ainda assim, outros episódios turbulentos, incluindo a ruptura de Bretton Woods, o primeiro choque petrolífero, a crise de dívida dos anos 80, no mundo em desenvolvimento, e a agora famosa crise asiática de 1997-1998. A Segunda Grande Contracção está já marcada por uma crise bancária de extensão extraordinariamente global e por uma espectacular volatilidade das taxas de câmbio, também mundial. A sincronia dos colapsos nos mercados da habitação e do emprego também se revela sem precedentes desde a Grande Depressão; na parte final deste capítulo recorreremos a dados que têm sido pouco usados, da Grande Depressão, para destacar a comparação.

O índice de turbulência financeira que desenvolvemos neste capítulo pode também servir para caracterizar a severidade das crises a nível regional, e aqui comparamos as experiências de continentes diversos. O índice mostra quão desinformada é a presunção popularizada de que a Ásia não tem crises financeiras.

Este capítulo não liga apenas as crises à escala global, mas aborda também o modo como variedades de crise diferentes se relacionam dentro de um mesmo país. Seguindo Kaminsky e Reinhart, discutimos o processo pelo qual crises bancárias, por vezes latentes, conduzem frequentemente a derrocadas cambiais, a incumprimentos estritos e à inflação[1].

Por fim, concluímos salientando que conseguir emergir de uma crise global é, por natureza, mais difícil do que emergir de uma crise de múltiplos países, mas de extensão regional, como a crise financeira da Ásia, de 1997-1998. O crescimento fraco do resto do mundo elimina a possibilidade da procura externa compensar a procura interna em colapso. Portanto, medidas como o nosso índice de turbulência financeira global podem ser úteis na concepção das respostas políticas apropriadas.

O Índice BCDI: um índice compósito de crises

Desenvolvemos o nosso índice de severidade da crise da seguinte forma. No Capítulo 1 definimos cinco «tipos» de crises: incumprimento soberano externo e interno, crises bancárias, derrocadas cambiais e explosões de inflação[2]. O nosso índice nacional compósito de turbulência financeira forma-se a partir da soma simples do número de tipos de crise por que um país está a passar em cada momento de uma série cronológica. Assim, se um dado país não está a passar por nenhuma das cinco crises que tipificámos num dado ano, o seu índice de turbulência, nesse ano, será igual a zero, ao passo que

---

[1] Kaminsky e Reinhart (1999).
[2] A soma chegaria a seis variedades de crises se incluíssemos a degradação monetária. Não seguimos essa via, por duas razões: primeiro, há menos fontes para dados a cobrir múltiplos países (cerca de uma dúzia) sobre o conteúdo metálico das respectivas moedas; segundo, a máquina impressora afastou a degradação e desligou as moedas em circulação da base metálica, com a ascensão da moeda fiduciária. Uma vez que o período de turbulência compósita que analisamos é posterior a 1800 (quando a nossa datação das crises bancárias começa verdadeiramente), a exclusão das crises de degradação não é tão problemática como seria entre 1300 e 1799, época em que a degradação florescia.

no pior cenário (como a Argentina em 2002, por exemplo) será igual a 5. Atribuímos um valor, assim definido, a cada país, em cada ano. É aquilo a que chamamos índice BCDI, que designa o índice de crise de bancária (incluindo apenas episódios sistémicos), cambial, de dívida (interna e externa) e de inflação.

Apesar de o exercício captar algumas das dimensões compostas da experiência de crise, não deixa de ser uma medida reconhecidamente incompleta da sua severidade[3]. Se a inflação subir aos 25% ao ano, preenchendo o requisito que definimos para se classificar como crise, recebe o mesmo peso no índice que uma subida de 250%, que é obviamente muito mais grave[4]. A abordagem binária do incumprimento é semelhante à da Standard and Poor's, que classifica os países como estando ou não em tal situação. O Índice S&P, tal como o nosso, tem em conta variáveis de crise de dívida. Por exemplo, à reestruturação uruguaia, relativamente rápida e «benevolente para os mercados», de 2003, é atribuído o mesmo valor que ao incumprimento estrito e arrastado, com cortes nos valores em dívida [*haircut*] significativos, impostos com êxito aos credores, pelo seu vizinho maior, a Argentina, em 2001-2002. Apesar disso, índices como o S&P revelaram-se de extrema utilidade ao longo do tempo, precisamente porque o incumprimento tende a ser um acontecimento com essa natureza discreta. De igual modo, um país que atinge os nossos marcadores de crise através de uma combinação de variedades múltiplas delas é quase de certeza um país a passar uma enorme pressão económica e financeira.

Quando for viável, acrescentaremos ao nosso composto de cinco crises as derrocadas do mercado bolsista de «tipo Kindleberger», que mostraremos em separado[5]. Neste caso, o índice variará de 0 a 6[6]. Apesar de o próprio

---

[3] O mesmo se aplica a todas as medidas dicotómicas de crises que nós (e a maior parte dos estudos) empregamos. Naturalmente que é possível considerar algumas gradações adicionais das crises para apreender alguma medida de variação da sua severidade.

[4] Como notámos, poder-se-ia facilmente refinar esta medida para comportar três gradações: elevada inflação (acima de 20% mas abaixo de 40%), muito elevada (acima de 40% mas abaixo de 1000%) e hiperinflação (1000% ou mais).

[5] A saber, episódios de derrocada associados a crises financeiras e turbulência internacional (na sua maior parte, nas economias avançadas).

[6] A nossa lista de crises económicas não inclui o colapso do crescimento, tal como é definido por Barro e Ursúa (2008, 2009), como um episódio no qual o PIB *per capita* cai, em termos acumulados, 10% ou mais. Examinaremos este assunto mais tarde. O nosso índice compósito de turbulência financeira não inclui também necessariamente todos os episódios de «paragem brusca», tal como definidos por Guillermo Calvo e co-autores em vários trabalhos (ver referências). O leitor lembrar-se-á que uma paragem brusca é

Kindleberger não ter fornecido uma definição quantitativa de derrocada, Barro e Ursúa adoptaram uma referência razoavelmente boa para a marcação de colapsos nos preços dos activos, que recolhemos aqui. Definem uma derrocada da bolsa como uma queda acumulada de 25%, ou mais, nos preços reais das acções[7]. Aplicamos os seus métodos aos 66 países cobertos pela nossa amostra; as datas iniciais para os preços das acções são determinadas pelos dados disponíveis, tal como está detalhado, por país, nos anexos. Escusado será dizer que a nossa amostra de derrocadas bolsistas termina com o estrondo dos megacolapsos que envolveram vários países, em 2008. Tal como no caso dos colapsos do crescimento, muitas, se não mesmo a maioria, das derrocadas das bolsas coincidiram com os episódios de crise aqui descritos (Capítulos 1 e 11). «A maioria» claramente não significa todas; a derrocada da Segunda-Feira Negra, de Outubro de 1987, por exemplo, não está associada a uma crise de qualquer outro tipo. Os falsos alarmes dos mercados accionistas são conhecidos. Ficou famosa a observação de Samuelson, de que «os mercados accionistas previram nove das últimas cinco recessões»[8]. De facto, apesar de as bolsas de valores terem continuado em queda acentuada na primeira parte de 2009 (para lá do termo do nosso conjunto de dados), desde aí já subiram marcadamente no segundo trimestre do ano, mesmo que não tenham regressado ao nível anterior à crise.

Para lá dos eventos soberanos, há duas outras dimensões importantes do fenómeno do incumprimento que o nosso índice de crise não capta directamente. Primeiro, há os incumprimentos de dívida das famílias. Estes incumprimentos estiveram no centro do palco em que se desenrolou a saga do *subprime* nos EUA, na forma dos já tristemente célebres créditos hipotecários tóxicos. O incumprimento das famílias não é tratado separadamente na nossa análise por falta de dados históricos, mesmo para as economias avançadas. Porém, tais episódios são muito provavelmente detectados no nosso indicador de crises bancárias. Os bancos, afinal, são as principais fontes de crédito às famílias, e os incumprimentos em larga escala destas, quando ocorrem, geram imparidades nos seus balanços.

---

um episódio no qual ocorre uma reversão abrupta nos fluxos de capitais internacionais, muitas vezes associada a uma perda de acesso aos respectivos mercados. É de assinalar que a maioria das crises bancárias sistémicas passadas e presentes (a crise do *subprime* nos EUA em 2007 é uma excepção) esteve associada a paragens bruscas. O mesmo se pode dizer dos incumprimentos externos soberanos.

[7] Barro e Ursúa (2009). Eles identificam 195 derrocadas bolsistas em 25 países (18 economias avançadas e sete mercados emergentes), entre 1869 e 2006.
[8] Samuelson (1966).

Mais problemática é a incidência dos incumprimentos das empresas, que formam, em si mesmos, uma outra «variedade de crise». A omissão causa menos problemas nos países em que as empresas são mais dependentes dos bancos. Em tais circunstâncias, aplica-se o mesmo comentário que fizemos ao incumprimento das famílias. Para os países com mercados de capitais mais desenvolvidos, talvez valha a pena considerar o incumprimento empresarial em larga escala como mais um tipo de crise. Como o Gráfico 16.1 mostra, os EUA começaram por viver uma acumulação acentuada de incumprimentos das empresas durante a Grande Depressão, muito antes do incumprimento soberano (a revogação da cláusula-ouro, em 1934). Porém, deve salientar-se que os incumprimentos das empresas e as crises bancárias estão na realidade correlacionados e, assim, o nosso índice pode capturar parcial e indirectamente o fenómeno. Em muitos episódios, os incumpri-

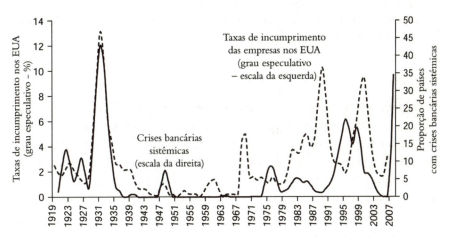

Gráfico 16.1. A proporção de países com crises bancárias sistémicas (ponderados pela sua quota no rendimento mundial) e taxas de incumprimento das empresas nos EUA (grau especulativo), 1919-2008

Fontes: Kaminsky e Reinhart (1999), Bordo *et al.* (2001), Maddison (2004), Caprio *et Al.* (2005), Jácome (2008), *Moody's Magazine* (vários números) e fontes adicionais listadas no Anexo A.3, que fornece datas das crises bancárias.
Notas: a amostra inclui todos os 66 países listados no Quadro 1.1 que eram independentes em cada ano da série cronológica. São usados três conjuntos de ponderadores do PIB; os de 1913 para o período de 1800 a 1913; os de 1900 para o período de 1914 a 1990; e finalmente os de 2003 para o período de 1991 a 2008. Os dados de 2007-2008 incluem as crises na Alemanha, Áustria, Bélgica, Espanha, Estados Unidos, Hungria, Japão, Países Baixos e Reino Unido. O gráfico mostra as médias móveis de dois anos.

mentos das empresas foram também precursores dos incumprimentos soberanos, ou reescalonamentos de dívida, quando os governos tenderam a amparar as dívidas do sector privado.

Uma ilustração do índice compósito a nível nacional

A crise argentina de 2001-2002 ilustra como as crises podem reforçar-se e justapor-se. O governo incumpriu todas as suas dívidas, internas e externas; os bancos paralisaram em «férias bancárias», com os depósitos congelados indefinidamente; a taxa de câmbio do peso para o dólar foi de um para mais de três, praticamente de um dia para o outro; os preços passaram da queda (com a deflação em torno de -1% ao ano) para a inflação a uma taxa de cerca de 30%, segundo estimativas oficiais conservadoras. Poderíamos acrescentar que este episódio preenche o critério de Barro-Ursúa para um colapso de crescimento (o PIB *per capita* caiu cerca de 20 a 25%), e os preços reais dos títulos cotados em bolsa tiveram um rombo de mais de 30%, em linha com uma derrocada de tipo Kindleberger.

Agregados mundiais e crises globais

Para transitar da experiência de países individuais para um agregado mundial ou regional, usamos as médias ponderadas de todos os países, ou de determinada região. Os ponderadores, como já referimos, são dados pela quota do país no produto mundial. Em alternativa, é possível calcular a média de crises num grupo determinado de países, usando uma média simples não ponderada. Ilustraremos ambos os casos.

Comparações históricas

Os nossos índices agregados de crise são as séries para 1900-2008 dos Gráficos 16.2 e 16.3, para o mundo e para as economias avançadas. O agregado das economias avançadas compreende os 18 países de elevado rendimento na nossa amostra, enquanto o grupo de mercados emergentes agrega 48 países de África, da Ásia, Europa e América Latina. Os índices expostos ponderam os países pela sua quota no PIB mundial, como fizemos para as crises de dívida e crises bancárias[9]. Os índices cada país (sem as derrocadas

---

[9] O leitor lembrar-se-á, dos capítulos anteriores, que a nossa amostra de 66 países representa cerca de 90% do PIB mundial.

dos mercados bolsistas) são compilados desde a sua independência (se depois de 1800); o índice com inclusão das derrocadas dos mercados accionistas é calculado em função dos dados disponíveis.

Apesar de a inflação e as crises bancárias antecederem as independências em muitos casos, uma crise de dívida soberana, externa ou interna, é, por

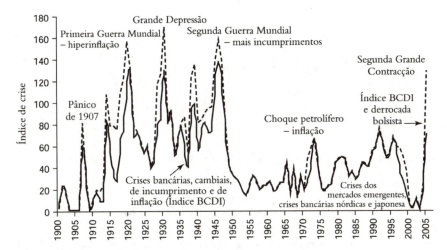

Gráfico 16.2. Tipos de crise: agregado mundial, 1900-2008.

Fonte: cálculos dos autores.

Notas: o gráfico apresenta um índice compósito das crises bancárias, cambiais, de incumprimento soberano e de inflação, e de derrocadas bolsistas (o índice pondera os países pelo seu peso no rendimento mundial). O Índice compósito para as crises bancárias, cambiais, de incumprimento da dívida, interna e externa, e de inflação, BCDI, pode ter um valor entre 0 e 5 (para qualquer país, em qualquer ano), dependendo dos tipos de crise que ocorreram nesse ano particular. Por exemplo, em 1998 o índice teve o valor de 5 para a Rússia, estando o país a passar por uma derrocada cambial, uma crise bancária e uma crise de inflação, e um incumprimento soberano a ambos os compromissos de dívida, internos e externos. Este índice é depois ponderado pela quota do país no rendimento mundial. O índice é calculado anualmente para os 66 países da amostra, de 1800 a 2008 (em cima é exposta a sua evolução de 1900 em diante). Em acréscimo, usamos a definição de derrocada bolsista de Barro e Ursúa (2009) para os 25 países da sua amostra (um subconjunto da nossa, de 66 países, com excepção da Suíça), para o período de 1864 a 2006; actualizamos a curva com as derrocadas bolsistas, com base na sua definição, até ao episódio de 2008, para computar o nosso índice compósito de crises bancárias, cambiais, de incumprimento (interno e externo) e de inflação (BCDI+). Para os EUA, por exemplo, o índice regista um valor de 2 (crise bancária e derrocada bolsista) em 2008; para a Austrália e o México, idêntico valor (derrocada cambial e bolsista).

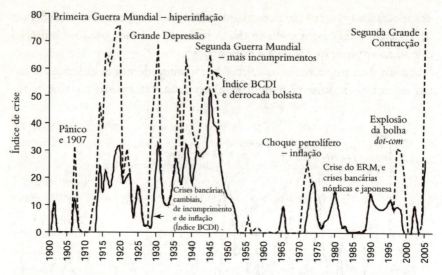

Gráfico 16.3. Tipos de crise: agregado das economias avançadas, 1900-2008.

Fonte: cálculos dos autores.

Notas: o gráfico apresenta um índice compósito das crises bancárias, cambiais, de incumprimento soberano e de inflação, e de derrocadas bolsistas (o índice pondera os países pelo seu peso no rendimento mundial). O Índice compósito para as crises bancárias, cambiais, de incumprimento da dívida, interna e externa, e de inflação, BCDI, pode tomar um valor entre 0 e 5 (para qualquer país, em qualquer ano), dependendo dos tipos de crise que ocorreram nesse ano particular. Por exemplo, em 1947 o índice teve o valor de 4 para o Japão, estando o país a passar por uma derrocada cambial, uma crise de inflação, e um incumprimento soberano a ambos os compromissos de dívida, internos e externos. Este índice é depois ponderado pela quota do país no rendimento mundial. O índice é calculado anualmente para as 18 economias avançadas (inclui a Áustria, mas não a Suíça) da amostra de Reinhart-Rogoff, de 1800 a 2008 (em cima é exposta a sua evolução de 1900 em diante). Em acréscimo, usamos a definição de derrocada bolsista de Barro e Ursúa (2009) para 18 economias avançadas (inclui a Suíça, mas não a Áustria), para o período de 1864 a 2006; actualizamos a curva com as derrocadas bolsistas, com base na sua definição, até ao episódio de 2008, para computar o nosso índice compósito de crises bancárias, cambiais, de incumprimento (interno e externo) e de inflação (BCDI+). Para os EUA e o Reino Unido, por exemplo, o índice regista um valor de 2 (crise bancária e derrocada bolsista) em 2008; para a Austrália e a Noruega, idêntico valor (derrocada cambial e bolsista). ERM é o mecanismo europeu de taxas de câmbio.

definição, impossível numa colónia. Além disso, muitas colónias nem sempre tiveram moeda própria. Quando as derrocadas bolsistas (expostas separadamente) são acrescentadas ao índice compósito BCDI, designamo-lo por BCDI+.

Os Gráficos 16.2 e 16.3 registam a incidência e, em certa medida, a severidade de experiências de crise diferentes. Um olhar rápido sobre estes gráficos revela padrões muito diferentes nas experiências do pré- e do pós--Segunda Guerra Mundial. A diferença é especialmente evidente no Gráfico 16.3, que traça a evolução dos índices para 18 economias avançadas. A experiência anterior à guerra era caracterizada por episódios de crise severos e frequentes, que vão desde o Pânico de 1907, originado numa crise bancária, às crises de dívida e inflação associadas à Segunda Guerra Mundial e ao período que se lhe seguiu[10].

Os períodos do pós-guerra proporcionaram alguns surtos de turbulência: as explosões inflacionárias que acompanharam os primeiros choques petrolíferos, em meados dos anos 70, as recessões associadas à redução da inflação, no início dos anos 80, as graves crises bancárias dos países nórdicos e do Japão, no começo da década de 90, e a ruptura da bolha *dot-com*, no início da primeira década de 2000. Estes episódios são, porém, pálidas imagens das suas equivalentes no período anterior à Segunda Guerra Mundial, ou da contracção global de 2008, que não teve paralelo, por larga margem, nos mais de sessenta anos do pós-guerra (Gráfico 16.3). Tal como os seus precedentes anteriores à guerra, o episódio de 2008 foi simultaneamente grave na sua intensidade e global em extensão, como é reflectido pela proporção elevada de países atolados em crises. As derrocadas bolsistas foram praticamente universais. As crises bancárias proliferaram, à medida que as bolhas de preços dos activos estoiravam e os altos níveis de alavancagem eram expostos. As derrocadas cambiais face ao dólar dos EUA, nas economias avançadas, assumiram dimensões e volatilidades próprias dos mercados emergentes.

Um corpo de literatura académica em crescimento, incluindo as contribuições de McConnell e Perez-Quiros, e Blanchard e Simon, tem vindo a documentar a queda de vários parâmetros de volatilidade macroeconómica, no período posterior a meados da década de 80, presumivelmente originada num ambiente global de baixa inflação. Chamou-se-lhe, nos EUA e outras partes, «Grande Moderação»[11]. Porém, as crises sistémicas e os baixos níveis de volatilidade macroeconómica não andam lado a lado; os fortes aumentos na volatilidade, que ocorreram durante a Segunda Grande Contracção, começada em 2007, são transversalmente evidentes nos mercados de activos, incluindo o imobiliário, nos preços das acções e nas taxas de câmbio. São

---

[10] É importante recordar que a Alemanha, a Áustria, a Itália e o Japão mantiveram-se em incumprimento, por períodos variáveis, depois do fim da Guerra.
[11] Veja-se McConnell e Perez-Quiros (2000), e Blanchard e Simon (2001).

também manifestamente evidentes nos agregados macroeconómicos, como os do produto, do comércio e do emprego. Está por se ver como avaliarão os economistas a Grande Moderação e as suas causas, depois de a crise ceder.

Para muitos mercados emergentes, a Grande Moderação foi um acontecimento fugaz. Afinal, a crise de dívida dos anos 80 foi tão difundida e severa como os acontecimentos da década de 30 (ver Gráfico 16.3). Os episódios daqueles anos, que afectaram a África, a Ásia e a América Latina, em graus variados, envolveram muitas vezes a combinação de incumprimento soberano, inflação crónica e prolongadas crises bancárias. Quando as crises de dívida dos anos 80 acalmaram, novas erupções emanaram das economias do Leste da Europa e da antiga União Soviética, no início dos anos 90. A crise mexicana de 1994-1995 e as suas repercussões na América Latina, a crise asiática feroz, que começou no Verão de 1997, e a crise russa, de longo alcance, de 1998, não deixaram muitas clareiras de calma nos mercados emergentes. Esta cadeia de crises culminou no incumprimento recorde e implosão da Argentina, em 2001-2002[12].

Até à crise que começou nos EUA, no Verão de 2007, e se tornou global um ano mais tarde, os mercados emergentes gozaram um período de tranquilidade e até prosperidade. Entre 2003 e 2007, as condições do crescimento mundial foram favoráveis, os preços dos bens primários subiram consideravelmente e as taxas de juro mundiais estiveram baixas, tornando o crédito barato. Mas cinco anos é demasiado pouco tempo para que se possa estender aos mercados emergentes os argumentos da «Grande Moderação»; com efeito, os acontecimentos dos dois anos passados reacenderam a volatilidade generalizada.

Observações regionais

Olhamos agora para o perfil regional das crises. Nos Gráficos 16.2 e 16.3 olhámos para médias ponderadas pela dimensão dos países. Para que nenhum país individualmente domine os perfis regionais, a parte restante desta abordagem concentrar-se-á nas médias simples não ponderadas para a África, Ásia e América Latina. Nos Gráficos de 16.4 a 16.6 mostraremos os cálculos, de 1800 a 2008, para a Ásia e a América Latina e, no período pós--Segunda Guerra Mundial, para os estados de África, cuja independência é mais recente.

---

[12] Tal como em quase todas as crises históricas anteriores na Argentina, ao episódio de 2001-2002 seguiu-se uma crise no seu pequeno vizinho, o Uruguai.

Para a África, o índice regional compósito de turbulência financeira começa de facto nos anos 50 (Gráfico 16.4), pois antes disso apenas a África do Sul (1910) era um Estado soberano. Porém, temos uma cobertura razoavelmente extensa de séries de preços e taxas de câmbio para os anos seguintes à Primeira Guerra Mundial, de modo que são incluídas e datadas numerosas crises anteriores às independências (incluindo algumas crises bancárias severas na África do Sul), durante o período colonial. O índice salta de um mínimo, que está próximo do zero, nos anos 50 para um máximo nos anos 90. Os 13 países africanos da nossa amostra tiveram, em média, duas crises simultâneas durante os piores anos da década de 80. Em todos eles, com excepção da Maurícia, que nunca incumpriu nem reestruturou as suas dívidas soberanas, as duas crises poderiam ser uma combinação de quaisquer dois dos nossos tipos de crises. A queda no número médio de crises nos anos 90 reflectiu, em primeiro lugar, uma menor incidência de crises de inflação e a resolução final, ainda que arrastada ao longo de uma década, da crise de dívida dos anos 80.

O índice regional compósito de turbulência financeira para a Ásia (Gráfico 16.5) cobre o período de 1800 a 2008, pois a China, o Japão e a Tailândia foram nações independentes durante todo esse período. Tendo-se tornado independentes quase imediatamente a seguir à Segunda Guerra Mundial, os restantes países asiáticos da amostra juntam-se, então, à composição da média regional. O perfil para a Ásia ilustra um tema que temos salientado por mais do que uma vez: a pretensão económica de superioridade dos «tigres» ou das «economias milagrosas», nas três décadas que antecederam a crise de

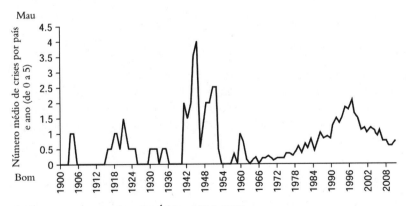

Gráfico 16.4. Tipos de crise: África, 1900-2008.

Fonte: cálculo dos autores baseado nas fontes listadas nos Anexos de A.1 a A.3.

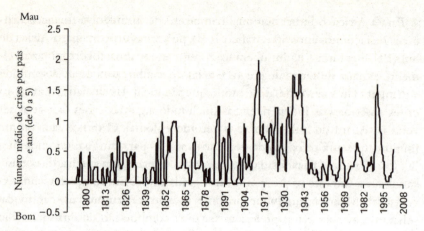

Gráfico 16.5. Tipos de crise: Ásia, 1900-2008.

Fonte: cálculo dos autores baseado nas fontes listadas nos Anexos de A.1 a A.3.

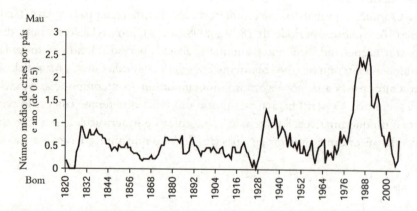

Gráfico 16.6. Tipos de crise: América Latina, 1900-2008.

Fonte: cálculo dos autores baseado nas fontes listadas nos Anexos de A.1 a A.3.
Notas: as hiperinflações da Argentina, Bolívia, Brasil, Nicarágua e Peru aumentam fortemente o índice (como se reflecte nos picos de finais de 1980 e princípios de 1990), porque todos estes episódios registam uma leitura máxima de cinco pontos.

1997-1998, era ingénua à luz da história local. A região passou por vários surtos prolongados de instabilidade económica, pelos padrões internacionais da época. Os registos de crises mais graves ocorreram durante o intervalo entre as duas guerras mundiais. Nesse período, a China conheceu a hiperinflação, vários incumprimentos, mais de uma crise bancária, e incontáveis moedas e conversões monetárias. O Japão teve inúmeros surtos de crise bancária, de inflação e taxa de câmbio, culminando num incumprimento da dívida externa durante a Segunda Guerra Mundial, num congelamento de depósitos bancários e na sua quase-hiperinflação (próxima dos 600%), no final da guerra, em 1945.

Talvez a América Latina tivesse tido melhores resultados em termos de estabilidade económica se a impressora nunca tivesse atravessado o Atlântico (Gráfico 16.6). Antes da longa luta da região com a inflação elevada, a hiperinflação e a inflação crónica ter entrado na sua fase mais negra, nos anos 70, o registo médio do seu índice de turbulência estava bastante em linha com o resto do mundo. Apesar dos periódicos incumprimentos, derrocadas cambiais e crises bancárias, a média nunca chegou na realidade a superar uma crise por ano, o que, de facto, é um valor moderadamente mais favorável do que os de outras regiões, em grandes intervalos de tempo. A subida da inflação, que começou antes da famosa crise de dívida dos anos 80 – a «década perdida» –, alteraria o desempenho absoluto e relativo da região até à segunda metade dos anos 90. Nos piores momentos da América Latina, no final da década de 1980 – antes do Plano Brady, de 1987 (discutido na Caixa 5.3), ter reestruturado dívidas soberanas de cobrança duvidosa e enquanto a Argentina, o Brasil e o Peru mergulhavam na hiperinflação –, como podemos ver pelo índice, a região passou por uma média de quase três crises por ano[13].

Definição de crise financeira global

Apesar de os índices de turbulência financeira que desenvolvemos poderem ser muito úteis para aferir a severidade de uma crise financeira global, precisamos de um algoritmo mais completo para delinear sistematicamente as verdadeiras crises, por forma a excluir, por exemplo, um episódio com um elevado registo na escala global, mas afectando apenas uma grande região. Propomos a definição operativa de crise financeira global na Caixa 16.1.

---

[13] Os episódios de hiperinflação são obviamente os mais notórios, mas a percentagem de países na região com uma inflação anual acima dos 20%, preenchendo o nosso requisito para se para se classificar como uma crise, atingiu um pico de cerca de 90% em 1990!

Crises financeiras globais: efeitos económicos

Voltamo-nos de seguida para dois factores genéricos associados a crises globais, ambos presentes na contracção recente: primeiro, os efeitos da crise no nível e volatilidade da actividade económica, genericamente definidos e medidos pelos agregados mundiais dos preços das acções, do PIB real e do comércio; e, segundo, a relativa sincronia entre países, evidente nos mercados de activos, bem como nas tendências do comércio, emprego e outras estatísticas sectoriais, como a habitação. Destacaremos na nossa análise as duas últimas crises globais, a Grande Depressão dos anos 30 e a Segunda Grande Contracção, para as quais há a documentação mais completa. Naturalmente que a apreciação desta gama vasta de dados macroeconómicos dar-nos-á um retrato muito mais matizado duma crise.

Agregados globais

Não há qualquer novidade na relação entre os preços das acções e a actividade económica futura. Literatura já antiga sobre os pontos de viragem no ciclo económico, como o clássico de Burns e Mitchell, documentou as propriedades dos preços das acções como indicador antecipado[14]. Quedas

Caixa 16.1 Crise financeira global: uma definição operativa

Em geral, uma crise global tem quatro elementos que a distinguem de uma crise regional, ou de uma crise que envolva vários países, mas menos virulenta:

1. Um ou mais centros financeiros globais estão mergulhados num qualquer tipo de crise sistémica (ou severa). Este «requisito» assegura que pelo menos um dos países afectados tem uma quota significativa (embora não necessariamente dominante) no PIB mundial. As crises nos centros financeiros globais também afectam, directa ou indirectamente, os fluxos financeiros para uma série de outros países. Um exemplo de centro financeiro é o de um prestamista de outros países, como o era o Reino Unido para os «mercados emergentes» no *boom* de empréstimos dos anos 20 do século XIX, e os Estados Unidos para a América Latina, em finais de 1920.
2. A crise envolve duas ou mais regiões.
3. O número de países em crise, em cada região, é de três ou mais. Contar o número de países afectados, em vez da quota de PIB afectado pela crise, assegura que

---

[14] Burns e Mitchell (1946). Para tratamentos mais recentes do tema das propriedades dos mercados accionistas enquanto indicadores precoces no contexto das crises, vejam-se Kaminsky e Reinhart (1999), e Barro e Ursúa (2009).

um episódio num país grande – como o Brasil na América Latina, ou a China ou o Japão na Ásia – não é suficiente para definir o episódio de crise.
4. O nosso índice compósito médio, ponderado pelo PIB, para a turbulência financeira global está pelo menos um desvio padrão acima do normal.

Episódios seleccionados de crises económicas globais, multinacionais e regionais

Episódio	Tipo	Centro(s) financeiro(s) global/globais mais afectado(s)	Pelo menos duas regiões	Número de países em cada região
A crise de 1825-1826	Global	Reino Unido	Europa e América Latina	A Grécia e Portugal incumpriram, tal como o fizeram praticamente todos os países recém-independentes da América Latina.
O Pânico de 1907	Global	Estados Unidos	Europa, Ásia e América Latina	Sofreram pânicos bancários a França, a Itália, o Japão, o México e o Chile.
A Grande Depressão, 1929-1938	Global	Estados Unidos e França	Todas as regiões	Incumprimentos muito difundidos e crises bancárias em todas as regiões.
A crise de dívida dos anos 80	Multinacional (países em desenvolvimento e mercados emergentes)	Estados Unidos (afectados, mas a crise não foi sistémica)	Países em desenvolvimento em África, na América Latina e em menor grau na Ásia	Os incumprimentos soberanos, as derrocadas cambiais e a elevada inflação espalharam-se virulentamente.
A crise asiática de 1997-1998	Multinacional, estendendo-se para lá da Ásia, em 1998	Japão (afectado, mas por essa altura o país estava há cinco anos a braços com a resolução da sua própria crise bancária sistémica)	Ásia, Europa e América Latina	Afectou o Sudeste Asiático, ao princípio. Em 1998, a Rússia, a Ucrânia, a Colômbia e o Brasil foram afectados.

A Contracção Global de 2008	Global	Estados Unidos, Reino Unido	Todas as regiões	As crises bancárias proliferaram na Europa, e derrocadas accionistas e cambiais face ao dólar atravessaram regiões.

Fonte: partes anteriores deste livro.

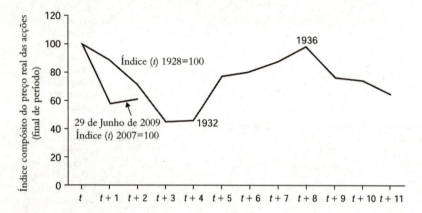

Gráfico 16.7. Mercados bolsistas mundiais durante as crises globais: índice compósito do preço real das acções (final de período).

Fontes: Global Financial Data (GFD) (s/d); Standard and Poor's; Fundo Monetário Internacional (vários anos), *World Economic Outlook* e cálculos dos autores (detalhes fornecidos no Anexo A.1).
Notas: o índice mundial compósito do preço das acções foi retirado de GFD, para 1928--1939, e de S&P, para 2007-2009. O índice S&P Global 1200 cobre sete regiões distintas e 29 países, e capta cerca de 70% da capitalização do mercado mundial. Os preços das acções estão deflacionados pelos preços no consumidor mundiais. Para 1928-1939, estes foram calculados usando as taxas de inflação média dos 66 países da amostra; para 2007--2009, foram retirados do *World Economic Outlook,* preços em final de período. Os anos de 1928 e 2007 marcam o pico cíclico destes índices. O ano da crise é indicado por *t*.

amplas e sincronizadas (generalizadas) nos preços das acções (derrocadas) caracterizaram o princípio do episódio que se tornou na Grande Depressão e, com um pouco mais de atraso, a crise global recente. O Gráfico 16.7 traça a evolução de um índice global de preços das acções para 1929-1939 e para 2008-2009 (até à actualidade). Para o episódio mais recente, o índice representa cerca de 70% da capitalização accionista mundial, e cobre sete regiões distintas e 29 países. Os preços das acções estão deflacionados pelos preços no consumidor mundiais. Os dados para 1928-1939 são calculados usando as taxas de inflação média para os 66 países da amostra; para 2007-2009 são tomados dos preços em final de período publicados no *World Economic Outlook*[15]. Os anos de 1928 e 2007 marcam o pico cíclico destes preços.

A queda dos mercados accionistas, durante o ano de 2008 e depois, é à escala, tanto na dimensão como na extensão geográfica, das derrocadas de 1929. Deve notar-se que, durante a crise dos anos 30, a propriedade das acções estava muito menos disseminada do que se tornou no século XXI; o crescimento dos fundos de pensões e planos de reforma e a ascensão da população urbana aumentaram as ligações entre a riqueza das famílias e os mercados accionistas.

No mesmo espírito do Gráfico 16.7, o Gráfico 16.8 traça a evolução real do PIB *per capita* (ponderado pela população mundial) para os vários grupos de países, nas duas crises[16]. O agregado para a Europa corresponde ao agregado de Maddison de 12 países, ponderados pela sua população[17]; o índice para a América Latina inclui os oito maiores países da região. O ano de 1929 marca o pico do PIB real *per capita* para os três agrupamentos regionais. Os dados da actualidade são do *World Economic Outlook*. Ao tomar toda esta informação no seu conjunto, torna-se difícil conciliar a trajectória projectada para o PIB real, particularmente nos mercados emergentes, e os desenvolvimentos, de 2008 até princípios de 2009, nos mercados accionistas.

No que respeita ao comércio, apresentamos duas ilustrações da sua evolução durante as duas crises globais. A primeira delas (Gráfico 16.9) é a reimpressão de um velho clássico intitulado «A Espiral de Contracção do Comércio Mundial: Mês a Mês, Janeiro de 1929 – Junho de 1933». Esta espiral centrípeta foi publicada no *World Economic Survey, 1932-1933*, que, por seu turno, a retomou de uma outra fonte contemporânea[18]. A ilustração documenta a queda do valor do comércio em 67%, quando a Depressão se instalou. Como foi amplamente demonstrado, inclusive por fontes contemporâneas, o colapso do comércio internacional só em parte foi o resultado da redução acentuada da actividade económica, variando entre cerca de

---

[15] Fundo Monetário Internacional (vários anos), *World Economic Outlook*.
[16] Eichengreen e O'Rourke (2009) acrescentam o comércio para sublinhar as semelhanças, ao mesmo tempo que assinalam a diferença na resposta da política monetária (especificamente, as taxas de desconto do banco central).
[17] Maddison (2004).
[18] Sociedade das Nações (vários anos), *World Economic Survey*.

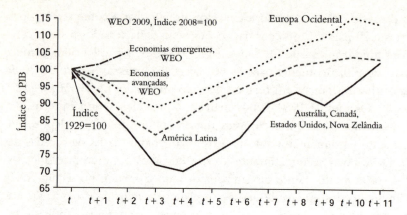

Gráfico 16.8. PIB real *per capita* durante as crises financeiras globais: agregados multinacionais (ponderados em PPC).

Fontes: Maddison (2004); Fundo Monetário Internacional (vários anos), *World Economic Outlook* e cálculos dos autores (detalhes fornecidos no Anexo A.1).
Notas: o agregado da Europa corresponde ao agregado de Maddison, de 12 países, ponderados pela sua população; o índice para a América Latina inclui os oito maiores países da região. Os anos de 1929 e 2008 marcam o pico do PIB real *per capita* para todos os três agrupamentos regionais. O ano da crise é indicado por *t*.

10% na Europa Ocidental e cerca de 30% na Austrália, Canadá, Estados Unidos e Nova Zelândia[19]. O outro factor destrutivo foi a ascensão generalizada, à escala mundial, de políticas proteccionistas, tanto na forma de barreiras ao comércio como de desvalorizações competitivas.

O Gráfico 16.10 traça a evolução do valor das exportações mundiais de mercadorias para o período de 1928-2009. A estimativa para 2009 usa o valor efectivo no final do ano de 2008 como valor médio para esse ano; o resultado é uma queda anual de 9% em 2009, a maior descida num só ano desde 1938[20]. Outras quedas grandes a seguir à Segunda Guerra Mundial ocorreram em 1952, durante a Guerra da Coreia, e em 1982-1983, quando a recessão atingiu os EUA e uma crise de dívida à escala dos anos 30 varreu o mundo emergente. Quedas menores sucederam em 1958, o fundo de uma recessão nos EUA; em 1998, durante a crise financeira da Ásia; e em 2001, depois do 11 de Setembro.

---

[19] Veja-se, por exemplo, Sociedade das Nações (1944).
[20] Apesar de termos dados fiáveis para o comércio, para a maioria dos países, durante a Segunda Guerra Mundial, há lacunas suficientes para tornar o agregado mundial não comparável a outros anos do período que vai de 1940 a 1947.

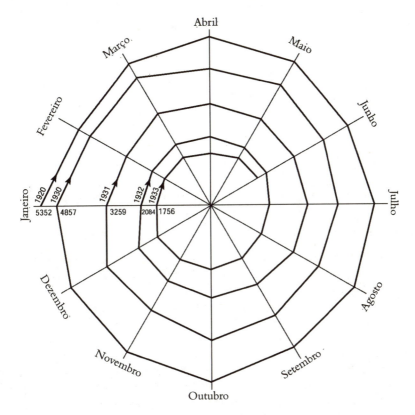

Gráfico 16.9. A Espiral de Contracção do Comércio Mundial: Mês a Mês, Janeiro de 1929 – Junho de 1933.

Fonte: Monatsberichte des Österreichischen Institutes für Konjunkturforshung 4 (1933): 63.

Sincronia entre países

O desempenho dos agregados globais apresenta evidência sobre a extensão em que uma crise afecta a população e/ou os países, à escala mundial. Porém, como a informação está condensada num único índice mundial, não revela plenamente a natureza síncrona das crises globais. Para preencher a lacuna, apresentaremos informação que a expõe, cobrindo a evolução de vários indicadores económicos, durante a crise global imediatamente anterior à mais recente. Especificamente, apresentamos dados sobre as variações no desemprego e índices sobre a habitação, as exportações e movimentos cambiais, entre 1929 e 1932.

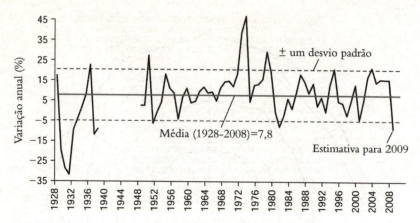

Gráfico 16.10. Crescimento mundial das exportações, 1928-2009.

Fontes: Global Financial Data (GFD) (s/d); Sociedade das Nações (vários anos), *World Economic Survey*; Fundo Monetário Internacional (vários anos), *World Economic Outlook* e cálculos dos autores (ver notas).

Notas: não há valores agregados para o período da Segunda Guerra Mundial. A estimativa para 2009 usa o valor efectivo no final do ano de 2008 como valor médio para esse ano; o resultado é uma queda anual de 9% em 2009, a maior descida num só ano do pós-guerra. Outras quedas grandes a seguir à Segunda Guerra Mundial ocorreram em 1952, durante a Guerra da Coreia, e em 1982-1983, quando a recessão atingiu os EUA e uma crise de dívida à escala dos anos 1930 varreu o mundo emergente. Quedas menores sucederam em 1958, o fundo de uma recessão nos EUA; em 1998, durante a crise financeira da Ásia; e em 2001, depois do 11 de Setembro.

O colapso maciço do comércio no pico da Grande Depressão já foi plenamente evidenciado pelos dois gráficos anteriores, mostrando agregados mundiais. O Gráfico 16.11 acrescenta informação sobre a natureza generalizada do colapso, que afectou indiscriminadamente países de todas as regiões, de baixos, médios e altos rendimentos. Por outras palavras, os agregados mundiais são verdadeiramente representativos das experiências nacionais consideradas individualmente, e não o produto de desenvolvimentos ocorridos num pequeno conjunto de grandes países, com elevadas ponderações nos referidos agregados. À parte as guerras que envolveram directa ou indirectamente (incluindo as Guerras Napoleónicas) uma parcela significativa do mundo, não há registo de uma sincronia tão generalizada.

A sincronização entre países não se limita a variáveis para as quais é esperável um co-movimento acentuado, como é o caso do comércio internacional ou das taxas de câmbio. A indústria de construção, que está no

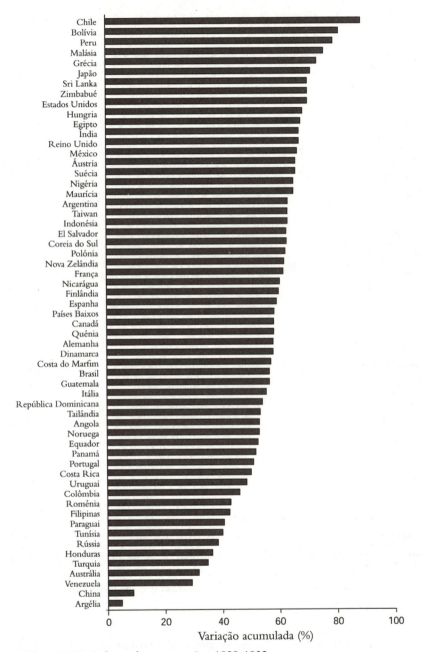

Gráfico 16.11. Colapso das exportações, 1929-1932.

Fontes: as fontes por país são dadas no Anexo A.1; usaram-se também cálculos dos autores.

epicentro do ciclo recente de expansão acentuada/contracção brusca, nos EUA e noutros países, é geralmente classificada como parte do «sector não transaccionável». Porém, a queda na actividade de construção relacionada com a habitação, entre 1929 e 1932, foi quase tão sincronizada como a que se registou no comércio, como ilustra o Quadro 16.1.

Quadro 16.1 Índices de totais de construção de edifícios em países seleccionados (1929=100)

País	Indicador	1932
África do Sul	Edifícios acabados (valor)	100
Alemanha	Edifícios acabados (assoalhadas)	36
Argentina	Licenças de construção (área)	42
Austrália	Licenças de construção (valor)	23
Bélgica	Licenças de construção (número)	93
Canadá	Licenças de construção (valor)	17
Chile	Licenças de construção (área)	56
Colômbia	Edifícios acabados (área)	84
Checoslováquia	Edifícios acabados (número)	88
Estados Unidos	Licenças de construção (valor)	18
Finlândia	Edifícios acabados (espaço cúbico)	38
França	Licenças de construção (número)	81
Hungria	Edifícios acabados (número)	97
Nova Zelândia	Edifícios acabados (valor)	22
Países Baixos	Edifícios acabados (domicílios)	87
Reino Unido	Licenças de construção (valor)	91
Suécia	Edifícios acabados (assoalhadas)	119
Média		64
Por memória: Pico de Setembro de 2005=100:		
Estados Unidos	Licenças de construção (número)	25[a]

Fontes: Sociedade das Nações, *World Economic Survey* (vários números), Carter *et al.* (2006).
Nota: assinalam-se as diferenças de definição do indicador de país para país.
[a] Até Fevereiro de 2009.

Com ambos os sectores transaccionável e não transaccionável a contraírem de forma marcada e consistente através dos países, a deterioração no desemprego, exposta no Quadro 16.2, não é de surpreender. O desemprego aumenta quase sem excepção (não há dados disponíveis comparáveis de

1929 para o Japão e a Alemanha) uma média de 17 pontos percentuais. Tal como se referiu em relação à sequência das crises do pós-guerra, no capítulo anterior, os números reflectem diferenças na definição de desemprego e nos métodos de compilação estatística; pontanto, as comparações entre países, particularmente no que respeita aos níveis, são aproximadas.

Quadro 16.2 Taxas de desemprego para países seleccionados, 1929-1932

País	1929	1932	Aumento
Alemanha	n.d.	31,7	n.d.
Austrália	11,1	29,0	17,9
Áustria	12,3	26,1	13,8
Bélgica	4,3	39,7	35,4
Canadá	5,7	22,0	16,3
Checoslováquia	2,2	13,5	11,3
Dinamarca	15,5	31,7	16,2
Estados Unidos	3,2	24,9	21,7
Japão	n.d.	6,8	n.d.
Noruega	15,4	30,8	15,4
Países Baixos	7,1	29,5	22,4
Polónia	4,9	11,8	6,9
Reino Unido	10,4	22,1	11,7
Suécia	10,7	22,8	12,1
Suíça	3,5	21,3	17,8
Média	8,2	25,0	16,8

Fontes: Sociedade das Nações, *World Economic Survey* (vários números), Carter *et al.* (2006).

Notas: os números reflectem diferenças na definição de desemprego e nos métodos de compilação estatística; pontanto, as comparações entre países, particularmente no que respeita aos níveis, são aproximadas.

[a] Médias anuais.

Algumas reflexões sobre crises globais

Aqui fazemos uma pausa para sublinhar porque é que as crises financeiras globais podem ser tão mais perigosas do que as locais ou regionais. Fundamentalmente, quando uma crise é verdadeiramente global, as exportações deixam de proteger o crescimento. Numa crise financeira global, é típico revelar-se que o produto, o comércio, os preços das acções e outros indicadores comportam-se qualitativamente (se não mesmo quantitativamente) da mesma maneira nos agregados mundiais e nos países considerados individualmente. Uma paragem súbita no financiamento normalmente não atinge apenas um país ou uma região, mas, em determinada medida, tem impacto sobre uma grande parcela dos sectores público e privado, ao nível mundial.

Conceptualmente, não é difícil perceber que é muito mais árduo «arrancar» um país a um colapso pós-crise quando o resto do mundo é afectado de maneira semelhante, do que quando as exportações fornecem um estímulo. Empiricamente, a proposição não pode ser facilmente testada. Temos centenas de crises na nossa amostra, mas muito poucas de carácter global e, como notámos na Caixa 16.1, algumas das primeiras destas estiveram associadas a guerras, o que torna ainda mais complicadas as comparações.

Com carácter mais definitivo, pode inferir-se da evidência disponível para tantos episódios que as recessões associadas a crises, qualquer que seja a variedade, são mais severas, em termos de duração e amplitude, do que as referências habituais do pós-guerra relacionadas com o ciclo económico, tanto nas economias avançadas como nos mercados emergentes. As crises que participam de um fenómeno global podem ser ainda piores, em amplitude e volatilidade, se não mesmo na duração, da inversão negativa. Até à crise mais recente, e desde o pós-guerra, não se havia ainda registado nenhuma crise financeira global; daí a necessidade de referências comparativas de períodos anteriores. Quanto à severidade, a Segunda Grande Contracção já estabeleceu vários recordes do pós-guerra. O ciclo económico obviamente que não foi domado.

O encadeamento das crises: um protótipo

Tal como as crises financeiras têm antecedentes macroeconómicos comuns em termos de preços de activos, actividade económica, indicadores externos, etc., também se revelam padrões comuns no encadeamento (ordem temporal) em que elas se desenrolam. Obviamente que nem todas as crises se agravam até ao resultado extremo de um incumprimento soberano. Porém, as economias avançadas não estiveram isentas de derrocadas cambiais, surtos de inflação, crises bancárias graves e, numa época anterior, até mesmo incumprimentos soberanos.

Investigar o que vem primeiro, se uma crise bancária ou uma crise cambial, foi um tema central do trabalho de Kaminsky e Reinhart sobre as «crises gémeas»; também concluíram que a liberalização financeira precede frequentemente as crises bancárias; de facto, ajuda a prevê-las[21]. Demirgüç--Kunt e Detragiache, que empregaram um método diferente e uma amostra maior, chegaram à mesma conclusão[22]. Reinhart examinou a relação entre as derrocadas cambiais e os incumprimentos externos[23]. Neste nosso trabalho, investigamos as conexões entre crises de dívida interna e externa, crises de inflação e incumprimento (interno e externo), e crises bancárias e incumprimento externo[24]. O Gráfico 16.2 traça o mapa de um encadeamento «prototípico» dos acontecimentos como o reporta esta literatura.

Como Diaz-Alejandro narra no seu trabalho clássico sobre a experiência chilena de finais da década de 70 e inícios de 80, «Goodbye Financial Repression, Hello Financial Crash», a liberalização financeira facilita simultaneamente o acesso dos bancos ao crédito externo e práticas creditícias de maior risco a nível nacional[25]. Depois de algum tempo, a seguir a um *boom* de empréstimos e nos preços dos activos, tornam-se manifestas fragilidades nos balanços dos bancos e começam os problemas no sector[26]. Muitas vezes estes problemas estão em estado mais avançado nas instituições mais débeis (como as sociedades financeiras) do que nos maiores bancos.

O passo seguinte na crise ocorre quando o banco central começa a fornecer apoio a estas instituições, estendendo-lhes crédito. Se a taxa de câmbio é gerida de forma muito controlada (não necessita de estar explicitamente ligada), surge uma inconsistência entre o apoio à taxa de câmbio e a actuação como prestamista de última instância às instituições com problemas. As numerosas experiências estudadas nesta literatura sugerem que (com maior frequência) o objectivo da taxa de câmbio é subordinado ao papel do banco como prestamista de última instância. Mesmo quando os empréstimos do banco central à indústria financeira afectada são limitados, o banco

---

[21] Kaminsky e Reinhart (1999).
[22] Demirgüç-Kunt e Detragiache (1998).
[23] Reinhart (2002).
[24] Reinhart e Rogoff (2004) também examinaram as relações entre derrocadas cambiais e inflação, bem como a relação temporal entre as primeiras e os controlos de capital (especificamente, sistemas duais ou múltiplos de taxa de câmbio).
[25] Diaz-Alejandro (1985).
[26] Em contraste com outros estudos de crises bancárias, Kaminsky e Reinhart (1999) fornecem duas datas para cada episódio de crise – o começo de uma crise bancária e o pico final.

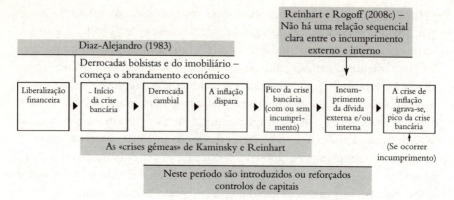

Gráfico 16.12. O encadeamento das crises: um prototipo.

Fontes: com base na evidência empírica fornecida por Diaz-Alejandro (1985), Kindleberger (1989), Demirgüç-Kunt e Detragiache (1998), Kaminsky e Reinhart (1999) Reinhart (2002), e Reinhart e Rogoff (2004, 2008c), entre outros.

central pode mostrar-se mais relutante em empenhar-se numa política de «defesa da taxa de juro», para defender a moeda, do que seria o caso se o sector financeiro estivesse sólido. Isto leva o encadeamento ilustrado no Gráfico 16.12 até à casa da «Derrocada cambial». A depreciação ou desvalorização da moeda, conforme o caso, complica a situação de (pelo menos) três maneiras: (1) exacerba o problema dos bancos que pediram emprestado numa divisa estrangeira, piorando as disparidades entre moedas[27]; (2) normalmente agrava a inflação (a extensão em que uma crise cambial se traduz em maior inflação é altamente irregular entre países, pois aqueles que têm um historial de inflação elevada e crónica repassam com maior rapidez e amplitude as alterações na taxa de câmbio aos preços)[28]; e (3) aumenta as probabilidades de incumprimento externo e interno se o Estado tiver dívida denominada em moeda estrangeira.

Nesta fase, ou a crise bancária atinge o pico, a seguir à derrocada cambial (se não houver crise de crédito soberano), ou continua a piorar, com a crise a intensificar-se e a economia a avançar para um incumprimento soberano (casa seguinte no Gráfico 16.12)[29]. Na análise que fizemos dos eventos de

---

[27] Veja-se Goldstein e Turner (2004).
[28] Veja-se Reinhart, Rogoff e Savastano (2003a).
[29] O segundo e o terceiro efeitos da depreciação ou desvalorização da moeda, atrás listados, são menos problemáticos no caso das economias avançadas.

crédito internos e externos não detectámos uma sequência bem estabelecida entre estes. Ocorreram incumprimentos internos antes, durante e depois de incumprimentos externos, sem uma ordem óbvia. No que respeita à inflação, toda a informação apresentada no Capítulo 9 aponta no sentido de uma deterioração vincada no seu desempenho depois da um incumprimento, especialmente tratando-se de incumprimentos gémeos (envolvendo ambas as dívidas, interna e externa). A cobertura da análise que aqui sumariamos não se estende à fase de resolução final da crise.

É de notar que as derrocadas cambiais tendem a ser assuntos mais sérios quando os governos têm a taxa de câmbio fixada (ou quase fixada), explícita ou implicitamente. Mesmo uma garantia implícita de estabilidade na taxa de câmbio pode tentar os bancos, as empresas e os cidadãos a assumirem compromissos pesados em moeda externa, pensando que é baixo o risco de uma súbita desvalorização, que aumentaria acentuadamente o custo a suportar por tais empréstimos. Num certo sentido, o colapso de uma moeda é o colapso de uma garantia governamental, com a qual contou o sector privado, e, portanto, constitui o incumprimento de uma promessa importante. Naturalmente que grandes oscilações nas taxas de câmbio também podem ser traumáticas para um país com um regime cambial clara e explicitamente flutuante, em especial se houver níveis substanciais de dívida externa e se os bens intermediários importados desempenharem um papel importante na produção. Em todo o caso, o trauma é normalmente menor, pois não implica uma perda de credibilidade do governo e do banco central. A persistência e a natureza recorrente das crises financeiras, nas suas várias formas, ao longo dos séculos, deixa-nos cépticos em relação às respostas fáceis sobre a melhor forma de as evitar. No nosso capítulo final, esboçamos alguns dos tópicos respeitantes às perspectivas futuras e à medida em que pode haver superação destes ciclos desestabilizadores de expansão acentuada-contracção brusca.

Sumário

Este capítulo aumentou consideravelmente a nossa perspectiva sobre as crises, elencando medidas quantitativas da natureza mundial de uma crise, que vão do nosso índice compósito de turbulência financeira global à comparação das trajectórias que se lhes seguem, considerando a Grande Depressão do século passado e a Segunda Grande Contracção recente. Vimos que quaisquer que sejam as medidas, o trauma resultante desta contracção, a primeira crise financeira global do século XXI, foi extraordinariamente severo; que o seu resultado macroeconómico seja apenas a recessão global mais grave desde a Segunda Guerra Mundial – e não pior – deve ser visto como uma bênção.

Parte VI

O que aprendemos?

Não há nada de novo, excepto o que esquecemos.
— Rose Bertin

17
Reflexões sobre os alertas precoces, a graduação, a resposta das políticas e as fraquezas da natureza humana

Chegámos ao fim de uma longa viagem, que nos levou dos incumprimentos de dívida e das degradações monetárias da Europa pré-industrial até à primeira crise financeira global do século XXI – a Segunda Grande Contracção. O que nos revelou a viagem quantitativa a esta história que nos possa ajudar a mitigar as crises financeiras do futuro? No Capítulo 13, sobre a trajectória para a crise financeira do *subprime* de 2007, sustentámos que seria útil estar atento à evolução de algumas séries macroeconómicas básicas, sobre os preços da habitação e sobre a dívida, e calibrá-las por comparação com as referências históricas tomadas de crises financeiras profundas do passado. Mas será possível dizer mais? Neste capítulo começaremos por uma revisão breve da literatura nascente sobre o «sistema de alertas precoces de crise». Reconhecemos que ela só pode reclamar um sucesso modesto até à data, mas, com base nos primeiros resultados aqui obtidos, argumentaremos que há um imenso espaço para o reforço da supervisão macroeconómica prudencial, através da melhoria no reporte de dados correntes e do investimento no desenvolvimento de séries longas (a abordagem que aqui seguimos), por forma a ampliar a perspectiva sobre padrões e regularidades estatísticas contidos nos dados.

Para começar, seriam particularmente úteis dados sobre a dívida que cobrissem transversalmente múltiplos países e abarcassem períodos longos. Idealmente, teríamos ao nosso dispor várias décadas, ou mesmo séculos de informação, com vista a realizar análise estatística. Demos aqui um passo significativo nesse sentido, ao explorar dados anteriormente pouco conhecidos sobre dívida pública, respeitantes a mais de 60 países, ao longo de quase um século, e em alguns casos mais. Mas, para a maior parte dos países, as nossas séries longas incluem apenas dívida de nível central, e não de nível estadual ou provincial. Seria útil dispor de medidas mais abrangentes, que levem em linha de conta dívida de empresas semipúblicas e garantias de dívida implícitas. Seria também de extrema utilidade ter séries longas sobre dívida dos consumidores, bancos e empresas. Reconhecemos que a recolha de tal informação será muito difícil para a maior parte dos países, mas é nossa firme convicção de que pode ser feito muito mais do que se conseguiu até aqui. E se as séries de preços da habitação aqui usadas (nos Capítulos 10, 13, 14 e 16) são um progresso considerável relativamente a estudos anteriores, ao usarem uma gama ampla de países, incluindo mercados emergentes, seria muito útil expandir os dados, por forma a cobrir mais países e um período de tempo mais extenso.

A segunda secção deste capítulo final explora o papel potencial de instituições financeiras multilaterais, como o Fundo Monetário Internacional, no auxílio à recolha e observação de informação sobre dívida pública interna, preços da habitação e outras matérias. É extraordinariamente significativo que, à data em que escrevemos, nenhuma agência internacional de âmbito global esteja a fornecer estes dados, ou a pressionar os Estados-membros a fornecê-los. Sustentamos que, mesmo com melhor informação sobre riscos, seria provavelmente muito desejável a criação de uma nova instituição internacional independente, que ajude a desenvolver e garantir a aplicação de regulação financeira internacional. O nosso argumento funda-se não apenas na necessidade de coordenar melhor as regras entre países, mas também na necessidade de os reguladores serem mais independentes das pressões políticas nacionais.

Na terceira secção do capítulo revisitamos o tema da «graduação», recorrente em todo o livro. Como podem os mercados emergentes superar um historial de incumprimento em série da dívida soberana e surtos sucessivos de elevada inflação? Uma conclusão central é a de que a graduação é um processo muito lento e as congratulações são, com demasiada frequência, prematuras.

Concluímos o capítulo com uma série de lições mais gerais.

Sobre os alertas precoces de crise

Nos capítulos anteriores descrevemos alguns dos antecedentes característicos das crises bancárias e as conexões entre vários tipos de crise (por exemplo, entre crises bancárias e de dívida externa, ou entre crises de inflação e de dívida). Está para lá do âmbito deste livro entrar numa análise exaustiva dos sistemas de alerta precoce, que antecipam o desencadeamento de crises bancárias, cambiais ou de dívida. A seguir à famosa crise mexicana de 1994-1995 e à ainda mais bem conhecida crise asiática de 1997-1998, surgiu um *corpus* imponente de literatura, representando um esforço de aferição dos méritos relativos de vários indicadores macroeconómicos e financeiros na «sinalização» precisa de uma crise, antes do tempo[1]. Estes trabalhos passaram em revista um vasto conjunto de indicadores e percorreram uma série de estratégias econométricas e episódios de crise, com algum modesto sucesso. De notar, como já referimos, que a literatura mais antiga teve de ser construída sobre as bases de dados muito limitadas então disponíveis, a que faltavam séries cronológicas cruciais para muitos países. Em particular, dados sobre os mercados imobiliários, elemento decisivo de muitos episódios de bolha e sobrealavancagem, estão pura e simplesmente em falta na maior parte da bibliografia sobre a antecipação das crises, porque até agora tais dados eram inadequados.

Uma vez que os dados que estão na base deste livro compreendem a informação necessária sobre os preços do imobiliário residencial para um grande número de economias avançadas e mercados emergentes, cobrindo quase todas as regiões, podemos agora concentrar-nos no preenchimento desta importante lacuna, na referida bibliografia[2]. O nosso exercício, no que respeita aos preços da habitação, não pretende ser definitivo. Especificamente, seguimos a abordagem proposta por Kaminsky e Reinhart, em muitos dos seus trabalhos, o chamado método dos sinais, para examinar

---

[1] Sobre os indicadores de risco das crises cambiais, vejam-se Kaminsky, Lizondo e Reinhart (1998), Berg e Pattillo (1999), Bussiere e Mulder (2000), Berg *et al.* (2004), Bussiere e Fratzscher (2006), e Bussiere (2007) e as fontes aí citadas. Para as crises bancárias, ver Demirgüç-Kunt e Detragiache (1998, 1999). Para as crises gémeas (indicadores de quando um país está em risco de entrar numa crise conjunta bancária e cambial), ver Kaminsky e Reinhart (1999) e Goldstein, Kaminsky e Reinhart (2000).

[2] Idealmente, gostaríamos de dispor também de dados comparáveis sobre os preços do imobiliário comercial, que desempenhou um papel particularmente importante nas bolhas de activos do Japão e outras economias asiáticas, na trajectória para as suas maiores crises bancárias.

em que ordem hierárquica figuram os indicadores de preços da habitação[3]. O Quadro 17.1 apresenta alguns destaques do exercício, pelo método referido, para as crises bancárias e cambiais. Não revisitámos, actualizámos ou alargámos a amostra de episódios de crise, com respeito aos outros indicadores. O nosso contributo é comparar o desempenho dos preços da habitação com os outros indicadores, comummente referidos nesta literatura.

Para as crises bancárias, os preços reais da habitação estão quase no topo da lista de indicadores fiáveis, ultrapassando a balança corrente e os preços reais das acções, gerando um número menor de falsos alarmes. Manter a vigilância sobre a evolução dos preços deste activo tem um claro valor acrescentado no auxílio à antecipação de cenários potenciais de crises bancárias. Para a previsão de derrocadas cambiais, a ligação ao ciclo dos preços do imobiliário não é tão acentuada, e os preços da habitação também não têm uma boa classificação como índice [*proxy*] da sobreapreciação da taxa de câmbio real, como o faz uma crise bancária ou o desempenho da balança corrente e das exportações.

O método dos sinais (ou a maioria dos métodos alternativos) não detectará a data exacta em que uma bolha explodirá, nem fornecerá uma indicação óbvia da gravidade da crise que se aproxima. O que este exercício sistemático pode facultar é informação valiosa sobre se uma economia está a exibir um, ou mais, dos sintomas clássicos que emergem antes de se desenvolver uma patologia financeira grave. A principal dificuldade no estabelecimento de um sistema eficaz e credível de alerta precoce, porém, não está na concepção de um quadro sistemático capaz de produzir sinais relativamente fiáveis de perigo, a partir dos vários indicadores, em tempo útil. A maior barreira ao seu sucesso é a tendência profundamente enraizada nos decisores políticos e nos participantes de mercado para tratarem os sinais como resíduos arcaicos e irrelevantes de um enquadramento conceptual ultrapassado, assumindo que as velhas regras de avaliação deixaram de se aplicar. Se o passado que estudámos neste livro é guia para alguma coisa, então esses sinais serão desvalorizados a maior parte das vezes. É essa a razão por que temos de pensar sobre como melhorar as instituições.

---

[3] Kaminsky, Lizondo e Reinhart (1998) e Kaminsky e Reinhart (1999). O método dos sinais, descrito em detalhe por Kaminsky, Lizondo e Reinhart (1998), hierarquiza os indicadores de acordo com os seus rácios de «ruído sobre o sinal». Quando um indicador emite um sinal (iça uma bandeira vermelha) e uma crise ocorre nos dois anos seguintes, é um sinal adequado; se não se segue uma crise, é um falso alarme, ou ruído. Portanto, os melhores indicadores são aqueles com mais baixos rácios de ruído sobre o sinal.

Quadro 17.1 Indicadores de sinalização precoce das crises bancárias e cambiais: um sumário

Classificação de indicadores (do melhor ao pior)	Descrição	Frequência
Crises bancárias		
O melhor		
Taxa de câmbio real	Desvios da tendência	Mensal
Preços reais da habitação[a]	Variação percentual de 12 meses (ou anual)	Mensal, trimestral, anual (conforme o país)
Entradas de capitais de curto prazo/PIB	Em pontos percentuais	Anual
Saldo da balança corrente/Investimento	Em pontos percentuais	Mensal
O pior		
Institutional Investor (II) e notações de risco soberano da Moody's	Alteração no índice	Bianual (II), mensal (Moody's)
Termos de troca	Variação percentual de 12 meses	Mensal
Derrocadas cambiais		
O melhor		
Taxa de câmbio real	Desvios da tendência	Mensal
Crises bancárias	Variável dicotómica	Mensal ou anual
Saldo da balança corrente/PIB	Em pontos percentuais	Anual
O pior		
Preços reais das acções	Variação percentual de 12 meses	Mensal
Exportações	Variação percentual de 12 meses	Mensal
M2 (agregado monetário largo)/reservas internacionais	Variação percentual de 12 meses	Mensal
O pior		
Institutional Investor (II) e notações de risco soberano da Moody's	Alteração no índice	Bianual (II), mensal (Moody's)
Diferencial das taxas de juro internas e externas (empréstimo)[b]	Em pontos percentuais	Mensal

Fontes: Kaminsky, Lizondo e Reinhart (1998), Kaminsky e Reinhart (1999), Goldstein, Kaminsky e Reinhart (2000) e cálculos dos autores.

[a] É a variável «nova», aqui introduzida.
[b] A não confundir com o diferencial de taxa de juro internas e externas, tal como se observa no desvio do Índice do Mercado Obrigacionista Emergente.

O papel das instituições internacionais

As instituições internacionais podem desempenhar um papel importante na redução do risco, em primeiro lugar promovendo a transparência no reporte de dados e, em segundo, garantindo a aplicação de regras relacionados com a alavancagem.

Seria também extremamente útil dispor de melhor e mais clara informação sobre dívida pública e garantias públicas de dívida implícitas, além de informação mais transparente sobre os balanços dos bancos. Uma contabilidade mais transparente não resolverá todos os problemas, mas certamente que ajudará. Na garantia de transparência, há um imenso papel para as instituições internacionais – instituições que, ademais, fracassaram nas últimas duas décadas, em busca do seu lugar na ordem internacional. No que respeita aos governos, o Fundo Monetário Internacional (FMI) poderia fornecer um bem público se tivesse um padrão extremamente rigoroso de contabilidade de dívida pública que incluísse garantias implícitas e elementos extra-balanço.

A iniciativa do FMI, de 1996, o *Special Data Dissemination Standard*, é um primeiro passo importante, mas muito mais pode ser feito a este respeito. Basta olhar para a opacidade que as contas públicas dos EUA adquiriram, durante a crise financeira de 2007, para medir a utilidade que poderiam ter normas externas. (Só a Reserva Federal incorporou no seu balanço triliões de dólares de activos privados difíceis de avaliar, mas durante os momentos mais turbulentos da crise recusou-se a revelar a composição de alguns desses activos, mesmo ao Congresso dos EUA. Compreende-se que essa assunção de activos fosse uma operação extraordinariamente delicada e sensível, mas a longo prazo a transparência sistemática tem de ser a abordagem correcta). A tarefa de garantir transparência é muito mais fácil de postular do que fazer, pois os governos têm inúmeros incentivos para manipular as suas contas. Mas se as regras estiverem escritas a partir de fora e antes da próxima crise, o seu não acatamento poderá ser lido como um sinal, o que forçará o bom comportamento. Na nossa opinião, o FMI pode desempenhar um papel mais útil instando os governos a disponibilizarem informação sobre as suas posições devedoras do que como seu bombeiro, depois de começarem os problemas. Obviamente que a lição da história é a de que a influência do FMI tem sido menor antes da crise do que durante.

É também nossa firme convicção de que há um papel importante para uma instituição de regulação financeira internacional. Em primeiro lugar, os fluxos transfronteiriços de capitais continuam a proliferar, muitas vezes tanto à procura de ambientes de regulação leves como de elevadas taxas de retorno. Para se poder ter um controlo regulatório significativo sobre os gigantes financeiros internacionais, é importante que haja algum nível de coordenação da regulação financeira. Não menos importante, um regulador financeiro internacional pode eventualmente fornecer algum grau de protecção política contra legisladores que procuram incansavelmente influenciar os reguladores nacionais, no sentido de aligeirar regras e a sua aplicação. Dadas as qualificações especiais requeridas para os quadros de uma tal instituição, extremamente diferentes das que prevalecem em qualquer uma das maiores instituições prestamistas multilaterais existentes, acreditamos que é necessário criar uma instituição completamente nova[4].

Graduação

A nossa análise da história de vários tipos de crise financeira levanta muitas questões importantes (e fornece uma quantidade consideravelmente menor de respostas). Possivelmente, o conjunto mais imediato de questões tem a ver com o tema da «graduação», um conceito que introduzimos pela primeira vez num trabalho conjunto com Savastano e ao qual demos repetidamente destaque ao longo de todo este livro[5]. Porque é que países como a França e a Espanha conseguiram emergir de séculos de incumprimento em série da dívida soberana e, finalmente, deixaram de incumprir, pelo menos num sentido técnico estrito? Há um tema prévio: o que significa exactamente «graduação»? A transição do estatuto de «mercado emergente» para o de «economia avançada» não vem com um diploma, ou um conjunto bem definido de critérios que marque a subida de nível. Como Qian e Reinhart sublinham, a graduação pode ser definida como a ascensão ao estatuto internacional de grau de investimento, e sua posterior conservação; a ênfase recai sobre a parte da conservação[6]. Uma outra forma de descrever este critério de graduação seria dizer que um país reduziu significativa e credivelmente as probabilidades de incumprimento das suas responsabilidades de dívida soberana. Se alguma vez foi um incumpridor em série, deixa de o ser e os investidores reconhecem-no como tal. A obtenção de acesso aos mercados de capitais deixa de ser um processo de pára-arranca. A graduação pode

---

[4] Defendemos um regulador financeiro internacional em Reinhart e Rogoff (2008b).
[5] Veja-se Reinhart, Rogoff e Savastano (2003a).
[6] Qian e Reinhart (2009).

também ser definida como a realização de um limiar mínimo em termos de rendimento *per capita*, redução significativa da volatilidade macroeconómica e capacidade para conduzir políticas orçamentais e monetárias anticíclicas ou, no mínimo, afastar-se das políticas pró-cíclicas desestabilizadoras que infestam a maioria dos mercados emergentes[7]. Obviamente que estes marcos estão relacionados entre si.

Se por graduação se pretendesse significar a capacidade de evitar totalmente as crises financeiras, de qualquer tipo, ficaríamos sem classe de graduados. Como notámos antes, os países podem «graduar-se» do incumprimento em série da dívida soberana e dos episódios recorrentes de inflação muito elevada, como ilustram os casos da Áustria, da França, da Espanha, entre outros. A história diz-nos, porém, que a graduação das crises bancárias e financeiras recorrentes é mais ilusória. E não devia ter sido necessária a crise financeira de 2007 para o recordarmos. Como fizemos notar no Capítulo 10, dentre os 66 países da nossa amostra, apenas uns poucos escaparam a crises bancárias desde 1945 e em 2008 apenas um as conseguira evitar. Também a graduação das derrocadas cambiais parece enganosa. Mesmo num contexto de taxas de câmbio flutuantes, no qual deixa de haver o problema dos ataques especulativos concertados a uma ligação cambial, as moedas das economias avançadas passam por derrocadas (isto é, depreciações superiores a 15%). Evidentemente que, mesmo não conseguindo superar a volatilidade da taxa de câmbio, os países que dispõem de mercados de capitais mais desenvolvidos e sistemas cambiais explicitamente mais flexíveis resistem melhor às derrocadas.

Uma vez adoptada uma definição de graduação centrada nos termos em que um país tem acesso aos mercados de capitais internacionais, a questão que se segue é como tornar este conceito operativo. Por outras palavras, como desenvolver uma medida «quantitativa» operativa da graduação? Uma definição sólida de graduação não deveria ser indevidamente influenciada pelo «sentimento do mercado». Na trajectória para crises maiores como as do México (1994), Coreia (1997) e Argentina (2001), estes países eram amplamente retratados pelas organizações multilaterais e pelos mercados financeiros como cabeças de cartaz – exemplos acabados – de graduação.

Resolver este assunto complexo está para lá do âmbito do que aqui podemos fazer. O nosso objectivo é facultar um retrato rápido do «clube de devedores» (tal como definidos no Capítulo 2) a que os países pertencem e um «grande retrato» do modo como as percepções de probabilidade de

---

[7] Veja-se Kaminsky, Reinhart e Végh (2004).

incumprimento da dívida soberana mudaram nos últimos 30 anos. Com este fim, o Quadro 17.2 lista todos os países da nossa amostra (com as respectivas datas de independência). A terceira coluna apresenta a notação de crédito soberano do *Institutional Investor* para 60 dos 66 países da amostra, para os quais há notações disponíveis. É seguro assumir que, com as excepções assinaláveis de Hong Kong e Taiwan, todos os países que não têm notações pertencem ao club C (países permanentemente excluídos dos mercados internacionais de capitais privados). A coluna seguinte mostra as alterações de notação, desde 1979, o primeiro ano para o qual o *Institutional Investor* publicou resultados do seu inquérito bianual aos participantes de mercado, até Março de 2008.

Quadro 17.2 Notações do *Institutional Investor* para 66 países: subidas e descidas de nível, 1979-2008

País	Ano de independência (se depois de 1800)	Notação do *Institutional Investor*, 2008 (Março)	Variação na notação, de 1979 a 2008 (+ indica melhoria)
África			
África do Sul	1910	65,8	3,8
Angola	1975	n.d.	
Argélia	1962	54,7	-3,9
Costa do Marfim	1960	19,5	-28,7
Egipto	1831	50,7	16,8
Marrocos	1956	55,1	9,6
Maurícia★	1968	56,3	38,3
Nigéria	1960	38,3	-15,8
Quénia	1963	29,8	-15,8
República Centro-Africana	1960	n.d.	
Tunísia	1957	61,3	11,3
Zâmbia	1964	n.d.	
Zimbabwe	1957	5,8	-18,0
Ásia			
China		76,5	5,4
Coreia★	1945	79,9	8,7
Filipinas	1947	49,7	4,0
Hong Kong★		n.d.	
Índia	1947	62,7	8,5

(Continuação)

Quadro 17.2 Continuação

País	Ano de independência (se depois de 1800)	Notação do *Institutional Investor*, 2008 (Março)	Variação na notação, de 1979 a 2008 (+ indica melhoria)
Indonésia	1949	48,7	-5,0
Japão		91,4	-5,5
Malásia★	1957	72,9	2,6
Myanmar	1948	n.d.	
Singapura★	1965	93,1	14,2
Tailândia★		63,1	8,4
Taiwan★	1949	n.d.	
Europa			
Alemanha		94,8	-3,5
Áustria		94,6	8,9
Bélgica★	1830	91,5	5,7
Dinamarca★		94,7	19,4
Finlândia★	1917	94,9	20,0
Espanha		89,6	19,3
França		94,1	3,0
Grécia	1829	81,3	18,7
Hungria	1918	66,8	4,2
Itália		84,1	10,3
Noruega	1905	95,9	7,0
Países Baixos★		95,0	5,3
Polónia	1918	73,0	23,5
Portugal		84,8	32,8
Reino Unido★		94,0	3,4
Roménia	1878	58,4	3,6
Rússia		69,4	-9,4
Suécia		94,8	10,6
Turquia		52,0	37,2
América Latina			
Argentina	1816	41,9	-20,5
Bolívia	1825	30,3	-1,3
Brasil	1822	60,6	4,3
Chile	1818	77,4	23,2
Colômbia	1819	54,7	-6,0

(Continuação)

Quadro 17.2 Continuação

País	Ano de independência (se depois de 1800)	Notação do *Institutional Investor*, 2008 (Março)	Variação na notação, de 1979 a 2008 (+ indica melhoria)
Costa Rica	1821	52,3	7,6
El Salvador	1821	46,6	33,7
Equador	1830	30,9	-22,3
Guatemala	1821	41,3	19,7
Honduras	1821	31,5	12,4
México	1821	69,3	-2,5
Nicarágua	1821	19,3	8,9
Panamá	1903	57,1	11,6
Paraguai	1811	29,7	-13,7
Peru	1821	57,7	27,0
República Dominicana	1845	36,1	-0,3
Uruguai	1811	48,8	7,8
Venezuela	1830	43,1	-29,3,
América do Norte			
Canadá★	1867	94,6	1,1
Estados Unidos★		93,8	-5,1
Oceania			
Austrália★	1901	91,2	3,5
Nova Zelândia★	1907	88,2	10,0

Fontes: Institutional Investor (vários anos), cálculos dos autores, e Qian e Reinhart (2009). *Notas:* um asterisco (★) denota que não há história de incumprimento ou reescalonamento da dívida externa soberana; n.d., não disponível.

Os candidatos à graduação deverão não apenas preencher os critérios para o «clube A», com uma notação do *Institutional Investor* de 68 ou mais, mas mostrar também a «inclinação adequada». Mais concretamente, devem exibir uma melhoria geral nas suas notações, desde há 30 anos. Países como a Turquia registaram uma melhoria substancial nas suas notações, ao longo do tempo, mas o seu nível actual ainda está aquém do limiar do clube A – estatuto de economia avançada. Outros, como o México, com base na sua classificação de 2008 preenchem o critério do clube A, mas registaram uma deterioração face à notação de 1979. O Gráfico 17.1 retrata a mudança nas notações do *Institutional Investor* (na última coluna do Quadro 17.2) e destaca os países com potencial de graduação. Estes incluem o Chile, a China, a

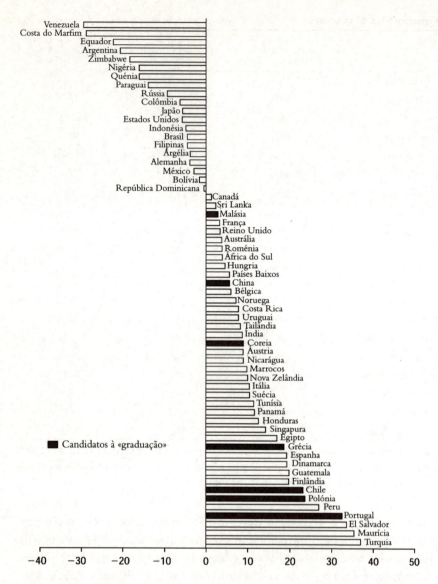

Gráfico 17.1. Variação na notação de crédito soberano do *Institutional Investor*, 61 países, 1979-2008

Fontes: Qian e Reinhart (2009), e fontes aí citadas.
Nota: a Malásia e a Polónia estão incluídas nos candidatos à graduação, mas são casos-limite.

Coreia, a Grécia e Portugal (a Malásia e a Polónia apresentam-se mais como casos-limite, com notações recentes na vizinhança imediata do limiar para o clube A). Fora desta lista estão os países africanos e quase todos os latino--americanos. Este exercício pretende ser ilustrativo, mais do que definitivo, pois a questão de saber quem se gradua do estatuto de «mercado emergente ou país em desenvolvimento», e a explicação disso, deverá permanecer na linha da frente da disciplina da economia do desenvolvimento.

Algumas observações sobre a resposta das políticas

A natureza persistente e recorrente da síndrome desta-vez-é-diferente sugere em si mesma que não estamos a lidar com um desafio que possa ser ultrapassado de forma directa. Em formulações várias, a síndrome emergiu num ou noutro momento, em todas as regiões. Nenhum país, independentemente da sua importância à escala global, parece estar-lhe imune. A memória efémera de devedores e credores, decisores políticos e académicos, e do público em geral, parece não melhorar com o tempo e, portanto, as lições políticas sobre como «evitar» a próxima explosão são, no melhor dos casos, limitadas. Os sinais de perigo provenientes até mesmo de um sistema de alerta precoce bem estabelecido podem ser rejeitados, com base na convicção de que as velhas regras de avaliação deixaram de se aplicar e de que a «crítica de Lucas» está do nosso lado. (A crítica de Lucas, com o nome do economista Robert Lucas, conhecido pelo seu trabalho sobre a gestão da política macroeconómica, diz que é ingénuo tentar prever os efeitos de uma mudança de política económica inteiramente com base em relações observadas nos dados históricos, especialmente tratando-se de dados históricos altamente agregados).

Mesmo que as crises sejam inevitáveis, tem de haver pelo menos algumas intuições básicas, que podemos recolher, depois de passar em revista uma tão extensa história de loucura financeira. Já discutimos a importância de desenvolver melhores séries cronológicas de dados para o estudo da história das crises financeiras, premissa central deste livro. No que se segue, destacamos algumas intuições adicionais.

Primeiro, no que respeita à mitigação e gestão das crises de dívida e inflação:
- Dispor de um retrato completo do endividamento público é um factor crucial, pois não há exercício de sustentabilidade da dívida *externa* com

significado se não se levar em linha de conta a dimensão e características do saldo de dívida pública *interna*, incluindo idealmente as responsabilidades contingentes.

- Os exercícios de sustentabilidade da dívida têm de ser baseados em cenários de desempenho económico plausíveis, pois a evidência de que dispomos oferece pouca sustentação à perspectiva de que os países conseguem «superar pelo crescimento» as suas dívidas. Esta observação pode limitar as opções dos governos que herdaram elevados níveis endividamento. Em poucas palavras, tem de se considerar a possibilidade de «paragens bruscas» nos fluxos de capitais, pois estas são um fenómeno recorrente em todas as economias, à excepção das maiores do mundo.

- Os riscos inflacionários nos enquadramentos da política monetária (quer a taxa de câmbio seja fixa ou flexível) também parecem estar ligados, por vias importantes, aos níveis de dívida interna. Muitos governos sucumbiram à tentação de eliminar dívida interna pela inflação.

Em segundo lugar, os decisores políticos têm de reconhecer que as crises bancárias tendem a ser fenómenos prolongados no tempo. Alguns episódios de crise (como os do Japão em 1992 e da Espanha em 1977) foram ainda mais estendidos no tempo pelas autoridades, como resultado de um longo período de denegação. As finanças públicas são fortemente afectadas pela redução das receitas fiscais, na sequência das crises, e pela subida dos custos de resgate. A nossa ampla cobertura das crises bancárias, porém, diz pouco sobre a eficácia dos muito debatidos pacotes de estímulo, como forma de encurtar a duração da crise e amortecer os efeitos negativos na economia, enquanto a crise se desenrola. As crises bancárias anteriores à Segunda Guerra Mundial raramente foram abordadas com políticas orçamentais anticíclicas. O pós-guerra conheceu apenas algumas crises bancárias graves nas economias avançadas. Até 2007, só na crise japonesa as medidas explícitas de estímulo foram parte da resposta das políticas públicas. Em inúmeros episódios severos nos mercados emergentes, os pacotes de estímulo orçamental não eram uma opção, pois os governos estavam com o acesso vedado aos mercados de capitais internacionais. Os aumentos de despesa pública nestes casos reflectiram essencialmente os gastos com resgates e a subida acentuada nos custos com o serviço da dívida. É perigoso retirar conclusões da eficácia dos pacotes de estímulo orçamental a partir de um único episódio. Porém, o surto de dívida pública que se segue a uma crise é um factor importante a pesar, quando se pretende considerar até onde deviam os governos estar dispostos a ir para neutralizar as consequências adversas da crise na actividade económica. Esta mensagem é particularmente crucial para os países com um historial de intolerância à dívida, susceptíveis de enfrentar a dificuldades no seu serviço, mesmo a níveis relativamente moderados de endividamento.

Em terceiro lugar, no que respeita à graduação, a intuição mais importante a ter em conta na abordagem das respostas públicas é a de que a autocongratulação prematura pode conduzir à complacência e à despromoção para níveis inferiores. Várias crises de dívida, envolvendo incumprimentos ou quase incumprimentos, ocorreram acto contínuo a subidas de nível na notação de crédito soberano de países que se juntavam à OCDE (como são exemplos o México, a Coreia e Turquia), e que eram geralmente apontados como exemplares na comunidade internacional (como, por exemplo, a Argentina, em finais da década de 90, antes do colapso de finais de 2001).

A última versão da síndrome desta-vez-é-diferente

Na aproximação à crise financeira recente, estava muito difundida a perspectiva de que os devedores e os credores tinham aprendido com os seus erros e que, por muito tempo, as crises financeiras não voltariam, pelo menos nos mercados emergentes e nas economias desenvolvidas. Graças a políticas macroeconómicas mais bem informadas e a práticas creditícias mais criteriosas – argumentava-se – não era provável que o mundo voltasse outra vez a assistir a uma onda importante de incumprimentos. Com efeito, na trajectória para a crise financeira actual, uma das razões frequentemente citadas para explicar por que é que «desta vez é diferente», nos mercados emergentes, era a de que os seus governos estavam a apoiar-se mais no financiamento com recurso à dívida interna.

Mas as celebrações podem ser prematuras. Estão certamente desinformadas da história dos mercados emergentes. Os ciclos de movimentos de capitais e incumprimentos têm estado presentes desde pelo menos 1800, se não antes, noutras partes do globo. A razão por que deveriam acabar em breve não é óbvia.

Na trajectória para a crise actual, no caso dos países ricos, uma das principais expressões da síndrome desta-vez-é-diferente tinha a ver com a crença na invencibilidade das modernas instituições monetárias. Os bancos centrais enamoraram-se das suas versões próprias de «fixação de objectivos para a inflação», acreditando que tinham encontrado a via para manter a inflação baixa e, ao mesmo tempo, estabilizar o produto num nível óptimo. Apesar dos sucessos dos bancos centrais se fundarem em alguns progressos institucionais sólidos, com destaque especial para a sua independência, os êxitos parecem ter sido sobrevalorizados. Políticas que pareceram funcionar perfeitamente durante *booms* generalizados, subitamente deixaram de ostentar essa robustez, na ocorrência de uma recessão profunda. Os investidores nos mercados, por seu turno, contaram com os bancos centrais para os resgatarem, em caso de problemas. A famosa «opção de venda Greenspan» [Greenspan put], assim chamada pelo nome do presidente da Reserva Federal Alan Greenspan, baseava-se na crença, empiricamente bem fundada, de que o banco central dos EUA resistiria a aumentar as taxas de juro em resposta a uma subida acentuada nos preços dos activos (e, por consequência, a desfazê-la), mas reagiria vigorosamente a qualquer queda brusca desses mesmo preços, cortando as taxas de juro, para os apoiar. Assim – acreditavam os mercados – a Reserva Federal oferecia aos investidores a possibilidade de uma aposta sem hipótese de perda. Que a Reserva Federal recorreria a medidas extraordinárias, quando começasse um colapso, é agora um facto provado. Em retrospectiva, é agora claro que o foco exclusivo sobre a inflação se pode apenas justificar num ambiente em que outros reguladores são capazes de assegurar que a alavancagem (recurso ao empréstimo) não se torna excessiva.

A lição da história, assim, é a de que mesmo quando as instituições e os decisores políticos progridem, haverá sempre a tentação de forçar os limites. Tal como um indivíduo pode ir à bancarrota por muito rico que tenha começado, um sistema financeiro pode desmoronar-se sob a pressão da ganância, da política e dos lucros, por muito bem regulado que pareça estar.

A tecnologia mudou, a altura dos humanos mudou e as modas mudaram. Porém, a capacidade de governos e investidores se iludirem, dando azo a surtos periódicos de euforia que acabam normalmente em lágrimas, parece ter ficado como uma constante. Nenhum leitor atento de Friedman e Schwartz será surpreendido por esta lição sobre a capacidade dos governos de gerirem mal os mercados financeiros, um tema central da sua análise[8]. Quanto aos mercados financeiros, Kindleberger, avisadamente, chamou ao primeiro capítulo do seu livro clássico «Crises Financeiras: Uma Resistente Planta Perene»[9].

Percorremos o círculo completo, de volta à ideia de fragilidade financeira das economias com níveis de endividamento maciços. Com demasiada fre-

---

[8] Friedman e Schwartz (1963).
[9] Veja-se Kindleberger (1989).

quência, períodos de volumoso recurso ao crédito podem ter lugar numa bolha e durar uma quantidade de tempo surpreendentemente longa. Mas as economias altamente alavancadas, em especial aquelas nas quais a rolagem contínua de dívida de curto prazo é apenas sustentada pela confiança em activos subjacentes relativamente ilíquidos, raramente sobrevivem para sempre, em especial se a alavancagem continuar a aumentar sem travão. Desta vez pode parecer diferente, mas quase sempre um olhar mais atento mostra que não é. É encorajador saber que a história aponta para sinais de aviso, para os quais os decisores políticos podem olhar, para aferir o risco – se ao menos não se inebriarem demasiado com seu sucesso alimentado por uma bolha de crédito e disserem, como os seus antecessores disseram ao longo dos séculos: «Desta vez é diferente».

Anexos de dados

Anexo A.1

Séries macroeconómicas

Este anexo cobre as séries cronológicas macroeconómicas usadas; um outro anexo (Anexo A.2) é dedicado à base de dados sobre dívida pública.

Abreviaturas de fontes e termos usados com frequência

São listadas fontes adicionais nos quadros que se seguem.

BNB	Banque National de Belgique
DIA	Diáz *et al.* (2005)
ESFDB	European State Finance Database
GDF	Banco Mundial, *Global Development Finance* (vários números)
GFD	Global Financial Data
GPIHG	Global Price and Income History Group
IFS	Fundo Monetário Internacional, *International Financial Statistics* (vários números)
II	*Institutional Investor*
IISH	International Institute of Social History
KRV	Kaminsky, Reinhart e Végh (2003)
MAD	Maddison (2004)
MIT	Mitchell (2003a, 2003b)
PNL	Produto Nacional Líquido
OXF	Oxford Latin American Economic History Database
RR	Reinhart e Rogoff (anos conforme a notação)
RNB	Rendimento Nacional Bruto
TED	Total Economy Database
Umn	Unidades monetárias nacionais
WEO	Fundo Monetário Internacional, *World Economic Outlook* (vários números)

Quadro A.1.1 Preços: no consumidor ou índices de custo de vida (salvo se houver anotação explícita diferente)

País	Período coberto	Fontes	Comentário
África do Sul	1895-2007	GFD, WEO	
Alemanha	1427-1765	Allen (2001)	Munique
	1637-1855	Hoffman et al. (2002)	Preços do trigo
	1820-2007	GFD, WEO	
Angola	1914-1962	MIT	
	1991-2007	WEO	
Argélia	1869-1884	Hoffman et al. (2002)	Preços do trigo
	1938-2007	GFD, WEO	
Argentina	1775-1812	Garner (2007)	Apenas Buenos Aires
	1864-1940	Williamson (1999)	
	1884-1913	Flandreau e Zumer (2004)	
	1900-2000	OXF	
	1913-2000	DIA	
	1913-2007	GFD, WEO	
Austrália	1818-1850	Butlin (1962), Vanplew (1987), GPIHG	Nova Gales, preços de bens alimentares
	1850-1983	Shergold (1987), GPIHG	Sidney, bens alimentares
	1861-2007	GFD, WEO	
Áustria	1440-1800	Allen (2001)	Viena
	1800-1914	Hoffman et al. (2002)	Preços do trigo
	1880-1913	Flandreau e Zumer (2004)	
	1919-2007	GFD, WEO	
Bélgica	1462-1913	Allen (2001)	Antuérpia
	1835-2007	GFD, WEO	
Bolívia	1936-2007	GFD, WEO	
Brasil	1763-1820	Garner (s/d)	Apenas Rio de Janeiro
	1830-1937	Williamson (1999)	Apenas Rio de Janeiro
	1861-2000	DIA	
	1912-2007	GFD, WEO	
Canadá	1867-1975	Statistics Canada (StatCan)	
	1910-2007	GFD, WEO	
Chile	1754-1806	Garner (2007)	Apenas Santiago
	1810-2000	DIA	
	1900-2000	OXF	
	1913-2007	GFD, WEO	

(continuação)

Quadro A.1.1 Continuação

País	Período coberto	Fontes	Comentário
China	1644-2000	Lu e Peng (2006)	Preços do arroz
	1867-1935	Hsu	Preços por grosso
	1926-1948	GFD, WEO	
	1978-2007		
Colômbia	1836-1940	Williamson (1999)	
	1900-2000	OXF	
	1923-2007	GFD, WEO	
Coreia	1690-1909	Jun e Lewis (2002)	Preços do arroz na região sul da Coreia
	1906-1939	Williamson (2000b)	
	1948-2007	GFD, WEO	
Costa do Marfim	1951-2007	GFD, WEO	
Costa Rica	1937-2007	GFD, WEO	
Dinamarca	1748-1800	Hoffman *et al.* (2002)	Preços do trigo
	1815-2007	GFD, WEO	
Egipto	1859-1941	Williamson (2000a)	
	1913-2007	GFD, WEO	
	1915-1999	GFD	
El Salvador	1937-2000	OXF	
	1980-2007	WEO	
Equador	1937-2007	GFD, WEO	
Espanha	1500-1650	Hamilton (1969)	Valência
	1651-1800	Hoffman *et al.* (2002)	Preços do trigo, ovos e linho
	1800-2000	DIA	
	1980-2000	WEO	
Estados Unidos	1720-1789	Carter *et al.* (2006)	Preços por grosso
	1774-2003	Carter *et al.* (2006)	
	1980-2007	WEO	
Filipinas	1899-1940	Williamson (2000b)	
	1937-2007	GFD, WEO	
Finlândia	1860-2001	Finnish Historical National Accounts	
	1980-2007	WEO	
França	1431-1786	Allen (2001)	
	1840-1913		
	1807-1935	Dick e Floyd (1997)	Preços no retalho
	1840-2007	GFD, WEO	

(continuação)

Quadro A.1.1 Continuação

País	Período coberto	Fontes	Comentário
Gana	1949-2007	GFD, WEO	
Grécia	1833-1938	Kostelenos *et al.* (2007)	Deflator do PIB
	1922-2007	GFD, WEO	
Guatemala	1938-2000	OXF	
	1980-2007	WEO	
Honduras	1938-2000	OXF	
	1980-2007	WEO	
Hungria	1923-2007	GFD, WEO	
Índia	1866-2000	DIA	
	1837-1939	Williamson (2000b)	
	1913-2007	GFD, WEO	
Indonésia	1820-1940	Williamson (2000b)	
	1948-2007	GFD, WEO	
Itália	1548-1645	Allen (2001)	Nápoles
	1734-1806		
	1701-1860	De Maddalena (1974)	Preços do trigo, Milão
	1861-2007	GFD, WEO	
Japão	1600-1650	Kimura (1987)	Preços do arroz, Osaka
	1818-1871	Bassino e Ma (2005)	Preços do arroz, Osaka
	1860-1935	Williamson (2000b)	
	1900-2007	GFD, WEO	
Malásia	1948-2007	GFD, WEO	
Marrocos	1939-2007	GFD, WEO	
Maurícia	1946-2007	GFD, WEO	
México	1786-1821	Garner (2007)	Zacatecas
	1877-1940	Williamson (1999)	
	1918-2007	GFD, WEO	
Myanmar (Birmânia)	1870-1940	Williamson (2000b)	
	1939-2007	GFD, WEO	
Nicarágua	1937-2007	GFD, WEO	
Nigéria	1953-2007	GFD, WEO	
Noruega	1516-2005	Grytten (2008)	
	1980-2007	WEO	
Nova Zelândia	1857-2004	Statistics New Zealand	
	1980-2007	WEO	

(continuação)

Quadro A.1.1 Continuação

País	Período coberto	Fontes	Comentário
Países Baixos	1500-1800	Van Zanden (2005)	
	1800-1913	Van Riel (2009)	
	1880-2007	GFD, WEO	
Panamá	1939-2000	OXF	
	1980-2007	WEO	
Paraguai	1750-1816	Garner (2007)	Potosi
	1938-2007	GFD, WEO	
Peru	1790-1841	Garner (2007)	Lima
	1800-1873	DIA	
	1913-2000		
	1980-2007	WEO	
Polónia	1701-1815	Hoffman et al. (2002)	Preços da aveia, Varsóvia
	1816-1914	Allen (2001)	Varsóvia
	1921-1939	GFD, WEO	
	1983-2007		
Portugal	1728-1893	Hoffman et al. (2002)	Preços do trigo
	1881-1997	Bordo et al. (2001)	
	1980-2007	WEO	
Quénia	1947-2007	GFD, WEO	
Reino Unido	1450-1999	Van Zanden (2002)	Sul da Inglaterra
	1781-2007	GFD, WEO	
República Centro-Africana	1956-1993	MIT	
	1980-2007	WEO	
República Dominicana	1942-2000	OXF	
	1980-2007	WEO	
Roménia	1779-1831	Hoffman et al. (2002)	Preços do trigo, Valáquia
	1971-2007	WEO	
Rússia	1853-1910	Borodkin (2001)	Preços da farinha de trigo e centeio, São Petersburgo
	1880-1913	Flandreau e Zumer (2004)	
	1917-1924	GFD, WEO	
	1927-1940		
	1944-1972		
	1991-2007		
Singapura	1948-2007	GFD, WEO	
Sri Lanka	1939-2007	GFD, WEO	

(continuação)

Quadro A.1.1 Continuação

País	Período coberto	Fontes	Comentário
Suécia	1732-1800	Hoffman *et al.* (2002)	Preços do trigo
	1800-2000	Edvinsson (2002)	
	1980-2007	WEO	
Tailândia (Sião)	1820-1941	Williamson (2000b)	
	1948-2007	GFD, WEO	
Taiwan	1897-1939	Williamson (2000b)	
	1980-2007	WEO	
Tunísia	1939-2007	GFD, WEO	
Turquia	1469-1914	Pamuk (2005)	Istambul
	1854-1941	Williamson (2000a)	
	1922-2007	GFD, WEO	
Uruguai	1870-1940	Williamson (1999)	
	1929-2000	OXF	
	1980-2007	WEO	
Venezuela	1830-2002	Baptista (2006)	
	1914-2007	GFD, WEO	
Zâmbia	1938-2007	GFD, WEO	
Zimbabué	1920-1970	MIT	
	1930-2007	GFD, WEO	

Quadro A.1.2 Taxas de câmbio nominais, período moderno (Unidades monetárias nacionais por dólar norte-americano e outras moedas assinaladas)

País	Período coberto	Fontes	Outras taxas relevantes
África do Sul	1900-2007	GFD, IFS	Libra esterlina
Alemanha	1698-1810	ESFDB, Course of the Exchange	Libra esterlina
	1795-2007	GFD, IFS	
Angola	1921-2007	GFD, IFS	
Argélia	1831-2007	GFD, IFS	Franco francês, euro
Argentina	1880-1913	Flandreau e Zumer (2004)	Franco francês
	1885-2007	GFD, IFS	
Austrália	1835-2007	GFD, IFS	Libra esterlina
Áustria	1814-2007	GFD, IFS	Libra esterlina, marco alemão
Bélgica	1830-2007	GFD, IFS	Franco francês
Bolívia	1863-2007	GFD, IFS	
Brasil	1812-2007	GFD, IFS	Libra esterlina
Canadá	1858-2007	GFD, IFS	Libra esterlina
Chile	1830-1995	Braun *et al.* (2000)	Libra esterlina
	1878-2007	GFD, IFS	
China	1848-2007	GFD, IFS	Libra esterlina
Colômbia	1900-2000	OXF	Libra esterlina
	1919-2007	GDF, IFS	
Coreia	1905-2007	GFD, IFS	Iene japonês
Costa Rica	1921-2007	GDF, IFS	
Dinamarca	1864-2007	GDF, IFS	Libra esterlina, marco alemão
Egipto	1869-2007	GFD, IFS	Libra esterlina
El Salvador	1870-2007	GFD, IFS	
Equador	1898-2000	OXF, Pick (vários anos)	
	1980-2007	IFS	
Espanha	1814-2007	GFD, IFS	Marco alemão
Estados Unidos	1660-2007	GFD, IFS	
Filipinas	1893-2007	GFD, IFS	Peseta espanhola
Finlândia	1900-2007	GFD, IFS	Marco alemão

(continuação)

Quadro A.1.2 Continuação

País	Período coberto	Fontes	Outras taxas relevantes
França	1619-1810	ESFDB, Course of the Exchange	Libra esterlina
	1800-2007	GFD, IFS	Libra esterlina, marco alemão
Grécia	1872-1939	Lazaretou (2005)	Libra esterlina, marco alemão
	1901-2007	GFD, IFS	
Guatemala	1900-2007	GFD, IFS	
Honduras	1870-2007	GFD, IFS	
Hungria	1900-2007	GFD, IFS	Xelim austríaco
Índia	1823-2007	GFD, IFS	Libra esterlina
Indonésia	1876-2007	GFD, IFS	Florim holandês
Itália	1816-2007	GFD, IFS	Libra esterlina, marco alemão
Japão	1862-2007	GFD, IFS	Libra esterlina
Malásia	1900-2007	GFD, IFS	Libra esterlina
Marrocos	1897-2007	GFD, IFS	Franco francês, euro
Maurícia	1900-2007	GFD, IFS	Libra esterlina
México	1814-2007	GFD, IFS	Libra esterlina, franco francês
	1823-1999	GFD	
Myanmar (Birmânia)	1900-2007	GFD, IFS	Libra esterlina
Nicarágua	1912-2007	GFD, IFS	
Nigéria	1900-2007	GFD, IFS	Libra esterlina
Noruega	1819-2007	GFD, IFS	Coroa sueca, marco alemão
Nova Zelândia	1892-2007	GFD, IFS	Libra esterlina
Países Baixos	1698-1810	ESFDB, Course of the Exchange	Libra esterlina
	1792-2007	GFD, IFS	Marco alemão
Panamá	1900-2007	GFD, IFS	
Paraguai	1900-2000	OXF	Peso argentino
	1980-2007	IFS	
Peru	1883-2007	GFD, IFS	Libra esterlina
Polónia	1916-2007	GFD, IFS	

(continuação)

Quadro A.1.2 Continuação

País	Período coberto	Fontes	Outras taxas relevantes
Portugal	1750-1865	Course of the Exchange	Grosso holandês
	1794-2007	GDF, IFS	Libra esterlina, marco alemão
Quénia	1898-2007	GFD, IFS	Libra esterlina
Reino Unido	1619-1810	ESFDB, Course of the Exchange	Franco francês
	1660-2007	GFD, IFS	
República Centro-Africana	1900-2007	GFD, IFS	Franco francês
República Dominicana	1905-2007	GDF, IFS	
Roménia	1814-2007	GDF	
	1900-2000	OXF, IFS	
	1921-2007	GFD, IFS	
Singapura	1834-2007	GFD, IFS	Libra esterlina
Sri Lanka	1900-2007	GFD, IFS	Libra esterlina
Suécia	1814-2007	GDF, IFS	Libra esterlina, marco alemão
Tailândia (Sião)	1859-2007	GFD, IFS	Libra esterlina
Taiwan	1895-2007	GDF, IFS	Libra esterlina, iene japonês
Tunísia	1900-2007	GFD, IFS	Franco francês
Turquia	1859-2007	GFD, IFS	Libra esterlina
Uruguai	1900-2007	GFD, IFS	
Venezuela	1900-2007	GFD, IFS	
Zâmbia	1900-2007	GFD, IFS	Libra esterlina
Zimbabué	1900-2007	GFD, IFS	Libra esterlina

Quadro A.1.3 Taxas de câmbio na base de prata, período antigo (Unidades monetárias nacionais por *penny* do Reino Unido)

País	Período coberto	Fontes	Moeda, comentário
Alemanha	1350-1830	Allen e Unger (2004)	*Pfennig*, diversos tipos
Áustria	1371-1860	Allen e Unger (2004)	*Kreuzer*, Viena
Bélgica	1349-1801	Korthals Altes (1996)	*Hoet*
Espanha	1351-1809	Allen e Unger (2004)	Diversas moedas
França	1258-1789	Allen e Unger (2004)	Libra de Tours
Itália	1289-1858	Malanima (s/d)	Lira florentina
Países Baixos	1366-1800	Allen e Unger (2004), Van Zanden (2005)	Diversas moedas
Portugal	1750-1855	Godinho (1955)	Real
Rússia	1761-1840	Lindert e Mironov (s/d)	Rublo comum
Suécia	1523-1573	Söderberg (2004)	Marco *ortug*
Turquia	1555-1914	Ozmucur e Pamuk (2002)	*Akche*

Quadro A.1.4 O conteúdo de prata das moedas

País	Período coberto	Fontes	Moeda, comentário
Alemanha	1350-1798	Allen (2001), Allen e Unger (2004)	*Pfennig*, Frankfurt
	1417-1830	Allen (2001), Allen e Unger (2004)	*Pfennig*, Augsburgo
Áustria	1371-1860	Allen e Unger (2004)	*Kreuzer*, Viena
Bélgica	1349-1801	Korthals Altes (1996)	*Hoet*
Espanha	1351-1650 1501-1800	Allen e Unger (2004)	Dinar, Valência Maravedi *vellon*, Nova Castela
	1630-1809	Allen e Unger (2004)	Real
Estados Unidos	1800-1979	Allen e Unger (2004)	Dólar
França	1258-1789	Allen (2001), Allen e Unger (2004)	Libra de Tours
Itália	1289-1858	Malanima (s/d)	Lira florentina
Países Baixos	1366-1575 1450-1800	Allen e Unger (2004) Van Zanden (2005)	Grosso flamengo Florim
Portugal	1750-1855	Godinho (1955)	Real
Reino Unido	1261-1918	Allen e Unger (2004)	*Penny*
Rússia	1761-1840 1761-1815	Lindert e Mironov (s/d)	Rublo comum *Assignatzia*
Suécia	1523-1573	Söderberg (2004)	Marco *ortug*
Turquia	1555-1914	Ozmucur e Pamuk (2002)	*Akche*

Quadro A.1.5 Índices do Produto Nacional Bruto e de produção, nominal e real (Unidades monetárias nacionais)

País	Período coberto	Fontes	Comentário
África do Sul	1911-1999	GFD	
Angola	1962-2007	GFD, WEO, IFS	
Argélia	1950-2007	GFD, WEO, IFS	
Argentina	1884-1913	Flandreau e Zumer (2004)	Nominal
	1875-2000	DIA	Índice de produção total (1995=100)
	1900-2000	OXF	Real (base=1970)
	1900-2007	GFD, WEO	
Austrália	1798-2007	GFD, WEO	Nominal
	1820-2000	DIA	Índice de produção total (1995=100)
Bélgica	1835-2007	BNB, Centre d'etudes économiques de la Katholieke Universiteit Leuven	Nominal
Brasil	1861-2007	GFD, WEO	Nominal
	1850-2000	DIA	Índice de produção total (1995=100)
	1900-2000	OXF	Real (base=1970)
Chile	1810-2000	DIA	Índice de produção total (1995=100)
China (PNL)	1962-1999	GFD	
Colômbia	1900-2000	OXF	Real (base=1970)
	1925-1999	GFD	
Coreia	1911-1940	Cha e Kim (2006)	Milhares de ienes, também é calculado o RNB
RNB	1953-1999	GFD	
Costa Rica	1947-1999	GFD	
Dinamarca	1818-1975	Nordic Historical National Accounts	
Egipto	1886-1945	Yousef (2002)	
	1952-2007	GFD, WEO	
	1821-1859	Landes (1958)	Produção de algodão
Estados Unidos	1790-2002	Carter et al. (2006)	Real, *per capita*
	1948-1999	GFD	

(continuação)

Quadro A.1.5 Continuação

País	Período coberto	Fontes	Comentário
Filipinas	1910-1970	Bassino e Van der Eng (2006)	
	1946-1997	GFD, WEO	
Finlândia	1860-2001	Nordic Historical National Accounts	
Grécia	1833-1939	Kostelenos *et al.* (2007)	
	1880-1913	Flandreau e Zumer (2004)	
RNB	1927-1999	GFD	
	1948-1999	GFD	
Índia	1900-1921	GFD	
	1948-2007	GFD, WEO	
	1861-1899	Brahmananda (2001)	Real, *per capita*
	1820-2000	DIA	Índice de produção total
Indonésia	1815-1913	Van Zanden (2006)	Java
	1910-1970	Bassino e Van der Eng (2006)	
	1921-1939	GFD	
	1951-1999	GFD	
	1911-1938	GFD	
	1953-1999	GFD	
Malásia	1910-1970	Bassino e Van der Eng (2006)	
	1949-1999	GFD	
México	1820-2000	DIA	Índice de produção total (1995=100)
	1900-2000	OXF	
	1900-2000	OXF	Real (base=1970)
	1925-1999	GFD	
Myanmar (Birmânia)	1913-1970	Bassino e Van der Eng (2006)	
	1950-1999	GFD	
Noruega	1830-2003	Grytten (2008)	
Países Baixos	1800-1913	National Accounts of the Netherlands	
Peru	1900-2000	OXF	Real (base=1970)
	1900-2000	OXF	Nominal
	1942-1999	GFD	
Reino Unido	1830-1999	GFD	RNB
	1948-1999	GFD	

(continuação)

Quadro A.1.5 Continuação

País	Período coberto	Fontes	Comentário
Rússia	1885-1913	Flandreau e Zumer (2004)	Nominal
RNB	1928-1940	GFD	
	1945-1995	GFD	
	1979-1997	GFD	
	1992-1999	GFD	Produção
Sri Lanka	1900-1970	Bassino e Van der Eng (2006)	
Suécia	1720-2000	Edvinsson (2002)	Real, *per capita*
	1800-2000	Edvinsson (2002)	Nominal e real
Tailândia (Sião)	1946-2007	GFD, WEO	
	1910-1970	Bassino e Van der Eng (2006)	
Taiwan	1910-1970	Bassino e Van der Eng (2006)	
Turquia	1923-2005	GFD	Nominal
	1950-1999	GFD	
Uruguai	1935-1999	GFD	
	1955-2000	OXF	
	1900-2000	OXF	Real (base=1970)
RNB	1955-1999	GFD	
Venezuela	1830-2002	Baptista (2006)	
	1900-2000	OXF	Real (base=1970)
	1950-2007	GFD, WEO	

Quadro A.1.6 Produto Nacional Bruto (PPC em dólares constantes)

País	Período coberto	Fontes	Comentário
África do Sul	1950-2005	MAD, TED	
	1905-2005	RR (2008a)	Interpolação 1905-1949
Alemanha	1850-2006	MAD, TED	
	1820-2006	RR (2008a)	Interpolação 1821-1849
Angola	1950-2005	MAD, TED	
Argélia	1950-2005	MAD, TED	
	1820-2005	RR (2008a)	Interpolação 1821-1949
Argentina	1875-2000	DIA	Base=1996
	1900-2005	MAD, TED	
	1870-2005	RR (2008a)	Interpolação 1871-1899
Austrália	1820-2006	MAD, TED	
Áustria	1870-2006	MAD, TED	
	1820-2006	RR (2008a)	Interpolação 1821-1869
Bélgica	1846-2006	MAD, TED	
	1820-2006	RR (2008a)	Interpolação 1821-1845
Bolívia	1945-2005	MAD, TED	
	1936-2005	RR (2008a)	Interpolação 1936-1944
Brasil	1820-2000	DIA	Base=1996
	1870-2005	MAD, TED	
	1820-2005	RR (2008a)	Interpolação 1821-1869
Canadá	1870-2006	MAD, TED	
	1820-2006	RR (2008a)	Interpolação 1821-1869
Chile	1810-2000	DIA	Base=1996
	1820-2005	MAD, TED	
China	1929-1938	MAD, TED	
	1950-2006		
Colômbia	1900-2005	MAD, TED	
Coreia	1911-2006	MAD, TED	
	1820-2006	RR (2008a)	Interpolação 1821-1910
Costa Rica	1920-2005	MAD, TED	
Dinamarca	1820-2006	MAD, TED	
Egipto	1950-2005	MAD, TED	
	1820-2005	RR (2008a)	Interpolação 1821-1949
El Salvador	1900-2000	OXF	Base=1970
Equador	1939-2005	MAD, TED	
	1900-2000	OXF	Base=1970
	1900-2005	RR (2008a)	Interpolação 1900-1938

Quadro A.1.6 Continuação

País	Período coberto	Fontes	Comentário
Espanha	1850-2006	MAD, TED	
	1820-2005	RR (2008a)	Interpolação 1821-1849
Estados Unidos	1870-2006	MAD, TED	
	1820-2006	RR (2008a)	Interpolação 1821-1869
Filipinas	1902-2005	MAD, TED	
	1870-2005	RR (2008a)	Interpolação 1871-1901
Finlândia	1860-2006	MAD, TED	
	1820-2006	RR (2008a)	Interpolação 1821-1859
França	1820-2006	MAD, TED	
Grécia	1921-2006	MAD, TED	
	1820-2006	RR (2008a)	Interpolação 1821-1920
Guatemala	1920-2005	MAD, TED	
Honduras	1920-2005	MAD, TED	
Hungria	1824-2006	MAD, TED	
	1870-2006	RR (2008a)	Interpolação 1871-1923
Índia	1884-2006	MAD, TED	
	1820-2006	RR (2008a)	Interpolação 1821-1883
Indonésia	1870-2005	MAD, TED	
	1820-2005	RR (2008a)	Interpolação 1821-1869
Japão	1870-2006	MAD, TED	
	1820-2006	RR (2008a)	Interpolação 1821-1869
Malásia	1911-2005	MAD, TED	
	1820-2006	RR (2008a)	Interpolação 1821-1910
Marrocos	1950-2005	MAD, TED	
	1820-2005	RR (2008a)	Interpolação 1821-1949
Maurícia	1950-2005	MAD, TED	
México	1900-2006	MAD, TED	
	1820-2006	RR (2008a)	Interpolação 1821-1899
Myanmar (Birmânia)	1950-2005	MAD, TED	
	1820-2005	RR (2008a)	Interpolação 1821-1949
Panamá	1945-2005	MAD, TED	
	1939-2005	RR (2008a)	Interpolação 1939-1944
Paraguai	1939-2005	MAD, TED	
Peru	1895-2005	MAD, TED	

(continuação)

Quadro A.1.6 Continuação

País	Período coberto	Fontes	Comentário
Polónia	1929-1938	MAD,TED	
	1950-2006		
	1870-2005	RR (2008a)	Interpolação 1871-1928
Portugal	1865-2006	MAD,TED	
	1820-2006	RR (2008a)	Interpolação 1821-1864
Quénia	1950-2005	MAD,TED	
Reino Unido	1830-2006	MAD,TED	
	1820-2006	RR (2008a)	Interpolação 1821-1829
República Centro-Africana	1950-2003	MAD	
República Dominicana	1950-2005	MAD,TED	
	1942-2005	RR (2008a)	Interpolação 1942-1949
Roménia	1926-1938	MAD,TED	
	1950-2006		
Rússia	1928-2006	MAD,TED	
Singapura	1950-2005	MAD,TED	
	1820-2005	RR (2008a)	Interpolação 1821-1949
Suécia	1820-2006	MAD,TED	
Tailândia (Sião)	1950-2005	MAD,TED	
	1820-2005	RR (2008a)	Interpolação 1821-1949
Tunísia	1950-2005	MAD,TED	
	1820-2005	RR (2008a)	Interpolação 1821-1949
Turquia	1923-2005	MAD,TED	
Uruguai	1870-2005	MAD,TED	
Venezuela	1900-2005	MAD,TED	
	1820-2005	RR (2008a)	Interpolação 1821-1899
Zâmbia	1950-2005	MAD,TED	
Zimbabué	1950-2005	MAD,TED	
	1919-2005	MAD,TED	

Nota: a informação está também disponível numa base *per capita*.

Quadro A.1.7 Despesas e receitas públicas de nível central (Unidades monetárias nacionais, salvo se houver anotação explícita diferente)

País	Período coberto	Fontes	Comentário
África do Sul	1826-1904	MIT	Para o Natal, a série começa em 1850
	1905-2000		
	1963-2003	KRV	
Alemanha (Prússia)	1688-1806	ESFDB	
Alemanha	1872-1934	MIT	As receitas começam em 1942 na Alemanha Ocidental
	1946-1993		
	1979-2003	KRV	
Angola	1915-1973	MIT	
	1980-2003	KRV	
Argélia	1834-1960	MIT	As receitas começam em 1830
	1964-1975		
	1994-1996		
	1963-2003	KRV	
Argentina	1864-1999	MIT	
	1880-1913	Flandreau e Zumer (2004) KRV	
	1963-2003		
Austrália	1839-1900	MIT	As receitas começam em 1824; para a Nova Gales do Sul e outras províncias, cerca de 1840
	1901-1997	MIT	Commonwealth
	1965-2003	KRV	
Áustria	1791-1993	MIT	Dados em falta para a Primeira e Segunda Guerras Mundiais
	1965-2003	KRV	
Bélgica	1830-1993		Dados em falta para a Primeira Guerra Mundial
	1965-2003	KRV	
Bolívia	1888-1999	MIT	As receitas começam em 1885
	1963-2003	KRV	

(continuação)

Quadro A.1.7 Continuação

País	Período coberto	Fontes	Comentário
Brasil	1823-1994	Instituto Brasileiro de Geografia e Estatística, MIT	
	1980-2003	KRV	
Canadá	1806-1840	MIT	Baixo Canadá
	1824-1840		Alto Canadá
	1867-1995		Canadá
	1963-2003	KRV	
Chile	1810-1995	Braun *et al.* (2000)	Base=1995
	1857-1998	MIT	
	1963-2003	KRV	
China	1927-1936	Cheng (2003)	Governo nacionalista
	1963-2003	KRV	
Colômbia	1905-1999	MIT	
	1963-2003	KRV	
Coreia	1905-1939	MIT	Iene japonês
	1949-1997		Coreia do Sul
	1963-2003	KRV	
Costa do Marfim	1895-1912	MIT	
	1926-1999		
	1963-2003	KRV	
Costa Rica	1884-1999	MIT	
	1963-2003	KRV	
Dinamarca	1853-1993	MIT	
	1965-2003	KRV	
Egipto	1821-1879	Landes (1958)	
	1852-1999	MIT	
	1963-2003	KRV	
El Salvador	1883-1999	MIT	
	1963-2003	KRV	
Equador	1884-1999	MIT	
	1979-2003	KRV	
Espanha	1520-1553	ESFDB	Não é contínua
	1753-1788		
	1850-1997	MIT	
	1965-2003	KRV	
Estados Unidos	1789-1994	MIT	
	1960-2003	KRV	

(continuação)

Quadro A.1.7 Continuação

País	Período coberto	Fontes	Comentário
Filipinas	1901–2000	MIT	Dados em falta para a Segunda Guerra Mundial
	1963–2003	KRV	
Finlândia	1882–1993	MIT	
	1965–2003	KRV	
França	1600–1785	ESFDB	
	1815–1993	MIT	
	1965–2003	KRV	
Grécia	1885–1940	MIT	As despesas começam em 1883 e de novo em 1946
	1954–1993		
	1963–2003	KRV	
Guatemala	1882–1999	MIT	
	1963–2003	KRV	
Honduras	1879–1999	MIT	
	1963–2003	KRV	
Hungria	1868–1940	MIT	
Índia	1810–2000	MIT	
	1963–2003	KRV	
Indonésia	1821–1940	Mellegers (2006)	Índias Orientais Holandesas, florins, governo superior
	1816–1939	MIT	
	1959–1999		
	1963–2003	KRV	
Itália	1862–1993	MIT	
	1965–2003	KRV	
Japão	1868–1993	MIT	
	1963–2003	KRV	
Malásia	1883–1938	MIT	Malaya
	1946–1999		
	1963–2003	KRV	
Marrocos	1938–2000	MIT	Receitas também de 1920 a 1929
	1963–2003	KRV	

(continuação)

Quadro A.1.7 Continuação

País	Período coberto	Fontes	Comentário
Maurícia	1812–2000	MIT	
	1963–2003	KRV	
México	1825–1998	MIT	
	1963–2003	KRV	
Myanmar (Birmânia)	1946–1999	MIT	
	1963–2003	KRV	
Nicarágua	1900–1999	MIT	
	1963–2003	KRV	
Nigéria	1874–1998	MIT	
	1963–2003	KRV	
Noruega	1850–1992	MIT	
	1965–2003	KRV	
Nova Zelândia	1841–2000	MIT	
	1965–2003	KRV	
Países Baixos	1845–1993	MIT	
	1965–2003	KRV	
Panamá	1909–1996	MIT	
	1963–2003	KRV	
Paraguai	1881–1900	MIT	Receitas até 1902
	1913–1993		
	1963–2003	KRV	
Peru	1846–1998	MIT	
	1963–2003	KRV	
Polónia	1922–1937	MIT	
	1947–1993		Apenas despesas
Portugal	1879–1902	MIT	
	1917–1992		
	1975–2003	KRV	
Quénia	1895–2000	MIT	
	1970–2003	KRV	
Reino Unido	1486–1815	ESFDB	
	1791–1993	MIT	
	1963–2003	KRV	
República Centro-Africana	1906–1912	MIT	
	1925–1973		
	1963–2003	KRV	

(continuação)

Quadro A.1.7 Continuação

País	Período coberto	Fontes	Comentário
República Dominicana	1905–1999 1963–2003	MIT KRV	
Roménia	1883–1992	MIT	As despesas começam em 1862
Rússia	1769–1815 1804–1914 1924–1934 1950–1990	ESFDB MIT	
	1931–1951	Condoide (1951)	Orçamento nacional
Singapura	1963–2000	MIT	
Sri Lanka	1811–2000 1963–2003	MIT KRV	
Suécia	1881–1993 1980–2003	MIT KRV	
Tailândia (Sião)	1891–2000	MIT	As receitas começam em 1851
	1963–2003	KRV	
Taiwan	1898–1938 1950–2000	MIT	
Tunísia	1909–1954 1965–1999 1963–2003	MIT KRV	
Turquia	1923–2000 1963–2003	MIT KRV	
Uruguai	1871–1999 1963–2003	MIT KRV	
Venezuela	1830–1998 1963–2003	MIT KRV	
Zâmbia	1963–2003	KRV	
Zimbabué	1894–1997 1963–2003	MIT KRV	

Quadro A.1.8 Exportações e importações totais (Unidades monetárias nacionais e dólares dos EUA, conforme nota)

País	Período coberto	Fontes	Moeda, comentário
África do Sul	1826-2007	GFD, WEO	Umn
	1900-2007		Dólar dos EUA
Alemanha	1880-2007	GFD, WEO	
Angola	1891-2007	GFD, WEO	
Argélia	1831-2007	GFD, WEO	
Argentina	1864-2007	GFD, WEO	Umn
	1885-2007	GFD, WEO	Dólar dos EUA
	1880-1913	Flandreau e Zumer (2004)	Exportações
Austrália	1826-2007	GFD, WEO	
Áustria	1831-2007	GFD, WEO	
Bélgica	1846-2007	GFD, WEO	
	1816-2007	GFD, WEO	Dólar dos EUA
Bolívia	1899-1935	GFD	Umn
	1899-2007		Dólar dos EUA
Brasil	1821-2007	GFD, WEO	
	1880-1913	Flandreau e Zumer (2004)	Exportações
Canadá	1832-2007	GFD, WEO	Umn
	1867-2007		Dólar dos EUA
Chile	1857-1967	GFD, WEO	Umn
China	1865-1937	GFD, WEO	Umn
	1950-2007		
Colômbia	1835-1938		Umn
	1919-2007	GFD, WEO	Dólar dos EUA
Coreia	1886-1936	GFD, WEO	Umn
	1905-2007		Dólar dos EUA
Costa do Marfim	1892-2007	GFD, WEO	Umn
	1900-2007		Dólar dos EUA
Costa Rica	1854-1938	GFD, WEO	Umn
	1921-2007		Dólar dos EUA
Dinamarca	1841-2007	GFD, WEO	As exportações começam em 1818, Umn
	1865-2007		Dólar dos EUA
Egipto	1850-2007	GFD, WEO	Umn
	1869-2007		Dólar dos EUA

(continuação)

Quadro A.1.8 Continuação

País	Período coberto	Fontes	Moeda, comentário
El Salvador	1859-1988	GFD, WEO	As exportações começam em 1854, Umn
	1870-2007		Dólar dos EUA
Equador	1889-1949	GFD, WEO	Umn
	1924-2007		Dólar dos EUA
Espanha	1822-2007	GFD, WEO	
Estados Unidos	1788-2007	GFD, WEO	
Filipinas	1884-2007	GFD, WEO	
Finlândia	1818-2007	GFD, WEO	Umn
	1900-2007		Dólar dos EUA
França	1800-2007	GFD, WEO	
Gana	1850-2007	GFD, WEO	Umn
	1900-2007		Dólar dos EUA
Grécia	1849-2007	GFD, WEO	Umn
	1900-2007		Dólar dos EUA
Guatemala	1851-2007	GFD, WEO	
Honduras	1896-2007	GFD, WEO	
Índia	1832-2007	GFD, WEO	
Indonésia	1823-1974	GFD, WEO	Umn
	1876-2007		Dólar dos EUA
Itália	1861-2007	GFD, WEO	
Japão	1862-2007	GFD, WEO	
Malásia	1905-2007	GFD, WEO	Inclui Singapura até 1955
Marrocos	1947-2007	GFD, WEO	
Maurícia	1833-2007	GFD, WEO	Umn
	1900-2007		Dólar dos EUA
México	1797-1830	GFD, WEO	Libra esterlina
	1872-2007		Umn
	1797-1830		Dólar dos EUA
	1872-2007		
Myanmar (Birmânia)	1937-2007	GFD, WEO	
Nicarágua	1895-2007	GFD, WEO	
Noruega	1851-2007	GFD, WEO	
Países Baixos	1846-2007	GFD, WEO	

(continuação)

Quadro A.1.8 Continuação

País	Período coberto	Fontes	Moeda, comentário
Panamá	1905-2007	GFD, WEO	Umn
Paraguai	1879-1949 1923-2007	GFD, WEO	Dólar dos EUA
Peru	1866-1952 1882-2007	GFD, WEO	Umn Dólar dos EUA
Polónia	1924-2007	GFD, WEO	
Portugal	1861-2007	GFD, WEO	
Quénia	1900-2007	GFD, WEO	
Reino Unido	1796-2007	GFD, WEO	
Roménia	1862-1993 1921-2007	GFD, WEO	Umn Dólar dos EUA
Rússia	1802-1991 1815-2007	GFD, WEO	Umn Dólar dos EUA
Singapura	1948-2007	GFD, WEO	
Sri Lanka	1825-2007 1900-2007	GFD, WEO	Umn Dólar dos EUA
Suécia	1832-2007	GFD, WEO	
Tailândia (Sião)	1859-2007	GFD, WEO	
Taiwan	1891-2007	GFD, WEO	
Turquia	1878-2007	GFD, WEO	
Uruguai	1862-1930 1899-2007	GFD, WEO	
Venezuela	1830-2007 1900-2007	GFD, WEO	
Zâmbia	1908-2007	GFD, WEO	
Zimbabué	1900-2007	GFD, WEO	

Quadro A.1.9 Indicadores globais e centros financeiros

País	Séries	Período coberto	Fontes
Estados Unidos	Saldo da balança corrente/PIB	1790-2006	Carter *et al.* (2006), WEO
	Papel comercial de 60 a 90 dias	1830-1900	Carter *et al.* (2006)
	Taxa de desconto	1915-2007	GFD, Conselho de Governadores da Reserva Federal
	Taxa dos Fundos Federais	1950-2007	Conselho de Governadores da Reserva Federal
	Obrigação de longo prazo	1798-2007	Carter *et al.* (2006), Conselho de Governadores da Reserva Federal
Reino Unido	Saldo da balança corrente/PIB	1816-2006	Imlah (1958), MIT, United Kingdom National Statistics
	Taxa da Consola (obrigação perpétua)	1790-2007	GFD, Banco de Inglaterra
	Taxa de desconto	1790-2007	GFD, Banco de Inglaterra
Mundo	Preços dos bens primários, nominais e reais	1790-1850	Gayer, Rostow e Schwartz (1953)
		1854-1990	Boughton (1991)
		1862-1999	*Economist*
		1980-2007	WEO
	Datas dos incumprimentos externos soberanos	1341-2007	Suter (1992), Purcell e Kaufman (1993), Reinhart, Rogoff e Savastano (2003a), MacDonald (2006), Standard and Poor's (vários números)

Quadro A.1.10 Preços reais da habitação

País	Período coberto	Fontes	Comentário
Argentina	1981-2007	Reporte Inmobiliario	Valor médio de apartamentos antigos, Buenos Aires
Colômbia	1997: 1° trimestre – 2007: 4° trimestre	Departamento Administrativo Nacional de Estadística	Índice de preços das novas habitações, a totalidade das 23 municipalidades
Coreia do Sul	1986: Janeiro – 2006: Dezembro	Kookmin Bank	Índice de preços da habitação
	2007: 1° trimestre – 2008: 1° trimestre	Kookmin Bank	Índice de preços da habitação
Espanha	1990: 1° trimestre – 2008: 1° trimestre	Banco de España	Índice de preços da habitação, avaliação das casas, Espanha
	1970-2007	Bank of International Settlements	Índice de preços da habitação, avaliação das casas, Espanha
Estados Unidos	1890-2007	Standard and Poor's	Índice nacional de preços Case-Shiller, EUA
	1987: 1° trimestre – 2008: 2° trimestre	Standard and Poor's	Índice nacional de preços Case-Shiller, EUA
Filipinas	1994: 4° trimestre – 2007: 4° trimestre	Colliers International: Filipinas	Casas de três quartos em condomínios de luxo, bairro central de negócios, Makati
Finlândia	1983: 1° trimestre – 2008: 1° trimestre	StatFin Online Service	Casas em blocos de apartamentos antigos, Finlândia
	1970-2007	Bank of International Settlements	Índice de preços da habitação, Finlândia

(continuação)

Quadro A.1.10 Continuação

País	Período coberto	Fontes	Comentário
Hong Kong	1991: Julho – 2008: Fevereiro	Universidade de Hong Kong	Série do índice de preços do imobiliário, Hong Kong
Hungria	2000-2007	Otthon Centrum	Preço médio de condomínios antigos, Budapeste
Indonésia	1994: 1º trimestre – 2008: 1º trimestre	Bank of Indonesia	Índice de preços da propriedade residencial, casas novas, novos projectos residenciais, grandes cidades
Irlanda	1996: 1º trimestre – 2008: 1º trimestre	ESRI, Permanent TSB	Preços da habitação, padronizados, Irlanda
Islândia	2000: Março – 2008: Abril	Statistics Iceland	Índice de preços da habitação, Islândia
Japão	1955: 1º semestre – 2007: 2º semestre	Japan Real Estate Institute	Preços da terra, índice residencial, urbano, Japão
Malásia	2000: 1º trimestre – 2007: 4º trimestre	Bank Negara	Índice de preços da habitação, Malásia
Noruega	1970-2007	Bank of International Settlements	Índice de preços da habitação, todos os fogos, Noruega
	1819-2007	Norges Bank	Preços da habitação, Noruega
Reino Unido	1952: Janeiro – 2008: Abril	Nationwide	Preço médio da habitação, R.U.
	1970-2007	Bank of International Settlements	Índice de preços da habitação, R.U.
Tailândia	1991: 1º trimestre – 2008: 4º trimestre	Bank of Thailand	Índice de preços da habitação, casa independente

Quadro A.1.11 Índices bolsistas (preços das acções – unidades monetárias nacionais e dólares dos EUA)

País	Período coberto
África do Sul, União da	1910-2008
Alemanha	1856-2008
Argentina	1967-2008
Austrália	1875-2008
Áustria	1922-2008
Bélgica	1898-2008
Brasil	1954-2008
Canadá	1914-2008
Chile	1927-2008
Colômbia	1929-2008
Coreia	1962-2008
Dinamarca	1915-2008
Espanha	1915-2008
Estados Unidos	1800-2008
Filipinas	1952-2008
Finlândia	1922-2008
França	1856-2008
Grécia	1952-2008
Hong Kong	1962-2008
Índia	1921-2008
Irlanda	1934-2008
Israel	1949-2008
Itália	1906-2008
Japão	1915-2008
Malásia	1970-2008
México	1930-2008
Noruega	1918-2008
Nova Zelândia	1931-2008
Países Baixos	1919-2008
Paquistão	1960-2008
Peru	1932-2008
Portugal	1931-2008

(continuação)

Quadro A.1.11 Continuação

País	Período coberto
Quénia	1964–2008
Reino Unido	1800–2008
Singapura	1966–2008
Suécia	1913–2008
Suíça	1910–2008
Taiwan	1967–2008
Venezuela	1937–2008
Zimbabué	1968–2008

Fonte: Global Financial Data

Anexo A.2

Dívida Pública

Este anexo cobre as séries de dívida pública usadas, sendo o Anexo A.1 dedicado à base de dados sobre séries cronológicas macroeconómicas.

Abreviaturas de fontes e termos frequentemente usados

Fontes adicionais são listadas nos quadros que se seguem.
CLYPS   Cowan, Levy-Yeyati, Panizza, Sturzenegger (2006)
ESFDB   European State Finance Data Base
GDF   Banco Mundial, *Global Development Finance*
GFD   Global Financial Data
IFS   Fundo Monetário Internacional, *International Financial Statistics* (vários números)
LM   Lindert e Morton (1989)
MAR   Marichal (1989)
MIT   Mitchell (2003a, 2003b)
NU   Nações Unidas, *Statistical Yearbook* (vários anos)
RR   Reinhart e Rogoff (ano conforme a notação)
SdN   Sociedade das Nações, *Statistical Yearbook* (vários anos)
Umn   Unidades monetárias nacionais
WEO   Fundo Monetário Internacional, *World Economic Outlook* (vários números)

Quadro A.2.1 Empréstimos obrigacionistas [*debentures*]: emissões externas de obrigações públicas

País	Período coberto	Fontes	Comentário
África do Sul	1928-1946	NU	
Argentina	1824-1968	LM, MAR	Inclui o primeiro empréstimo
	1927-1946	NU	
Austrália	1857-1978	LM, Page (1919)	
	1927-1946	NU	
Bolívia	1864-1930	MAR	
	1927-1946	NU	
Brasil	1843-1970	Bazant (1968), LM, MAR, Summerhill (2006)	Inclui o primeiro empréstimo
	1928-1946	NU	
Canadá	1860-1919	LM	
	1928-1946	NU	
Chile	1822-1830	LM, MAR	Inclui o primeiro empréstimo
	1928-1946	NU	
China	1865-1938	Huang (1919), Winkler (1928)	
Colômbia	1822-1929	MAR	
	1928-1946	NU	
Costa Rica	1871-1930	MAR	
El Salvador	1922-1930	MAR	
	1928-1946	NU	
Egipto	1862-1965	Landes (1958), LM	Inclui o primeiro empréstimo
	1928-1946	NU	
Grécia	1824-1932	Levandis (1944)	Inclui o primeiro empréstimo (o da independência)
	1928-1939	NU	
Guatemala	1856-1930	MAR	
	1928-1939	NU	
Honduras	1867-1930	MAR	
Índia	1928-1945	NU	
Japão	1870-1965	LM	Inclui o primeiro empréstimo
	1928-1939	NU	
México	1824-1946	Bazant (1968), LM, MAR	Inclui o primeiro empréstimo
	1928-1944	NU	

(continuação)

Quadro A.2.1 Continuação

País	Período coberto	Fontes	Comentário
Panamá	1923-1930	NU	
	1928-1945	NU	
Peru	1822-1930	MAR	Inclui o primeiro
	1928-1945	NU	empréstimo
Rússia	1815-1916	Miller (1926), Crisp (1979), LM	
Tailândia (Sião)	1928-1947	NU	
Turquia	1854-1965	Clay (2000), LM	Inclui o primeiro
	1933-1939	NU	empréstimo
Uruguai	1871-1939	MAR	
	1928-1947	NU	
Venezuela	1822-1930	MAR	Inclui o primeiro
	1928-1947	NU	empréstimo

Quadro A.2.2 Dívida pública total (interna mais externa)

País	Período coberto	Fontes	Comentário
África do Sul	1859-1914	Page (1919)	Libra esterlina
	1910-1982	SdN, NU	Umn
	1946-2006	South Africa Reserve Bank	Umn
Alemanha	1880-1913	Flandreau e Zumer (2004)	Umn
	1914-1983	SdN, NU	Umn
	1950-2007	Bundesbank	Umn
Argentina	1863-1971	Garcia Vizcaino (1972)	Umn
	1914-1981	SdN, NU	Umn
	1980-2005	GFD, Jeanne e Guscina (2006)	
Austrália	1852-1914	Page (1919)	Umn
	1914-1981	SdN, NU	Umn
	1980-2007	Australian Office of Financial Management	
Áustria	1880-1913	Flandreau e Zumer (2004)	Umn
	1945-1984	NU	Umn
	1970-2006	Austrian Federal Financing Agency	Euro
Bélgica	1830-2005	BNB, Centre d'études économiques de la KUL	Euro
Bolívia	1914-1953	SdN, NU	Umn
	1968-1981		
	1991-2004	CLYPS	Dólar dos EUA
Brasil	1880-1913	Flandreau e Zumer (2004)	Umn
	1923-1972	SdN, NU	Umn
	1991-2005	GFD, Jeanne e Guscina (2006)	
Canadá	1867-2007	Statistics Canada, Bank of Canada	Umn
Chile	1827-2000	Diaz *et al.* (2005)	Umn
	1914-1953	SdN, NU	Umn
	1990-2007	Ministerio de Haciena	Dólar dos EUA
China	1894-1950	Cheng (2003), Huang (1919), RR (2008c)	
	1981-2005	GFD, Jeanne e Guscina (2006)	
Colômbia	1923-2006	Contraloría General de la República	Umn
Coreia	1910-1938	Mizoguchi e Umemura (1988)	Iene
	1970-1984	SdN, NU	
	1990-2004	Jeanne e Guscina (2006)	

(continuação)

Quadro A.2.2 Continuação

País	Período coberto	Fontes	Comentário
Costa do Marfim	1970-1980	NU	Umn
Costa Rica	1892-1914	Soley Güell (1926)	Umn
	1914-1983	SdN, NU	Umn
	1980-2007	CLYPS, Ministerio de Hacienda	Dólar dos EUA
Dinamarca	1880-1913	Flandreau e Zumer (2004)	Umn
	1914-1975	SdN, NU	Umn
	1990-2007	Danmarks Nationalbank	Umn
Egipto	1914-1959	SdN, NU	Umn
	2001-2005	Ministério das Finanças	Umn
El Salvador	1914-1963	SdN, NU	Umn
	1976-1983		
	1990-2004	CLYPS	Dólar dos EUA
	2003-2007	Banco Central de Reserva	Dólar dos EUA
Equador	1914-1972	SdN, NU	Umn
	1990-2006	Ministério das Finanças	Dólar dos EUA
Espanha	1504-1679	ESFDB	Descontínua
	1850-2001	Estadísticas Históricas de España: Siglos XIX-XX	Umn
	1999-2006	Banco de España	Euro
Estados Unidos	1791-2007	Treasury Direct	
Filipinas	1948-1982	SdN, NU	Umn
	1980-2005	GFD, Jeanne e Guscina (2006)	
Finlândia	1914-1983	SdN, NU	Umn
	1978-2007	State Treasury Finland	Umn
França	1880-1913	Flandreau e Zumer (2004)	Umn
	1913-1972	SdN, NU	Umn
	1999-2007	Ministère du Budget, des comptes publics	Umn
Grécia	1869-1893	Levandis (1944)	Descontínua, Umn
	1880-1913	Flandreau e Zumer (2004)	Umn
	1920-1983	SdN, NU	Umn
	1993-2006	OCDE	
Guatemala	1921-1982	SdN, NU	Umn
	1980-2005	CLYPS	Dólar dos EUA
Honduras	1914-1971	SdN, NU	Umn
	1980-2005	CLYPS	Dólar dos EUA

(continuação)

Quadro A.2.2 Continuação

País	Período coberto	Fontes	Comentário
Hungria	1913-1942	SdN, NU	Umn
	1992-2005	Jeanne e Guscina (2006)	
Índia	1840-1920	Statistical Abstract Relating to British India	
	1913-1983	SdN, NU	Umn
	1980-2005	Jeanne e Guscina (2006)	
Indonésia	1972-1983	NU	Umn
	1998-2005	Bank Indonesia, GDF	
Itália	1880-1913	Flandreau e Zumer (2004)	Umn
	1914-1994	SdN, NU	Umn
	1982-2007	Dipartamento del Tesoro	Umn
Japão	1872-2007	Historical Statistics of Japan, Bank of Japan	Umn
Malásia	1947-1957	NU	Umn
	1976-1981		
	1980-2004	Jeanne e Guscina (2006)	
Marrocos	1965-1980	NU	Umn
Maurícia	1970-1984	SdN, NU	Umn
	1998-2007		Umn
México	1814-1946	Bazant (1968)	Descontínua
	1914-1979	SdN, NU	Umn
	1980-2006	Dirección General de la Deuda Pública	
Nicarágua	1914-1945	SdN, NU	Umn
	1970-1983		
	1991-2005	CLYPS	Dólar dos EUA
Noruega	1880-1914	Flandreau e Zumer (2004)	Umn
	1913-1983	SdN, NU	Umn
	1965-2007	Ministério das Finanças	Umn
Nova Zelândia	1858-2006	Statistics New Zealand, New Zealand Treasury	Umn
Países Baixos	1880-1914	Flandreau e Zumer (2004)	Umn
	1914-1977	SdN, NU	Umn
	1914-2008	Dutch State Treasury Agency	Umn
Panamá	1915-1983	SdN, NU	Dólar dos EUA
	1980-2005	CLYPS	Dólar dos EUA

(continuação)

Quadro A.2.2 Continuação

País	Período coberto	Fontes	Comentário
Paraguai	1927-1947	SdN, NU	Umn
	1976-1982		
	1990-2004	CLYPS	Dólar dos EUA
Peru	1918-1970	SdN, NU	Umn
	1990-2005	CLYPS	Dólar dos EUA
Polónia	1920-1947	SdN, NU	
	1994-2004	GFD, Jeanne e Guscina (2006)	
Portugal	1851-1997	Instituto Nacional de Estatística	
	1914-1975	SdN, NU	Umn
	1980-2007	Banco de Portugal	Em euros, desde 1999
Quénia	1911-1935	Frankel (1938)	Libra esterlina
	1961-1980	SdN, NU	Umn
	1997-2007	Central Bank of Kenya	Umn
Reino Unido	1693-1786	Quinn (2004)	Dívida fundada total
	1781-1915	Page (1919), Bazant (1968)	1787-1815, descontínua
	1850-2007	U.K. Debt Management Office	
República Dominicana	1914-1952	SdN, NU	Umn
Rússia	1880-1914	Crisp (1976), Flandreau e Zumer (2004)	Franco francês e Umn
	1922-1938	SdN, NU	Umn
	1993-2005	Jeanne e Guscina (2006)	
Singapura	1969-1982	NU	Umn
	1986-2006	Monetary Authority	Umn
Sri Lanka	1861-1914	Page (1919)	Libra esterlina
	1950-1983	NU	Umn
	1990-2006	Central Bank of Sri Lanka	Umn
Suécia	1880-1913	Flandreau e Zumer (2004)	
	1914-1984	SdN, NU	Umn
	1950-2006	Riksgälden	Umn
Tailândia (Sião)	1913-1984	SdN, NU	Umn
	1980-2006	Jeanne e Guscina (2006), Bank of Thailand	
Tunísia	1972-1982	SdN, NU	Umn
	2004-2007	Central Bank of Tunisia	Umn

(continuação)

Quadro A.2.2 Continuação

País	Período coberto	Fontes	Comentário
Turquia	1933–1984	SdN, NU	Umn
	1986–2007	Tesouro da Turquia	Dólar dos EUA
Uruguai	1914–1947	SdN, NU	Umn
	1972–1984		
	1999–2007	Banco Central del Uruguay	Dólar dos EUA
Venezuela	1914–1982	SdN, NU	
	1983–2005	Jeanne e Guscina (2006)	
Zimbabué	1924–1936	Frankel (1938)	Libra esterlina
	1969–1982	NU	

Quadro A.2.3 Dívida pública externa

País	Período coberto	Fontes	Comentário
África do Sul	1859-1914	Page (1919)	Libra esterlina
	1910-1983	SdN, NU	Umn
	1946-2006	South African Reserve Bank	Umn
Alemanha	1914-1983	SdN, NU	Umn
Angola	1989-2005	GFD	Dólar dos EUA
Argélia	1970-2005	GFD	Dólar dos EUA
Argentina	1863-1971	Garcia Vizcaino (1972)	Umn
	1914-1981	SdN, NU	Umn
	1970-2005	GFD	Dólar dos EUA
Austrália	1852-1914	Page (1919)	
	1914-1981	SdN, NU	Umn
	1980-2007	Australian Office of Financial Management	Umn
Áustria	1945-1984	NU	Umn
	1970-2006	Austrian Federal Financing Agency	Euro
Bélgica	1914-1981	SdN, NU	Umn
	1992-2007		
Bolívia	1914-1953	SdN, NU	Umn
	1968-1981		
	1970-2005	GFD	
	1991-2004	CLYPS	Dólar dos EUA
Brasil	1824-2000	Instituto Brasileiro de Geografia e Estatística	Libra esterlina e dólar dos EUA
	1923-1972	SdN, NU	Umn
	1970-2005	GFD	Dólar dos EUA
	1991-2005	Jeanne e Guscina (2006)	Dólar dos EUA
Canadá	1867-2007	Statistics Canada, Bank of Canada	Umn
Chile	1822-2000	Diáz et al. (2005)	Umn
	1970-2005	GFD	Dólar dos EUA
	1822-1930	RR (2008c)	Estimado a partir de empréstimos obrigacionistas [*debentures*]

(continuação)

Quadro A.2.3 Continuação

País	Período coberto	Fontes	Comentário
China	1865-1925	RR (2008c)	Estimado a partir de empréstimos obrigacionistas [*debentures*]
	1981-2005	GFD	Dólar dos EUA
Colômbia	1923-2006	Contraloría General de la República	Umn
Coreia	1970-1984	SdN, NU	Umn
	1970-2005	GDF	Dólar dos EUA
	1990-2004	Jeanne e Guscina (2006)	Dólar dos EUA
Costa do Marfim	1970-2005	GFD	Dólar dos EUA
Costa Rica	1892-1914	Soley Güell (1926)	Umn
	1914-1983	SdN, NU	Umn
	1980-2007	CLYPS, Ministerio de Hacienda	Dólar dos EUA
Egipto	1862-1930	RR	Estimado a partir de empréstimos obrigacionistas [*debentures*]
	1914-1959	SdN, NU	Umn
	1970-2005	GFD	Dólar dos EUA
Equador	1914-1972	SdN, NU	Umn
	1970-2005	GFD	Dólar dos EUA
	1990-2007	Ministério das Finanças	Dólar dos EUA
Espanha	1850-2001	Estadísticas Históricas de España: Siglos XIX-XX	Umn
	1999-2006	Banco de España	Euro
Filipinas	1948-1982	SdN, NU	Umn
	1970-2005	GFD	Dólar dos EUA
França	1913-1972	SdN, NU	Umn
	1999-2007	Ministère du Budget, des comptes publics	Umn
Grécia	1920-1983	SdN, NU	Umn
Guatemala	1921-1982	SdN, NU	Umn
	1970-2005	GFD	Dólar dos EUA
	1980-2005	CLYPS	Dólar dos EUA

(continuação)

Quadro A.2.3 Continuação

País	Período coberto	Fontes	Comentário
Honduras	1914-1971	SdN, NU	Umn
	1970-2005	GDF	Dólar dos EUA
	1980-2005		Dólar dos EUA
Hungria	1913-1942	SdN, NU	Umn
	1982-2005	GDF	Dólar dos EUA
	1992-2005	Jeanne e Guscina (2006)	
Índia	1840-1920	Statistical Abstract Relating to British India (vários anos)	
	1913-1983	SdN, NU	Umn
	1980-2005	Jeanne e Guscina (2006)	
Indonésia	1972-1983	NU	Umn
	1970-2005	GDF	Dólar dos EUA
Itália	1880-1913	Flandreau e Zumer (2004)	Umn
	1914-1984	SdN, NU	Umn
	1982-2007	Dipartamento del Tesoro	Umn
Japão	1872-2007	Historical Statistics of Japan, Bank of Japan	Umn
	1910-1938	Mizoguchi e Umemura (1988)	Iene
Malásia	1947-1957	SdN, NU	Umn
	1976-1981		
	1970-2005	GDF	Dólar dos EUA
	1980-2004	Jeanne e Guscina (2006)	
Marrocos	1965-1980	NU	Umn
	1970-2005	GDF	Dólar dos EUA
Maurícia	1970-1984	SdN, NU	Umn
	1970-2005	GDF	Dólar dos EUA
	1998-2007	Bank of Mauritius	Umn
México	1814-1946	Bazant (1968)	Descontínua
	1820-1930	RR (2008c)	Estimado a partir de empréstimos obrigacionistas [*debentures*]
	1914-1979	SdN, NU	Umn
	1970-2005	GDF	Dólar dos EUA
	1980-2006	Dirección General de la Deuda Pública	

(continuação)

Quadro A.2.3 Continuação

País	Período coberto	Fontes	Comentário
Nicarágua	1914–1945	SdN, NU	Umn
	1970–1983		
	1970–2005	GDF	Dólar dos EUA
	1991–2005	CLYPS	Dólar dos EUA
Noruega	1880–1914	Flandreau e Zumer (2004)	Umn
	1913–1983	SdN, NU	Umn
	1965–2007	Ministério das Finanças	Umn
Nova Zelândia	1858–2006	Statistics New Zealand, New Zealand Treasury	Umn
Países Baixos	1880–1914	Flandreau e Zumer (2004)	Umn
	1914–1977	SdN, NU	Umn
	1914–2007	Dutch State Treasury Agency	Umn
Panamá	1915–1983	SdN, NU	Dólar dos EUA
	1980–2005	CLYPS	Dólar dos EUA
Paraguai	1927–1947	SdN, NU	Umn
	1976–1982		
	1970–2005	GFD	Dólar dos EUA
	1900–2004	CLYPS	Dólar dos EUA
Peru	1822–1930	RR (2008c)	Estimado a partir de empréstimos obrigacionistas [*debentures*]
	1918–1970	SdN, NU	Umn
	1990–1970	CLYPS	Dólar dos EUA
	1970–2005	GFD	Dólar dos EUA
Polónia	1920–1947	SdN, NU	Umn
	1986–2005	GFD	Dólar dos EUA
Portugal	1851–1997	Instituto Nacional de Estatística	
	1914–1975	SdN, NU	Umn
	1980–2007	Banco de Portugal	Em euros, desde 1999
Quénia	1961–1980	SdN, NU	Umn
	1970–2005	GDF	Dólar dos EUA
	1997–2007	Central Bank of Kenya	Umn
Reino Unido	1914–2007	SdN, NU	Umn
República Centro-Africana	1970–2005	GFD	Dólar dos EUA

(continuação)

Quadro A.2.3 Continuação

País	Período coberto	Fontes	Comentário
República Dominicana	1914-1952	SdN, NU	Umn
	1961-2004	Banco de la República	Dólar dos EUA
Rússia	1815-1917	RR (2008c)	
	1922-1938	SdN, NU	Umn
	1993-2005	Jeanne e Guscina (2006)	
Singapura	1969-1982	NU	Umn
Sri Lanka	1950-1983	NU	Umn
	1970-2005	GFD	Dólar dos EUA
	1990-2006	Central Bank of Sri Lanka	Umn
Suécia	1914-1984	SdN, NU	Umn
	1950-2006	Riksgälden	Umn
Tailândia (Sião)	1913-1984	SdN, NU	Umn
	1970-2005	GFD	Dólar dos EUA
	1980-2006	Jeanne e Guscina (2006), Bank of Thailand	Umn
Tunísia	1970-2005	GFD	Dólar dos EUA
	2004-2007	Central Bank of Tunisia	Umn
	1972-1982	SdN, NU	Umn
Turquia	1854-1933	RR (2008c)	Estimado a partir de empréstimos obrigacionistas [*debentures*]
	1933-1984	SdN, NU	Umn
	1970-2005	GFD	Dólar dos EUA
	1986-2007	Tesouro da Turquia	Dólar dos EUA
Uruguai	1871-1930	RR (2008c)	Estimado a partir de empréstimos obrigacionistas [*debentures*]
	1914-1947	SdN, NU	Umn
	1972-1984		Dólar dos EUA
	1970-2005	GFD	Dólar dos EUA
	1980-2004	CLYPS	
Venezuela	1822-1842	RR (2008c)	Estimado a partir de empréstimos obrigacionistas [*debentures*]
	1914-1982	SdN, NU	Umn
Zâmbia	1970-2005	GFD	
Zimbabué	1969-1982	NU	Umn
	1970-2005	GFD	Dólar dos EUA

Quadro A.2.4 Dívida pública interna

País	Período coberto	Fontes	Comentário
África do Sul	1859-1914	Page (1919)	Libra esterlina
	1910-1983	SdN, NU	Umn
	1946-2006	South Africa Reserve Bank	Umn
Argentina	1863-1971	Garcia Vizcaino (1972)	Umn
	1914-1981	SdN, NU	Umn
	1980-2005	GFD, Jeanne e Guscina	
Austrália	1914-1981	SdN, NU	Umn
	1980-2007	Australian Office of Financial Management	Umn
Áustria	1945-1984	NU	Umn
	1970-2006	Austrian Federal Financing Agency	Euro
Bélgica	1914-1983	SdN, NU	Umn
	1992-2007	BNB, Centre d'études économiques de la KUL	
Bolívia	1914-1953	SdN, NU	Umn
	1968-1981		
	1991-2004	CLYPS	Dólar dos EUA
Brasil	1923-1972	SdN, NU	Umn
	1991-2005	GFD, Jeanne e Guscina (2006)	
Canadá	1867-2007	Statistics Canada, Bank of Canada	Umn
Chile	1827-2000	Diáz et al. (2005)	Umn
	1914-1953	SdN, NU	Umn
	1914-1946	NU	
	1990-2007	Ministerio de Hacienda	Dólar dos EUA
China	1894-1949	RR (2008c)	Umn
Colômbia	1923-2006	Contraloría General de la República	Umn
Coreia	1970-1984	SdN, NU	Umn
	1990-2004	Jeanne e Guscina (2006)	Umn
Costa do Marfim	1970-1980	NU	Umn
Costa Rica	1892-1914	Soley Güell (1926)	Umn
	1914-1983	SdN, NU	Umn
	1980-2007	CLYPS, Ministerio de Hacienda	Dólar dos EUA

(continuação)

Quadro A.2.4 Continuação

País	Período coberto	Fontes	Comentário
Dinamarca	1914-1975	SdN, NU	Umn
	1990-2007	Danmarks Nationalbank	Umn
Egipto	1914-1959	SdN, NU	Umn
	2001-2005	Ministério das Finanças	Umn
Equador	1914-1972	SdN, NU	Umn
	1990-2006	Ministério das Finanças	Dólar dos EUA
Espanha	1850-2001	Estadísticas Históricas de España: Siglos XIX-XX	Umn
	1999-2006	Banco de España	Euro
Estados Unidos	1791-2007	Treasury Direct	Umn
Filipinas	1948-1982	SdN, NU	Umn
	1980-2005	GFD, Jeanne e Guscina (2006)	
França	1913-1972	SdN, NU	Umn
	1999-2007	Ministère du Budget, des comptes publics	Umn
Grécia	1920-1983	SdN, NU	Umn
	1912-1941	NU	
Guatemala	1921-1982	SdN, NU	Umn
	1980-2005	CLYPS	Dólar dos EUA
Honduras	1914-1971	SdN, NU	Umn
	1980-2005		Dólar dos EUA
Hungria	1913-1942	SdN, NU	Umn
	1992-2005	Jeanne e Guscina (2006)	
Índia	1840-1920	Statistical Abstract Relating to British India (vários anos)	
	1913-1983	SdN, NU	Umn
	1980-2005	Jeanne e Guscina (2006)	
Indonésia	1972-1983	NU	Umn
	1998-2005	Bank of Indonesia, GDF	
Itália	1880-1913	Flandreau e Zumer (2006)	Umn
	1882-2007	Dipartamento del Tesoro	Umn
	1894-1914	SdN, NU	Umn
Japão	1872-2007	Historical Statistics of Japan, Bank of Japan	Umn
	1914-1946	NU	

(continuação)

Quadro A.2.4 Continuação

País	Período coberto	Fontes	Comentário
Malásia	1947-1957	SdN, NU	Umn
	1976-1981		
	1980-2004	Jeanne e Guscina (2006)	
Marrocos	1965-1980	NU	Umn
Maurícia	1970-1984	SdN, NU	Umn
	1998-2007	Bank of Mauritius	Umn
México	1814-1946	Bazant (1968)	Descontínua
	1914-1979	SdN, NU	Umn
	1980-2006	Dirección General de la Deuda Pública	
Nicarágua	1914-1945	SdN, NU	Umn
	1970-1983		
	1991-2005	CLYPS	Dólar dos EUA
Noruega	1880-1914	Flandreau e Zumer (2004)	Umn
	1913-1983	SdN, NU	Umn
	1965-2007	Ministério das Finanças	Umn
Nova Zelândia	1858-2006	Statistics New Zealand, New Zealand Treasury	Umn
Países Baixos	1880-1914	Flandreau e Zumer (2004)	Umn
	1914-1977	SdN, NU	Umn
	1914-2008	Dutch State Treasury Agency	Umn
Panamá	1915-1983	SdN, NU	Dólar dos EUA
	1980-2005	CLYPS	Dólar dos EUA
Paraguai	1927-1947	SdN, NU	Umn
	1976-1982		
	1990-2004	CLYPS	Dólar dos EUA
Peru	1918-1970	SdN, NU	Umn
	1990-2005	CLYPS	Dólar dos EUA
Polónia	1920-1947	SdN, NU	Umn
	1994-2004	Jeanne e Guscina (2006)	Umn
Portugal	1851-1997	Instituto Nacional de Estatística	Umn
	1914-1975	SdN, NU	Umn
	1980-2007	Banco de Portugal	Em euros desde 1999
Quénia	1961-1980	SdN, NU	Umn
	1997-2007	Central Bank of Kenya	Umn
Reino Unido	1914-2007	SdN, NU	Umn

(continuação)

Quadro A.2.4 Continuação

País	Período coberto	Fontes	Comentário
República Dominicana	1914-1952	SdN, NU	Umn
Rússia	1922-1938	SdN, NU	Umn
	1993-2005	Jeanne e Guscina (2006)	
Singapura	1969-1982	NU	Umn
	1986-2006	Monetary Authority	Umn
Sri Lanka	1950-1983	NU	Umn
	1990-2006	Central Bank of Sri Lanka	Umn
Suécia	1914-1984	SdN, NU	Umn
	1950-2006	Riksgälden	Umn
Tailândia (Sião)	1913-1984	SdN, NU	Umn
	1980-2006	Jeanne e Guscina (2006), Bank of Thailand	Umn
Tunísia	1972-1982	NU	Umn
	2004-2007	Central Bank of Tunisia	Umn
Turquia	1933-1984	SdN, NU	Umn
	1986-2007	Tesouro da Turquia	Dólar dos EUA
Uruguai	1914-1947	SdN, NU	Umn
	1972-1984		
	1980-2004	CLYPS	Dólar dos EUA
Venezuela	1914-1982	SdN, NU	Umn
	1983-2005	Jeanne e Guscina (2006)	Umn
Zimbabué	1969-1982	NU	Umn

Anexo A.3

Datas das crises bancárias

Quadro A.3.1 Datas das crises bancárias e mobilidade do capital, 1800-2008

Países de rendimento elevado		Países de rendimento médio		Países de rendimento baixo	
Países	Ano inicial	Países	Ano inicial	Países	Ano inicial
Mobilidade do capital: baixa-moderada, 1800-1879					
França	1802				
França	1805				
Reino Unido	1810				
Suécia	1811				
Dinamarca	1813				
Espanha, Estados Unidos	1814				
Reino Unido	1815				
Estados Unidos	1818				
Estados Unidos, Reino Unido	1825				
Estados Unidos	1836				
Canadá, Reino Unido	1837				
Reino Unido	1847				
Bélgica	1848				
Estados Unidos, Reino Unido	1857			Índia	1863
Itália, Reino Unido	1866				
Áustria, Estados Unidos	1873	Peru	1873		

(continuação)

Quadro A.3.1 Continuação

Países de rendimento elevado		Países de rendimento médio		Países de rendimento baixo	
Países	Ano inicial	Países	Ano inicial	Países	Ano inicial
		África do Sul	1877		
Mobilidade do capital: alta, 1880-1914					
Alemanha	1880				
França	1882	México	1883		
Estados Unidos	1884				
Dinamarca	1885				
Itália	1887				
França	1889				
Estados Unidos, Portugal, Reino Unido	1890	África do Sul, Argentina*, Brasil, Chile, Paraguai	1890		
Alemanha, Itália, Portugal	1891				
Austrália	1893	Uruguai	1893		
Países Baixos, Suécia	1897				
Noruega	1898	Chile	1899		
Finlândia	1900	Brasil	1900		
Alemanha, Japão	1901				
Dinamarca, Estados Unidos, França, Itália, Japão, Suécia	1907	México	1907		
		Chile	1908		
		México	1913	Índia	1913
Bélgica, Estados Unidos França*, Itália, Japão, Países Baixos, Noruega*, Reino Unido	1914	Argentina*, Brasil	1914		
Mobilidade do capital: baixa, 1915-1919					
		Chile*	1915		

(continuação)

Quadro A.3.1 Continuação

Países de rendimento elevado		Países de rendimento médio		Países de rendimento baixo	
Países	Ano inicial	Países	Ano inicial	Países	Ano inicial
Mobilidade do capital: moderada, 1920-1929					
Portugal★	1920	México	1920		
Finlândia, Itália, Noruega★, Países Baixos★	1921			Índia	1921
Canadá, Japão, Taiwan	1923	China	1923		
Áustria	1924		1924		
Alemanha★, Bélgica★	1925	Brasil, Chile★	1926		
Japão, Taiwan	1927				
Estados Unidos★	1929	Brasil, México★	1929	Índia	1929
Mobilidade do capital: baixa, 1930-1969					
França, Itália	1930				
Alemanha★, Áustria, Bélgica, Espanha★, Finlândia, Grécia, Noruega, Portugal★, Suécia★, Suíça	1931	Argentina★, Brasil, China, Checoslováquia, Estónia, Hungria, Letónia, Polónia, Roménia e Turquia	1931		
Bélgica★	1934	Argentina, China	1934		
Itália	1935	Brasil	1937		
Bélgica★, Finlândia	1939				
				Índia★	1947
		Brasil	1963		
Mobilidade do capital: moderada, 1970-1979					
		Uruguai	1971		
Reino Unido	1974	Chile★	1976	República Centro-Africana	1976
Alemanha, Espanha, Israel	1977	África do Sul	1977		
		Venezuela	1978		

(continuação)

Quadro A.3.1 Continuação

Países de rendimento elevado		Países de rendimento médio		Países de rendimento baixo	
Países	Ano inicial	Países	Ano inicial	Países	Ano inicial
Mobilidade do capital: alta, 1980-2007					
		Argentina★, Chile★, Egipto, Equador	1980		
		Filipinas, México, Uruguai	1981		
Hong Kong, Singapura	1982	Colômbia, Turquia	1982	Congo (República Democrática do), Gana	1982
Canadá, Coreia, Kuwait, Taiwan	1983	Marrocos, Peru, Tailândia	1983	Guiné Equatorial, Níger	1983
Estados Unidos, Reino Unido	1984			Mauritânia	1984
		Argentina★, Brasil★, Malásia★	1985	Guiné, Quénia	1985
Dinamarca, Nova Zelândia, Noruega	1987	Bolívia, Camarões, Costa Rica, Nicarágua	1987	Bangladesh, Mali, Moçambique, Tanzânia	1987
		Líbano, Panamá	1988	Benim, Burkina Faso, República Centro-Africana, Costa do Marfim, Madagáscar, Nepal, Senegal	1988
Austrália	1989	África do Sul, Argentina★, El Salvador, Sri Lanka	1989		
Itália	1990	Argélia, Brasil★, Egipto, Roménia	1990	Serra Leoa	1990

(continuação)

Quadro A.3.1 Continuação

Países de rendimento elevado		Países de rendimento médio		Países de rendimento baixo	
Países	Ano inicial	Países	Ano inicial	Países	Ano inicial
República Checa, Finlândia, Grécia, Reino Unido, Suécia	1991	República Eslovaca, Geórgia, Hungria, Polónia,	1991	Djibouti, Libéria, São Tomé	1991
Japão	1992	Albânia, Bósnia-Herzegovina, Estónia, Indonésia	1992	Angola, Chade, China, Congo, Nigéria, Quénia	1992
Macedónia, Eslovénia	1993	Cabo Verde, Venezuela	1993	Guiné, Eritreia, Índia, República Quirguiz, Togo	1993
França	1994	Arménia, Bolívia, Bulgária, Costa Rica, Jamaica, Letónia, México*, Turquia	1994	Burundi, Congo (República do), Uganda	1994
Reino Unido	1995	Argentina, Azerbaijão, Brasil, Camarões, Lituânia, Paraguai, Rússia, Suíça	1995	Guiné-Bissau, Zâmbia, Zimbabué	1995
		Croácia, Equador, Tailândia	1996	Myanmar, Iémen	1996
Taiwan	1997	Coreia*, Filipinas, Indonésia, Malásia, Maurícia, Ucrânia	1997	Vietname	1997
		Colômbia*, El Salvador, Equador, Rússia	1998		
		Bolívia, Honduras, Peru	1999		

(continuação)

Quadro A.3.1 Continuação

Países de rendimento elevado		Países de rendimento médio		Países de rendimento baixo	
Países	Ano inicial	Países	Ano inicial	Países	Ano inicial
		Nicarágua	2000		
		Argentina★, Guatemala	2001		
		Paraguai, Uruguai	2002		
		República Dominicana	2003		
		Guatemala	2006		
Estados Unidos, Irlanda, Islândia, Reino Unido	2007				
Áustria, Espanha	2008				

Notas: o Anexo A.4 contém mais informação sobre os episódios listados neste quadro e inclui alguns casos menos severos. Um asterisco (★) assinala que o episódio em questão esteve associado a um colapso do produto, conforme a definição de Barro e Ursúa (2008). Porém, muitos dos países da nossa amostra alargada não são cobertos por Barro e Ursúa.

Anexo A.4

Sumários históricos de crises bancárias

Quadro A.4.1 Crises bancárias: sumários históricos, 1800–2008

País	Breve sumário	Ano	Fonte
África do Sul	O Trust Bank passou por problemas.	Dezembro de 1977-1978	Bordo *et al.* (2001), Reinhart (2002), Caprio e Klingebiel (2003)
	Alguns bancos passaram por problemas.	1989	Caprio e Klingebiel (2003)
Albânia	Depois da limpeza de Julho de 1992, 31% dos empréstimos do «novo» sistema bancário acabaram em crédito mal parado. Alguns bancos tiveram problemas de liquidez, devido a um congestionamento de passivos interbancários.	1992	Caprio e Klingebiel (2003)
Alemanha	O Banco de Hamburgo foi salvo pelo Banco Nacional Austríaco, o que restaurou a confiança e dissipou a crise. O Banco de Hamburgo reembolsou o empréstimo em seis meses.	1857	Conant (1915)
	Por precipitação da crise russa, os preços das acções em Berlim caíram 61%; o problema começou por afectar os bancos hipotecários,	1901	Conant (1915), Bordo e Eichengreen (1999)

(continuação)

Quadro A.4.1 Continuação

País	Breve sumário	Ano	Fonte
	mas os bancos de desconto forneceram liquidez. O Dresdner Creditanstalt, o Banco de Leipzig e o Leipzig Bank faliram. Registou-se um abrandamento ligeiro na taxa de crescimento.		
	Deram-se duas crises, nas quais os bancos foram recapitalizados ou os seus depósitos garantidos pelo governo. As corridas aos bancos exacerbaram problemas que se vinham acumulando desde meados de 1930; muitos bancos ficaram incapazes de fazer pagamentos e houve um feriado bancário.	1931	Bernanke e James (1990), Bordo *et al.* (2001), Temin (2008)
	As instituições de transferência de crédito tiveram problemas.	1977	Caprio e Klingebiel (2003)
Angola	Dois bancos comerciais públicos tiveram problemas de insolvência.	1992-1996	Caprio e Klingebiel (2003)
Argélia	Limites à circulação conduziram à suspensão dos pagamentos em espécie (troca de papel-moeda pelo seu devido equivalente metálico). A falta de instituições bancárias de crédito hipotecário levara os bancos garantir os seus empréstimos com i mobiliário; muitas das garantias tiveram de ser executadas para evitar as perdas.	Agosto de 1870	Conant (1915), Reinhart e Rogoff (2008a)
	O crédito mal parado no sistema bancário atingiu 50% do total.	1990-1992	Caprio e Klingebiel (2003)

(continuação)

Quadro A.4.1 Continuação

País	Breve sumário	Ano	Fonte
Argentina	Foram suspensas as operações do Banco Nacional; elevados níveis de dívida externa, crédito interno e importações levaram a quebras nas reservas; o peso caiu 27%, mas a crise foi breve e teve um impacto relativamente reduzido na produção industrial.	Janeiro de 1885	Conant (1915), Bordo e Eichengreen (1999)
	Os bancos concederam avultados empréstimos e os preços do imobiliário aumentaram drasticamente com a emissão excessiva de notas. Os preços da terra caíram 50%; o Banco de la Nación não conseguiu pagar os seus dividendos, o que originou uma corrida; o peso caiu 36% em ambos os anos. Em Julho de 1890, todos os bancos emissores foram suspensos, o que fez o ouro aumentar 320%. Em Dezembro de 1890, o Banco da la Nación Argentina substituiu o antigo Banco de la Nación.	Julho de 1890-1891	Bordo e Eichengreen (1999), Conant (1915)
	Más colheitas e as exigências de liquidez da Europa, devido à guerra, levaram a corridas aos bancos, com perdas de 45% nos depósitos dos bancos privados, em dois anos.	1914	Conant (1915), Bordo e Eichengreen (1999), Nakamura e Zarazaga (2001)
	Pôs-se fim ao padrão-ouro; disparam os empréstimos insolventes.	1931	della Paolera e Taylor (1999), Bordo *et al.* (2001)
	Acumularam-se ao longo de muitos anos imensos empréstimos ao Estado e activos de cobrança duvidosa;	1934	della Paolera e Taylor (1999), Bordo *et al.* (2001)

(continuação)

Quadro A.4.1 Continuação

País	Breve sumário	Ano	Fonte
	acabaram todos por ter de ser absorvidos pelo novo banco central.		
	A falência de um grande banco privado (Banco de Intercambio Regional) induziu corridas a outros três bancos. Por fim, mais de 17 instituições – representando 16% dos activos da banca comercial e 35% dos activos das sociedades financeiras – foram liquidadas ou sujeitas a intervenção do banco central.	Março de 1980-1982	Kaminsky e Reinhart (1999), Bordo *et al.* (2001), Caprio e Klingebiel (2003)
	Em princípios de Maio, o governo encerrou um grande banco, conduzindo a fortes corridas, que levaram o governo a congelar os depósitos em dólares, em 19 de Maio.	Maio de 1985	Kaminsky e Reinhart (1999)
	Activos de cobrança duvidosa representavam 27% da carteira agregada, e 37%, no caso das carteiras dos bancos públicos. Os bancos falidos detinham 40% dos activos do sistema financeiro.	1989-1990	Bordo *et al.* (2001), Caprio e Klingebiel (2003)
	A desvalorização mexicana conduziu a uma corrida aos bancos, o que resultou numa queda de 18% nos depósitos, entre Dezembro e Março. Oito bancos suspenderam as operações e três colapsaram. Até ao final de 1997, 63 das 205 instituições bancárias foram fechadas ou fundidas.	1995	Bordo *et al.* (2001), Reinhart (2002), Caprio e Klingebiel (2003)
	Em Março de 2001, começou uma corrida aos bancos, devido à perda de confiança do público nas	Março de 2001	Caprio e Klingebiel (2003), Jácome (2008)

(continuação)

Quadro A.4.1 Continuação

País	Breve sumário	Ano	Fonte
	políticas prosseguidas pelo governo. Em finais de Novembro de 2001, muitos bancos estavam à beira de um colapso; foram então impostas restrições parciais aos levantamentos (*corralito*) e reprogramados os depósitos a prazo fixo (CD), com vista a estancar as saídas de dinheiro dos bancos (*corralón*). Em Dezembro de 2002, o *corralito* foi levantado. Em Janeiro de 2003, foi encerrado um banco, três bancos foram nacionalizados e muitos outros foram reduzidos.		
Arménia	O banco central fechou metade dos bancos em actividade; os grandes bancos continuaram a sofrer de um elevado nível de crédito mal parado. A caixa económica estava financeiramente debilitada.	Agosto de 1994–1996	Caprio e Klingebiel (2003)
Austrália	Um *boom* de empréstimos internos pôs à vista a qualidade deteriorada dos activos bancários; um *boom* dos preços das terras e um sistema bancário desregulado levaram à especulação. O encerramento do Mercantile Bank, na Austrália, e do Federal Bank of Australia significou a fuga dos depósitos britânicos. Os preços das acções dos bancos caíram acentuadamente, os bancos diminuíram a actividade e interromperam a concessão de empréstimos de longo prazo, e muitos	Janeiro de 1893	Conant (1915), Bordo e Eichengreen (1999)

(continuação)

Quadro A.4.1 Continuação

País	Breve sumário	Ano	Fonte
	fecharam. Seguiu-se a depressão dos anos 90 do século XIX.		
	Dois grandes bancos receberam injecções de capital público para cobrirem as suas perdas.	1989-1992	Bordo *et al.* (2001), Caprio e Klingebiel (2003)
Áustria	Havia especulação na economia; a derrocada da bolsa de Viena levou 42 bancos (mais 44 bancos provinciais) à falência.	Maio de 1873-1874	Conant (1915)
	O maior banco encontrava-se com dificuldades; a liquidação começou em Junho.	1924	Bernanke e James (1990)
	O segundo maior banco faliu e fundiu-se com o maior.	Novembro de 1929	Bernanke e James (1990)
	O Creditanstalt faliu e houve uma corrida de depositantes estrangeiros.	Maio de 1931	Bernanke e James (1990)
Azerbaijão	Encerrados 12 bancos privados; três grandes bancos públicos foram considerados insolventes e um teve problemas graves de liquidez.	1995	Caprio e Klingebiel (2003)
Bangladesh	Quatro bancos, responsáveis por 70% do crédito, tinham 20% da sua carteira de empréstimos em situação de mal parado. Desde finais da década de 80 que todo o sistema bancário privado e público estava tecnicamente insolvente.	1987-1996	Bordo *et al.* (2001), Caprio e Klingebiel (2003)
Bélgica	Havia dois bancos rivais: o Banque de Belgique (criado em 1835) e a Société Générale. O medo da guerra levou a uma contracção do crédito. A Société tentou levar o Banque de Belgique à falência resgatando grandes quantidades de crédito,	Dezembro de 1838-1839	Conant (1915)

(continuação)

Quadro A.4.1 Continuação

País	Breve sumário	Ano	Fonte
	enfraquecendo os dois. Houve corridas ao Banque de Belgique; este não suspendeu os pagamentos, mas teve de recorrer ao Tesouro para assistência.		
	O Banque de Belgique renunciou à sua função de entidade depositária da Société Général; a Société sentiu o impacto da crise e abandonou todas as suas filiais, excepto a de Antuérpia.	1842	Conant (1915)
	A Société Général suspendeu os pagamentos e perdeu o direito de emissão, depois de o governo exigir a sua reforma. É criado o Banque National de Belgique.	Fevereiro de 1848	Conant (1915)
	Havia receios públicos relacionados com decisões e pressões financeiras do governo, mas o Banque de Belgique tranquilizou as pessoas, continuando a fazer pagamentos (aumentou a taxa de desconto e impôs restrições à aceitação de papel comercial) – com elevado custo para o comércio e o banco.	Julho de 1870-1871	Conant (1915)
	Investidores em todo o mundo inundaram o mercado com activos e retiraram liquidez, pressionando os preços em baixa e ameaçando de falência as instituições financeiras. As bolsas colapsaram por todo o mundo.	1914	Bordo *et al.* (2001)
	Deflação sistémica levou a uma crise de financiamento.	1925-1926	Johnson (1998), Bordo *et al.* (2001)

(continuação)

Quadro A.4.1 Continuação

País	Breve sumário	Ano	Fonte
	Rumores sobre a falência iminente do Banque de Bruxelles, o maior banco, conduziram a levantamentos em todos os bancos. Mais tarde, expectativas de desvalorização levaram a levantamentos de depósitos estrangeiros.	Maio de 1931	Bernanke e James (1990), Bordo et al. (2001)
	A falência do Banque Belge du Travail evoluiu para uma crise geral bancária e cambial.	1934	Bernanke e James (1990), Bordo et al. (2001)
	A economia estava a recuperar lentamente, apesar de a perspectiva de uma guerra dificultar decisões de investimento. As reservas de ouro e cambiais diminuíram dramaticamente.	1939	Bordo et al. (2001)
Benim	Os três bancos comerciais colapsaram e 80% das carteiras de empréstimos dos bancos estavam em mal parado.	1988-1990	Caprio e Klingebiel (2003)
Bielorrússia	Muitos bancos estavam descapitalizados; fusões forçadas sobrecarregaram alguns bancos com carteiras de crédito de má qualidade.	1995	Caprio e Klingebiel (2003)
Bolívia	Em Outubro de 1987, o banco central liquidou dois dos 12 bancos comerciais públicos; outros sete registaram pesadas perdas. No total, cinco bancos foram liquidados. O crédito mal parado no sistema bancário atingiu 30%.	Outubro de 1987-1988	Kaminsky e Reinhart (1999), Caprio e Klingebiel (2003)
	Dois bancos, com 11% dos activos do sistema bancário, fecharam em 1994. Em 1995,	1994	Caprio e Klingebiel (2003)

(continuação)

Quadro A.4.1 Continuação

País	Breve sumário	Ano	Fonte
	quatro dos 15 bancos nacionais, com 30% dos activos do sistema bancário, passaram por problemas de liquidez e foram afectados por elevados níveis de crédito mal parado.		
	Um banco pequeno (com uma quota de mercado de 4,5% dos depósitos) foi intervencionado e objecto de resolução.	1999	Jácome (2008)
Bósnia--Herzegovina	O sistema bancário atingiu um elevado nível de crédito mal parado, devido à ruptura da antiga Jugoslávia e à guerra civil.	1992-?	Caprio e Klingebiel (2003)
Botswana	Bancos fundidos, liquidados ou recapitalizados.	1994-1995	Caprio e Klingebiel (2003)
Brasil	Havia avultadas quantias de empréstimo ao Estado e especulação cambial; o governo emitia continuamente mais notas. O Banco Nacional do Brasil e o Banco dos Estados Unidos do Brasil fundiram-se e deram origem ao Banco da República dos Estados Unidos do Brasil. O novo banco retirou as notas emitidas pelo governo. A turbulência no sector financeiro conduziu a uma queda no produto.	Dezembro de 1890-1892	Conant (1915), Bordo e Eichengreen (1999)
	Houve uma guerra civil e uma depreciação da moeda. Um empréstimo do Rothschilds em Londres ajudou, com um acordo para a resolução do problema de endividamento do país.	1897-1898	Conant (1915), Bordo e Eichengreen (1999)

(continuação)

Quadro A.4.1 Continuação

País	Breve sumário	Ano	Fonte
	As exportações de café inelásticas não podiam responder à depreciação cambial; havia concentração industrial, concorrência limitada e recuperação lenta da deflação. A injecção de liquidez não ajudou; os depósitos secaram e foi pedida a amortização antecipada dos empréstimos.	1900-1901	Conant (1915), Bordo e Eichengreen (1999)
	Os pagamentos foram suspensos devido a dificuldades com as remessas internacionais.	1914	Brown (1940), Bordo *et al.* (2001)
	O Tesouro suportou largos défices orçamentais, emitindo notas a descontar no Banco do Brasil. A elevada inflação e o descontentamento público conduziram ao restabelecimento do padrão-ouro, e um novo governo reorganizou o Banco do Brasil, tornando--o banco central. Porém, este não conseguiu operar em condições de independência do poder político. O sector bancário contraiu-se em 20% nos três anos seguintes, devido à diminuição da oferta monetária.	1923	Triner (2000), Bordo *et al.* (2001)
	A sobreacumulação de capital fez-se à custa dos trabalhadores urbanos e as estruturas económicas não se conseguiam ajustar para acomodar a pressão, por via de mudanças nos salários. A crise económica conduziu a uma crise política, e dela resultou um golpe militar.	1963	Bordo *et al.* (2001)

(continuação)

Quadro A.4.1 Continuação

País	Breve sumário	Ano	Fonte
	O governo assumiu o controlo de três grandes bancos (Comind, Maison Nave e Auxiliar).	Novembro de 1985	Kaminsky e Reinhart (1999)
	Depósitos foram convertidos em obrigações.	1990	Bordo et al. (2001), Caprio e Klingebiel (2003)
	Em 1994, 17 bancos pequenos foram liquidados, três bancos privados foram intervencionados e oito bancos públicos foram colocados sob controlo administrativo. O banco central interveio ou pôs sob controlo administrativo temporário 43 instituições financeiras, e o crédito mal parado no sistema bancário atingiu 15% no final de 1997. Os bancos privados regressaram aos lucros em 1998, mas os bancos públicos não começaram a recuperar antes de 1999.	Julho de 1994-1996	Kaminsky e Reinhart (1999), Bordo et. al (2001), Caprio e Klingebiel (2003)
Brunei	Várias sociedades financeiras e bancos faliram.	1986	Caprio e Klingebiel (2003)
Bulgária	Em 1975, cerca de 75% dos empréstimos do sistema bancário eram de cobrança duvidosa. Houve uma corrida aos bancos no início de 1996. O governo interrompeu os resgates, induzindo o encerramento de 19 bancos, representando um terço dos activos do sector. Os bancos sobreviventes foram recapitalizados em 1997.	1995-1997	Caprio e Klingebiel (2003)
Burkina Faso	O crédito mal parado no sistema bancário foi estimado em 34%.	1988-1994	Caprio e Klingebiel (2003)

(continuação)

Quadro A.4.1 Continuação

País	Breve sumário	Ano	Fonte
Burundi	O crédito mal parado no sistema bancário foi estimado em 25%, em 1995, e um banco foi liquidado.	1994-1995	Caprio e Klingebiel (2003)
Cabo Verde	No final de 1995, o crédito mal parado nos bancos comerciais atingiu 30%.	1993	Caprio e Klingebiel (2003)
Camarões	Em 1989, o crédito mal parado no sistema bancário atingiu 60% a 70%. Cinco bancos comerciais foram encerrados e três reestruturados.	1987-1993	Caprio e Klingebiel (2003)
	No final de 1996, o crédito mal parado representava 30% do total dos empréstimos concedidos. Dois bancos foram encerrados e três reestruturados.	1995-1998	Caprio e Klingebiel (2003)
Canadá	O Bank of Upper Canada e o Gore Bank suspenderam os pagamentos em espécie (troca de papel-moeda pelo seu devido equivalente metálico); uma rebelião no Alto Canadá levou a uma suspensão de pagamentos.	1837	Conant (1915)
	Um banco no Canadá Ocidental suspendeu pagamentos, o que conduziu a um pânico financeiro. O Bank of Upper Canada faliu; registava-se um rápido crescimento no Ontário, e o banco perdeu capital a especular na compra e venda de terras, em 1857; abandonou as práticas bancárias seguras e emprestou a advogados, políticos e pequena nobreza.	Setembro de 1866	Conant (1915)
	Registaram-se várias falências bancárias e uma depressão entre 1874 e 1879.	Setembro de 1873	Conant (1915)

(continuação)

Quadro A.4.1 Continuação

País	Breve sumário	Ano	Fonte
	O Ontario Bank faliu devido a especulação na Bolsa de Nova Iorque; os accionistas perderam a totalidade dos seus investimentos.	Outubro de 1906	Conant (1915)
	Um défice da balança corrente e más colheitas levaram os bancos da zona oriental a recusarem-se a canalizar fundos para a zona ocidental; os bancos aumentaram as taxas sobre os empréstimos, cortaram a concessão de empréstimos e limitaram o crédito aos agricultores. Houve uma recessão curta mas profunda; os bancos canadianos obtiveram empréstimos em notas do emissor central (Dominion Notes) e aumentaram eles próprios a emissão de notas.	Janeiro de 1908	Conant (1915), Bordo e Eichengreen (1999)
	O Royal Bank adquiriu o Bank of British Honduras e o Bank of British Guiana.	1912	Conant (1915)
	O Home Bank of Canada, com mais de 70 filiais, foi à falência, em resultado de créditos incobráveis.	1923	Kryzanowsky e Roberts (1999), Bordo *et al.* (2001)
	Quinze membros da Canadian Deposit Insurance Corporation, incluindo dois bancos, faliram.	1983-1985	Bordo *et al.* (2001), Caprio e Klingebiel (2003)
Chade	O sector bancário passou por problemas de insolvência.	Anos 80	Caprio e Klingebiel (2003)
	O crédito mal parado no sector privado atingiu os 35%.	1992	Caprio e Klingebiel (2003)
Checoslováquia	O levantamento de depósitos estrangeiros desencadeou levantamentos internos, mas não chegou a haver pânico bancário generalizado.	Julho de 1931	Bernanke e James (2000)

(continuação)

Quadro A.4.1 Continuação

País	Breve sumário	Ano	Fonte
Chile	O sistema monetário dos bancos e o padrão-ouro foram completamente destruídos pela ameaça de guerra com a República Argentina. A 5 de Julho, as crescentes exportações de ouro e a recusa do Banco do Chile em honrar as ordens de pagamento em ouro conduziu a uma corrida bancária em Santiago e a uma suspeita generalizada sobre esse tipo de títulos. O governo emitiu papel-moeda não redimível, aumentando constantemente a oferta monetária nos dez anos seguintes, conduzindo a um período de inflação e sobre-especulação.	Julho de 1898	Conant (1915), Bordo e Eichengreen (1999)
	Decorreram quatro anos de medidas inflacionárias, na sequência de uma derrocada bolsista; o peso caiu 30% durante a crise, e o governo emprestou notas do Tesouro aos bancos para evitar uma crise do sector financeiro. Não estão disponíveis dados sobre a recessão que se seguiu.	1907	Conant (1915), Bordo e Eichengreen (1999)
	Todo o sistema de crédito hipotecário se tornou insolvente.	1976	Bordo *et al.* (2001), Caprio e Klingebiel (2003)
	Três bancos começaram a perder depósitos; as intervenções começaram dois meses mais tarde. Ocorreram intervenções em quatro bancos e quatro instituições financeiras não	1980	Kaminsky e Reinhart (1999), Bordo *et al.* (2001), Caprio e Klingebiel (2003)

(continuação)

Quadro A.4.1 Continuação

País	Breve sumário	Ano	Fonte
	bancárias, representando 33% dos empréstimos existentes. Em 1983, ocorreram mais sete intervenções bancárias e outra numa *financiera*, num perímetro representando 45% dos activos do sistema financeiro. No final de 1983, 19% do crédito estava mal parado.		
China	A falência de uma importante empresa do comércio da seda em Xangai levou muitos bancos locais à bancarrota.	1883	Cheng (2003)
	A depressão do pós-guerra levou muitos bancos à falência.	1923-1925	Young (1971)
	Xangai encerrou todos os bancos chineses durante todo o período da guerra.	1931	Cheng (2003)
	A fuga de prata levou a uma inversão negativa do ciclo económico muito acentuada e a uma crise financeira; os dois maiores bancos foram colocados sob controlo governamental e foram reorganizados.	1934-1937	Cheng (2003)
	Os quatro grandes bancos comerciais públicos, com 68% dos activos do sistema bancário, foram considerados insolventes. O crédito mal parado no sistema foi estimado em 50%.	1997-1999	Caprio e Klingebiel (2003)
Colômbia	O Banco Nacional tornou-se no primeiro de seis dos principais bancos e oito sociedades financeiras a ser intervencionado, representando 25% dos activos sistema bancário.	Julho de 1982-1987	Kaminsky e Reinhart (1999), Bordo *et al.* (2001), Caprio e Klingebiel (2003)

(continuação)

Quadro A.4.1 Continuação

País	Breve sumário	Ano	Fonte
	Faliram muitos bancos e instituições financeiras; os rácios de capital e de liquidez caíram drasticamente, os activos totais da indústria financeira contraíram-se em mais de 20%.	Abril de 1998	Reinhart (2002), Jácome (2008)
Coreia	A desregulação financeira levou a um aumento do número de bancos.	Janeiro de 1986	Shin e Hahm (1998), Reinhart e Rogoff (2002)
	Até Maio de 2002, cinco bancos foram forçados a sair do mercado, através de uma «fórmula de compra e absorção», 303 instituições financeiras (215 delas uniões de crédito) fechadas e quatro bancos nacionalizados. O crédito mal parado no sistema bancário atingiu um pico entre os 30% e os 40%, e caiu para 3% em Março de 2002.	Julho de 1997	Bordo et al. (2001), Reinhart (2002), Caprio e Klingebiel (2003)
Costa do Marfim	Quatro grandes bancos (com 90% dos empréstimos do sistema bancário) foram afectados; três ou quatro estavam insolventes, e seis bancos públicos foram fechados.	1988-1991	Bordo et al. (2001), Caprio e Klingebiel (2003)
Costa Rica	Em 1987, bancos públicos, representando 90% dos empréstimos do sistema bancário, estavam em grave crise financeira, com 32% dos empréstimos concedidos considerados irrecuperáveis.	1987	Caprio e Klingebiel (2003)
	O terceiro maior banco, o Banco Anglo Costarricense, uma instituição pública com 17% dos depósitos, foi fechado.	1994-1997	Bordo et al. (2001), Caprio e Klingebiel (2003), Jácome (2008)

(continuação)

ANEXOS DE DADOS 383

Quadro A.4.1 Continuação

País	Breve sumário	Ano	Fonte
Croácia	Cinco bancos, representando cerca de metade dos empréstimos concedidos pelo sistema bancário, foram considerados insolventes e a Agência de Reabilitação Bancária assumiu o seu controlo.	1996	Caprio e Klingebiel (2003), Bordo *et al.* (2001)
Dinamarca	O governo declarou que não podia reembolsar as notas do Banco de Depósitos em circulação, pelo seu valor original; foi uma forma de bancarrota, que diminuiu a dívida pública, pois as notas eram detidas pelas pessoas. Foi estabelecido o novo Royal Bank; o Courantbank, o Specie Bank e o Banco de Depósitos foram abolidos.	Janeiro de 1813	Conant (1915)
	Uma crise financeira levou o Banco Nacional a assumir responsabilidades de banco central até à década de 1860.	1857	Jonung e Hagberg (2002)
	O Banco Industrial perdeu metade do seu capital na cobertura de perdas; dois bancos provinciais foram à falência, conduzindo a uma quebra de actividade na indústria bancária.	1877	Conant (1915), Jonung e Hagberg (2002)
	O Banco Nacional interveio para apoiar bancos comerciais e caixas económicas.	1885	Jonung e Hagberg (2002)
	A falência de um banco importante conduziu à suspensão do Freeholder's Bank e a corridas a outras instituições bancárias. O Banco Nacional ajudou a aliviar o pânico; tomou o	Fevereiro de 1902	Conant (1915)

(continuação)

Quadro A.4.1 Continuação

País	Breve sumário	Ano	Fonte
	controlo dos cinco restantes bancos e suspendeu as suas responsabilidades.		
	Turbulência nos mercados mundiais e na Alemanha, e activos de cobrança duvidosa levaram a uma quebra de confiança. Um consórcio de cinco bancos líderes apoiou e garantiu as responsabilidades dos bancos em dificuldades, o que levou a uma rápida recuperação.	1907	Conant (1915), Bordo e Eichengreen (1999), Jonung e Hagberg (2002)
	Crises bancárias arrastaram-se por muitos anos, devido ao crédito imprudente durante a guerra e à descida internacional dos preços, nos primeiros anos da década de 1920.	1921	Bordo *et al.* (2001), Jonung e Hagberg (2002)
	Os bancos passaram por problemas de liquidez, que duraram até ao abandono do padrão-ouro.	1931	Bordo *et al.* (2001) Kaminsky e
	Dois bancos pequenos colapsaram, o que abalou o sistema bancário, conduzindo a medidas para forçar a redução na concessão de crédito. As perdas acumuladas entre 1990 e 1992 foram de 9% do total dos empréstimos; 40 dos 60 bancos com problemas fundiram-se.	Março de 1987-1992	Reinhart (1999), Bordo *et al.* (2001), Caprio e Klingebiel (2003)
Djibuti	Dois dos seis bancos comerciais cessaram as operações, e outros bancos tiveram dificuldades.	1991-1993	Caprio e Klingebiel (2003)
Egipto	Desenrolou-se uma crise devida ao abuso de crédito e à emissão de novos títulos.	Março de 1907	Conant (1915)

(continuação)

Quadro A.4.1 Continuação

País	Breve sumário	Ano	Fonte
	Ocorreram corridas às filiais de um banco alemão no Cairo e Alexandria.	Julho de 1931	Bernanke e James (1990)
	O governo encerrou várias sociedades de investimento.	Janeiro de 1980-1981	Bordo *et al.* (2001), Reinhart (2002), Caprio e Klingebiel (2003)
	Quatro bancos públicos receberam apoio de capital.	Janeiro de 1990-1995	Bordo *et al.* (2001), Reinhart (2002), Caprio e Klingebiel (2003)
El Salvador	Nove bancos comerciais públicos estavam com uma média de crédito mal parado de 37%.	1989	Caprio e Klingebiel (2003)
	Depois de uma paragem brusca no crescimento económico, em 1996, associada a uma deterioração dos termos de troca (uma queda nos preços do café), o sistema financeiro ficou pressionado a partir de 1997. Uma instituição de dimensão pequena/média (Banco Credisa), com uma quota de 5% do mercado, foi fechada.	1998	Jácome (2008)
Equador	Foi aplicado um programa de troca de dívida externa por dívida interna, para resgatar o sistema financeiro.	1981	Bordo *et al.* (2001), Caprio e Klingebiel (2003)
	Um banco de dimensão média, o Banco de los Andes, com uma quota de mercado de 6% dos depósitos, foi intervencionado e depois comprado por um outro banco privado.	1994	Jácome (2008)
	As autoridades intervieram em várias instituições financeiras pequenas; no final de 1995, 30 sociedades financeiras e	1996	Bordo *et al.* (2001), Caprio e Klingebiel (2003)

(continuação)

Quadro A.4.1 Continuação

País	Breve sumário	Ano	Fonte
	sete bancos estavam a receber amplo apoio de liquidez. No início de 1996, o quinto maior banco comercial foi intervencionado.		
	Bancos representando 60% do sistema bancário foram intervencionados, absorvidos ou encerrados. Sete instituições financeiras, somando 25% a 30% dos activos da banca comercial, foram fechadas em 1998-1999. Em Março de 1999, os depósitos bancários foram congelados por seis meses. Em Janeiro de 2000, 16 instituições financeiras, representando 65% dos activos, tinham sido fechadas (12) ou nacionalizadas (4) pelo governo. Todos os depósitos foram descongelados em Março de 2000.	Abril de 1998-1999	Caprio e Klingebiel (2003), Jácome (2008)
Eritreia	A maior parte do sistema bancário estava insolvente.	1993	Caprio e Klingebiel (2003)
Escócia	O Western Bank faliu, em resultado de práticas bancárias imprudentes. O banco fez vários empréstimos incobráveis a quatro empresas; quando se descobriu, as contas foram canceladas e as empresas encerradas. Houve um pânico na bolsa; os depositantes fecharam as suas contas e o banco faliu.	Outubro de 1857-1858	Conant (1915)
	O City of Glasgow Bank faliu, devido à falsificação da contabilidade, ao longo de três anos, relacionada com	Setembro de 1878-1880	Conant (1915)

(continuação)

Quadro A.4.1 Continuação

País	Breve sumário	Ano	Fonte
	empréstimos a quatro empresas; a falência arruinou os accionistas, mas não os credores.		
	O Bank of Scotland absorveu o Caledonian Bank, e o North of Scotland Bank absorveu o Town and Country Bank.	Março de 1908	Conant (1915)
Eslováquia	Em 1997, os empréstimos irrecuperáveis foram estimados em 101 mil milhões de coroas – cerca de 31% do total dos empréstimos e 15% do PIB.	1991	Caprio e Klingebiel (2003)
Eslovénia	Três bancos (com dois terços dos activos do sistema bancário) foram reestruturados.	1993-1994	Caprio e Klingebiel (2003)
Espanha	Durante a Guerra Peninsular, a Espanha foi ocupada pela França e o Banco de San Carlos estava praticamente morto, depois de 1814.	1814-1817	Conant (1915)
	O Banco de San Carlos foi reorganizado, dando origem ao Banco de San Fernando.	Julho de 1829	Conant (1915)
	O Banco de Isabel II (criado pelo governo para punir o Banco de San Fernando, em 1844) e o Banco de San Fernando consolidaram-se num único banco, o Banco Español de San Fernando. Este assumiu as dívidas do Banco de Isabel II e estava completamente à mercê do Estado. Em 1848, com as reservas de caixa do banco a baixarem e a circulação a aumentar, o governo pediu mais empréstimos, o banco foi vítima de roubo e desfalque. O governo	Fevereiro de 1846-1847	Conant (1915)

(continuação)

Quadro A.4.1 Continuação

País	Breve sumário	Ano	Fonte
	reorganizou o banco como Banco de Espanha, segundo o modelo do Banco de Inglaterra.		
	Uma série de bancos universais catalães ficaram insolventes, o que acabou por levar à falência das mais antigas e proeminentes instituições de crédito, com o mais severo impacto em Barcelona.	1920-1923	Bordo *et al.* (2001)
	Dois dos principais bancos faliram.	1924-1925	Bernanke e James (1990), Bordo *et al.* (2001)
	O país evitou o pior da Grande Depressão ficando fora do padrão-ouro; houve corridas, mas o Banco de Espanha podia emprestar livremente, como prestamista de última instância.	1931	Bordo *et al.* (2001), Temin (2008)
	O Banco de Espanha começou a salvar uma série de pequenos bancos. Em 1978-1983, 24 instituições foram resgatadas, quatro liquidadas, quatro fundidas, e 20 bancos de pequena e média dimensão foram nacionalizados. Estes 52 bancos, num total de 110, representando 20% dos depósitos do sistema bancário, estavam a passar por problemas de solvência.	1977-1985	Kaminsky e Reinhart (1999), Bordo *et al.* (2001), Caprio e Klingebiel (2003)
Estados Unidos	Os bancos estatais suspenderam os pagamentos em espécie, devido à Guerra de 1812, paralisando as operações do Tesouro.	Agosto de 1814	Conant (1915)

(continuação)

Quadro A.4.1 Continuação

País	Breve sumário	Ano	Fonte
	Quarenta e seis bancos foram levados à insolvência devido à exigência de pagamentos em espécie pelo Second Bank of the United States.	1818-1819	Conant (1915)
	Precedendo a crise na Inglaterra, o Bank of the United States e todos os outros bancos chegaram a estar à beira da suspensão.	Janeiro de 1825	Conant (1915)
	Faliram três bancos; o Banco da Inglaterra providenciou adiantamentos generosos a outros bancos para prevenir a emergência de um pânico. As falências começaram em Nova Orleães e Nova Iorque, e espalharam-se aos bancos de outras cidades.	1836-1838	Conant (1915)
	O Second Bank of the United States foi liquidado; os credores foram reembolsados, mas os accionistas perderam tudo; 26 bancos locais faliram.	Março de 1841	Conant (1915)
	A descoberta de minas de ouro na Austrália e na Califórnia levou a especulação maciça e, depois, a um colapso, paralisando as finanças em todo o mundo (a crise espalhou-se a partir dos EUA para a Europa, a América do Sul e o Extremo Oriente). A maioria dos bancos suspendeu as suas operações; o Banco de Inglaterra era a única fonte de desconto.	Agosto de 1857	Conant (1915)
	O governo suspendeu os pagamentos em espécie até 1879, provocando uma alta no preço do ouro (que atingiu um pico em 1864) e todos os outros bens de retalho.	Dezembro de 1861	Conant (1915)

(continuação)

Quadro A.4.1 Continuação

País	Breve sumário	Ano	Fonte
	Houve um pânico nos EUA, devido à Guerra Civil.	Abril de 1864	Conant (1915)
	A sociedade bancária de Filadélfia Jay Cooke and Company faliu, desencadeando uma recessão que durou até 1877.	Setembro de 1873	Conant (1915)
	Preços baixos dos bens primários e uma série de falências em sociedades de corretagem conduziram a corridas aos bancos e a suspensões de pagamentos, especialmente na região de Nova Iorque.	Maio de 1884	Conant (1915), Bordo e Eichengreen (1999)
	Incerteza monetária e uma derrocada bolsista levaram a corridas aos bancos. Foram tomadas medidas políticas para enfrentar a crise; houve uma forte queda da produção, mas a economia recuperou rapidamente.	1890	Conant (1915), Bordo e Eichengreen (1999)
	Ocorreram restrições de crédito à escala global e excessos financeiros nacionais, aumentando o número de bancos estaduais, registando-se também um rácio crescente de depósitos em relação às reservas de caixa, o que estabeleceu o quadro para uma crise. Rebentaram bolhas especulativas no imobiliário e na bolsa; a crise espalhou-se de Nova Iorque ao resto do país. A taxa de crescimento caiu 9% em termos anuais. O J. P. Morgan, o Bank of Montreal e o Tesouro de Nova Iorque injectaram liquidez.	Março de 1907	Conant (1915), Bordo e Eichengreen (1999)

(continuação)

Quadro A.4.1 Continuação

País	Breve sumário	Ano	Fonte
	A Bolsa de Nova Iorque fechou até Dezembro, em resposta à guerra; porém, foi evitada uma crise bancária, inundando-se o país com fundos de emergência, para evitar levantamentos precipitados.	Julho de 1914	Bordo *et al.* (2001)
	Durante a Grande Depressão fecharam milhares de bancos; as falências estão correlacionadas com distritos específicos da Reserva Federal. O Bank of the USA faliu em Dezembro de 1930; entre Agosto de 1931 e Janeiro de 1932, 1860 bancos faliram.	1929-1933	Bernanke e James (1990), Bordo *et al.* (2001)
	Faliram 1400 associações de poupança e crédito e 1300 bancos.	1984-1991	Bordo *et al.* (2001), Caprio e Klingebiel (2003)
Estónia	Dois bancos de dimensão média faliram; o pânico que se seguiu durou até Janeiro de 1931.	Novembro de 1930	Bernanke e James (1990)
	Ocorreram ondas de corridas bancárias generalizadas.	Setembro de 1931	Bernanke e James (1990)
	Os bancos insolventes representavam 41% dos activos do sistema financeiro. Cinco licenças bancárias foram revogadas e dois grandes bancos fundiram-se e foram nacionalizados, enquanto outros dois se fundiram e foram convertidos numa agência de recuperação de empréstimos.	1992-1995	Caprio e Klingebiel (2003)
	O Banco Social, com 10% dos activos do sistema financeiro, faliu.	1994	Caprio e Klingebiel (2003)

(continuação)

Quadro A.4.1 Continuação

País	Breve sumário	Ano	Fonte
	Três bancos faliram.	1998	Caprio e Klingebiel (2003)
Etiópia	O banco público foi reestruturado e o crédito mal parado absorvido.	1994-1995	Caprio e Klingebiel (2003)
Filipinas	O mercado de papel comercial colapsou, desencadeando corridas aos bancos e a falência de instituições financeiras não bancárias e de associações de poupança e crédito. Houve problemas em dois bancos públicos, representando 50% dos activos do sistema bancário, seis bancos privados (12% dos activos do sistema), 32 associações de poupança e crédito, com 53% dos activos deste segmento do sistema bancário, e 128 bancos rurais.	Janeiro de 1981-1987	Kaminsky e Reinhart (1999), Bordo *et al.* (2001), Caprio e Klingebiel (2003)
	Um banco comercial, 7 das 88 associações de poupança e crédito, e 40 dos 750 bancos rurais foram colocados sob custódia judicial. O crédito mal parado no sistema bancário atingiu 12%, em Novembro de 1998, e esperava-se que viesse a atingir 20% em 1999.	Julho de 1997-1998	Reinhart (2002), Caprio e Klingebiel (2003)
Finlândia	Uma crise na Rússia e nos Balcãs e os preços das exportações puseram o sector financeiro em risco. O Banco da Finlândia concedeu empréstimos e aumentou a emissão de notas, mas a taxa de crescimento do PIB real ainda assim caiu 4%.	1900	Bordo e Eichengreen (1999)

(continuação)

Quadro A.4.1 Continuação

País	Breve sumário	Ano	Fonte
	O país saiu-se melhor do que outros países nórdicos porque a sua moeda já estava fortemente desvalorizada, o que também facilitou a recuperação económica.	1921	Bordo *et al.* (2001), Jonung e Hagberg (2002)
	Começou uma recessão em 1929; muitos bancos ficaram atolados em elevadas perdas, o que conduziu a bancarrotas; o Banco da Finlândia facilitou empréstimos e fusões.	1931	Bordo *et al.* (2001), Jonung e Hagberg (2002)
	A estabilidade financeira manteve-se e o crescimento do PIB não foi muito afectado.	1939	Bordo *et al.* (2001), Jonung e Hagberg (2002)
	Um grande banco (Slopbank) entrou em colapso, em 19 de Setembro, e foi intervencionado. As caixas económicas foram gravemente afectadas; o governo assumiu o controlo de três bancos que, em conjunto, representavam 31% dos depósitos do sistema.	Setembro de 1991-1994	Kaminsky e Reinhart (1999), Bordo *et al.* (2001), Jonung e Hagberg (2002), Caprio e Klingebiel (2003)
França	O Banco de França passou por uma grave crise.	1802	Conant (1915)
	O Banco de França tinha uma dívida de 68 milhões de francos, mas apenas 0,782 milhões de francos em espécie; recorreu a papel comercial, obrigações do Tesouro e crédito para adquirir espécie (valores metálicos) ao Tesouro espanhol. Isto ocorreu depois da formação de uma terceira coligação contra a França, nos preparativos para Austerlitz; a vitória em Austerlitz (2 de Dezembro de 1805) restaurou bastante a confiança.	Setembro de 1805-1806	Conant (1915)

(continuação)

Quadro A.4.1 Continuação

País	Breve sumário	Ano	Fonte
	Registaram-se bancarrotas na Alsácia.	Dezembro de 1827-1828	Conant (1915)
	Ocorreram graves corridas aos bancos em Paris, depois da falência do Banco da Bélgica.	Dezembro de 1838-1839	Conant (1915)
	Em 24 de Março de 1848, as notas do Banco de França e bancos regionais adquiriram curso legal; a necessidade de uniformizar o papel-moeda conduziu à consolidação de bancos locais com o Banco de França (27 de Abril e 2 de Maio).	Fevereiro de 1848-1850	Conant (1915)
	Ocorreu um pânico em França, depois de especulação em algodão.	Janeiro de 1864	Conant (1915)
	Gerou-se uma crise em França, depois da falência do Crédit Mobilier.	Novembro de 1867-1868	Conant (1915)
	Filiais do Banco de França suspenderam as suas operações. Depois da rendição francesa, a Alemanha suspendeu o Banco de Estrasburgo, e o Banco da Prússia substituiu o Banco de França na Alsácia-Lorena.	Maio de 1871	Conant (1915)
	Especulação e inovação financeira conduziram a problemas entre os bancos; o Banco de França concedeu empréstimos aos bancos mais pequenos e pediu emprestado ao Banco de Inglaterra para recompor as suas reservas. O crescimento caiu 5% nesse ano e não conseguiu voltar à tendência anterior à crise durante um longo período.	Fevereiro de 1882	Conant (1915), Bordo e Eichengreen (1999)

(continuação)

Quadro A.4.1 Continuação

País	Breve sumário	Ano	Fonte
	Um financeiro francês tentou monopolizar o mercado de cobre, enquanto o Comptoir d'Escompte descontava títulos de subscrição nesse metal; os limites do produto foram rompidos e os preços caíram, com o Comptoir a sofrer pesadas perdas. O chefe da companhia suicidou-se, o que levou a uma corrida; os activos de qualidade não conseguiam satisfazer a procura de liquidez. O Comptoir pediu ajuda ao Banco de França; o crescimento caiu 14% durante a crise.	Março de 1889	Conant (1915), Bordo e Eichengreen (1999)
	Houve um pânico bancário em França; a bolsa estava em depressão desde o início da Guerra Russo-Japonesa.	Fevereiro de 1904	Conant (1915)
	Problemas nos EUA fizeram subir a procura global de ouro e dinheiro; a maioria das perdas da França deu-se na prata para as suas colónias. Como resultado, o impacto visível no crescimento do PIB foi suave.	1907	Conant (1915), Bordo e Eichengreen (1999)
	Dois grandes bancos faliram e deram-se corridas aos bancos regionais.	1930-1932	Bernanke e James (1990), Bordo et al. (2001)
	O Crédit Lyonnais enfrentou problemas graves de insolvência.	1994-1995	Bordo et al. (2001), Caprio e Klingebiel (2003)
Gabão	Um banco foi temporariamente encerrado, em 1995.	1995	Caprio e Klingebiel (2003)

(continuação)

Quadro A.4.1 Continuação

País	Breve sumário	Ano	Fonte
Gâmbia	Em 1992, um banco público foi reestruturado e privatizado.	1985-1992	Caprio e Klingebiel (2003)
Gana	Sete de entre os 11 bancos estavam insolventes; o sector bancário rural foi afectado.	1982-1989	Bordo et al. (2001), Caprio e Klingebiel (2003)
	O crédito mal parado aumentou de 11% para 27%; dois bancos públicos estavam em más condições e três outros insolventes.	1997	Bordo et al. (2001), Caprio e Klingebiel (2003)
Geórgia	A maior parte dos grandes bancos estava quase insolvente. Cerca de um terço dos empréstimos do sistema bancário estava em mal parado.	1991	Caprio e Klingebiel (2003)
Grécia	O país incumpriu a dívida externa e manteve o padrão-ouro.	1931	Bordo et al. (2001)
	Problemas localizados exigiram injecções significativas de fundos públicos.	1991-1995	Bordo et al. (2001), Reinhart (2002), Caprio e Klingebiel (2003)
Guatemala	Dois pequenos bancos públicos tinham um elevado nível de operações improdutivas e fecharam no início da década de 90.	1991	Caprio e Klingebiel (2003)
	Três pequenos bancos (Banco Empresarial, Promotor e Metropolitano), com uma quota de mercado de 7% dos depósitos, foram intervencionados e posteriormente encerrados, por não preencherem os requisitos de solvabilidade.	2001	Jácome (2008)
	O terceiro maior banco, Bancafe (com 9% dos depósitos), foi encerrado, a	2006	Jácome (2008)

(continuação)

Quadro A.4.1 Continuação

País	Breve sumário	Ano	Fonte
	que se seguiu mais um pequeno banco, o Banco del Comercio (com 1% dos depósitos), poucos meses depois.		
Guiné	Seis bancos (com 99% dos depósitos do sistema) foram considerados insolventes.	1985	Caprio e Klingebiel (2003)
	Dois bancos estavam insolventes e um outro enfrentava graves dificuldades financeiras; representavam 45% da totalidade do mercado.	1993-1994	Caprio e Klingebiel (2003)
Guiné-Bissau	No final de 1995, 45% da carteira de empréstimos dos bancos comerciais estava em mal parado.	1995	Caprio e Klingebiel (2003)
Guiné Equatorial	Dois dos maiores bancos do país foram liquidados.	1983-1985	Caprio e Klingebiel (2003)
Honduras	Um pequeno banco, o Bancorp, com 3% dos depósitos, foi encerrado em Setembro.	1999	Jácome (2008)
	Um pequeno banco, o Banhcreser, com 3% de quota de mercado, foi fechado.	2001	Jácome (2008)
	Dois pequenos bancos, o Banco Sogerin e o Banco Capital, foram intervencionados e adquiridos por uma instituição de seguro de depósitos.	2002	Jácome (2008)
Hong Kong	Nove sociedades depositárias faliram.	1982	Bordo *et al.* (2001), Caprio e Klingebiel (2003)
	Sete bancos foram liquidados ou absorvidos.	1983-1986	Bordo *et al.* (2001), Caprio e Klingebiel (2003)

(continuação)

Quadro A.4.1 Continuação

País	Breve sumário	Ano	Fonte
	Faliu um grande banco de investimento.	1998	Caprio e Klingebiel (2003)
Hungria	Houve uma corrida aos bancos em Budapeste; houve levantamentos do estrangeiro e um feriado bancário.	Julho de 1931	Bernanke e James (1990)
	No segundo semestre de 1993, oito bancos (com 25% dos activos do sistema financeiro) foram considerados insolventes.	1991-1995	Caprio e Klingebiel (2003)
Iémen	Os bancos estavam afectados por extenso crédito mal parado e uma elevada exposição a moeda externa.	1996-?	Caprio e Klingebiel (2003)
Índia	O Banco de Bengala não conseguia responder aos pedidos de financiamento, pelo que teve de aumentar o capital.	1863	Scutt (1904), Reinhart e Rogoff (2008a)
	Ocorreram más colheitas e responsabilidades excessivas para com os bancos europeus; a prata substituiu grande parte do ouro.	Abril de 1908	Conant (1915)
	Os activos de cobrança duvidosa de 27 bancos públicos foram estimados em 20% do total, em 1995.	1993-1996	Bordo *et al.* (2001), Caprio e Klingebiel (2003)
Indonésia	Um grande banco (Banco Summa) colapsou, desencadeando corridas a três bancos mais pequenos.	Novembro de 1992	Kaminsky e Reinhart (1999)
	Os activos de cobrança duvidosa representavam 14% dos activos do sistema bancário, com mais de 70% em bancos públicos.	1994	Bordo *et al.* (2001), Caprio e Klingebiel (2003)
	Até Maio de 2002, o Banco da Indonésia fechou 70 bancos e nacionalizou 13, de um total	1997-2002	Caprio e Klingebiel (2003)

(continuação)

Quadro A.4.1 Continuação

País	Breve sumário	Ano	Fonte
	de 237. O crédito mal parado representava 65% a 75% do total dos empréstimos no pico da crise e caiu para cerca de 12%, em Fevereiro de 2002.		
Irlanda	Houve corridas à maioria dos bancos irlandeses; o Agricultural Bank faliu em Novembro.	Novembro de 1836-1837	Conant (1915)
	O Tipperary Joint Stock Bank faliu, depois de se ter descoberto que um dos seus directores (John Sadlier) tinha roubado sistematicamente o banco e falsificado a sua contabilidade.	Fevereiro de 1856	Conant (1915)
Islândia	Um dos três bancos públicos tornou-se insolvente.	1985-1986	Bordo *et al.* (2001), Caprio e Klingebiel (2003)
	O governo injectou capital no banco comercial público.	1993	Bordo *et al.* (2001), Caprio e Klingebiel (2003)
Israel	Quase todo o sector bancário foi afectado, representando 60% da capitalização do mercado bolsista. A bolsa foi fechada por 18 dias e os preços das acções dos bancos caíram mais de 40%.	1977-1983	Bordo *et al.* (2001), Caprio e Klingebiel (2003)
	As acções dos quatro maiores bancos colapsaram e estes foram nacionalizados.	Outubro de 1983	Reinhart (2002)
Itália	O Banco Nazionale del Regno d'Italia suspendeu os pagamentos em espécie, em face da expectativa da Guerra Austro-Prussiana.	Junho de 1866-1868	Conant (1915)
	O Banco Nazionale assume o controlo do Banco Tiber, da Sociedade Italiana de Bancos	1887	Conant (1915)

(continuação)

Quadro A.4.1 Continuação

País	Breve sumário	Ano	Fonte
	Hipotecários e da Associação Napolitana de Construção.		
	Houve um *boom* imobiliário seguido de uma quebra brusca, arrastando consigo os bancos. Uma guerra tarifária com a França elevou as taxas de juro e ajudou a furar a bolha dos preços da terra. O crescimento abrandou e só voltou a acelerar cinco anos depois.	1891	Bordo e Eichengreen (1999)
	O governo reestruturou o sistema bancário, fundindo vários bancos, e autorizou expansões de crédito, desencadeando uma crise cambial. A lira depreciou-se, mas o impacto recessivo foi limitado.	Janeiro de 1893	Conant (1915), Bordo e Eichengreen (1999)
	Especulação financeira e crescentes dificuldades em Nova Iorque, Londres e Paris, em 1906, puseram pressão sobre as taxas de juro e romperam a bolha financeira. Seguiu-se uma acentuada queda do produto.	1907	Bordo e Eichengreen (1999)
	As caixas económicas estavam na iminência de um colapso; foram salvas por três bancos emissores, que também apoiaram a indústria durante a guerra.	1914	Teichova *et al.* (1997), Bordo *et al.* (2001)
	O terceiro e o quarto maiores bancos ficaram insolventes, em parte devido a *overtrading* [elevado nível de operações de compra e venda, sem recursos financeiros suficientes], durante e depois da guerra.	1921	Bordo *et al.* (2001)

(continuação)

Quadro A.4.1 Continuação

País	Breve sumário	Ano	Fonte
	Houve levantamentos nos maiores bancos; seguiu-se um pânico até Abril, quando o governo reorganizou muitas instituições e assumiu activos industriais de má qualidade.	Dezembro de 1930-1931	Bernanke e James (1990), Bordo et al. (2001)
	Houve encerramento de bancos agrícolas e fusões de caixas económicas e bancos comerciais, numa tal extensão que o sistema bancário italiano pareceu ter sido completamente reorganizado.	1935	Teichova et al. (1997), Bordo et al. (2001)
	Cinquenta e oito bancos, com 11% dos empréstimos, fundiram-se com outras instituições.	1990-1995	Bordo et al. (2001), Caprio e Klingebiel (2003)
Jamaica	Foi encerrado um grupo bancário de investimento.	1994-1997	Bordo et al. (2001), Caprio e Klingebiel (2003)
	A FINSAC, uma agência governamental de resolução, ajudou cinco bancos, cinco companhias de seguros de vida, duas empresas de construção e nove bancos de investimento.	1995-2000	Caprio e Klingebiel (2003)
Japão	A Lei do Sistema Bancário Nacional forçou os bancos a aceitarem notas emitidas pelo governo, causando nove ou dez falências bancárias.	1872-1876	Conant (1915)
	Medidas deflacionárias deprimiram o comércio e faliram quatro bancos nacionais, cinco suspenderam as operações e dez foram consolidados.	1882-1885	Conant (1915)
	Registaram-se défices comerciais e perdas de reservas, bem como reduções significativas	1901	Bordo e Eichengreen (1999)

(continuação)

Quadro A.4.1 Continuação

País	Breve sumário	Ano	Fonte
	do nível da produção; o crescimento caiu 6% num ano.		
	A Bolsa de Tóquio teve um colapso no início de 1907 e o ambiente à escala global era de incerteza; o Banco do Japão interveio em apoio a alguns bancos e deixou outros falirem. A recessão foi severa.	1907	Bordo e Eichengreen (1999)
	O Japão abandonou o padrão-ouro.	1917	Bordo *et al.* (2001), Flath (2005)
	Um terramoto em Tóquio levou a dívidas incobráveis, que abalaram o Banco de Tóquio e o Chosen. Foram reestruturados com apoio do governo.	Setembro de 1923	Bernanke e James (1990)
	Um pânico bancário forçou uma regulação mais apertada. A falência do Banco Watanabe de Tóquio conduziu a corridas e a uma onda de falências; 15 bancos ficaram incapazes de fazer pagamentos. A indisponibilidade do governo para resgatar os bancos levou a mais incerteza e a outras corridas. A crise resultou em consolidações bancárias.	Abril de 1927	Bernanke e James (1990), Bordo *et al.* (2001)
	Os bancos foram afectados por quedas acentuadas nos preços das acções e do imobiliário. Em 1995, a estimativa do crédito mal parado era de 469 a 1000 milhares de milhões de dólares, ou 10% a 25% do PIB; no final de 1998 a estimativa era de 725 mil milhões, ou 18% do PIB; e	1992-1997	Bordo *et al.* (2001), Caprio e Klingebiel (2003)

(continuação)

ANEXOS DE DADOS 403

Quadro A.4.1 Continuação

País	Breve sumário	Ano	Fonte
	em 2002 representava 35% do total dos empréstimos. Sete bancos foram nacionalizados, 61 instituições financeiras encerradas e 28 fundidas.		
Jordânia	O terceiro maior banco faliu.	Agosto de 1989-1990	Caprio e Klingebiel (2003)
Kuwait	Cerca de 40% dos empréstimos estavam em mal parado, em 1986.	1983	Caprio e Klingebiel (2003)
Lesoto	Um dos quatro bancos comerciais tinha crédito mal parado.	1988	Caprio e Klingebiel (2003)
Letónia	Houve uma corrida a bancos com ligações à Alemanha; dois grandes bancos, em particular, foram duramente afectados.	Julho de 1931	Bernanke e James (1990)
	Entre 1995 e 1999, 35 bancos viram as suas licenças revogadas, foram fechados ou cessaram as operações.	1994-1999	Caprio e Klingebiel (2003)
Líbano	Quatro bancos ficaram insolventes e 11 recorreram a empréstimos do banco central.	1988-1990	Caprio e Klingebiel (2003)
Libéria	Sete dos 11 bancos, representando 60% dos activos bancários, ficaram sem condições de operar.	1991-1995	Caprio e Klingebiel (2003)
Lituânia	Em 1995, 12 pequenos bancos, entre 25, foram liquidados; três bancos privados (29% dos depósitos do sistema bancário) faliram e três bancos públicos foram declarados insolventes.	1995-1996	Caprio e Klingebiel (2003)
Macedónia	Cerca de 70% dos empréstimos concedidos pelo sistema bancário estavam em mal parado. O governo assumiu	1993-1994	Caprio e Klingebiel (2003)

(continuação)

Quadro A.4.1 Continuação

País	Breve sumário	Ano	Fonte
	a dívida externa dos bancos e fechou o segundo maior deles.		
Madagáscar	25% dos empréstimos concedidos pelos bancos foram considerados irrecuperáveis.	1988	Caprio e Klingebiel (2003)
Malásia	Houve corridas a algumas filiais de um grande banco nacional, na sequência do colapso de um banco de Hong Kong com ele relacionado. As instituições insolventes representavam 3% dos depósitos do sistema financeiro; as instituições marginalmente recapitalizadas e possivelmente insolventes totalizavam mais 4%.	Julho de 1985-1988	Kaminsky e Reinhart (1999), Bordo *et al.* (2001), Caprio e Klingebiel (2003)
	O sector das sociedades financeiras foi reestruturado e o número de instituições financeiras reduzido de 39 para 10, através de fusões. Duas sociedades financeiras passaram para o controlo do banco central, incluindo a maior das independentes. Dois bancos – representando 14% dos activos do sistema financeiro – foram considerados insolventes e seriam fundidos com outros bancos. O crédito mal parado atingiu um pico entre 25% e 35% dos activos do sistema bancário, mas caiu para 10,8%, em Março de 2002.	Setembro de 1997	Bordo *et al.* (2001), Reinhart (2002), Caprio e Klingebiel (2003)
Mali	O crédito mal parado no maior banco atingiu 75%.	1987-1989	Caprio e Klingebiel (2003)

(continuação)

Quadro A.4.1 Continuação

País	Breve sumário	Ano	Fonte
Marrocos	O sector bancário passou por problemas.	1983	Caprio e Klingebiel (2003)
Maurícia	O banco central fechou dois dos 12 bancos comerciais, por fraude e irregularidades.	1997	Caprio e Klingebiel (2003)
Mauritânia	Em 1984, cinco dos maiores bancos tinham activos de cobrança duvidosa numa parcela das suas carteiras de 45% a 70%.	1984-1993	Caprio e Klingebiel (2003)
México	O governo mexicano endividou-se pesadamente e depois suspendeu pagamentos (Junho de 1885); os investimentos estrangeiros caíram, o que levou a uma crise de crédito e a corridas bancárias, e os bancos deixaram de emprestar. O Banco Nacional e o Banco Mercantil fundiram-se no Banco Nacional de México (Banamex), em 1884, para responder à necessidade do governo de obter um empréstimo.	1883	Conant (1915)
	O Banco Nacional absorveu o Banco Mercantil Mexicano, o seu principal concorrente.	1893	Conant (1915)
	Houve uma severa escassez de crédito, devida a uma derrocada nos EUA; os bancos não conseguiam cobrar dívidas; o Banco Central do México e muitos bancos estaduais faliram. Outros sobreviveram com ajuda federal ou através de fusões. As falências levaram a muitas bancarrotas e obstruíram a actividade económica. O governo	Fevereiro de 1908	Conant (1915)

(continuação)

Quadro A.4.1 Continuação

País	Breve sumário	Ano	Fonte
	advertiu contra a expansão excessiva do crédito; em Fevereiro, uma circular avisava contra os empréstimos arriscados e foram impostas restrições em Junho.		
	Os pagamentos foram suspensos depois de uma corrida aos maiores bancos.	1929	Bernanke e James (1990)
	Houve fuga de capitais; o governo respondeu nacionalizando o sistema bancário privado.	1981-1982	Bordo *et al.* (2001)
	O governo assumiu o controlo do sistema bancário.	Setembro de 1982-1991	Kaminsky e Reinhart (1999), Caprio e Klingebiel (2003)
	Várias instituições financeiras que detinham *ajustabonos* foram afectadas pela subida das taxas de juro, na segunda metade de 1992.	Outubro de 1992	Kaminsky e Reinhart (1999)
	Em 1994, nove bancos foram intervencionados e 11 participaram no *Programa de Capitalización y Compra de Cartera* (recapitalização) de 34 bancos comerciais. Os nove bancos representavam 19% dos activos do sistema financeiro e foram considerados insolventes. 1% dos activos bancários era detido por estrangeiros e, em 1998, 18% estavam na posse de bancos externos.	1994-1997	Bordo *et al.* (2001), Caprio e Klingebiel (2003), Jácome (2008)
Moçambique	O principal banco comercial teve problemas de solvência, que se tornaram evidentes depois de 1992.	1987-1995	Caprio e Klingebiel (2003)
Myanmar	Soube-se que o maior banco comercial público tinha	1996-?	Caprio e Klingebiel (2003)

(continuação)

Quadro A.4.1 Continuação

País	Breve sumário	Ano	Fonte
	elevados níveis de crédito mal parado.		
Nepal	No início de 1988, as dívidas em atraso reportadas em três bancos, representando 95% do sistema financeiro, eram em média 29% dos seus activos.	1988	Caprio e Klingebiel (2003)
Nicarágua	O crédito mal parado no sistema bancário atingiu 50%, em 1996.	1987-1996	Caprio e Klingebiel (2003)
	Quatro de 11 bancos, representando cerca de 40% dos depósitos, foram intervencionados e vendidos a outras instituições financeiras.	2000-2002	Jácome (2008)
Níger	Em meados da década de 80, o crédito mal parado no sistema bancário atingiu 50%. Quatro bancos foram liquidados, três reestruturados, em finais da década, e houve mais reestruturações em 2002.	1983-?	Caprio e Klingebiel (2003)
Nigéria	Em 1993, os bancos insolventes tinham 20% dos activos do sistema bancário e 22% dos depósitos. Em 1995, quase metade dos bancos comunicaram que estavam em crise financeira.	1992-1995	Bordo *et al.* (2001), Caprio e Klingebiel (2003)
	Os bancos em crise tinham 4% dos activos do sistema bancário.	1997	Bordo *et al.* (2001), Caprio e Klingebiel (2003)
Noruega	Houve especulação no imobiliário; a bolha rebentou, quando as taxas de juro aumentaram, e muitos bancos faliram. O Banco da Noruega interveio e impediu que a crise se espalhasse.	1898	Jonung e Hagberg (2002)

(continuação)

Quadro A.4.1 Continuação

País	Breve sumário	Ano	Fonte
	Concessão imprevidente de empréstimos durante a guerra e a inversão negativa de tendência nos primeiros anos da década de 20 causaram instabilidade bancária.	1921-1923	Bordo *et al.* (2001), Jonung e Hagberg (2002)
	A Noruega abandonou o padrão-ouro; o Norges Bank forneceu extenso apoio a pequenos bancos para evitar uma crise sistémica. A situação foi gerida com mais sucesso do que na crise de 1921.	1931	Bordo *et al.* (2001), Øksendal (2007)
	Legislação que introduzia um imposto sobre os depósitos bancários levou a muitos levantamentos.	1936	Bernanke e James (1990)
	Duas caixas económicas regionais faliram. As caixas acabaram por se fundir e ser resgatadas. O banco central forneceu empréstimos especiais a seis bancos, afectados pela recessão de 1985-1986 e por empréstimos problemáticos ao imobiliário. O Estado assumiu o controlo dos três maiores bancos, com 85% dos activos do sistema bancário.	1987-1993	Kaminsky e Reinhart (1999),
Nova Zelândia	Um grande banco público, com 25% dos activos bancários, passou por problemas de solvência, com uma elevada percentagem de crédito mal parado.	1987-1990	Bordo *et al.* (2001), Jonung e Hagberg (2002), Caprio e Klingebiel (2003)
Países Baixos	O Banco de Amesterdão foi fechado por decreto governamental; a liquidação começou em Janeiro e durou vários anos.	Dezembro de 1819-1829	Bordo *et al.* (2001), Caprio e Klingebiel (2003)

(continuação)

Quadro A.4.1 Continuação

País	Breve sumário	Ano	Fonte
	As taxas de desconto eram voláteis e acabaram por atingir um pico de crise.	1987	Conant (1915) Bordo *et al.* (2001), Homer e Sylla (1991)
	O encerramento temporário da Bolsa de Amesterdão induziu uma acentuada aceleração da evolução da actividade bancária. Grandes bancos comerciais substituíram velhas instituições, e muitos bancos foram comprados ou substituídos.	1914	't Hart *et al.* (1997), Bordo *et al.* (2001)
	Muitos bancos faliram e muitos outros tiveram graves problemas. A crise bancária resultou numa cooperação mais estreita entre os bancos e numa maior centralização. Os bancos financiaram mais intensamente a indústria depois da guerra; depois da crise, o crescimento industrial estancou.	1921	't Hart *et al.* (1997), Bordo *et al.* (2001)
	O maior banco, o Amsterdamsche Bank, adquiriu outro grande banco, o Noordhollandsch Landbouwcrediet.	1939	Bordo *et al.* (2001)
Panamá	Em 1988, o sistema bancário fez férias de nove dias. A posição financeira da maior parte dos bancos comerciais públicos e privados era frágil, e 15 cessaram as operações.	1988-1989	Caprio e Klingebiel (2003)
Papua Nova Guiné	85% das associações de poupança e crédito cessaram as operações.	1989-?	Caprio e Klingebiel (2003)
Paraguai	O Banco de Paraguay e o Banco del Río de la Plata suspenderam os pagamentos e	1890	Conant (1915)

(continuação)

Quadro A.4.1 Continuação

País	Breve sumário	Ano	Fonte
	houve uma grave corrida; os preços do ouro aumentaram 300% e os bancos foram finalmente liquidados.		
	A *Superintendencia de Bancos* do governo do Paraguai interveio na maioria dos bancos nacionais públicos e privados, e numa série de sociedades financeiras, em finais de 1998, incluindo o maior banco e instituição de poupança e crédito. Em finais de 1999, os bancos eram maioritariamente propriedade estrangeira, com 80% dos activos nas mãos de investidores externos. Todos os bancos foram considerados saudáveis em 2000. Dois bancos, com cerca de 10% dos depósitos, foram intervencionados e fechados, em 1997. Um banco de dimensão média, com 6,5% dos depósitos, foi fechado em 1998.	1995-1999	Bordo *et al.* (2001), Caprio e Klingebiel (2003), Jácome (2008)
	O terceiro maior banco, com quase 10% dos depósitos, foi intervencionado e encerrado.	2002	Caprio e Klingebiel (2003), Jácome (2008)
Peru	A cunhagem de moedas de ouro foi suspensa e o país adoptou um padrão-prata durante 25 anos.	1872-1873	Conant (1915), Reinhart e Rogoff (2008a)
	Dois grandes bancos faliram. O resto do sistema foi afectado por elevados níveis de crédito mal parado e desintermediação financeira, na sequência da nacionalização da banca em 1987.	Abril de 1983-1990	Kaminsky e Reinhart (1999), Bordo *et al.* (2001), Caprio e Klingebiel (2003)

(continuação)

Quadro A.4.1 Continuação

País	Breve sumário	Ano	Fonte
	As saídas de capitais desencadearam uma contracção de crédito interno, que pôs à vista problemas de solvência numa série de bancos, incluindo o Banco Wiese, o Banco Latino (16,7% e 3% de quota de mercado, respectivamente), e outras instituições financeiras mais pequenas. A resolução bancária foi aplicada a dois bancos (com cerca de 21% dos depósitos). A instabilidade também afectou outros seis pequenos bancos (com 6,5% dos depósitos).	1999	Jácome (2008)
Polónia	Corridas bancárias levaram três bancos a interromperem os pagamentos; a turbulência bancária durou até 1927.	Julho de 1926-1927	Bernanke e James (1990)
	Houve uma corrida a bancos, especialmente aos que estavam associados ao Creditanstalt da Áustria, representando o contágio da crise emanando deste país.	Junho de 1931	Bernanke e James (1990)
	Em 1991, sete dos bancos comerciais que eram propriedade do Tesouro (90% do crédito), o Banco da Economia Alimentar e o sistema de banca cooperativa enfrentaram problemas de solvência.	1991	Caprio e Klingebiel (2003)
Portugal	O Banco de Lisboa suspendeu os pagamentos; tinha feito uma carreira continuamente enredada em problemas, por causa das suas ligações ao governo português.	1828	Conant (1915)

(continuação)

Quadro A.4.1 Continuação

País	Breve sumário	Ano	Fonte
	O Banco de Lisboa perdeu todo o crédito, não conseguia reembolsar as suas notas e foi reorganizado, dando origem ao Banco de Portugal.	Maio de 1846-1847	Conant (1915)
	Elevados défices orçamentais, a crise do Barings e a revolução no Brasil conduziram a uma depreciação cambial. O governo renegou alguma da sua dívida interna e renegociou a dívida externa, para reduzir os pagamentos de juros. Esta crise teve um forte impacto no crescimento.	1890	Conant (1915), Bordo e Eichengreen (1999)
	As falências bancárias eram comuns na economia do pós-guerra.	1920	Bordo *et al.* (2001)
	Ocorreram múltiplas falências bancárias.	1923	Bordo *et al.* (2001)
	Portugal abandonou o padrão-ouro.	1931-1932	Bordo *et al.* (2001)
Quénia	15% dos passivos do sistema financeiro enfrentaram problemas de liquidez e solvência.	1985-1989	Caprio e Klingebiel (2003)
	Houve intervenções em dois bancos locais.	1992	Caprio e Klingebiel (2003)
	Registaram-se graves problemas de solvência com bancos totalizando mais de 30% dos activos do sistema financeiro.	1993-1995	Caprio e Klingebiel (2003)
	O crédito mal parado atingiu 19%.	1996	Caprio e Klingebiel (2003)
Reino Unido	Houve especulação maciça em resultado do Decreto de Berlim, de Napoleão. Muitos novos bancos regionais emitiram notas; a emissão	1810	Conant (1915)

(continuação)

Quadro A.4.1 Continuação

País	Breve sumário	Ano	Fonte
	excessiva levou a uma forte queda da Bolsa de Londres; o Tesouro salvou os bancos, em 11 de Abril de 1811.		
	Boas colheitas e preços baixos levaram à especulação; uma depressão geral nos preços do imobiliário afectou a indústria. Oitenta e nove bancos regionais foram à falência; entre 300 a 500 cessaram a actividade e aumentou a procura de notas do Banco de Inglaterra.	1815-1817	Conant (1915)
	A especulação em investimentos reais e imaginários financiada por uma banca regional não regulada causou uma bolha accionista e na dívida soberana externa da América Latina, seguida por uma derrocada bolsista; seis bancos londrinos fecharam (incluindo o banco de Henry Thornton) e 60 bancos regionais fecharam; houve um pânico em Londres.	Abril de 1825-1826	Conant (1915)
	Três bancos faliram em Março de 1837; o Banco de Inglaterra deu generosos adiantamentos a outros bancos para impedir um pânico, mas mesmo assim foram arrastados para a falência. O país aumentou a taxa de desconto e pediu emprestado à França e à Alemanha.	Março 1837-1839	Conant (1915)
	A Grande Fome na Irlanda e a loucura dos caminhos-de--ferro conduziram a uma forte drenagem dos lingotes	Abril de 1847-1848	Conant (1915)

(continuação)

Quadro A.4.1 Continuação

País	Breve sumário	Ano	Fonte
	(reservas de ouro); a redução dos recursos levou a um pânico. As firmas expuseram-se demasiado aos projectos de caminhos-de-ferro e às plantações de açúcar; começaram a falir, o que levou a falências bancárias.		
	A descoberta de minas de ouro na Austrália e na Califórnia levou a especulação maciça e, depois, a um colapso, paralisando as finanças em todo o mundo (a crise espalhou-se a partir dos EUA para a Europa, a América do Sul e o Extremo Oriente). A maioria dos bancos suspendeu as suas operações; o Banco de Inglaterra era a única fonte de desconto.	Agosto de 1857	Conant (1915)
	A Lei Bancária de 1844 foi suspensa por forma a lidar-se com o pânico; os pagamentos eram feitos em ouro. A companhia Joint Stock Discount faliu, e várias empresas passaram a fornecer descontos.	Maio de 1866	Conant (1915)
	Houve uma crise bancária provincial: o West England and South Wales District Bank faliu (9 de Dezembro) e o City of Glasgow Bank também (2 de Outubro), devido a uma quebra de confiança.	Outubro de 1878	Conant (1915)
	A carteira da casa Baring era maioritariamente constituída por títulos argentinos e uruguaios. O empréstimo à Sociedad de las	Novembro de 1890	Conant (1915), Bordo e Eichengreen (1999)

(continuação)

Quadro A.4.1 Continuação

País	Breve sumário	Ano	Fonte
	Aguas Corrientes y Drenaje de Buenos Aires foi incumprido, mas o Banco de Inglaterra, ajudado pelo Banco de França e pela Rússia, organizou um resgate, que impediu o Barings de falir. Seguiu-se uma recessão curta e suave.		
	Houve uma crise bancária «secundária».	1974-1976	Bordo *et al.* (2001), Caprio e Klingebiel (2003)
	O Johnson Matthey Bankers faliu.	1984	Caprio e Klingebiel (2003)
	O Bank of Credit and Commerce International faliu.	1991	Caprio e Klingebiel (2003)
	O Barings faliu.	1995	Caprio e Klingebiel (2003)
República Centro-Africana	Quatro bancos foram liquidados.	1976-1982	Caprio e Klingebiel (2003)
	Os dois maiores bancos, com 90% dos activos, foram reestruturados. O crédito mal parado no sistema bancário atingiu os 40%.	1988-1999	Caprio e Klingebiel (2003)
República Checa	Registaram-se vários encerramentos de bancos desde 1993. Em 1994-1995, 38% dos empréstimos do sistema bancário estavam em mal parado.	1991-?	Caprio e Klingebiel (2003)
República Democrática do Congo	O sector bancário passou por problemas de solvência.	1982	Caprio e Klingebiel (2003)
	Quatro bancos públicos estavam insolventes; um quinto foi recapitalizado com participação privada.	1991-1992	Caprio e Klingebiel (2003)
	O crédito mal parado atingiu 75%. Dois bancos públicos foram liquidados e dois	1994-?	Caprio e Klingebiel (2003)

(continuação)

Quadro A.4.1 Continuação

País	Breve sumário	Ano	Fonte
	privatizados. Em 1997, 12 bancos tiveram dificuldades financeiras graves.		
República do Congo	Começou uma crise em 1992. Em 2001-2002, dois grandes bancos foram reestruturados e privatizados. O banco restante insolvente estava a ser liquidado.	1992-?	Caprio e Klingebiel (2003)
República Dominicana	O terceiro maior banco, com uma quota de mercado de 7% dos activos, foi intervencionado.	1996	Jácome (2008)
	A crise bancária de 2003 começou com uma intervenção no terceiro maior banco, com uma quota de mercado de 10%. O levantamento de depósitos já tinha começado em meados de 2002, na sequência de alegadas fraudes, quando foram descobertas responsabilidades encobertas, registadas num banco paralelo. Imediatamente a seguir, a crise estendeu-se a duas outras instituições (com mais 10% de quota de mercado), nas quais se revelou o mesmo tipo de práticas contabilísticas inapropriadas.	2003	Jácome (2008)
República Popular Democrática do Laos	Alguns bancos passaram por problemas.	Início da década de 90	Caprio e Klingebiel (2003)
República Quirguize	Cerca de 80% a 90% dos empréstimos do sistema bancário eram duvidosos. Quatro pequenos bancos fecharam em 1995.	1993	Caprio e Klingebiel (2003)

(continuação)

Quadro A.4.1 Continuação

País	Breve sumário	Ano	Fonte
Roménia	Bancos sob controlo alemão e outros bancos colapsaram; houve pesadas corridas aos bancos.	Julho de 1931	Bernanke e James (1990)
	Em 1990, o crédito mal parado atingiu 25% a 30% nos seis principais bancos públicos.	1990	Caprio e Klingebiel (2003)
Ruanda	Um banco com influentes ligações foi encerrado.	1991	Caprio e Klingebiel (2003)
Rússia	O Banco da Rússia foi encerrado em Abril; os pagamentos em espécie foram suspensos e nunca mais retomados. Um défice permanente do Tesouro implicava a necessidade de vários empréstimos e vivia-se uma situação de crédito desesperada.	Abril de 1862-1863	Conant (1915)
	O banco da cidade Skopine recolhia depósitos de todo o império, mas mantinha reservas baixas; a bolha rebentou em 1875, quando o banco se achou incapaz de pagar os seus depósitos. Depois disso, a actividade bancária da comunidade foi limitada.	1875	Conant (1915), Reinhart e Rogoff (2008a)
	Bancos comerciais de capital aberto estavam inundados de activos de cobrança duvidosa; muitos bancos pequenos faliram, apesar de os maiores receberam protecção do banco do Estado.	1896	Cameron (1967)
	O mercado de empréstimos interbancário deixou de funcionar, em resultado de	Agosto de 1995	Caprio e Klingebiel (2003)

(continuação)

Quadro A.4.1 Continuação

País	Breve sumário	Ano	Fonte
	preocupações com as ligações de crédito em muitos bancos novos.		
	Cerca de 720 bancos, representando metade dos que se encontravam em actividade, foram considerados insolventes. Os bancos totalizavam 4% dos activos do sector e 32% dos depósitos no retalho. Dezoito bancos, detendo 40% dos activos do sector e 41% dos depósitos das famílias, estavam com sérias dificuldades e precisaram de ser salvos.	1998-1999	Caprio e Klingebiel (2003)
Santo Domingo	O Banco Nacional faliu, depois de ter tentado, em vão, adoptar o padrão-ouro; as notas não eram aceites em lado nenhum.	1894	Conant (1915)
São Tomé e Príncipe	No final de 1992, 90% dos empréstimos do único banco estavam em mal parado. Em 1993, o banco único foi liquidado, dois novos bancos obtiveram licenças e absorveram a maior parte dos activos. Em 1994, as operações de crédito de um dos novos bancos foram suspensas.	1991	Caprio e Klingebiel (2003)
Senegal	Em 1988, 50% dos empréstimos concedidos estavam em mal parado. Seis bancos comerciais e um banco de desenvolvimento (com 20% a 30% dos activos do sistema financeiro) fecharam.	1988-1991	Bordo et al. (2001), Caprio e Klingebiel (2003)

(continuação)

Quadro A.4.1 Continuação

País	Breve sumário	Ano	Fonte
Serra Leoa	Em 1995, 40% a 50% dos empréstimos do sistema bancário estavam em mal parado, e o sistema estava a ser recapitalizado e reestruturado.	1990	Caprio e Klingebiel (2003)
Singapura	O crédito mal parado subiu aos 200 milhões de dólares, ou 0,6% do PIB.	1982	Bordo et al. (2001), Caprio e Klingebiel (2003)
Sri Lanka	Bancos públicos, compreendendo 70% do sistema bancário, tinham crédito mal parado estimado em 35%.	1989-1993	Caprio e Klingebiel (2003)
Suazilândia	O banco central assumiu o controlo de três bancos.	1995	Caprio e Klingebiel (2003)
Suécia	A depreciação do ouro levou ao *Bullion Report* (semelhante ao *Relatório sobre a Moeda Irlandesa* de 1804).	Janeiro de 1811	Conant (1915)
	Ocorreram severas crises bancárias.	1876-1879	Jonung e Hagberg (2001)
	A Lei do Riksbank fez dele o banco central e deu-lhe direito exclusivo de emissão de notas.	1897	Bordo et al. (2001), Jonung e Hagberg (2002)
	Houve um *boom* de crédito e a confiança decrescente na estabilidade do sistema bancário conduziu a corridas aos bancos. As reservas depreciaram-se, mas o Riksbank emprestou aos bancos nacionais. A produção foi afectada negativamente, mas a economia recuperou rapidamente.	1907	Bordo e Eichengreen (1999), Jonung e Hagberg (2002)
	Ocorreu uma das mais graves crises bancárias na história da banca sueca, na sequência de uma recessão extrema.	1922-1923	Jonung e Hagberg (2002)

(continuação)

Quadro A.4.1 Continuação

País	Breve sumário	Ano	Fonte
	Os bancos ligados ao financeiro Ivar Kreuger foram afectados, após a sua morte; os bancos sofreram pesadas perdas, mas os depositantes foram protegidos pelo governo e não foram prejudicados pelas falências.	1931-1932	Bordo *et al.* (2001), Jonung e Hagberg (2002)
	O governo sueco resgatou o Nordbanken, o segundo maior banco. O Nordbanken e o Gota Bank, com 22% dos activos do sistema bancário, estavam insolventes. O Sparbanken Foresta, contando com 24% dos activos do sistema bancário, interveio. Cinco dos seis maiores bancos, representando mais de 70% dos activos do sistema bancário, tiveram dificuldades.	Novembro de 1991-1994	Kaminsky e Reinhart (1999), Bordo *et al.* (2001), Jonung e Hagberg (2002), Caprio e Klingebiel (2003)
Suíça	A Suíça não conseguia obter fornecimento de moedas da França; os clientes dos bancos precipitaram-se para obter o reembolso das suas notas em moedas; os bancos cortaram nos descontos e nos empréstimos, o que conduziu a uma inversão negativa na economia.	Julho de 1870-1871	Conant (1915)
	Houve uma onda de falências e consolidações bancárias.	1910-1913	Vogler (2001)
	Os bancos suíços foram seriamente abalados pela crise bancária na Alemanha; os activos totais encolheram e muitos bancos foram reestruturados.	1931	Bordo *et al.* (2001), Vogler (2001)

(continuação)

Quadro A.4.1 Continuação

País	Breve sumário	Ano	Fonte
	A crise era contínua, devido a pressões da América e da Grande Depressão, e devido à crise bancária alemã de 1931.	1933	Bordo *et al.* (2001), Vogler (2001)
Tailândia	Depois da derrocada da bolsa, uma das maiores sociedades financeiras faliu. Começou o resgate ao sector financeiro.	Março de 1979	Kaminsky e Reinhart (1999)
	Pesadas perdas numa sociedade financeira levaram a corridas e à intervenção do governo. As autoridades intervieram em 50 sociedades financeiras e de investimento mobiliário, e em cinco bancos comerciais, com cerca de 25% dos activos do sistema financeiro; três bancos comerciais (com 14% dos activos da totalidade da banca comercial) foram considerados insolventes.	Outubro de 1983-1987	Kaminsky e Reinhart (1999), Bordo *et al.* (2001), Caprio e Klingebiel (2003)
	Em Maio de 2002, o Banco da Tailândia encerrou 59 das 91 sociedades financeiras (13% dos activos do sistema financeiro e 73% dos activos das sociedades financeiras) e um dos 15 bancos nacionais, e nacionalizou quatro bancos. Uma empresa pública de gestão de activos detinha 29,7% dos activos do sistema financeiro, em Março de 2002. O crédito mal parado atingiu um pico de 33% da totalidade dos empréstimos concedidos, tendo esse nível sido reduzido para 10,3% da totalidade dos empréstimos, em Fevereiro de 2002.	Maio de 1996	Bordo *et al.* (2001), Reinhart (2002), Caprio e Klingebiel (2003)

(continuação)

Quadro A.4.1 Continuação

País	Breve sumário	Ano	Fonte
Taiwan	Quatro sociedades fiduciárias e 11 sociedades anónimas faliram.	1983-1984	Bordo *et al.* (2001), Caprio e Klingebiel (2003)
	A falência do Changua Fourth desencadeou corridas a outras uniões de crédito.	Julho de 1995	Bordo *et al.* (2001), Caprio e Klingebiel (2003)
	Estimava-se em 15% o nível do crédito mal parado no sistema bancário, no final de 1998.	1997-1998	Bordo *et al.* (2001), Caprio e Klingebiel (2003)
Tajiquistão	Um dos maiores bancos ficou insolvente e um banco pequeno foi fechado.	1996-?	Caprio e Klingebiel (2003)
Tanzânia	Em 1987, as principais instituições financeiras somavam atrasos de dívida representando metade das suas carteiras. O National Bank of Commerce, com 95% dos activos do sistema bancário, tornou-se insolvente em 1990.	1987	Caprio e Klingebiel (2003)
Togo	O sector bancário enfrentou problemas de solvência.	1993-1995	Caprio e Klingebiel (2003)
Trindade e Tobago	Várias instituições financeiras enfrentaram problemas de solvência, e três bancos públicos fundiram-se.	1982-1993	Caprio e Klingebiel (2003)
Tunísia	A maior parte dos bancos comerciais estava descapitalizada.	1991-1995	Caprio e Klingebiel (2003)
Turquia	Houve corridas a filiais de bancos alemães na sequência da crise alemã.	Julho de 1931	Bernanke e James (1990)
	Três bancos fundiram-se com o Banco Agrícola, público, e depois foram liquidados; dois grandes bancos foram reestruturados.	1982-1985	Bordo *et al.* (2001), Caprio e Klingebiel (2003)
	O começo da guerra levou a levantamentos maciços e a	Janeiro de 1991	Kaminsky e Reinhart (1999)

(continuação)

Quadro A.4.1 Continuação

País	Breve sumário	Ano	Fonte
	corridas aos bancos, levando o governo a garantir todos os depósitos.		
	Três bancos faliram em Abril.	Abril de 1994	Bordo *et al.* (2001), Caprio e Klingebiel (2003)
	Dois bancos fecharam e 19 bancos foram absorvidos pelo Fundo de Seguro de Depósitos de Poupança.	2000	Caprio e Klingebiel (2003)
Ucrânia	Em 1997, 32 de 195 bancos estavam em liquidação, enquanto outros 25 estavam a passar por um processo de reabilitação financeira. Os créditos de cobrança duvidosa somavam 50% a 65% dos activos, mesmo em alguns dos principais bancos. Em 1998, os bancos foram ainda mais afectados pela decisão de governo de reestruturar a dívida pública.	1997-1998	Caprio e Klingebiel (2003)
Uganda	De 1994 a 1998, metade do sistema bancário enfrentou problemas de solvência. De 1998 a 2002, vários bancos foram recapitalizados e privatizados, ou fechados.	1994-2002	Caprio e Klingebiel (2003)
Uruguai	O Banco Nacional faliu.	1893	Conant (1915)
	Houve uma corrida aos bancos para o reembolso de notas, devido a um decreto do governo que reduzia as notas em circulação.	Setembro de 1898	Conant (1915)
	O Banco Mercantil faliu. Seguiu-se uma onda de fusões e falências bancárias, impulsionada por elevadas taxas de juro reais.	Março de 1971	Kaminsky e Reinhart (1999)

(continuação)

Quadro A.4.1 Continuação

País	Breve sumário	Ano	Fonte
	Desencadeou-se uma corrida em larga escala aos bancos, na sequência de uma desvalorização na Argentina, que marcava o fim da *tablita*. As instituições afectadas representavam 30% dos activos do sistema financeiro; os bancos insolventes agregavam 20% dos depósitos do sistema financeiro.	Março de 1981-1984	Kaminsky e Reinhart (1999), Bordo *et al.* (2001), Caprio e Klingebiel (2003)
	O banco público de crédito hipotecário foi recapitalizado em Dezembro de 2001. O sistema bancário viu 33% dos depósitos serem levantados nos primeiros sete meses de 2002. Em 2002, quatro bancos (com 33% do total dos activos bancários) foram fechados, os depósitos a prazo (CDs) foram reestruturados e a sua maturidade ampliada.	2002	Caprio e Klingebiel (2003), Jácome (2008)
Venezuela	Houve importantes falências bancárias em 1978, 1981, 1982, 1985 e 1986.	1978-1986	Bordo *et al.* (2001), Caprio e Klingebiel (2003)
	Houve corridas ao Banco Latino, o segundo maior banco do país, que fechou em Janeiro de 1994. Os bancos insolventes representavam 35% dos depósitos no sistema financeiro. As autoridades intervieram em 17 dos 47 bancos, que detinham 50% dos depósitos, nacionalizaram nove bancos e fecharam mais sete, em 1994. O governo interveio em mais cinco bancos, em 1995.	Outubro de 1993-1995	Kaminsky e Reinhart (1999), Bordo *et al.* (2001), Caprio e Klingebiel (2003), Jácome (2008)
Vietname	Dois de quatro grandes bancos comerciais públicos (com 51% dos empréstimos	1997-?	Caprio e Klingebiel (2003)

(continuação)

Quadro A.4.1 Continuação

País	Breve sumário	Ano	Fonte
	concedidos pelo sistema bancário) foram considerados insolventes; os dois restantes passaram por problemas significativos de solvência. Várias empresas de capital aberto estavam em grave crise financeira. O crédito mal parado no sistema bancário chegou aos 18%, no final de 1998.		
Zâmbia	O Meridian Bank, com 13% dos activos da banca comercial, tornou-se insolvente.	1995	Caprio e Klingebiel (2003)
Zimbabué	Dois dos cinco bancos comerciais atingiram altos níveis de crédito mal parado.	1995	Bordo *et al.* (2001), Caprio e Klingebiel (2003)

Bibliografia

AGÉNOR, Pierre-Richard, John McDermott, e Eswar Prasad. 2000. "Macroeconomic Fluctuations in Developing Countries: Some Stylized Facts." *World Bank Economic Review* 14: 251–285.

AGUIAR, Mark, e Gita Gopinath. 2007. "Emerging Market Business Cycles: The Cycle Is the Trend." *Journal of Political Economy* 115 (1): 69–102.

ALESINA, Alberto, e Guido Tabellini. 1990. "A Positive Theory of Fiscal Deficits and Government Debt." *Review of Economic Studies* 57: 403–414.

ALLEN, Franklin, e Douglas Gale. 2007. *Understanding Financial Crises*. Oxford: Oxford University Press.

ALLEN, Robert C. 2001. "The Great Divergence: Wages and Prices from the Middle Ages to the First World War." *Explorations in Economic History* 38 (4): 411–447.

—. s.d. *Consumer Price Indices, Nominal/Real Wages and Welfare Ratios of Building Craftsmen and Labourers, 1260–1913*. Oxford, England: Oxford University Press. Disponível em http://www.iisg.nl/hpw/data.php# europe.

ALLEN, Robert C., e Richard W. Unger. 2004. European Commodity Prices, 1260–1914. Oxford, England: Oxford University Press. Disponível em < http://www2.history.ubc.ca/unger >.

ARELLANO, Cristina, e Narayana Kocherlakota. 2008. "Internal Debt Crises and Sovereign Defaults." *NBER Working Paper 13794*. National Bureau of Economic Research, Cambridge, Mass. February.

BAKER, Melvin. 1994. *The Second Squires Administration and the Loss of Responsible Government, 1928–1934*. Disponível em < http://www.ucs.mun.ca/~melbaker/1920s.htm >.

Banco Mundial. Vários anos. *Global Development Finance*. Washington: Banco Mundial.

Bank for International Settlements. 2005. *Annual Report*. Basileia: Bank for International Settlements.

BAPTISTA, Asdrúbal. 2006. *Bases Cuantitativas de la Economía Venezolana, 1830–2005.* Caracas: Ediciones Fundación Polar.

BARRO, Robert. 1974. "Are Government Bonds Net Wealth?" *Journal of Political Economy* 82 (6): 1095–1117.

—. 1983. "Inflationary Finance under Discretion and Rules." *Canadian Journal of Economics* 16 (1): 1–16.

—. 2009. "Rare Disasters, Asset Prices and Welfare Costs." *American Economic Review* 99 (1): 243–264.

BARRO, Robert J., e David B. Gordon. 1983. "A Positive Theory of Monetary Policy in a Natural Rate Model." *Journal of Political Economy* 91 (Agosto): 589–610.

BARRO, Robert, e José F. Ursúa. 2008. "Macroeconomic Crises since 1870." *NBER Working Paper 13940.* National Bureau of Economic Research, Cambridge, Mass. Abril.

—. 2009. "Stock-Market Crashes and Depressions." *NBER Working Paper 14760.* National Bureau of Economic Research, Cambridge, Mass. Fevereiro.

BASSINO, Jean-Pascal, e Debin Ma. 2005. "Japanese Unskilled Wages in International Perspective, 1741–1913." *Research in Economic History* 23: 229–248.

BASSINO, Jean-Pascal, e Pierre van der Eng. 2006. "New Benchmark of Wages and GDP, 1913–1970." *Mimeo.* Montpellier University, Montpellier, France.

BAZANT, Jan. 1968. *Historia de la Deuda Exterior de Mexico: 1823–1946.* Cidade do México: El Colegio de México.

BERG, Andrew, e Catherine Pattillo. 1999. "Predicting Currency Crises: The Indicators Approach and an Alternative." *Journal of International Money and Finance* 18: 561–586.

BERG, Andrew, Eduardo Borensztein, e Catherine Pattillo. 2004. "Assessing Early Warning Systems: How Have They Worked in Practice?" *International Monetary Fund Working Paper 04/52.* Fundo Monetário Internacional, Washington, D.C.

BERNANKE, Ben S. 1983. "Nonmonetary Effects of the Financial Crisis in the Propagation of the Great Depression." *American Economic Review* 73 (Junho): 257–276.

—. 2005. "The Global Saving Glut and the U.S. Current Account Deficit." Discurso proferido na Homer Jones Lecture, St. Louis, Mo., Abril 14. Disponível em < http://www.federalreserve.gov/boarddocs/speeches/2005/20050414/default.htm >.

BERNANKE, Ben S., e Mark Gertler. 1990. "Financial Fragility and Economic Performance." *Quarterly Journal of Economics* 105 (Fevereiro): 87–114.

—. 1995. "Inside the Black Box: The Credit Channel of Monetary Policy Transmission." *Journal of Economic Perspectives* 9 (Outono): 27–48.

—. 2001. "Should Central Banks Respond to Movements in Asset Prices?" *American Economic Review* 91 (2): 253–257.

BERNANKE, Ben S., e Harold James. 1990. "The Gold Standard, Deflation, and Financial Crisis in the Great Depression: An International Comparison." *NBER Working Paper 3488.* National Bureau of Economic Research, Cambridge, Mass. October.

BERNANKE, Ben S., Mark Gertler, e Simon Gilchrist. 1999. "The Financial Accelerator in a Quantitative Business Cycle Framework." In *Handbook of Macroeconomics*, vol. 1A, ed. John Taylor e Michael Woodford. Amsterdão: North-Holland.

BLANCHARD, Olivier, e John Simon. 2001. "The Long and Large Decline in U.S. Output Volatility." *Brookings Papers on Economic Activity* 1: 135–164.

BONNEY, Richard. s.d. *European State Finance Database*. Disponível em < http://www.le.ac.uk/hi/bon/ESFDB/frameset.html >.

BORDO, Michael D. 2006. "Sudden Stops, Financial Crises and Original Sin in Emerging Countries: Déjà vu?" *NBER Working Paper 12393*. National Bureau of Economic Research, Cambridge, Mass. Julho.

BORDO, Michael, e Barry Eichengreen. 1999. "Is Our Current International Economic Environment Unusually Crisis Prone?" In *Capital Flows and the International Financial System*. Sydney: Reserve Bank of Australia Annual Conference Volume.

BORDO, Michael, e Olivier Jeanne. 2002. "Boom-Busts in Asset Prices, Economic Instability, and Monetary Policy." *NBER Working Paper 8966*. National Bureau of Economic Research, Cambridge, Mass. Junho.

BORDO, Michael D., e Antu Panini Murshid. 2001. "Are Financial Crises Becoming Increasingly More Contagious? What Is the Historical Evidence?" In *International Financial Contagion: How It Spreads and How It Can Be Stopped*, org. Kristin Forbes e Stijn Claessens. Nova Iorque: Kluwer Academic. Pp. 367–406.

BORDO, Michael, Barry Eichengreen, Daniela Klingebiel, e Maria Soledad Martinez-Peria. 2001. "Is the Crisis Problem Growing More Severe?" *Economic Policy* 16 (April): 51–82.

BORENSZTEIN, Eduardo, José De Gregorio, e Jong-Wha Lee. 1998. "How Does Foreign Direct Investment Affect Economic Growth?" *Journal of International Economics* 45 (1): 115–135.

BORODKIN, L. I. 2001. " Inequality of Incomes in the Period of Industrial Revolution: Is Universal Hypothesis about Kuznets's Curve?" *Russian Political Encyclopedia*. Moscovo: Rosspen.

BOUCHARD, Léon. 1891. *Système financier de l'ancienne monarchie*. Paris: Guillaumin.

BOUGHTON, James. 1991. "Commodity and Manufactures Prices in the Long Run." *International Monetary Fund Working Paper 91/47*. Fundo Monetário Internacional, Washington, D.C. Maio.

BRAHMANANDA, P. R. 2001. *Money, Income and Prices in 19th Century India*. Dehi: Himalaya.

BRAUN, Juan, Matias Braun, Ignacio Briones, e José Díaz. 2000. "Economía Chilena 1810–1995, Estadisticas Historicas." *Pontificia Universidad Católica de Chile Documento de Trabajo 187*. Pontificia Universidad Católica de Chile, Santiago. January.

BROCK, Philip. 1989. "Reserve Requirements and the Inflation Tax." *Journal of Money, Credit and Banking* 21 (1): 106–121.

BRONER, Fernando, e Jaume Ventura. 2007. "Globalization and Risk Sharing." *CREI Working Paper*. Centre de Recerca en Economia Internacional, Barcelona. Julho.

Brown, William Adams. 1940. *The International Gold Standard Reinterpreted, 1914––1940.* Nova Iorque: National Bureau of Economic Research.

Buchanan, James, e Richard Wagner. 1977. *Democracy in Deficit: The Political Legacy of Lord Keynes.* Amsterdão: Elsevier.

Bufman, Gil, e Leonardo Leiderman. 1992. "Simulating an Optimizing Model of Currency Substitution." *Revista de Análisis Económico* 7 (1): 109–124.

Bulow, Jeremy, e Kenneth Rogoff. 1988a. "Multilateral Negotiations for Rescheduling Developing Country Debt: A Bargaining-Theoretic Framework." *IMF Staff Papers* 35 (4): 644–657.

—. 1988b. "The Buyback Boondoggle." *Brookings Papers on Economic Activity* 2: 675–698.

—. 1989a. "A Constant Recontracting Model of Sovereign Debt." *Journal of Political Economy* 97: 155–178.

—. 1989b. "Sovereign Debt: Is to Forgive to Forget?" *American Economic Review* 79 (Março): 43–50.

—. 1990. "Cleaning Up Third-World Debt without Getting Taken to the Cleaners." *Journal of Economic Perspectives* 4 (Inverno): 31–42.

—. 2005. "Grants versus Loans for Development Banks." *American Economic Review* 95 (2): 393–397.

Burns, Arthur F., e Wesley C. Mitchell. 1946. *Measuring Business Cycles.* National Bureau of Economic Research Studies in Business Cycles 2. Cambridge, Mass.: National Bureau of Economic Research.

Bussiere, Matthieu. 2007. "Balance of Payments Crises in Emerging Markets: How 'Early' Were the Early Warning Signals?" *European Central Bank Working Paper 713.* Banco Central Europeu, Frankfurt. Janeiro.

Bussiere, Matthieu, e Marcel Fratzscher. 2006. "Towards a New Early Warning System of Financial Crises." *Journal of International Money and Finance* 25 (6): 953–973.

Bussiere, Matthieu, e Christian Mulder. 2000. "Political Instability and Economic Vulnerability." *International Journal of Finance and Economics* 5 (4): 309–330.

Butlin, N. G. 1962. *Australian Domestic Product, Investment and Foreign Borrowing, 1861–1938/39.* Cambridge: Cambridge University Press.

Cagan, Philip. 1956. "The Monetary Dynamics of Hyperinflation in Milton Friedman." In *Studies in the Quantity Theory of Money,* org. Milton Friedman. Chicago: University of Chicago Press. Pp. 25–117.

Calomiris, Charles, e Gary Gorton. 1991. "The Origins of Banking Panics: Models, Facts, and Bank Regulation." In *Financial Markets and Financial Crises,* org. R. Glenn Hubbard. Chicago: University of Chicago Press for the National Bureau of Economic Research.

Calvo, Guillermo. 1988. "Servicing the Public Debt: The Role of Expectations." *American Economic Review* 78 (Setembro): 647–661.

—. 1989. "Is Inflation Effective for Liquidating Short-Term Nominal Debt?" *International Monetary Fund Working Paper 89/2.* Fundo Monetário Internacional, Washington, D.C. Janeiro.

—. 1991. "The Perils of Sterilization." *IMF Staff Papers* 38 (4): 921–926.

—. 1998. "Capital Flows and Capital Market Crises: The Simple Economics of Sudden Stops." *Journal of Applied Economics* 1 (1): 35–54.

CALVO, Guillermo A., e Pablo Guidotti. 1992. "Optimal Maturity of Nominal Government Debt: An Infinite Horizon Model." *International Economic Review* 33 (Novembro): 895–919.

CALVO, Guillermo A., Leonardo Leiderman, e Carmen M. Reinhart. 1993. "Capital Inflows and Real Exchange Rate Appreciation in Latin America: The Role of External Factors." *IMF Staff Papers* 40 (1): 108–151.

CALVO, Guillermo A., Alejandro Izquierdo, e Rudy Loo-Kung. 2006. "Relative Price Volatility under Sudden Stops: The Relevance of Balance Sheet Effects." *Journal of International Economics* 9 (1): 231–254.

CAMERON, Rondo E. 1967. *Banking in the Early Stages of Industrialization: A Study in Comparative Economic History*. Nova Iorque: Oxford University Press.

CAMPRUBI Alcázar, Carlos. 1957. *Historia de los Bancos en el Perú, 1860–1879*. Lima: Editorial Lumen.

CAPRIO, Gerard Jr., e Daniela Klingebiel. 1996. "Bank Insolvency: Bad Luck, Bad Policy, or Bad Banking?" In *Annual World Bank Conference on Development Economics, 1996*, org. Boris Pleskovic e Joseph Stiglitz. Washington, D.C.: Banco Mundial. Pp. 79–104.

—. 2003. "Episodes of Systemic and Borderline Financial Crises." *Mimeo*. Washington, D.C.: World Bank. Disponível em < http://go.worldbank.org/5DYGICS7B0 > (Dataset 1). Janeiro.

CAPRIO, Gerard, Daniela Klingebiel, Luc Laeven, e Guillermo Noguera. 2005. "Banking Crisis Database." In *Systemic Financial Crises*, org. Patrick Honohan e Luc Laeven. Cambridge: Cambridge University Press.

CARLOS, Ann, Larry Neal, e Kirsten Wandschneider. 2005. "The Origin of National Debt: The Financing and Re-Financing of the War of the Spanish Succession." *University of Colorado Working Paper*. University of Colorado, Boulder.

CARTER, Susan B., Scott Gartner, Michael Haines, Alan Olmstead, Richard Sutch, e Gavin Wright, orgs. 2006. *Historical Statistics of the United States: Millennial Edition*. Cambridge: Cambridge University Press. Disponível em < http://hsus.cambridge.org/HSUSWeb/HSUSEntryServlet >.

CERON, Jose, e Javier Suarez. 2006. "Hot and Cold Housing Markets: International Evidence." *CEMFI Working Paper 0603*. Center for Monetary and Financial Studies, Madrid. Janeiro.

CHA, Myung Soo, e Nak Nyeon Kim. 2006. "Korea's First Industrial Revolution, 1911–40." *Naksungdae Institute of Economic Research Working Paper 2006–3*. Naksungdae Institute of Economic Research, Seoul. Junho.

CHENG, Linsun. 2003. *Banking in Modern China: Entrepreneurs, Professional Managers, and the Development of Chinese Banks, 1897–1937*. Cambridge: Cambridge University Press.

CHUHAN, Punam, Stijn Claessens, e Nlandu Mamingi. 1998. "Equity and Bond Flows to Asia and Latin America: The Role of Global and Country Factors." *Journal of Development Economics* (55): 123–150.

CIPOLLA, Carlo. 1982. *The Monetary Policy of Fourteenth Century Florence*. Berkeley: University of California Press.

CLAY, C. G. A. 2000. *Gold for the Sultan: Western Bankers and Ottoman Finance 1856– –1881: A Contribution to Ottoman and International Financial History*. Londres e Nova Iorque: I. B. Tauris.

COLE, Harold L., e Patrick J. Kehoe. 1996. "Reputation Spillover across Relationships: Reviving Reputation Models of Debt." *Staff Report 209*. Federal Reserve Bank of Minneapolis.

CONANT, Charles A. 1915. *A History of Modern Banks of Issue*. 5.ª ed. Nova Iorque: G. P. Putnam's Sons.

CONDOIDE, Mikhail V. 1951. *The Soviet Financial System: Its Development and Relations with the Western World*. Columbus: Ohio State University.

COOPER, Richard. 2005. "Living with Global Imbalances: A Contrarian View." Policy brief. Institute for International Economics, Washington, D.C. Correlates of War. Militarized Interstate Disputes Database. < http://correlates ofwar.org/ >.

Course of the exchange. Reported by John Castaing. Disponível em < http://www.le.ac.uk/hi/bon/ESFDB/NEAL/neal.html >.

COWAN, Kevin, Eduardo Levy-Yeyati, Ugo Panizza, e Federico Sturzenegger. 2006. "Sovereign Debt in the Americas: New Data and Stylized Facts." *Working Paper 577*. Research Department, Inter-American Development Bank, Washington, D.C. Disponível em < http://www.iadb.org/res/pub_desc.cfm?pub_id=DBA-007 >.

CRISP, Olga. 1976. *Studies in the Russian Economy before 1914*. Londres: Macmillan.

CURCURU, Stephanie, Charles Thomas, e Frank Warnock. 2008. "Current Account Sustainability and Relative Reliability." NBER International Seminar on Macroeconomics 2008. Chicago: University of Chicago Press for the National Bureau of Economic Research.

DELLA PAOLERA, Gerardo, e Alan M. Taylor. 1999. "Internal versus External Convertibility and Developing-Country Financial Crises: Lessons from the Argentine Bank Bailout of the 1930s." *NBER Working Paper 7386*. National Bureau of Economic Research, Cambridge, Mass. Outubro.

DE MADDALENA, Aldo. 1974. *Prezzi e Mercedi a Milano dal 1701 al 1860*. Milan: Banca Commerciale Italiana.

DEMIRGÜÇ-KUNT, Asli, e Enrica Detragiache. 1998. "The Determinants of Banking Crises in Developing and Developed Countries." *IMF Staff Papers* 45: 81–109.

—. 1999. "Financial Liberalization and Financial Fragility." In Annual World Bank Conference on Development Economics, 1998, org. Boris Pleskovic e Joseph Stiglitz. Washington, D.C.: Banco Mundial.

DIAMOND, Douglas, e Philip H. Dybvig. 1983. "Bank Runs, Deposit Insurance, and Liquidity." *Journal of Political Economy* 91 (3): 401–419.

DIAMOND, Douglas, e Raghuram Rajan. 2001. "Liquidity Risk, Liquidity Creation and Financial Fragility: A Theory of Banking." *Journal of Political Economy* 109 (Abril): 287–327.

DIAMOND, Peter A. 1965. "National Debt in a Neoclassical Growth Model." *American Economic Review* 55 (5): 1126–1150.

DÍAZ, José B., Rolf Lüders, e Gert Wagner. 2005. "Chile, 1810–2000, La República en Cifras." *Mimeo*. Instituto de Economía, Pontificia Universidad Católica de Chile, Santiago. Maio.

DIAZ-ALEJANDRO, Carlos. 1983. "Stories of the 1930s for the 1980s." In *Financial Policies and the World Capital Market: The Problem of Latin American Countries*, org. Pedro Aspe Armella, Rudiger Dornbusch, e Maurice Obstfeld. Chicago: University of Chicago Press for the National Bureau of Economic Research. Pp. 5–40.

—. 1984. "Latin American Debt: I Don't Think We Are in Kansas Anymore." *Brookings Papers in Economic Activity* 2: 355–389.

—. 1985. "Goodbye Financial Repression, Hello Financial Crash." *Journal of Development Economics* 19 (1–2): 1–24.

DICK, Trevor, e John E. Floyd. 1997. "Capital Imports and the Jacksonian Economy: A New View of the Balance of Payments." Comunicação apresentada no III Congresso Mundial de Cliométrica, Munique, Julho.

DOOLEY, Michael, Eduardo Fernandez-Arias, e Kenneth Kletzer. 1996. "Recent Private Capital Inflows to Developing Countries: Is the Debt Crisis History?" *World Bank Economic Review* 10 (1): 27–49.

Dooley, Michael, David Folkerts-Landau, e Peter Garber. 2004a. "An Essay on the Revived Bretton Woods System." *International Journal of Finance & Economics* 9 (4): 307–313.

—. 2004b. "The Revived Bretton Woods System: The Effects of Periphery Intervention and Reserve Management on Interest Rates and Exchange Rates in Center Countries." *NBER Working Paper 10332*. National Bureau of Economic Research, Cambridge, Mass. March.

DORNBUSCH, Rudiger, e Stanley Fischer. 1993. "Moderate Inflation." *World Bank Economic Review* 7 (1): 1–44.

DORNBUSCH, Rudiger, Ilan Goldfajn, e Rodrigo O. Valdés. 1995. "Currency Crises and Collapses." *Brookings Papers on Economic Activity* 26 (2): 219–293.

DORNBUSCH, Rudiger, e Alejandro Werner. 1994. "Mexico: Stabilization, Reform, and No Growth." *Brookings Papers on Economic Activity* 1: 253–315.

DRAZEN, Allan. 1998. "Towards a Political Economy Theory of Domestic Debt." In *The Debt Burden and Its Consequences for Monetary Policy*, org. G. Calvo e M. King. Londres: Macmillan.

DREES, Burkhard, e Ceyla Pazarbasioglu. 1998. "The Nordic Banking Crisis: Pitfalls in Financial Liberalization." *IMF Occasional Paper 161*. Fundo Monetário Internacional, Washington, D.C.

EATON, Jonathan, e Mark Gersovitz. 1981. "Debt with Potential Repudiation: Theory and Estimation." *Review of Economic Studies* 48 (2): 289–309.

Economist Magazine. 2002. "The O'Neill Doctrine." Editorial, 25 de Abril.

EDVINSSON, Rodney. 2002. "Growth, Accumulation, Crisis: With New Macroeconomic Data for Sweden 1800–2000." Dissertação, University of Stockholm, Sweden.

EICHENGREEN, Barry. 1991a. "Historical Research on International Lending and Debt." *Journal of Economic Perspectives* 5 (Primavera): 149-169.

—. 1991b. "Trends and Cycles in Foreign Lending." In *Capital Flows in the World Economy*, org. H. Siebert. Tübingen: Mohr. Pp. 3-28.

—. 1992. *Golden Fetters: The Gold Standard and the Great Depression 1919-1939*. Nova Iorque: Oxford University Press.

EICHENGREEN, Barry, e Peter H. Lindert, orgs. 1989. *The International Debt Crisis in Historical Perspective*. Cambridge, Mass.: MIT Press.

EICHENGREEN, Barry, e Kevin O'Rourke. 2009. "A Tale of Two Depressions." 4 de Junho. Disponível em < http://www.voxeu.org >. European State Finance Database. Disponível em < http://www.le.ac.uk/hi/bon/ESFDB/ >.

FELTON, Andrew, e Carmen M. Reinhart. 2008. *The First Global Financial Crisis of the 21st Century*. Londres: VoxEU and Centre for Economic Policy Research. Julho. Disponível em < http://www.voxeu.org/index.php?q=node/1352 >.

—. 2009. *The First Global Financial Crisis of the 21st Century*, Part 2: June-December, 2008. Londres: VoxEU and Centre for Economic Policy Research. Disponível em < http://www.voxeu.org/index.php?q=node/3079 >.

FERGUSON, Niall. 2008. *The Ascent of Money: A Financial History of the World*. Nova Iorque: Penguin Press.

FISCHER, Stanley, Ratna Sahay, e Carlos A. Végh. 2002. "Modern Hyperand High Inflations." *Journal of Economic Literature* 40 (3): 837-880.

FISHER, Irving. 1933. "Debt-Deflation Theory of Great Depressions." *Econometrica* 1 (4): 337-357.

FLANDREAU, Marc, e Frederic Zumer. 2004. *The Making of Global Finance, 1880--1913*. Paris: OCDE.

FLATH, David. 2005. *The Japanese Economy*. 2.ª ed. Oxford: Oxford University Press.

FOSTEL, Ana, e John Geanakoplos. 2008. "Leverage Cycles and the Anxious Economy." *American Economic Review* 98 (4): 1211-1244.

FRANKEL, Jeffrey A., e Andrew K. Rose. 1996. "Currency Crashes in Emerging Markets: An Empirical Treatment." *Journal of International Economics* 41 (November): 351-368.

FRANKEL, S. Herbert. 1938. *Capital Investment in Africa: Its Course and Effects*. Londres: Oxford University Press.

FRIEDMAN, Milton, e Anna J. Schwartz. 1963. *A Monetary History of the United States*, 1867-1960. Princeton, N.J.: Princeton University Press.

FRYDL, Edward J. 1999. "The Length and Cost of Banking Crises." *International Monetary Fund Working Paper 99/30*. Fundo Monetário Internacional, Washington, Março.

Fundo Monetário Internacional. 2002. "Assessing Sustainability." Disponível em < http://www.imf.org/external/np/pdr/sus/2002/eng/052802.htm >.

—. Vários anos. *International Financial Statistics*. Washington: Fundo Monetário Internacional.

—. Vários anos. *World Economic Outlook*. Washington: Fundo Monetário Internacional.

GARCIA VIZCAINO, José. 1972. *La Deuda Pública Nacional*. Buenos Aires: EUDEBA Editorial Universitaria de Buenos Aires.

GARNER, Richard. 2007. "Late Colonial Prices in Selected Latin American Cities." Memorando de trabalho. Disponível em < http://home.comcast.net/~richardgarner04/ >.

—. s.d. "Economic History Data Desk: Economic History of Latin America, United States and New World, 1500–1900." Disponível em < http://home.comcast.net/~richardgarner04/ >.

GAVIN, Michael, e Roberto Perotti. 1997. "Fiscal Policy in Latin America." *NBER Macroeconomics Annual* 12: 11–61.

GAYER, Arthur D., W. W. Rostow, e Anna J. Schwartz. 1953. *The Growth and Fluctuation of the British Economy, 1790–1850*. Oxford: Clarendon.

GELABERT, Juan. 1999a. "Castile, 1504–1808." In *The Rise of the Fiscal State in Europe, c. 1200–1815*, org. R. J. Bonney. Oxford: Oxford University Press.

—. 1999b. "The King's Expenses: The Asientos of Philip III and Philip IV of Spain. In *Crises, Revolutions and Self-Sustained Growth: Essays in European Fiscal History, 1130–1830*, org. W. M. Ormrod, M. M. Bonney, e R. J. Bonney. Stamford, England: Shaun Tyas.

GERDRUP, Karsten R. 2003. "Three Episodes of Financial Fragility in Norway since the 1890s." *Bank for International Settlements Working Paper 142*.

Bank for International Settlements, Basiléia. Outubro.

GODINHO, V. Magalhães. 1955. *Prix et Monnaies au Portugal, 1750–1850*. Paris: Librairie Armand Colin.

Global Financial Data. s.d. Global Financial Data. Disponível em < https://www.globalfinancialdata.com/ >.

Global Price and Income History Group. Disponível em < http://gpih.ucdavis.edu >.

GOLDSTEIN, Morris. 2003. "Debt Sustainability, Brazil, and the IMF." *Working Paper WP03-1*. Institute for International Economics, Washington.

GOLDSTEIN, Morris, e Philip Turner. 2004. *Controlling Currency Mismatches in Emerging Markets*. Washington: Institute for International Economics.

GOLDSTEIN, Morris, Graciela L. Kaminsky, e Carmen M. Reinhart. 2000. *Assessing Financial Vulnerability*. Washington: Institute for International Economics.

GORTON, Gary. 1988. "Banking Panics and Business Cycles." *Oxford Economic Papers* 40: 751–781.

GREENSPAN, Alan. 2007. *The Age of Turbulence*. Londres e Nova Iorque: Penguin.

Groningen Growth and Development Centre and the Commerce Department. 2008. Total Economy Database. Disponível em < http://www.ggdc.net >.

GRYTTEN, Ola. 2008. "The Economic History of Norway." In *EH.Net Encyclopedia*, org. Robert Whaples. Disponível em < http://eh.net/encyclopedia/article/grytten.norway >.

HALE, David. 2003. "The Newfoundland Lesson: During the 1930s, Long before the IMF, the British Empire Coped with a Debt Crisis in a Small Country. This Is a Tale of the Choice between Debt and Democracy. It Shouldn't Be

Forgotten." *International Economy* (Verão). Disponível em < http://www.entrepreneur.com/tradejournals/article/106423908.html >.

HAMILTON, Earl. 1969. *War and Prices in Spain, 1651–1800*. Nova Iorque: Russell and Russell.

HAUSMANN, Ricardo, e Federico Sturzenegger. 2007. "The Missing Dark Matter in the Wealth of Nations and Its Implications for Global Imbalances." *Economic Policy* 51: 469–518.

HOFFMAN, P.T., D. S. Jacks, P. Levin, e P. H. Lindert. 2002. "Real Inequality in Europe since 1500." *Journal of Economic History* 62 (2): 381–413.

HOGGARTH, Glenn, Patricia Jackson, e Erlend Nier. 2005. "Banking Crises and the Design of Safety Nets." *Journal of Banking & Finance* 29 (1): 143–159.

HOMER, Sidney, e Richard Sylla. 1991. *A History of Interest Rates*. New Brunswick, N.J., e Londres: Rutgers University Press.

HSU, Leonard Shih-Lien. 1935. *Silver and Prices in China: Report of the Committee for the Study of Silver Values and Commodity Prices*. Xangai: Commercial Press.

HUANG, Feng-Hua. 1919. *Public Debts in China*. Nova Iorque: MAS.

IMLAH, A. H. 1958. *Economic Elements in the Pax Britannica*. Cambridge. Mass.: MIT Press.

Institutional Investor. Vários anos. Institutional Investor.

Instituto Brasileiro de Geografia e Estatística. 2007. Estatísticas Históricas do Brasil. Rio de Janeiro: Instituto Brasileiro de Geografia e Estatística.

Instituto Nacional de Estatística (Portugal). 1998. Estatísticas Históricas Portuguesas. Lisboa: INE.

International Institute of Social History. s.d. Disponível em < http://www.iisg.nl/ >.

JÁCOME, Luis. 2008. "Central Bank Involvement in Banking Crises in Latin America." *International Monetary Fund Working Paper 08/135*. Fundo Monetário Internacional, Washington. Maio.

JAYACHANDRAN, Seema, e Michael Kremer. 2006. "Odious Debt." *American Economic Review* 96 (March): 82–92.

JEANNE, Olivier. 2009. "Debt Maturity and the International Financial Architecture." *American Economic Review*, no prelo.

JEANNE, Olivier, e Guscina, Anastasia. 2006. "Government Debt in Emerging Market Countries: A New Dataset." *International Monetary Fund Working Paper 6/98*. Fundo Monetário Internacional, Washington. Abril.

JOHNSON, H. Clark. 1998. *Gold, France, and the Great Depression: 1919–1935*. New Haven, Conn.: Yale University Press.

JONUNG, L., e T. Hagberg. 2002. "How Costly Was the Crisis?" Työväen Akatemia, Kauniainen. September.

JUN, S. H., e J. B. Lewis. 2002. "Labour Cost, Land Prices, Land Rent, and Interest Rates in the Southern Region of Korea, 1690–1909." Memorando de trabalho. Academia de Estudos Coreanos, Seul. Disponível em < http://www.iisg.nl/hpw/korea.php >.

KAMINSKY, Graciela L., e Carmen M. Reinhart. 1999. "The Twin Crises: The Causes of Banking and Balance-of-Payments Problems." *American Economic Review* 89 (3): 473–500.

KAMINSKY, Graciela L., J. Saul Lizondo, e Carmen M. Reinhart. 1998. "Leading Indicators of Currency Crises." *IMF Staff Papers* 45 (1): 1–48.

KAMINSKY, Graciela L., Carmen M. Reinhart, e Carlos A. Végh. 2003. "The Unholy Trinity of Financial Contagion." *Journal of Economic Perspectives* 17 (4): 51–74.

—. 2004. "When It Rains, It Pours: Procyclical Capital Flows and Policies." In *NBER Macroeconomics Annual 2004*, org. Mark Gertler and Kenneth S. Rogoff. Cambridge, Mass: MIT Press. Pp. 11–53.

KIMURA, M. 1987. "La Revolucion de los Precios en la Cuenca del Pacifico, 1600––1650." Mimeo. Universidad Nacional Autonoma de México, Mexico City.

KINDLEBERGER, Charles P. 1989. *Manias, Panics and Crashes: A History of Financial Crises*. Nova Iorque: Basic Books.

KIYOTAKI, Nobuhiro, e John Moore. 1997. "Credit Cycles." *Journal of Political Economy* 105: 211–248.

KOHLSCHEEN, Emanuel. 2007. "Why Are There Serial Defaulters? Evidence from Constitutions." *Journal of Law and Economics* 50 (November): 713–729.

KORTHALS Altes, W. L. 1996. *Van L Hollands tot Nederlandse*. Amsterdão: Neha.

KOSTELENOS, George, S. Petmezas, D. Vasileiou, E. Kounaris, e M. Sfakianakis. 2007. "Gross Domestic Product, 1830–1939." In *Sources of Economic History of Modern Greece*. Atenas: Central Bank of Greece.

KOTLIKOFF, Lawrence J., Torsten Persson, e Lars E. O. Svensson. 1988. "Social Contracts as Assets: A Possible Solution to the Time-Consistency Problem." *American Economic Review* 7: 662–677.

KRUGMAN, Paul. 2007. "Will There Be a Dollar Crisis?" *Economic Policy* 51 (July): 437–467.

KRYZANOWSKI, Lawrence, e Gordon S. Roberts. 1999. "Perspectives on Canadian Bank Insolvency during the 1930s." *Journal of Money, Credit & Banking* 31 (1): 130–136.

LANDES, David S. 1958. *Bankers and Pashas: International Finance and Economic Imperialism in Egypt*. Cambridge, Mass.: Harvard University Press.

LAZARETOU, Sophia. 2005. "The Drachma, Foreign Creditors, and the International Monetary System: Tales of a Currency during the 19th and the Early 20th Centuries." *Explorations in Economic History* 42 (2): 202–236.

LEVANDIS, John Alexander. 1944. *The Greek Foreign Debt and the Great Powers, 1821––1898*. Nova Iorque: Columbia University Press.

LINDERT, Peter H., e Boris Mironov. s.d. *Ag-Content of the Ruble*. Disponível em < http://gpih.ucdavis.edu/ >.

LINDERT, Peter H., e Peter J. Morton. 1989. "How Sovereign Debt Has Worked." In *Developing Country Debt and Economic Performance*, vol. 1, org. Jeffrey Sachs. Chicago: University of Chicago Press. Pp. 39–106.

LU, Feng, e Kaixiang Peng. 2006. "A Research on China's Long Term Rice Prices: 1644–2000." *Frontiers of Economics in China* 1 (4): 465–520.

MACDONALD, James. 2006. *A Free Nation Deep in Debt: The Financial Roots of Democracy*. Nova Iorque: Farrar, Straus, and Giroux.

MADDISON, Angus. 2004. *Historical Statistics for the World Economy: 1–2003 AD*. Paris: OCDE. Disponível em < http://www.ggdc.net/maddison/ >.

MALANIMA, Paolo. s.d. Wheat Prices in Tuscany, 1260–1860. Disponível em < http://www.iisg.nl/ >.

MAMALAKIS, Markos. 1983. *Historical Statistics of Chile*. Westport, Conn.: Greenwood.

MANASSE, Paolo, e Nouriel Roubini. 2005. "'Rules of Thumb' for Sovereign Debt Crises." *IMF Working Paper 05/42*. Fundo Monetário Internacional, Washington.

MARICHAL, Carlos. 1989. *A Century of Debt Crises in Latin America: From Independence to the Great Depression, 1820–1930*. Princeton, N.J.: Princeton University Press.

MAURO, Paolo, Nathan Sussman, e Yishay Yafeh. 2006. *Emerging Markets and Financial Globalization: Sovereign Bond Spreads in 1870–1913 and Today*. Londres: Oxford University Press.

McCONNELL, Margaret, e Gabriel Perez-Quiros. 2000. "Output Fluctuations in the United States: What Has Changed since the Early 1980's?" *American Economic Review* 90 (5): 1464–1476.

McELDERRY, Andrea Lee. 1976. *Shanghai Old-Style Banks, 1800–1935: A Traditional Institution in a Changing Society*. Ann Arbor: Center for Chinese Studies, University of Michigan.

McGRATTAN, Ellen, e Edward Prescott. 2007. "Technology Capital and the U.S. Current Accounts." *Working Paper 646*. Federal Reserve Bank of Minneapolis. June.

MELLEGERS, Joost. 2006. "Public Finance of Indonesia, 1817–1940." Memorando de trabalho. Indonesian Economic Development, International Institute of Social History, Amsterdam.

MENDOZA, Enrique G., e Marco Terrones. 2008. "An Anatomy of Credit Booms: Evidence from the Macro Aggregates and Micro Data." *NBER Working Paper 14049*. National Bureau of Economic Research, Cambridge, Mass. May.

MILLER, Margaret S. 1926. *The Economic Development of Russia, 1905–1914*. Londres: P. S. King and Son.

MITCHELL, Brian R. 2003a. *International Historical Statistics: Africa, Asia, and Oceania, 1750–2000*. Londres: Palgrave Macmillan.

—. 2003b. *International Historical Statistics: The Americas, 1750–2000*. Londres: Palgrave Macmillan.

MIZOGUCHI, Toshiyuki, e Mataji Umemura. 1988. *Basic Economic Statistics of Former Japanese Colonies, 1895–1938: Estimates and Findings*. Tóquio: Toyo Keizai Shinposha.

Moody's Investor Service. 2000. "Historical Default Rates of Corporate Bond Issuers, 1920–1999." Moody's Investor Service Global Credit Research, comentário especial, Janeiro.

MORRIS, Stephen, e Hyun Song Shin. 1998. "Unique Equilibrium in a Model of Self-Fulfilling Currency Attacks." *American Economic Review* 88 (Junho): 587–597.

NAKAMURA, Leonard I, e Carlos E. J. M. Zarazaga. 2001. *Banking and Finance in Argentina in the Period 1900–35*. Federal Reserve Bank of Philadelphia Working Paper 01-7. Federal Reserve Bank of Philadelphia, Junho.

NEAL, Larry, e Marc Weidenmier. 2003. "Crises in the Global Economy from Tulips to Today: Contagion and Consequences." In *Globalization in Historical Perspective*, org. Michael Bordo, Alan M. Taylor, e Jeffrey Williamson. Chicago: University of Chicago Press. Pp. 473–514.

NEELY, Christopher. 1995. "The Profitability of U.S. Intervention in the Foreign Exchange Markets." *Journal of International Money and Finance* 14: 823–844.

NOEL, Maurer. 2002. *The Power and the Money — The Mexican Financial System, 1876–1932*. Stanford, Calif.: Stanford University Press.

Norges Bank. 2004. "The Norwegian Banking Crisis." Org. Thorvald G.

MOE, Jon A. Solheim, e Bent Vale. *Occasional Paper 33*. Norges Bank, Oslo.

Nações Unidas, Department of Economic Affairs. 1948. Public Debt, 1914–1946. Nova Iorque: Nações Unidas.

—. 1949. *International Capital Movements during the Inter-War Period*. Nova Iorque: Nações Unidas.

—. 1954. *The International Flow of Private Capital, 1946–1952*. Nova Iorque: United Nations.

—.Vários anos. *Statistical Yearbook, 1948–1984*. Nova Iorque: Nações Unidas.

NORTH, Douglass, e Barry Weingast. 1988. "Constitutions and Commitment: The Evolution of Institutions Governing Public Choice in Seventeenth Century England." In *Empirical Studies in Institutional Change*, org. L. Alston, P. Eggertsson, and D. North. Cambridge: Cambridge University Press.

NURKSE, Ragnar. 1946. *The Course and Control of Inflation: A Revue of Monetary Experience in Europe after World War I*. Genebra: Sociedade das Nações.

OBSTFELD, Maurice. 1994. "The Logic of Currency Crises." *Cahiers Economiques et Monetaires* 43: 189–213.

—. 1996. "Models of Currency Crises with Self-Sustaining Features." *European Economic Review* 40 (Abril): 1037–1048.

Obstfeld, Maurice, e Kenneth S. Rogoff. 1996. *Foundations of International Macroeconomics*. Cambridge, Mass.: MIT Press.

—. 2001. "Perspectives on OECD Capital Market Integration: Implications for U.S. Current Account Adjustment." In *Global Economic Integration: Opportunities and Challenges*. Federal Reserve Bank of Kansas City, Março. Pp. 169–208.

—. 2005. "Global Current Account Imbalances and Exchange Rate Adjustments." *Brookings Papers on Economic Activity* 1: 67–146.

—. 2007. "The Unsustainable U.S. Current Account Position Revisited." In *G7 Current Account Imbalances: Sustainability and Adjustment*, org. Richard Clarida. Chicago: University of Chicago Press.

—. 2009. "The US Current Account and the Global Financial Crisis." Comunicação nas Ohlin Lectures in International Economics, Harvard University.

OBSTFELD, Maurice, e Alan Taylor. 2004. *Global Capital Markets: Integration, Crisis, and Growth*. Japan–U.S. Center Sanwa Monographs on International Financial Markets. Cambridge: Cambridge University Press.

ØKSENDAL, Lars. 2007. "Re-Examining Norwegian Monetary Policy in the 1930s." Manuscript. Department of Economics, Norwegian School of Economics and Business Administration, Bergen.

Oxford Latin American Economic History Database. Disponível em < http://oxlad.qeh.ox.ac.uk/references.php >.

OZMUCUR, Suleyman, e Sevket Pamuk. 2002. "Real Wages and Standards of Living in the Ottoman Empire, 1489–1914." *Journal of Economic History* 62 (Junho): 292–321.

PAGE, William. 1919. *Commerce and Industry: Tables of Statistics for the British Empire from 1815*. Londres: Constable.

PAMUK, Sevket. 2005. "Prices and Wages in Istanbul, 1469–1914." Memorando de trabalho. International Institute of Social History, Amsterdão.

PERSSON, Torsten, e Guido Tabellini. 1990. *Macroeconomic Policy, Credibility and Politics*. Londres: Routledge.

PHILIPPON, Thomas. 2007. "Why Has the U.S. Financial Sector Grown So Much? The Role of Corporate Finance." *NBER Working Paper 13405*. National Bureau of Economic Research, Cambridge, Mass. September.

PICK, Franz. Vários anos, 1955–1982. *Pick's Currency Yearbook*. Nova Iorque: Pick.

PRASAD, Eswar, Kenneth S. Rogoff, Shang-Jin Wei, e M. Ayhan Kose. 2003. "Effects of Financial Globalization on Developing Countries: Some Empirical Evidence." *IMF Occasional Paper 220*. Fundo Monetário Internacional, Washington.

PURCELL, John F. H., e Jeffrey A. Kaufman. 1993. *The Risks of Sovereign Lending: Lessons from History*. Nova Iorque: Salomon Brothers.

QIAN, Rong, e Carmen M. Reinhart. 2009. "Graduation from Crises and Volatility: Elusive Goals." University of Maryland, College Park.

QUINN, Stephen. 2004. "Accounting for the Early British Funded Debt, 1693––1786." Artigo. Texas Christian University.

RAJAN, Raghuram, Enrica Detragiache, e Giovanni Dell'Ariccia. 2008. "The Real Effect of Banking Crises." *Journal of Financial Intermediation* 17: 89–112.

REINHART, Carmen M. 2002. "Default, Currency Crises, and Sovereign Credit Ratings." *World Bank Economic Review* 16 (2): 151–170.

REINHART, Carmen M., e Vincent R. Reinhart. 2008. "Is the U.S. Too Big to Fail?" VoxEU, November 17. Disponível em < http://www.voxeu.com/index.php?q=node/2568 >.

—. 2009. "Capital Flow Bonanzas: An Encompassing View of the Past and Present." In *NBER International Seminar in Macroeconomics 2008*, org. Jeffrey Frankel e Francesco Giavazzi. Chicago: Chicago University Press for the National Bureau of Economic Research. Pp. 1–54.

REINHART, Carmen M., e Kenneth S. Rogoff. 2002a. "FDI to Africa: The Role of Price Stability and Currency Instability." In *Annual World Bank Conference on Development Economics 2002: The New Reform Agenda*, org. Boris Pleskovic e Nicholas Stern. Washington: Banco Mundial/ Oxford University Press. Pp. 247–282.

—. 2002b. "The Modern History of Exchange Rate Arrangements: A Reinterpretation." *NBER Working Paper 8963*. National Bureau of Economic Research, Cambridge, Mass. Maio.

—. 2004. "The Modern History of Exchange Rate Arrangements: A Reinterpretation." *Quarterly Journal of Economics* 119 (1): 1–48.

—. 2008a. "This Time Is Different: A Panoramic View of Eight Centuries of Financial Crises." *NBER Working Paper 13882*. National Bureau of Economic Research, Cambridge, Mass. Março.

—. 2008b. "Is the 2007 U.S. Subprime Crisis So Different? An International Historical Comparison." *American Economic Review* 98 (2): 339– 344.

—. 2008c. "The Forgotten History of Domestic Debt." *NBER Working Paper 13946*. National Bureau of Economic Research, Cambridge, Mass. Abril.

—. 2008d. "Regulation Should Be International." *Financial Times*, 18 de Novembro.

—. 2009. "The Aftermath of Financial Crisis." *American Economic Review* 99 (2): 1–10.

REINHART, Carmen M., e Miguel A. Savastano. 2003. "The Realities of Modern Hyperinflation." *Finance and Development*, 20-23 de Junho.

REINHART, Carmen M., Kenneth S. Rogoff, e Miguel A. Savastano. 2003a. "Debt Intolerance." *Brookings Papers on Economic Activity* 1 (Primavera): 1–74.

—. 2003b. "Addicted to Dollars." *NBER Working Paper 10015*. National Bureau of Economic Research, Cambridge, Mass. October.

ROGOFF, Kenneth. 1999. "Institutions for Reducing Global Financial Instability." *Journal of Economic Perspectives* 13 (Outono): 21–42.

ROLNICK, Arthur J. 2004. "Interview with Ben S. Bernanke." *Region Magazine* (Minneapolis Federal Reserve), Junho. Disponível em < http://www.minneapolisfed.org/publications_papers/pub_display.cfm?id=3326 >.

ROUBINI, Nouriel, e Brad Setser. 2004. "The United States as a Debtor Nation: The Sustainability of the US External Imbalances." Proposta de artigo. Nova Iorque University, Nova Iorque. Novembro.

SACHS, Jeffrey. 1984. *Theoretical Issues in International Borrowing*. Princeton Studies in International Finance 54. Princeton University, Princeton, N.J.

SAMUELSON, Paul. 1966. "Science and Stocks." *Newsweek*, 19 de Setembro.

SANHUEZA, Gonzalo. 2001. "Chilean Banking Crisis of the 1980s: Solutions and Estimation of the Costs." *Central Bank of Chile Working Paper 104*. Central Bank of Chile, Santiago.

SARGENT, Thomas J. 1982. "The Ends of Four Big Hyperinflations." In *Inflation: Causes and Effects*, org. Robert J. Hall. Chicago: University of Chicago Press.

SARGENT, Thomas, e Francois Velde. 2003. *The Big Problem with Small Change*. Princeton, N.J.: Princeton University Press.

SCUTT, G. P Symes. 1904. *The History of the Bank of Bengal*. Bengal: Bank of Bengal Press.

SHERGOLD, Peter. 1987. "Prices and Consumption." In *Australian Historical Statistics*. Sydney: Fairfax, Syme and Weldon.

SHILLER, Robert. 2005. *Irrational Exuberance*. 2.ª ed. Princeton, N.J.: Princeton University Press.

SHIN, Inseok, e Joon-Ho Hahm. 1998. "The Korean Crisis: Causes and Resolution." Korea Development Institute Working Paper. Preparado para a conferência do

Korea Development Institute–East-West Center sobre A Crise Coreana: Causas e Resolução, Havai. Agosto.

SHLEIFER, Andrei, e Robert W. Vishny. 1991. "Liquidation Values and Debt Capacity: A Market Equilibrium Approach." *Journal of Finance* 47 (4): 1343–1366.

SINCLAIR, David. 2004. *The Land That Never Was: Sir Gregor MacGregor and the Most Audacious Fraud in History*. Londres: Headline.

Sociedade das Nações. 1944. *International Currency Experience: Lessons of the Interwar Period*. Genebra: Sociedade das Nações.

—. Vários anos. *Statistical Abstract*. Genebra: Sociedade das Nações.

—. Vários anos. *Statistical Yearbook, 1926–1944*. Genebra: Sociedade das Nações.

—. Vários anos. *World Economic Survey, 1926–1944*. Genebra: Sociedade das Nações.

SÖDERBERG, Johan. 2004. "Prices in Stockholm: 1539–1620." Memorando de trabalho. International Institute of Social History, Amsterdão.

SOLEY GÜELL, Tomas. 1926. *Historia Monetaria de Costa Rica*. San Jose, Costa Rica: Imprenta Nacional.

Standard and Poor's Commentary. Various issues.

SUMMERHILL, William. 2006. "Political Economics of the Domestic Debt in Nineteenth-Century Brazil." Memorando de trabalho. University of California, Los Angeles.

SUNDARARAJAN, Vasudevan, e Tomás Baliño. 1991. *Banking Crises: Cases and Issues*. Washington: Fundo Monetário Internacional.

SUTER, Christian. 1992. *Debt Cycles in the World-Economy: Foreign Loans, Financial Crises, and Debt Settlements, 1820–1990*. Boulder: Westview.

SUTTON, Gregory D. 2002. "Explaining Changes in House Prices." *BIS Quarterly Review* (Setembro): 46–55.

TABELLINI, Guido. 1991. "The Politics of Intergenerational Redistribution." *Journal of Political Economy* 99 (April): 335–357.

TEICHOVA, Alice, Ginette Kurgan–van Hentenryk, e Dieter Ziegler, orgs. 1997. *Banking, Trade and Industry: Europe, America and Asia from the Thirteenth to the Twentieth Century*. Cambridge: Cambridge University Press.

TEMIN, Peter. 2008. "The German Crisis of 1931: Evidence and Tradition." *Cliometrica: Journal of Historical Economics and Econometric History* 2 (1): 5–17.

'T HART, Marjolein, Joost Jonker, e Jan Luiten van Zanden. 1997. *A Financial History of the Netherlands*. Cambridge: Cambridge University Press.

TOMZ, Michael. 2007. *Reputation and International Cooperation: Sovereign Debt across Three Centuries*. Princeton, N.J.: Princeton University Press.

Total Economy Database. Disponível em < http://www.conference-board.org/economics/database.cfm >.

TRINER, Gail D. 2000. *Banking and Economic Development: Brazil, 1889–1930*. Nova Iorque: Palgrave Macmillan.

VALE, Bent. 2004. Capítulo I. In "The Norwegian Banking Crisis." Org. Thorvald G. Moe, Jon A. Solheim, e Bent Vale. *Occasional Paper 33*. Norges Bank, Oslo.

VANPLEW, W. 1987. *Australia: Historical Statistics*. Sydney: Fairfax, Syme and Weldon.

VAN RIEL, Arthur. 2009. "Constructing the Nineteeth-Century Cost of Living Deflator (1800–1913)." Memorando de trabalho. International Institute of Social History, Amsterdão.
VAN ZANDEN, Jan Luiten. 2002. "Wages and the Cost of Living in Southern England (Londres), 1450–1700." Memorando de trabalho. International Institute of Social History, Amsterdão.
—. 2005. "What Happenned to the Standard of Living before the Industrial Revolution? New Evidence from the Western Part of the Netherlands." In *Living Standards in the Past: New Perspectives on Well-Being in Asia and Europe*, org. Robert Allen, Tommy Bengtsson, e Martin Dribe. Nova Iorque: Oxford University Press.
—. 2006. "Economic Growth in Java, 1815–1930: The Reconstruction of the Historical National Accounts of a Colonial Economy." Memorando de trabalho. International Institute of Social History, Amsterdão.
VÉGH, Carlos A. 1992. "Stopping High Inflation: An Analytical Overview." *IMF Staff Papers* 91 (107): 626–695.
VELASCO, Andres. 1996. "Fixed Exchange Rates: Credibility, Flexibility and Multiplicity." *European Economic Review* 40 (April): 1023–1036.
VOGLER R. 2001. "The Genesis of Swiss Banking Secrecy: Political and Economic Environment." *Financial History Review* 8 (1): 73–84.
WALLIS, John, e Barry R. Weingast. 1988. "Dysfunctional or Optimal Institutions: State Debt Limitations, the Structure of State and Local Governments, and the Finance of American Infrastructure." In *Fiscal Challenges: An Interdisciplinary Approach to Budget Policy*, org. Elizabeth Garrett, Elizabeth Graddy, e Howell Jackson. Cambridge: Cambridge University Press. Pp. 331–363.
Wall Street Journal. Várias edições.
WANG, Yeh-chien. 1992. "Secular Trends of Rice Prices in the Yangze Delta, 1638––1935." In *Chinese History in Economic Perspective*, org. Thomas G. Rawski e Lillian M. Li. Berkeley: University of California Press.
WEINGAST, Barry, 1997. "The Political Foundations of Democracy and the Rule of Law." *American Political Science Review* 91 (2): 245–263.
WILLIAMSON, Jeffrey G. 1999. "Real Wages, Inequality, and Globalization in Latin America before 1940." *Revista de Historia Economica* 17: 101–142.
—. 2000a. "Factor Prices around the Mediterranean, 1500–1940." In The Mediterranean Response to Globalization before 1950, org. S. Pamuk and J. G. Williamson. Londres: Routledge. Pp. 45–75.
—. 2000b. "Globalization, Factor Prices and Living Standards in Asia before 1940." In *Asia Pacific Dynamism, 1500–2000*, org. A. J. H. Latham e H. Kawakatsu. Londres: Routledge. Pp. 13–45.
WILLIAMSON, John. 2002. "Is Brazil Next?" *International Economics Policy Briefs PB 02-7*. Institute for International Economics, Washington, D.C.
WILLIS, Parker H., e B. H. Beckhart, orgs. 1929. *Foreign Banking Systems*. Nova Iorque: Henry Holt.
WINKLER, Max. 1928. *Investments of United States Capital in Latin America*. Cambridge, Mass.: World Peace Foundation.

—. 1933. *Foreign Bonds: An Autopsy*. Filadélfiaia: Roland Sway.
WOLF, Martin. 2008. *Fixing Global Finance*. Baltimore: Johns Hopkins University Press.
WOODFORD, Michael. 1995. "Price-Level Determinacy without Control of a Monetary Aggregate." Carnegie-Rochester Conference Series on Public Policy 43: 1–46.
WYNNE, William H. 1951. *State Insolvency and Foreign Bondholders: Selected Case Histories of Governmental Foreign Bond Defaults and Debt Readjustments*, vol. II. Londres: Oxford University Press.
YOUNG, Arthur Nichols. 1971. *China's Nation-Building Effort, 1927–1937: The Financial and Economic Record*. Stanford, Calif.: Stanford University Press.
YOUSEF, Tarik M. 2002. "Egypt's Growth Performance under Economic Liberalism: A Reassessment with New GDP Estimates, 1886–1945." *Review of Income and Wealth* 48: 561–579.

Referências: Fontes nacionais

Australian Office of Financial Management
Austrian Federal Financing Agency
BNB (Banque Nationale de Belgique)
Banco Central da Tunísia
Banco Central del Uruguay
Banco Central de Reserva (El Salvador)
Banco de España
Banco de la Republica (República Dominicana)
Banco de Portugal
Bank of Canada
Bank of Indonesia
Banco do Japão
Bank of Mauritius
Bank of Thailand
Bundesbank (Germany)
Central Bank of Kenya
Central Bank of Sri Lanka
Contraloria General de la Republica (Colombia)
Danmarks Nationalbank
Dipartamento del Tesoro (Itália)
Direccion General de la Deuda Publica (México)
Dutch State Treasury Agency
Estadisticas Historicas de Espana: Siglos XIX–XX (Espanha)
Finnish Historical National Accounts
Historical Statistics of Japan

Historical Statistics of the United States
Instituto Brasileiro de Geografia e Estatística
Ministère du Budget, des comptes public (França)
Ministerio de Hacienda (Chile)
Ministerio de Hacienda (Costa Rica)
Ministério das Finanças (Equador)
Ministério das Finanças (Egipto)
Ministério das Finanças (Noruega)
Monetary Authority (Singapura)
National Accounts of the Netherlands
New Zealand Treasury
Nordic Historical National Accounts
Organisation for Economic Co-operation and Development/OCDE (para a Grécia)
Riksgalden (National Debt Office, Sweden)
South Africa Reserve Bank
State Treasury (Finland)
Statistical Abstracts Relating to British India
Statistics Canada
Statistics New Zealand
Treasury Direct (Estados Unidos)
Tesouro da Turquia
U.K. Debt Management Office

Índice Onomástico

Os números de página relativos a entradas em caixas estão identificados por um c; para as entradas em figuras, por um f; para as notas, por um n seguido do número da nota; e para entradas em tabelas, por um t.

Agénor, Pierre-Richard, 152n3, 173n27
Aguiar, Mark, 77, 83n14, 131n6
Alesina, Alberto, 146, 146n9
Allen, Franklin, xliiin3
Allen, Robert C., 42, 42n8, 189t, 190f, 191t, 314t-317t, 322t, 323t
Arellano, Cristina, 177n4
Australian Office of Financial Management, 346t, 351t, 356t
Austrian Federal Financing Agency, 346t, 351t, 356t

Baker, Melvin, 88c, 88n17
Baliño, Tomás, 151n1
Banco Central del Uruguay, 350t
Banco Central de Reserva (El Salvador), 347t
Banco de España, 339t, 347t, 352t, 357t
Banco de Inglaterra , 75c, 85f, 389t
Banco de Portugal, 349t, 354t, 358t, 412t
Banco Mundial, 24n3; sobre melhores práticas, 148n10; na crise da dívida da década de 1990, 102; Global Development Finance (GDF), 25t, 27t, 28f, 31t, 46, 48, 313, 319t, 321t, 343, 348t, 352t-354t, 357t; sobre contas nacionais, 45; sobre dívida pública, 46-47
Bank for International Settlements, 172t, 225, 225n24, 230n29, 231f, 260f,
Bank Indonesia, 348t, 357t, 398t
Bank Negara, 340t
Bank of Canada, 346t, 351t, 356t
Bank of Japan, 348t, 353t, 357t
Bank of Mauritius, 353t, 358t
Bank of Thailand, 340t, 349t, 355t, 359t
Banque Nationale de Belgique (BNB), 313, 372t, 373t
Baptista, Asdrúbal, 45, 45n15, 318t, 326t
Barro, Robert, 69, 70, 70n19, 70n23, 118n7, 134n10, 177n33, 184n37, 265n6, 266, 266n7, 268, 269f, 270f, 276n14, 366t
Bassino, Jean-Pascal, 316t, 325t, 326t
Bazant, Jan, 344t, 348t, 349t, 353t, 358t

Berg, Andrew, 295n1
Bernanke, Ben S., xlv, xlvn7, 156, 156n7, 157, 157n9, 157n10, 222, 222n11, 224, 225, 225n23, 226, 368t, 372t, 374t, 379t, 385t, 388t, 391t, 395t, 398t, 401t-403t, 406t, 408t, 411t, 417t, 422t
Bertin, Rose, 291
Blanchard, Olivier, 271, 271n11
BNB. *Ver* Banque Nationale de Belgique
Bolivar, Simon, 100c
Bonney, Richard, 42n7, 96f
Bordo, Michael, 12n5, 13f, 80f, 151n2, 159t, 161t, 162t, 164t, 167f, 171, 171n23, 217f, 225, 225n24, 257, 257n3, 267f, 317t, 367t-377t, 379t--385t, 388t, 390t-402t, 404t, 406t--410t, 412t, 414t, 415t, 418t-425t
Borensztein, Eduardo, 63n10
Borodkin, L. I., 317t
Boughton, James, 84f, 338t
Brady, Nicholas, 90b
Brahmananda, P. R., 45, 45n15, 325t
Braun, Juan, 319t, 331t
Brock, Philip, 124, 124n11
Broner, Fernando, 69n18
Brown, William Adams, 376t
Buchanan, James, xliii, xliiin4
Bufman, Gil, 209n11
Bulow, Jeremy, 36n14, 50n26, 60, 60n7, 61, 61n8, 62, 62n9, 66, 66n15, 129n3
Bundesbank (Germany), 346t
Burns, Arthur F., 276, 238n2, 276n14
Bussiere, Matthieu, 295n1
Butlin, N. G., 314t

Cagan, Philip, 132, 132n8, 134f, 196t, 197t, 198t, 198n5, 200t,
Calomiris, Charles, 151n1
Calvo, Guillermo A., xliiin3, 79n9, 83n13, 118n6, 135n12, 235, 244, 244n6, 260, 265n6
Cameron, Rondo E., 417t

Caprio, Gerard, 11, 12n5, 80f, 159t, 161t, 162t, 164t, 167t, 168, 168n17, 176n30, 217f, 228n26, 229t, 267f, 367t, 368t, 370t-372t, 374t, 375t, 377t-388t, 391t-393t, 395t, 397t--399t, 401t-412t, 415t-425t
Cardoso, Fernando Henrique, 58
Carlos, Ann, 75c, 75n4
Carter, Susan B., 41n5, 85f, 142n5, 175f, 243f, 244f, 284f, 285f, 315t, 324t, 338t, 406t
Castaing, John, 42
Ceausescu, Nikolai, 56
Central Bank of Kenya, 349t, 354t, 358t
Central Bank of Sri Lanka, 349t, 354t, 358t
Central Bank of Tunisia, 349t, 354t, 359t
Centre d'études économiques de la Katholieke Universiteit Leuven, 324t, 346t, 356t
Ceron, Jose, 172n26
Cha, Myung Soo, 324t
Cheng, Linsun, 12n6, 133f, 331t, 346t, 381t
Chuhan, Punam, 83n13
Cipolla, Carlo, 74c, 74n2
Clay, C. G. A., 345t
Cole, Harold L., 62n9
Colliers International, 339t
Colosio, Luis Donaldo, 116c
Conant, Charles A., 367t-369t, 371t--373t, 375t, 376t, 378t-380t, 383t, 384t, 386t-390t, 393t-395t, 398t--401t, 405t, 409t-414t, 417t-420t, 423t
Condoide, Mikhail V., 334t
Conselho de Governadores da Reserva Federal, 338t
Contraloria General de la Republica (Colômbia), 346t, 352t, 356t
Cooper, Richard, 224, 224n20
Correlates of War, 52t
Course of the Exchange, 319t-321t

Cowan, Kevin, 48n24, 111n1, 343
Crisp, Olga, 345t, 349t
Curcuru, Stephanie, 225n22

Danmarks National Bank, 347t, 357t
della Paolera, Gerardo, 258t, 369t
de Maddalena, Aldo, 316t
Demirgüç-Kunt, Asli, 151n2, 168n16, 287, 287n22, 288f, 295n1
Departamento Administrativo Nacional de Estadistica (Colômbia), 339t
Departamento do Comércio dos EUA, 220f
Departamento do Tesouro dos EUA, 234f
Detragiache, Enrica, 151n2, 168, 168n16, 287, 287n22, 288f, 295n1
Diamond, Douglas, xliiin3, 64, 64n11, 154n5, 155
Diamond, Peter A., 119n8
Díaz, José B., 313, 346t, 351t, 356t
Diaz-Alejandro, Carlos, 287, 287n25, 288f
Dick, Trevor, 315t
Dipartamento del Tesoro (Itália), 348t, 353t, 357t
Direccion General de la Deuda Publica (México), 348t, 353t, 358t
Dooley, Michael, 83n13, 224, 224n19
Dornbusch, Rudiger, 79n9, 133, 133n9, 209n12, 235, 244, 244n6, 260
Drazen, Allan, 143, 143n8
Drees, Burkhard, 168n16
Dutch State Treasury Agency, 348t, 354t, 358t
Dybvig, Philip H., xliiin3, 154n5, 155

Eaton, Jonathan, 59, 60n6, 62, 70
Economic History Data Desk, 41, 41n5
Eduardo III (rei de Inglaterra), xxix, 55, 60, 74c, 95
Eduardo VI (rei de Inglaterra), 188
Edvinsson, Rodney, 43n11, 318t, 326t
Eichengreen, Barry, 13, 13n8, 87, 248n8, 279n16, 367t, 369t, 371t, 375t, 376t, 379t, 380t, 384t, 390t, 392t, 394t, 395t, 400t-402t, 412t, 414t, 419t
ESFDB. *Ver* European State Finance Database
ESRI, 340t
Estadisticas Historicas de España: Siglos XIX–XX (Espanha), 347t, 352t, 357t
Estaline, Joseph, 56n1
European State Finance Database (ESFDB), 42n7, 45, 96f, 313t, 319t-321t, 330t-334t, 343t, 347t

Felton, Andrew, 215n1
Ferguson, Niall, xxviin2, xlivn6, 74c, 74n1, 187n1
Filipe II (rei de Espanha), 75c-76c, 95c
Finnish Historical National Accounts, 315t
Fischer, Stanley, 193n1, 198n3
Fisher, Irving, 82, 82n11, 133c, 133n9
Flandreau, Marc, 13, 48n21, 314t, 317t, 319t, 324t-326t, 330t, 335t, 346t--349t, 353t, 354t, 357t, 358t
Flath, David, 402t
Floyd, John E., 315t
FMI. *Ver* Fundo Monetário Internacional
Folkerts-Landau, David, 224
Fostel, Ana, xxxixn1
Francisco I (rei de França), 95c
Frankel, Jeffrey A., 7, 7n2, 8
Frankel, S. Herbert, 349t, 350t
Fratzscher, Marcel, 295n1
Friedman, Milton, xlvn8, 215n1, 308, 308n8
Frydl, Edward J., 175, 176, 176n30, 177n33
Fundo Monetário Internacional (FMI): e boas práticas, 157n9; e confiança, xli-xlii; sobre índices de preço do consumidor, 41-42; na crise da dívida da década de 1990, 19, 102; sobre limiares da dívida, 29n6; sobre a dívida pública interna, xlix; sobre a duração

do incumprimento externo, 87–90; sobre exportações, 44; frequência do incumprimento desde a criação do, 67; sobre economia global antes da crise do *subprime*, 227; Government Financial Statistics, 245t; garantias para o incumprimento público *versus* incumprimento empresarial, 264n1; International Financial Statistics (IFS), 40, 42, 140f, 141f, 142t, 144f, 145t, 231f, 232f, 234f, 313, 319t-321t, 324t, 343; na dívida interna mexicana, 15, 116c; sobre contas nacionais, 45; sobre preços, 40, 41; e a dívida pública, 46-49; na transparência da dívida pública, xxxiv, 298–299; na Segunda Grande Contracção, 253, 255; Special Data Dissemination Standard, 49, 298; World Economic Outlook (WEO), 24n2, 28f, 40, 42, 46, 84f, 140f, 141f, 142f, 144f, 145f, 178f, 227, 232f, 233f, 244n7, 245f, 264f, 278f, 279, 279n5, 280f, 282f, 313, 343, 344, 344t-349t, 355t-358t, 368t-371t, 375t

Gale, Douglas, xliiin3
Garber, Peter, 224
Garcia Vizcaino, José, 346t, 351t, 356t
Garner, Richard, 41, 41n5, 314t, 316t, 317t
Gavin, Michael, 131n6
Gayer, Arthur D., 84f, 338t
Geanakoplos, John, xxxixn1
Gelabert, Juan, 96f
Gerdrup, Karsten R., 171, 171n24
Gersovitz, Mark, 59, 60n6, 62, 71
Gertler, Mark, xlvn7, 156, 156n7, 157n9, 225, 225n23
GFD. *Ver* Global Financial Data
Global Financial Data (GFD), 41, 42, 44, 278f, 282f, 313, 314t-321t, 324t--326t, 335t-338t, 343, 346t, 347t, 349t, 351t, 352t, 354t-357t

Global Price and Income History Group (GPIHG), 41, 313
Godinho, V. Magalhaes, 322t, 323t
Goldstein, Morris, 288n27, 295n1, 297
Gopinath, Gita, 83, 83n14, 131n6
Gordon, David B., 72n23
Gorton, Gary, 151n1
GPIHG. *Ver* Global Price and Income History Group
Greenspan, Alan, 220, 221, 221n9, 222, 225, 308
Groningen Growth and Development Centre, 43
Grytten, Ola, 316t, 325t
Guidotti, Pablo, 135n12
Gulbenkian, Calouste, 56n1
Guscina, Anastasia, 48n24, 111n1, 346t--353t, 355t-359t

Hagberg, T., 383t, 384t, 393t, 407t, 408t, 419t, 420t
Hahm, Joon-Ho, 382t
Hale, David, 89c, 89n18
Hamilton, Earl, 315t
Hausmann, Ricardo, 224, 224n21
Henrique II (rei de França), 95c
Henrique VII (rei de Inglaterra), 188
Henrique VIII (rei de Inglaterra), 95, 188
Historical Statistics of Japan, 348t, 353t, 357t
Historical Statistics of the United States (HSOUS), 41, 41n5, 42, 43n11
Hoffman, P. T., 314t, 315t, 317t, 318t
Hoggarth, Glenn, 176n30
Homer, Sidney, 409t
Hong Kong University, 340t
HSOUS. *Ver* Historical Statistics of the United States
Hsu, Leonard Shih-Lien, 315t
Huang, Feng-Hua, 133f, 344t, 346t
Imlah, A. H., 85f, 338t

Institutional Investor, xv, xx, xxi, 29, 30, 31f, 33f, 247f, 297t, 301, 301t-303t, 303, 304f, 313

ÍNDICE ONOMÁSTICO 451

Instituto Brasileiro de Geografia e Estatística, 331t, 351t
Instituto Nacional de Estatística (Portugal), 349t, 354t, 358t
International Institute of Social History, 41, 313

Jácome, Luis, 12, 12n5, 80f, 151n1, 159t, 161t, 162t, 164t, 217f, 267f, 370t, 375t, 382t, 385t, 386t, 396t, 397t, 406t, 407t, 410t, 411t, 416t
James, Harold, 94n1, 368t, 372t, 374t, 379t, 385t, 388t, 391t, 395t, 398t, 401t-403t, 406t, 408t, 411t, 417t, 422t
Japan Real Estate Institute, 340t
Jayachandran, Seema, 68, 68n17
Jeanne, Olivier, 48n24, 64, 64n12, 111n1, 171, 171n23, 225, 225n24, 346t-353t, 355t-359t
Jefferson, Thomas, 94n2
Johnson, H. Clark, 373t, 415t
Jones, Chuck, 224n17
Jonung, L., 383t, 384t, 393t, 407t, 408t, 419t, 420t
Juarez, Benito, 13
Jun, S. H., 315t

Kaminsky, Graciela L., 8, 8n3, 9n4, 11, 12n5, 35n12, 45, 45n14, 80f, 83, 83n14, 131n6, 151n2, 159t, 161t, 162t, 164t, 167, 167n15, 167f, 168, 169n18, 170n21, 173n27, 177n33, 217f, 228n26, 229t, 230n28, 256, 257n2, 264, 264n1, 267f, 276n14, 287, 287n21, 287n26, 288f, 295, 295n1, 296n3, 297t, 300n7, 313, 370t, 374t, 377t, 380t, 381t, 384t, 388t, 392t, 393t, 398t, 404t, 406t, 408t, 410t, 420t-424t,
Kaufman, Jeffrey A., 13n8, 76f, 77f, 80f, 86f, 98t, 102t, 103t, 105t, 106t, 159t, 161t, 338t
Kehoe, Patrick J., 62n9

Kim, Nak Nyeon, 324t
Kimura, M., 316t
Kindleberger, Charles P., xxvii, 12n5, 78n5, 78n7, 95c, 95n5, 265, 266, 268, 288f, 308, 308n9
Kiyotaki, Nobuhiro, 157, 157n8
Klingebiel, Daniela, 11, 12n5, 168, 168n17, 228n26, 229t, 367t, 368t, 370t-372t, 374t, 375t, 377t-388t, 391t-393t, 395t-399t, 401t-412t, 415t-425t
Kocherlakota, Narayana, 177n4
Kookmin Bank, 339t
Korthals Altes, W. L., 322t, 323t
Kostelenos, George, 316t, 325t
Kotlikoff, Lawrence J., 70, 70n21, 119n9
Kremer, Michael, 68, 68n17
Krugman, Paul, xliv, xlivn4, 223, 224n17
Kryzanowsky, Lawrence, 379t

Landes, David S., 324t, 331t, 344t
Lazaretou, Sophia, 320t
Leiderman, Leonardo, 83n13, 209n11
Levandis, John Alexander, 344t, 347t
Levy-Yeyati, Eduardo, 343, 346t-349t, 351t, 352t, 354t-359t
Lewis, J. B., 315t
Lindert, Peter H., 13, 13n8, 17c, 48, 48n20, 76f, 77f, 80f, 86f, 322t, 323t, 343, 344t, 345t
Lizondo, J. Saul, 230n28, 295n1, 296n3, 297t
Lu, Feng, 315t
Lucas, Robert, 305
Lula da Silva, Luiz Inácio, 58

Ma, Debin, 316t
MacDonald, James, 77f, 80f, 86f, 94t, 95n3, 188n3, 338t
MacGregor, Gregor, 100c-101c, 101n9, 101n10
Maddison, Angus, 43, 43n9, 44, 52t, 77f, 80f, 128n2, 138f, 139f, 142t, 144f, 145t, 178f, 217f, 267f, 279, 279n17, 280f, 313, 327t-329t

Malanima, Paolo, 322t, 323t
Manasse, Paolo, 83n13
Marichal, Carlos, 45n2, 48, 48n20, 100c, 343
Mauro, Paolo, 97n7
Maximiliano (imperador do México), 13
McConnell, Margaret, 271, 271n11
McElderry, Andrea Lee, 12n6
McGrattan, Ellen, 224
Mellegers, Joost, 332t
Mellon, Andrew, 56n1
Mendoza, Enrique G., 170, 170n21
Miller, Margaret S., 48, 48n20, 345t
Ministère du Budget, des comptes public (França), 347t, 352t, 357t
Ministerio de Hacienda (Chile), 356t
Ministerio de Hacienda (Costa Rica), 347t, 352t, 356t
Ministério das Finanças (Egipto), 347t, 357t
Ministério das Finanças (Equador), 347t, 352t, 357t,
Ministério das Finanças (Noruega), 348t, 354t, 358t
Mironov, Boris, 322t, 323t
Mitchell, Brian R., 45, 45n34, 85f, 129f, 130f, 179f, 180f, 181f, 182f, 313, 314t, 317t, 318t, 330t-334t, 338t, 343,
Mitchell, Wesley C., 238n2, 276, 276n14
Mizoguchi, Toshiyuki, 346t, 353t
Monatsberichte des Österreichischen Institutes für Konjunkturforschung, 281f
Monetary Authority (Singapura), 349t, 359t
Moody's Magazine, 267f
Moore, John, 157, 157n8
Morton, John, 13, 13n8
Morton, Peter J., 48, 48n20, 76f, 77f, 80f, 86f
Mulder, Christian, 295n1
Murshid, Antu Panini, 257, 257n3

Nações Unidas (NU): Departamento de Assuntos Económicos, 47, 133f; sobre dívida pública interna, 113f, 114, 114f, 115t; sobre contas nacionais, 45; sobre dívida pública, 46, 47, 129f, 130f, 132f; *Statistical Yearbook*, 47, 88c, 133f, 343, 344t-359t
Nakamura, Leonard I., 369t
National Accounts of the Netherlands, 325t
Nationwide, 340t
Neal, Larry, 257, 257n3, 257n5
Neely, Christopher, 176n31
New Zealand Treasury, 348t, 354t, 358t
Noel, Maurer, 12n6
Nordic Historical National Accounts, 324t, 325t
Norges Bank, 176, 176t, 176n30, 340t, 408t
North, Douglass, 62n6, 70, 70n20, 75c, 75n3
NU. *Ver* Nações Unidas

Obstfeld, Maurice, lxin3, 56n2, 65n14, 167, 167f, 167n14, 223, 223n14, 223n15, 224n18
OCDE. *Ver* Organização para a Cooperação e Desenvolvimento Económico
Øksendal, Lars, 408t
O'Neill, Paul, 221, 222n10
Organização para a Cooperação e Desenvolvimento Económico (OCDE), 46, 243f, 307, 347t
O'Rourke, Kevin, 248n8, 279n16
Otthon Centrum, 340t
Oxford Latin American Economic History Database (OXLAD), 41, 41n3, 42, 44, 45, 313, 314t-321t, 324t-327t
OXLAD. *Ver* Oxford Latin American Economic History Database
Ozmucur, Suleyman, 322t, 323t

Page, William, 344t, 346t, 349t, 351t, 356t

Pamuk, Sevket, 42n8, 318t, 322t, 323t
Panizza, Ugo, 343, 346t-349t, 351t, 352t, 354t-359t
Pattillo, Catherine, 295n1
Pazarbasioglu, Ceyla, 168n16
Peng, Kaixiang, 315t
Perez-Quiros, Gabriel, 271 271n11
Permanent TSB, 340t
Perotti, Roberto, 131n6
Persson, Torsten, 56n2, 70, 71n21
Philippon, Thomas, 174, 174n29, 222n12
Pick, Franz, 42, 319t
Prasad, Eswar, 35n11
Prescott, Edward, 224
Purcell, John F. H., 13n8, 76f, 77f, 80f, 86f, 98t, 102t, 103t, 105t, 106t, 159t, 161t, 338t

Qian, Rong, 299, 299n6, 303t, 304f
Quinn, Stephen, 349t

Rajan, Raghuram, 64, 64n11, 151n1, 177n33
Reinhart, Carmen M., xxv-xxix, xxxi, xxxv, xxxix, 7n1, 8, 8n3, 9n4, 11, 12n5, 25t, 28f, 31t, 32n10, 35n12, 42, 42n6, 44n13, 45, 45n14, 16n16, 49n24, 76f, 77f, 80f, 81n10, 83, 83n13, 83n14, 85n15, 86f, 87n16, 90c, 90n19, 91c, 94t, 94n1, 96n6, 98t, 102t, 103t, 105t, 106t, 111n1, 119f, 129n3, 129n4, 131n6, 140n4, 151n2, 153n4, 159t, 161t, 162t, 164t, 167, 167f, 167n15, 168, 169, 168n18, 169n19, 169n20, 170n21, 170t, 171n22, 173n27, 177n33, 179f, 180f, 181f, 183f, 198n4, 203f, 203n7, 204f, 205f, 206n9, 215n1, 217f, 228n26, 229t, 230n28, 231n31, 235n33, 252f, 256, 257n2, 257n5, 259n7, 264, 264n1, 267f, 270f, 276n14, 287, 287n21, 287n23, 287n24, 287n26, 288n28, 288f, 295, 295n1, 296n3, 297t, 299, 299n4, 299n5, 299n6,
300n7, 303t, 304f, 313, 338t, 343, 367t, 368t, 370t, 374t, 377t, 380t--382t, 384t, 385t, 388t, 392t, 393t, 396t, 398t, 399t, 404t, 406t, 408t, 410t, 417t, 420t-424t
Reinhart, Vincent R., xxviii, xxix, lv, 85n15, 168, 169, 169n18, 169n19, 169n20, 170t, 231n31, 235n33, 259n7
Reporte Immobiliario, 339t
Riksgälden (Suécia), 349t, 355t, 359t
Roberts, Gordon S., 379t
Rogoff, Kenneth S., xxv, xxvi-xxix, xxxi, xxxv, xxxix, lxin3, 7n1, 9n4, 25t, 28f, 31t, 32n10, 35n11, 36n14, 42, 42n6, 44n13, 46n16, 49n24, 50n26, 56n2, 60, 60n7, 61, 61n8, 62, 62n9, 65n14, 66, 66n15, 76f, 77f, 80f, 81n10, 86f, 87n16, 90c, 90n19, 91c, 94t, 94n1, 96n6, 98t, 102t, 103t, 105t, 106t, 111n1, 119f, 129n3, 129n4, 153n4, 159t, 161t, 171n22, 179f, 180f, 181f, 183f, 198n4, 203f, 203n7, 204f, 205f, 206n9, 223, 223n14, 223n15, 224n18, 228n26, 252f, 267n5, 270f, 287n24, 288n28, 288f, 299n4, 299n5, 313, 338t, 343, 368t, 382t, 398t, 410t, 417t
Rolnick, Arthur J., 226n25
Rose, Andrew K., 7, 7n2, 8, 291
Roubini, Nouriel, 83n13, 223, 223n16

Sachs, Jeffrey, 65, 65n13
Samuelson, Paul, 266, 266n8
S&P. *Ver* Standard and Poor's
Sanhueza, Gonzalo, 176n30
Sargent, Thomas, 133n8, 187n1
Saturday Evening Post, 17c
Savastano, Miguel A., 25t, 28f, 31t, 32n10, 49n24, 76f, 77f, 80f, 81n10, 86f, 87n16, 90c, 90n19, 91c, 94t, 94n1, 96n6, 98t, 102t, 103t, 105t, 106t, 111n1, 119f, 129n3, 129n4, 140n4, 159t, 161t, 203, 203n7, 205f, 288n28, 299, 299n5, 338t

Schwartz, Anna J., lxiiin8, 215n1, 308, 308n8, 338t
Scutt, G. P. Symes, 398t
Setser, Brad, 223, 223n16
Shergold, Peter, 314t
Shiller, Robert, 219n6, 219n7, 220f, 230n29, 231f, 240, 339t
Shin, Inseok, 382t
Shleifer, Andrei, lviin1
Simon, John, 271, 271n11
Sinclair, David, 101n9
Sociedade das Nações: Relatórios Anuais, 43; sobre dívida pública interna, 112f, 113f, 114, 105f, 106f, 107t, 117f; experiência com a moeda internacional, 280n19; sobre dívida pública, 47, 129f, 130f, 132f; *Statistical Abstract*, 122t, 348t, 353t, 357t; *Statistical Yearbook*, 47, 88c, 133f, 343, 346t-359t; *World Economic Survey*, 279, 279n18, 282f, 284f, 285t
Söderberg, Johan, 322t, 323t
Soley Güell, Tomas, 347t, 352t, 356t
South Africa Reserve Bank, 346t, 356t
Standard and Poor's (S&P), 12t, 13, 67, 76f, 77f, 80f, 86f, 98t, 102t, 103t, 105t, 106t, 119f, 159t, 161t, 219n6, 220f, 231f, 231n30, 278f, 338t, 339t
State Treasury Finland, 347t
StatFin Online Service, 339t
Statistical Abstract Relating to British India, 348t, 353t, 357t
Statistics Canada, 314t, 346t, 351t, 356t
Statistics Iceland, 340t
Statistics New Zealand, 316t, 348t, 354t, 358t
Sturzenegger, Federico, 224, 224n21, 343, 346t-349t, 351, 352, 354t-359t
Suarez, Javier, 172n26
Summerhill, William, 344t
Sundararajan, Vasudevan, 151n1
Suter, Christian, 13n8, 76f, 77f, 80f, 86f, 338t
Sutton, Gregory D., 230n29

Svensson, Lars E. O., 70, 71n21
Sylla, Richard, 409t

Tabellini, Guido, 56n2, 171, 171n22, 119n9, 146, 146n9
Taylor, Alan M., xxv, xxix, 13, 167f, 167, 167n13, 258t, 369t
TED. *Ver* Total Economy Database
Teichova, Alice, 400t, 401t
Temin, Peter, 368t, 388t
Terray, Abbe, 94
Terrones, Marco, xxv, xxix, 170, 170n21
Tesouro da Turquia, 350t, 355t, 359t
't Hart, Marjolein, 409t
Thatcher, Margaret, 245
The Economist, 84f, 222n10, 338t
Tomz, Michael, 58, 58n3
Total Economy Database (TED), 43, 43n9, 138f, 139f, 142t, 144f, 145t, 178f, 244f, 313, 327t-329t, 338t, 389t
Treasury Direct (Estados Unidos), 347t, 357t
Triner, Gail D., 376t
Turner, Philip, 288n27

U.K. Debt Management Office, 349t
Umemura, Mataji, 346t, 353t
Unger, Richard W., 42, 42n8, 189t, 190t, 191f, 322t, 323t
United Kingdom National Statistics, 338t
Universidade da California-Davis, 41
Ursúa, José F., 177n33, 265n6, 266, 266n7, 268, 269f, 270f, 276n14, 366t

Vale, Bent, 176, 176n32
Van der Eng, Pierre, 325t, 326t
Vanplew, W., 314t
Van Riel, Arthur, 317t
Van Zanden, Jan Luiten, 317t, 322t, 323t, 325t
Végh, Carlos A., 35n12, 45, 45n14, 83, 83n14, 131n6, 173n27, 193, 256, 257n2, 300n7, 313, 330t-334t

Velde, Francois, 187n1
Ventura, Jaume, 69n18
Vishny, Robert W., 57n1
Vogler, R., 420t, 421t

Wagner, Richard, 61n4
Wallis, John, 148n10
Wall Street Journal, 233, 233f
Weidenmier, Marc, 257, 257n3, 257n5
Weingast, Barry, 62n6, 70, 70n20, 75c, 75n3, 148n10
Werner, Alejandro, 209n12
Williamson, Jeffrey G., 41, 41n2, 41n3, 314t-316t, 318t
Willis, Parker H., 12n5

Winkler, Max, xlvn2, 13n8, 94n2, 187, 187n2, 344t
Wolf, Martin, 224n18
Woodford, Michael, 119n8
Wriston, Walter, 55
Wynne, William H., xlvn2, 138, 48, 48n20
Young, Arthur Nichols, 381t
Yousef, Tarik M., 45, 45n15, 324t

Zarazaga, Carlos E. J. M., 369t
Zumer, Frederic, 48n21, 314t, 317t, 319t, 324t-326t, 330t, 335t, 346t--349t, 353t, 354t, 357t, 358t

Índice Remissivo

Os números de página para as entradas que ocorrem nas caixas levam o sufixo c; os números para as entradas nos gráficos levam o sufixo g; para as notas, o sufixo n, com o número da nota a seguir; e os dos quadros, o sufixo q.

Abordagem quantitativa, xxv, xxvii
Abordagem narrativa, xxvii
Abundância global de poupança, 83-84, 222-224
Abundância de poupança, global, 83-83, 222-224
Acções dos bancos, como indicadores de crises, 10
Acontecimentos «raros», percepção errada de, xxvii–xxviii
Acumulação de dívida: aparência *versus* a realidade das ameaças colocadas por, xxv
a curto *versus* longo prazo, na intolerância à dívida, 35-36
riscos sistémicos, xxv
África: crises bancárias em, 153, 158, 159q, 162q, 165q, 166q
contágio de crises em, 261-262
cobertura de dados sobre, 49, 51q
dívida pública interna em, 113g, 129n3
incumprimento externo em (*Ver* Incumprimento externo africano); Índice de turbulência financeira para, 272--274, 273g,
graduação em, 304-305
crises de inflação depois de 1800 em, 194, 197q, 198, 200-201, 202g, 203
Ver também países específicos
Incumprimento externo africano, xxxi
no século XIX, 98q, 99
no século XX e XXI, 99, 102q
países sem história de, 49-50
tempo passado em, desde a independência, 102-106, 105q
África do Sul: crises bancárias na, 367q
índice de turbulência financeira para a, 273
crises de inflação na, 195
Agências de notação de risco, sobre os reescalonamentos como incumprimentos parciais, 66-67
Agregado monetário largo, na desdolarização, 206-209
Alavancagem: na intolerância à dívida, 31-32

definição de, xxxix
Albânia, crises bancárias na, 367q
Alemanha: crises bancárias na, 367q--368q
  dívida interna na, 131
  duração das crises na, 248
  incumprimento externo pela, 94q
  inflação na, 135
  crise do *subprime* dos EUA na, 257
Amálgama (entrecruzamento, feixe, aglomeração), xxvi, 155
  de incumprimentos externos, 99, 102, 107
  regionais e globais, 263
América do Norte: crises bancárias na, 157, 161q, 163q-166q
  cobertura de dados sobre, 48, 52q
  dívida pública interna na, 113g
  incumprimento externo na, 99q-100q
  crises de inflação depois de 1800 na, 198, 199q-200q
  Ver também Canadá, Estados Unidos
América do Sul. *Ver* América Latina
América Latina: crises bancárias na, 158, 160q-161q, 163q-166q
  boom dos preços de bens primários da década de 1970 na, 18-19
  contágio de crises na, 261-262
  cobertura de dados sobre, 49, 52q
  crise de dívida da década de 80 na, 18-19, 261
  crise de dívida da década de 90 e início de 2000 na, 20
  dívida pública interna na, 111-113, 113g, 112n2
  incumprimento externo na (*Ver* incumprimento externo latino-americano);
  índice de turbulência financeira para, 273, 274g, 275
PIB durante as crises globais, 276-279
graduação (superação) na, 303
crises de inflação antes de 1800, 185, 196q
crises de inflação depois de 1800, 198, 199q-200q, 201, 202g, 272n12, 275

mercados internacionais de capitais do século XIX na, 99, 100c-101c
boom de crédito da década de 1820 na, 16
síndrome desta-vez-é-diferente na, 16, 18-19, 20
guerras da indpendência na, 99
Ver também países específicos
Angola: crises bancárias em, 367q
  crises de inflação em, 198
Apropriação de terras, 96
Argélia, crises bancárias na, 367q
Argentina: crises bancárias na, 153, 171, 218, 239, 268, 369q-371q
  crise do Barings de 1890 na, 257
  Obrigações Brady na, 90c-91c
  crise de dívida dos anos 1990 e princípio de 2000 na, 20
  intolerância à dívida da, 32-33
  desdolarização na, 207-209
  dívida interna na, ligada a moeda externa, 69, 116, 116c
  incumprimento interno pela, 15, 123, 268, 125n
  duração das crises na, 235, 250
  crises de taxa de câmbio na, xliv, 201
  rácios de dívida externa em relação ao PIB na, 24, 32-33,
  incumprimento externo em 2001 pela, 13-14, 24, 25q, 26n5, 265, 268-269, 272
  índice de turbulência financeira para, 265, 268-269, 272
  graduação na, 300, 307
  preços da habitação na, 171
  crises de inflação depois de 1800 na, 200n6, 201
  cálculo da taxa de inflação na, 125n12, 200n6
  notação de risco soberano da, 32-33
Arménia, crises bancárias na, 371q
Ásia: crises bancárias na, 158, 159q, 162q, 165q-166q, 171, 218
  contágio de crises na, 261

cobertura de dados sobre, 49, 51q
dívida pública interna na, 113g
crises de taxa de câmbio na, 201
taxas de câmbio na, 19
incumprimento externo na (*Ver* incumprimento externo asiático)
índice de turbulência financeira para, 273, 274g, 275
preços da habitação na, 171, 172q
crises de inflação na, 195-198, 196q, 197q, 201, 202g
síndrome desta-vez-é-diferente na, 19-20
Ver também países específicos
Assuntos Económicos, Departamento das Nações Unidas de, 46-47, 133g
Austrália: crises bancárias na, 371q-372q
comércio durante as crises globais, 280
Áustria: crises bancárias na, 184, 240, 372q
degradação monetária na, 190, 191g
duração das crises na, 248, 250
preços das acções na, 240
incumprimento externo pela, xxx, 94, 95c, 99, 107
Avaliação, no síndrome desta-vez-é-diferente, lii, 3, 16, 223, 297-298, 307
Azerbaijão, crises bancárias no, 372q

Balança comercial. *Ver* balança corrente
Balança corrente (saldo de): definição de, 221n8
como indicador de crises, 231, 231g
na Segunda Grande Contracção, 259
antes da crise do *subprime* nos EUA, debate sobre, 212, 220-228
Bancarrota soberana, 56
Banco Bardi, 74c
Bancos centrais: definição de dívida dos, 10c
nas intervenções cambiais, 19n11
no encadeamento das crises bancárias, 286-289

síndrome desta-vez-é-diferente nos, 307-308
Banco da América, 226
Banco Mundial, 24n3
sobre as melhores práticas, 148n10
na crise de dívida dos anos 1990, 101-102
Global Development Finance (GDF) 25q, 27q, 28g, 31q, 46-47, 48, 348q, 351q-355q
sobre as contas nacionais, 45
sobre a dívida pública, 46-47
Banco Northern Rock, xl–xli
Banco Peruzzi, 73c
Banco(s): confiança nos, xl-xli, 155
garantia de depósitos para, xl-xli, 153, 154-155,
falências de, 154-155, 185-186
sob repressão financeira, 71
indicadores de crises nos, 10-13
investimento, 225, 227
crédito mal parado nos, 11-13
número de, antes e depois das crises, 174, 175g
comércio financiado por, 62
Ver também bancos centrais
Bangladesh, crises bancárias no, 372 q
Base de dados, global, xxvii–xxviii, 40
Base monetária: definição de, 127
dívida pública interna e, 127,135-136
Bélgica, crises bancárias na, 183, 372q--374q
Benefícios da distribuição de riscos: da integração nos mercados de capitais, 34-35
definição de, 34
Benim, crises bancárias no, 374q
Bielorrússia, crises bancárias na, 374q
Bolívia: crises bancárias na, 374q-375q
desdolarização na, 209, 222n10
inflação no incumprimento interno pela, 140n3
Bolha dos Mares do Sul, 95c-100c

Bolha na indústria de tecnologias de informação (TI), xlv, 174, 183
Bolhas: TI, xlv, 174, 183
  Mares do Sul, 95c, 100c
  indústria financeira dos EUA, 174
  Ver também preços dos activos, preços da habitação
Bonanças de fluxos de capital: e crises bancárias, 168-170, 170q
  definição de, 168-169, 169n18, 231n31
  como indicadores de crise, 230
  na Segunda Grande Contracção, 259
  nos EUA, 231n31
Bósnia-Herzegovina, crises bancárias na, 375q
Botswana, crises bancárias no, 375q
Brasil: crises bancárias no, 375q-377q
  Obrigações Brady no, 90c, 91c
  conversões monetárias no, 8
  crise de dívida da década de 1990 e início de 2000 no, 20
  dívida interna no, 119c, 135, 140n2
  duração das crises no, 248
  crises de taxa de câmbio no, 201
  incumprimento externo pelo, 102
  crise financeira de 2002 no, 58
  dívida interna indexada a moeda externa no, 116c
  inflação no, 135, 157n10
  eleições presidenciais no, 58
Bretton Woods, 218, 263
Bretton Woods II, 224
Brunei, crises bancárias no, 377q
Bulgária, crises bancárias na, 377q
  balança corrente na, 259
  desdolarização na, 207
Burkina Faso, crises bancárias no, 377q
Burundi, crises bancárias no, 378q

Cabo Verde, crises bancárias em, 378q
Cálculos do pico ao mínimo, 238n2
Cazaquistão, crise do *subprime* dos EUA no, 257
Citibank, 222-223

Chade, crises bancárias no, 379q
Chile: crises bancárias no, 380q-381q
  duração das crises no, 248-250
  investimento directo estrangeiro no, 63
  graduação no, 303
  liberalização no, 287
China, crises bancárias na, 216, 381q, 218n4
  conversões monetárias na, 8-9
  dívida interna na, 71, 131
  incumprimento externo pela, xxx, 102, 107, 131, 133g
  índice de turbulência financeira para a, 275
  graduação na, 303
  crises de inflação posteriores a 1800 na, 195, 196q
Checoslováquia, crises bancárias na, 379q
Choques financeiros: nas crises bancárias, 155-157
  no contágio, 256, 257, 261
Camarões, crises bancárias nos, 378q
Canadá, crises bancárias no, 378q-379q
  duração das crises no, 248-250
  crises de inflação no, 198
  Terra Nova sob o domínio de, 87, 88c-90c
  comércio durante as crises globais, 280
Centros financeiros: dados sobre, 338q
  na definição das crises financeiras globais, 276c-277c
Cinco Grandes crises: custos de resgate nas, 176-177
  preços das acções nas, 231, 231g
  crescimento do PIB depois das, 177, 178g, 233
  preços da habitação nas, 171, 172q, 230, 231g
  lista de países envolvidos nas, 171, 239
  receitas públicas nas, 180-182, 181g
  crise do *subprime* nos EUA versus, 228, 229q, 230-234, 238

Cláusulas ouro, revogação das, 50, 121q, 124, 158n11, 268
Cleptocracia, 58, 68-69, 145-147
Clube de «devedores», 30-33, 33g 300--303
Cobertura pelos meios de comunicação social, da crise do *subprime* nos EUA, 211
Coerção, no incumprimento interno, 188
Colapso da bolsa segundo Barro e Ursúa, 265, 266n7, 269, 269g, 270g
Colômbia: crises bancárias na, 171, 218, 239, 240, 242, 381q-382q
  duração das crises na, 248
  incumprimento externo na, 99
  preços da habitação na, 171, 240
  desemprego na, 242-243
Colónias: reembolso de dívida forçado nas, 58-59
  no índice de turbulência financeira, 271
  crises de inflação nas, 195, 196q
  espanholas, 75c, 100c
  Ver também independência
Comércio internacional: dados sobre, 335-337
  efeitos do incumprimento no, 61-62
  nas crises financeiras globais, 278-280, 281g, 282-287
  incumprimento parcial e, 67, 67n16
Confiança: no sector bancário, xl–xli, 155
  natureza volátil da, xxxix–xlv
  no reembolso das dívidas, 63-66
  na síndrome desta-vez-é-diferente, xxxix, 16
Congo, República Democrática do, crises bancárias na, 415q-416q
Congo, República do, crises bancárias na, 416q
  crises de inflação na, 198
Contágio internacional. *Ver* contágio 279n17

Contágio internacional: das crises bancárias, 80-81
  definição de, 256
  futuro do, 261-262
  alta velocidade *versus* baixa velocidade, 213, 256
  episódios históricos de, 256-257, 258q
  e incumprimento parcial, 66-67
  da crise do *subprime* nos EUA, 255-262
Corridas bancárias: feriados bancários e, 268-269
  nas crises bancárias, 13, 155-157
  crises de confiança nas, xl–xli
  definição de, 154
Contas nacionais, dados sobre, 44-45
Contracção, definição de, xlvn8
  Ver também Grande Contracção
Contratos de derivados, 35-36
Controlos de capital, 44, 71, 102, 198n4, 217, 288g
Costa do Marfim: crises bancárias na, 382q
  Obrigações Brady na, 91c
Costa Rica: crises bancárias na, 382q
  Obrigações Brady na, 90c
  incumprimento externo pela, 99, 107
Conversões/reformas monetárias, definição, 8-9, 8q
Coreia: crises bancárias na, 382q
  inversões de dívida na, 90c
  duração das crises na, 248
  graduação (superação) na, 300-303
preços da habitação na, 171
crises de inflação na, 195
Crédito hipotecário: desdolarização do, 207
  incumprimentos no, no índice de turbulência financeira, 268
  investimento internacional no, 257--261
  titularização do, 220, 222-223, 223n13, 226
  tóxico, 268

Créditos hipotecários *subprime*: investimento internacional em, 259-260, 226

Crédito mal parado, como indicador de crises bancárias, 11-13

Crescimento. *Ver* crescimento económico

Crescimento económico: depois das crises bancárias, 177, 178g
   intolerância à dívida e, 34-36
   nas inversões de dívida, 90c

Credores: internos *versus* externos, incidência do incumprimento aos, 142-145, 144g, 145q
   execução dos, na França, 94
   racionalidade dos, 66-68
   impacto do reescalonamento nos, 97
   direitos dos, nas bancarrotas, 56

Crises asiáticas de 1997-1998 (Seis Grandes crises): comparadas a outras crises, 218, 239
   contágio das, 261
   derrocada cambial nas, 201
   no índice de turbulência financeira, 272
   preços da habitação nas, 171, 172q
   lista dos países envolvidos nas, 171, 239
   síndrome desta-vez-é-diferente nas, 19-20

Crises bancárias, 151-186
   nas economias avançadas *versus* economias emergentes, xxvi-xxvii, xxxii, 151-152, 158-166, 180-182, 237-238
   sequência das, xxxii, 174-183, 237-253
   preços dos activos e, 170-174, 172q, 229-230, 231g
   custos de resgate das, 152, 175-177, 176q, 182, 238
   corridas aos bancos nas, 13, 154-155
   bonanças de fluxos de capitais e, 168-170, 170q
   mobilidade do capital e, 166-167, 167g
   contágio de, 256-257, 258q
   incumprimentos de empresas ligados a, 267g, 268
   dados sobre, 13, 151-152, 361q-425q
   datação de, 10-13, 12q, 287n, 361q-366q
   definição de, xxvi, 10-13, 12q
   duração de, 174, 179
   teoria económica sobre, 153-158
   preços das acções e, 173-174, 173g, 231, 231g, 240, 242g
   incumprimento externo ligado a, 70-80, 80g, 247-248, 247g
   no índice de turbulência financeira, 268, 271-272
   efeitos orçamentais de, 152, 174-183
   estudos centrados em, xxvi, 151
   impacto global de, 216
   graduação (superação) das, 149, 151, 158, 164, 183, 299-300
   na Grande Depressão, xliv, 157, 216-217
   Grande Depressão *versus* pós-guerra, 239, 247-251
   sumários históricos de, 367q-425q
   preços da habitação no período em torno das, 152, 170-174, 172q, 184, 240, 241g
   incidência de, xxvi-xxvii, 151, 158-166, 159q-166q, 216-128, 217g
   indicadores de, 10-13, 229-235, 296, 297q
   liberalização e, 166-167, 218, 286-287
   dívida pública antes de, 233-234, 234g
   dívida pública depois de, xxxii, 142, 175, 182-183, 183g, 238-239, 245-247, 245q, 246g
   recessões associadas a, 155-158, 184-186
   recomendações de resposta a, 306-307
   em sistema reprimidos, 153, 217
   sequência temporal de, 286-290, 288g

em série, 151, 161
tipos de, 12q, 153-154
crise do *subprime versus* pós-guerra, 228-235, 228q, 239-245
ponderada pela percentagem no PIB, 216,217g
Crises bancárias em série, 151, 161
Crises bancárias japonesas: preços dos activos nas, 218
custos de resgate nas, 176-177
preços das acções e, 174
preços da habitação nas, 171, 240
dívida pública depois das, 183n35
recessão depois das, 245
severidade das, 228
medidas de estímulo nas, 182, 307
sumário das, 401q-403q
Crises bancárias sistémicas: sequência das, 177, 179-180, 237-239
corridas aos bancos nas, 170
definição de, 11, 12, 12q
crises de taxa de câmbio nas, 155
como relíquia do passado, l, 151
Ver também crises bancárias
Crise das poupanças e empréstimos de 1984, EUA, 228
Crises de colapso do crescimento:. na Argentina, 269
definição de, 265n6, 269
no índice de turbulência financeira, 265
Crises de dívida (incumprimentos), 55--72
possibilidade de evitar as, 66
condições antes e depois (Ver sequência; trajectória para); definição de, xxvi, 66-68
distribuição de, xxvi-xxvii
período antigo de, 58-59
no índice de turbulência financeira, 265
iliquidez *versus* insolvência nas, 63--66
incentivos para evitar, 58-63, 70-72

incidência de, xxvi-xxvii, 72, 142--145
dívida odiosa nas, 68-69
parciais (Ver incumprimento parcial); recomendações de resposta a, 306
reescalonamentos como tipo de, 66--67, 97-99
fundamentos teóricos das, 55-72
tempo entre, 72, 87
totais/completas, 66
Ver também eventos específicos e tipos
Crises de dívida da década de 80: contágio de, 261
reembolso de dívidas nas, 55-56
severidade das, 272
síndrome desta-vez-é-diferente nas, 18-19
Crises de dívida na década de 90: instituições internacionais nas, 102
síndrome desta-vez-é-diferente nas, 20
Ver também crises asiáticas de 1997--1998
Crises de dívida pública externa (incumprimentos), xxix-xxxi, 73-107
antes de 1800, 93-96, 94q
no século XIX, 96-99, 98q, 259n6
nos séculos XX e XXI, 99-107, 102q
na sequência das crises, 247-248, 247g
crises bancárias associadas a, 79-81, 80g, 247-248, 247g
entrecruzamento de, 99-102, 107
ligações entre episódios, 102-103
países sem história de, 50, 51q-52q
ciclos e padrões de, 73-79, 83-87, 99, 102
datação de, 13-14, 12q, 24, 25q
rácios de dívida à data das, 128, 128q, 129g
definição de, 13-14, 12q, 73
versus incumprimento interno, prioridade de, 137-148, 288-289

dívida pública interna nas, 127-131, 136
duração das, 14, 86g, 87, 107
PIB antes e depois de, 138, 138g, 141-142, 142q
factores globais nas, 83-87
incidência das, xxix–xxxi, 142-145, 144g, 145q, 158
indicadores de, 79-87
inflação associada a, 81-83, 81g, 140n2, 188
inflação antes e depois das, 138-142, 140g, 142q
calmaria nas, de 2003 a 2009, 73, 78, 252-253
Crises de dívida pública interna (incumprimento), 118-125
depois de 1750, 118-119, 120q-123q
crises bancárias como uma forma de, 153
dados sobre, 45, 123-124
intolerância à dívida e, 127-131
formas *de facto* de, 123-124
definição de, 12q, 14-15
versus incumprimento externo, prioridade sobre, 137-148, 288-289
antes e depois de, 138, 138g, 141-142, 142q
incentivos para evitar, 70-73, 118-124
incidência de, xxxi–xxxii, 70, 123-124, 137, 142-145, 144g, 145q
através da inflação, 70, 123-124, 188
inflação antes e depois de, 138-142, 140g, 142q
dimensão de, 137-138
percentagem de países em (1900--2008), 119g, 123-124
no encadeamento das crises, 288-289
fundamentos teóricos das, 69-72, 118
Crises de inflação (elevada inflação), xxxii–xxxiii, 193-201
antes de 1800, 194-195, 196q
depois de 1800, 195-201, 197q, 199q--200q, 202g,

período posterior a, 193, 203-206
crónica, 6
e degradações monetárias, 40, 187-192
definição de, xxvi, 6-7, 8q
dolarização subsequente às, 193, 203--206, 205g
dívida pública interna em, 127, 131--136, 134q
duração das, 6
e crises de taxa de câmbio, 193, 201--210, 288-289
fadiga em, 114
no índice de turbulência financeira, 264-265, 265n4
graduação (superação) das, 194, 209--210, 272
incentivos para evitar as, 114, 135
incidência das, xxxii–xxxiii, 142, 144g
recomendações de resposta a, 306
no encadeamento das crises, 288-299
estabilização das, 201
síndrome desta-vez-é-diferente nas, 201, 307-308
universalidade das, 193, 209-210
Ver também hiperinflação
Crise de liquidez, 63-66, 97
Crises de solvabilidade, 63-66
Crises de taxa de câmbio (derrocadas cambiais), 201-210
período posterior a, 203-206
bancos afectados por, 155
confiança durante as, xliii–xliv
definição de, xxvi, 7-8, 8q
duração de, 8
no índice de turbulência financeira, 272
graduação (superação) de, 300
indicadores de, 296-298, 297q
inflação associada a, 140n2, 193, 201--210, 288-289
prevalência de, xxxiii
no encadeamento das crises bancárias, 288-290
Crise do Barings de 1890, 116c, 257

Ver também Argentina

Crise do *subprime* de 2007. *Ver* Grande Contracção, Segunda; crise do *subprime* de 2007 nos EUA

Crise do *subprime* nos EUA de 2007, 211-235
 sequência da, 235, 235n33
 antecedentes da, 227-235
 corridas aos bancos na, 155-156
 confiança na, lix
 contágio da, 250-262
 balança corrente antes da, debate sobre, 212, 220-228
 contexto histórico global da, 216-220
 versus Grande Depressão, 212-213
 preços da habitação na, 219-221, 220g, 240
 activos ilíquidos na, 97
 indicadores da, xlvii, lxi, 212, 228--235
 versus crises do pós-guerra, 227-235, 229q, 239-245
 eleições presidenciais de 2008 na, 57-58
 reacções da imprensa à, 211
 trajectória para a, xlvii, lxi, 212, 220--228
 início da, 218, 226
 síndrome desta-vez-é-diferente na, 21, 183-185, 215, 220-223, 226-228
 transparência na, falta de, 298
 Ver também Grande Contracção, Segunda,

Crise financeira de finais da primeira década de 2000. *Ver* Grande Contracção, Segunda

Crise financeira global de finais da primeira década de 2000. *Ver* Grande Contracção, Segunda

Crises financeiras, 3-21
 entrecruzamento de, xxvi, 155
 condições antes e depois (*Ver* sequência, trajectória para)
 confiança durante as, papel das, xxxix--xlv
 ciclos de, duração das, xxvii-xxviii
 prejuízos causados pelas, xxix, xliv-xlv;
 definições de, 3-15
 sistema de alertas precoces para as, 295
 teoria económica sobre, xxxix-xlv
 indicadores de (*Ver* indicadores); abordagem narrativa *versus* quantitativa, xxvii
 semelhanças entre, xxv, 238-239
 tipos de, xxvi, 264
 imprevisibilidade das, xxix, xlii-xliii
 Ver também eventos e tipos específicos
 Crises financeiras globais: indústria de construção nas, 282-284, 284q
 critérios para, 276-286
 sincronia entre países, 276, 281-285
 definição de, 276, 276c-278c
 dificuldade da retoma nas, 264, 285--286
 efeitos económicos das, 276-286
 PIB nas, 276-280, 280g
 exemplos históricos de, 276c-278c, 286
 ordem temporal das, 276-279, 288g
 preços das acções nas, 276-279, 278g
 comércio nas, 279, 280, 281g, 282--286, 284g, 285g
 desemprego nas, 284-285,

Crises gémeas, 28

Crises regionais, índice de turbulência financeira para as, 264, 269, 273-275

Cristianismo, 73c

Crítica de Lucas, 303

Croácia, crises bancárias na, 383q

Custos de resgate: nas crises bancárias, 152, 175-177, 176q, 182, 238
 dificuldade em medir, 175-177, 238

Dados, 39-52
 sobre os preços dos activos, 10
 sobre as crises bancárias, 151-152
 cobertura geográfica dos, 49-52, 51q-52q

sobre degradação monetária, 41-42
para o sistema de alertas precoces, 295-296
sobre taxas de câmbio, 41-42, 201
sobre exportações, 44
necessidades futuras de, 294-295
sobre o PIB, 42-44, 128
variáveis globais nos, 49
papel das instituições internacionais nos, 294, 298-299
sobre contas nacionais, 45
sobre preços, 40-41
sobre finanças públicas, 45
fontes de, 39-40
abordagem tradicional aos, xxvii–xxviii
Dados, sobre dívida pública, 45-48
interna, 45-47, 109, 111, 356q-359q
externa, 45-48
lacunas nos, xxxi, xxxiii–xxxiv, xliv, 39, 146-148, 298-299
papel das instituições internacionais nos, 294, 298-299
fontes de, 343q-359q
total, 46-48, 346q-350q,
Datação, 3
dos colapsos nas bolhas de activos, 9-10
das crises bancárias, 10-13, 12q, 287n26, 361-366q
das degradações monetárias, 8-9
do incumprimento interno, 12q
das crises de taxa de câmbio, 7-8
do incumprimento externo, 10-15, 12q, 24, 25q
das crises de inflação, 6-7
Ver também duração
Debentures (empréstimos obrigacionistas): dados sobre, 48, 345q-346q
definição de, 48
Decisores políticos: sistema de alerta precoce e, 298-299
recomendações a, 303-306
sobre a balança corrente dos EUA, 220-227

sobre a bolha na habitação, nos EUA, 225-226
Deflação, 82
Degradação. *Ver* degradações monetárias
Degradações monetárias, 187-192
de moedas metálicas, 8, 8q, 187-192
dados sobre, 41-42
definição de, xxvi, 8, 8q, 41-42, 188
história antiga de, 94, 95c, 187-192
no índice de turbulência financeira, 264n2
inflação e, 40, 187-192
durante as guerras, 8, 190, 191g
Demasiado grande(s) para falir, EUA como, 235n33
Democracias, dívida pública interna nas, 70-71
Depósitos em moeda externa, na desdolarização, 206-209, 208g
Depreciação. *Ver* crises de taxa de câmbio
Derrocadas bolsistas: de 1929, síndrome desta-vez-é-diferente antes, 18
definição de Barro e Ursúa de, 265, 266n7, 267, 268, 269g, 270g
no índice de turbulência financeira, 265, 270-271
Derrocadas cambiais. *Ver* crises de taxa de câmbio
Derrocada da Segunda-feira Negra de Outubro de 1987, 265
Desemprego: na sequência das crises, 238, 241-243
na Grande Depressão, 239, 242, 251, 284-285, 285t
comparações internacionais de, 242-243, 243n5, 284-285,
Desinflações, desdolarização nas, 203-204, 205g
Despesas, públicas, fontes de dados sobre, 330q-334q
Desunião política, nos incumprimentos soberanos, 58

ÍNDICE REMISSIVO 467

Devedores: depois da graduação da intolerância à dívida, 32-38
reputação dos, 56-63
Dinamarca: crises bancárias na, 151, 383q-384q
crises de inflação na, 198
Dionísio de Siracusa, 187-188
Diplomacia da canhoeira, 58-59, 87, 90c
Direito internacional, garantia de aplicação do reembolso de dívida no, 58, 60-62
Dirigentes governamentais, síndrome desta-vez-é-diferente nos, xxxiv
Ver também decisores políticos
Dívida. *Ver tipos específicos*
Dívida das famílias: incumprimento à, no índice de turbulência financeira, 268
e crise do *subprime* nos EUA, 222, 225, 234
Dívida de curto prazo: nas corridas aos bancos, 154-155
iliquidez na, 63-66
razões para o recurso à, 64-64
desenvolvimentos recentes de enviesamento para a, 113-114
rolamento da, 63-66
guerras financiadas com, 74c
Dívida de longo prazo: nas corridas aos bancos, 154-155
dívida pública interna como, 113-114, 114g
Dívida interna em moeda estrangeira: definição de, 10c
exemplos históricos de, 69, 114-117, 116c-118c
Dívida odiosa, 68-69
Dívida privada: na intolerância à dívida, 29
no índice de turbulência financeira, 268
falta de dados sobre, 234
aumento recente da, 117n4

e a crise do *subprime* nos EUA, 222, 225, 234
Dívida privada externa: na intolerância à dívida, 29,
subida recente da, 117n4
Dívida pública (governo central): na sequência das crises, 238-239, 245-247, 245q, 246g, 250-251
depois das crises bancárias, xxxii, 152, 175, 182-183, 183g, 238-239, 245-247, 245q, 246g
versus dívida do banco central, 10c
composição da, 45-48
crises de confiança na, xli–xlv
dados disponíveis sobre, 45-48, 343q-359q
lacunas nos dados sobre, xxxi, xxxiii–xxxiv, xliv, 39, 146-148, 298-299
na Grande Depressão, 250-251, 252g
eliminação pela inflação de, 123-125, 135, 136, 146-147, 188
instituições internacionais sobre, xxxiv, 147-148, 298-299
como precursora de crises, 233-234, 234g
riscos sistémicos da, xxxiii
Ver também dívida pública interna; dívida pública total
Dívida pública externa: dados sobre, 45-48, 344q-355q
na intolerância à dívida, 23-29
definição de, 10c, 14
desenvolvimento dos mercados para, 73c-75c
taxas de juro sobre, 114, 115q
dimensão das, 137-138
nos países de rendimento médio, 24, 25q
percentagem de países em (1800-2008), xxxiv, xxxv, 73-79, 76g
reestruturação nas, 14, 90c-91c
no encadeamento das crises, 288-289
em série (*Ver* incumprimento em série)
fundamentos teóricos de, 55-69

universalidade das, xxx–xxxi, 83
vulnerabilidade a (*Ver* intolerância à dívida)
Rácios de dívida pública externa:
em relação às exportações, 24, 25q, 26, 29, 31q
com o PIB, 23-33, 25q, 27q, 28g, 31q, 37, 129, 130g
em relação às receitas, 128-131, 128q, 129g, 130g
Dívida pública interna, xxxi–xxxii, 111-136
percentagem média de, na dívida total, 46-47, 111-112, 113g, 114g
reservas a respeito da, 124-125
dados sobre, 45-47, 109, 111, 118, 356q-359q
definição de, xxxi–xxxii, 10c, 69-70
antes e depois do incumprimento externo, 130-131, 132g
indexada a moeda externa, 10c, 69, 114-117, 116c-118c
ignorada, na literatura, xxxi, 117--118c, 127, 131-135, 145-147
nas crises de inflação, 127, 131-136, 134q
taxas de juro sobre, 114, 115q
falta de transparência na, xxxi, 109, 146-148
estrutura de maturidades da, 113--114, 114g, 135n12, 136
repressão e, 71-72, 114, 124
Dívida pública total: dados sobre, 47-49
definição de, 10c
dívida interna como percentagem de, média, 47,111-113, 112g, 133g
rácios em relação às receitas, à época do incumprimento externo, 128--132, 128q, 129fg, 130g
Dívida soberana. *Ver* dívida pública
Dívida sustentável, estabelecimento de, 30, 31, 34, 35
Djibouti, crises bancárias no, 384q
Do Céu Caiu uma Estrela (filme), xli

Dolarização, 201-210
intolerância à dívida e, 37
definição de, 37, 201
da dívida interna, 119c
depois das crises de inflação, 193, 203-206, 205g
das responsabilidades financeiras, 116c, 203-204
persistência da, 203-206, 205g
desmontagem da, 203-204, 206-210
Dolarização das responsabilidades, 117c--118c, 203-204
Dolarização interna. *Ver* dolarização
Duração: do período posterior às crises, 238
das crises de taxa de câmbio, 8
dos incumprimentos externos, 14--15, 86g, 87, 107
da Grande Depressão *versus* crises do pós-guerra, 248-250, 249g, 250g
das crises de inflação, 6
impacto das instituições internacionais na, 87
Ver também datação

Economias avançadas: crises bancárias nas, xxvi-xxvii, xxxii, 151-152, 158--166, 180-182, 237-238
dados sobre dívida pública nas, 46--47
intolerância à dívida nas, 32
índice de turbulência financeira para, 269, 270g, 271
transição dos mercados emergentes para, 299
Ver também países específicos
Efeitos orçamentais: na sequência das crises, 245, 247, 245q, 246g
das crises bancárias, 152, 174-183
Egipto
crises bancárias no, 384q-385q;
invasão britânica do, 58-59;
como protectorado britânico, 87, 90c;
reversão da dívida, 90c;

desdolarização no, 207n10;
incumprimento externo no, 87, 99
Equador: crises bancárias no, 385q--386q
  Obrigações Brady no, 90-91c
  incumprimento externo pelo, 24, 25q, 102
Equilíbrio/equilíbrios: incumprimento *versus* não incumprimento, 65-66
  múltiplos, xlii–xliii, 65-66, 72, 154
Eleições, presidenciais, 58
Eleições presidenciais: 2002, brasileiras, 58
El Salvador, crises bancárias em, 385q
EMBI. *Ver* Índice Obrigacionista dos Mercados Emergentes
Empréstimo estrangeiro. *Ver* empréstimo internacional
Empréstimo soberano. *Ver* empréstimo internacional
Encadeamento das crises, xxxiii, 286--290, 288g
Entradas de capital: e crises bancárias, 168-170, 170q
  dados sobre, 48
  e intolerância à dívida, 35-36
  no incumprimento externo, 83-86, 85n15, 96
  como indicadores de crise, 230
  pró-cíclicas, 31, 83
  tipos de, 35-36
  Ver também países específicos
Envolvimento, de terceiras partes, 66--67
Empresas: falências nas, 52, 63-64
  incumprimento pelas, 255n1, 267g, 268
  impacto das crises bancárias nas, 147
Empréstimo internacional: teoria económica do, 58-66
  Iliquidez *versus* insolvência no, 63-66
  abordagem jurídica a, 58, 62-63
  abordagem reputacional a, 59-63
  terceiras partes no, 62

Ver também dívida pública externa
Enquadramento jurídico, para garantir//forçar o reembolso de dívida, 58, 60-62
Empréstimos intercalares, 65, 66, 69
Eritreia, crises bancárias na, 386q
Espaço orçamental, 201
Esquemas Ponzi, 59-63
Equilíbrios múltiplos, xlii–xliii, 65-66, 72, 154
Equivalência ricardiana, 118
Escócia, crises bancárias na, 386q-387q
Eslováquia, crises bancárias na, 387q
Eslovénia, crises bancárias na, 387q
Espanha: custos de resgate em, 176-177
  crises bancárias em, 170-171, 176--177, 387q-388q
  colónias da, 75c, 100c
  degradação monetária em, 191g
  balança corrente em, 259

Estabilidade macroeconómica, intolerância à dívida e, 34-36
Estados Unidos: crises bancárias nos, 151, 161, 170, 218, 240, 388q-391q
  balança corrente nos, 212, 220-228
  como virgem de incumprimento, 50
  dívida interna nos, 142n5
  duração das crises nos, 248, 251
  como centro financeiro, 276c
  bolhas da indústria financeira nos, 174
  diplomacia da canhoeira nos, 58, 89c
  preços da habitação nos, 171, 172n25, 219-220, 220g
  crises de inflação nos, l-li, 193, 198
  liberalização nos, 168
  incumprimento interno mexicano nos, 15-16, 116c
  eleições presidenciais de 2008 nos, 57-58
  crise das poupanças e empréstimos de 1984 nos, 227-228
  como demasiado grandes para falir, 235n33

comércio durante as crises globais, 280
transparência nos, falta de , 145-148, 298
Estónia, crises bancárias na, 391q-392q
Etiópia, crises bancárias na, 392q
Estrutura de maturidades: papel dos bancos na, 154
da dívida pública interna, 113-114, 114g, 135n12, 136
Europa: crises bancárias na, 158, 160q--161q, 163q, 165q-166q
degradação monetária na, 188-192, 189q, 190q, 191g
cobertura de dados sobre, 49, 51q--52q
dívida pública interna na, 113g
incumprimento externo na (*Ver* incumprimentos externos europeus)
PIB durante as crises globais, 276
preços da habitação na, 259
crises de inflação na, 195, 196q, 198, 199q-200q, 201, 202g
comércio durante as crises globais, 280
Ver também países específicos
Europa de Leste: crises bancárias na, 218
contágio de crises na, 261
índice de turbulência financeira na, 272,
Excedentes orçamentais, xlii
Execução, dos credores em França, 94
Exportações: dados sobre, 44-45, 335q--337q
nas séries financeiras globais, 280, 282, 282g, 283g, 285-286
rácios da dívida externa sobre as, 24, 25q, 26, 29, 31q
Ver também comércio

Factores económicos, globais: nos dados, 49
nos incumprimentos externos, 83--87

Fadiga, de inflação, 114
Falências: empresariais, 56, 63-64
como indicadores de crises bancárias, 11-13
direitos dos credores nas, 56
soberanas, 56
Feriados bancários, 258-259
Filhos, transferência de dívida para os, 68
Finanças públicas, dados sobre, 44-45
Filipinas: crises bancárias nas, 240, 392q
Obrigações Brady nas, 90c-91c
inversões de dívida nas, 90c
duração das crises nas, 248
incumprimento externo pelas, 107
preços da habitação nas, 171, 240
Finlândia: crises bancárias na, 171, 240, 245, 392q-393q
duração das crises na, 248
preços da habitação na, 240
notação de risco soberano na, 247--248
Flexibilidade salarial, 243
Fluxo(s) de capital: ciclo global de, nos incumprimentos externos, 83-87, 85g
tipos de, 34-38
Força militar, no reembolso de dívidas, 58-59
Fragilidade financeira, xxxix–xlv, 308--309
França: crises bancárias em, 151, 161, 216, 393q-395q
degradação monetária em, 95c
duração das crises em, 248, 250
empréstimos internacionais antigos a, 58-59
incumprimento externo antes de 1800 pela, xxx, 70, 93-94, 94q, 95c
graduação (superação) do incumprimento em série, 94, 95b, 158, 299
hiperinflação em, 95c
Fundo Monetário Internacional (FMI): sobre as melhores práticas, 148n10
e confiança, xli–xlii

sobre índices de preços no consumidor, 41
na crise de dívida da década de 90, 19, 102
sobre limiares de dívida, 28n6
sobre dívida pública interna, xxxi
e duração do incumprimento externo, 87
sobre exportações, 44-45
frequência do incumprimento desde a criação do, 66-67
sobre a economia global antes da crise do *subprime*, 227
Government Financial Statistics, 245q
garantias do, relativamente ao incumprimento público *versus* empresarial, 255n1
no incumprimento interno do México, 15, 116c
sobre as contas nacionais, 44-45
sobre os preços, 40
sobre a dívida pública, 45-48
na transparência da dívida pública, xxxiv, 298-299
na Segunda Grande Contracção, 252-255
Special Data Dissemination Standard, 48, 298-299
Ver também International Financial Statistics; World Economic Outlook

Gabão, crises bancárias no, 395q
Gana, crises bancárias no, 396q
Gâmbia, crises bancárias na, 396q
Garantia de depósitos: nas crises bancárias, 153, 154-155
e crises de confiança, xl–xli
Garantir/forçar o reembolso da dívida: era colonial, 59-59
abordagem legal ao problema de, 58, 60-62
uso da força militar para, 58-59
abordagem reputacional, 59-63, 70
nível supranacional, falta de, 58

GDF. *Ver Global Development Finance*
Geórgia, crises bancárias na, 396q
Gerações, transferências de dívida entre, 68
Global Development Finance (GDF), Banco Mundial, 25q, 27q, 28g, 31q, 45-48, 348q, 351q, 352q, 353q, 357q
Goldman Sachs, 222-223
Governo, crises de confiança no, xli–xlv
Grã-Bretanha: confiança na, xliv
no incumprimento externo do Egipto, 87, 90c
reembolso de dívidas pela foça, 58--59, 87, 88c-90c
no incumprimento externo da Terra Nova, 88c-90c
recessão da década de 1970 na, 245
Ver também Inglaterra, Reino Unido
Graduação (superação), 299-303
das crises bancárias, 149, 151, 158, 164, 183, 299-300
da intolerância à dívida, 31-37, 206
definição de, 299-300
das crises de taxa de câmbio, 300
das crises de inflação, 194, 209-210, 299
medição da, 300-303
origens do conceito, 299
ritmo da, 296
recomendações sobre, 94, 95c, 158, 162-164, 183, 299
do incumprimento em série, 94, 95c, 158, 162-164, 183, 299
Grande Contracção, Primeira (década de 30), origens da designação, xlvn8, 13n1
Ver também Grande Depressão
Grande Contracção, Segunda (crise financeira global de finais da primeira década de 2000): fundamentos comuns da, 257-261
contágio da, xxix, xlv;
definição da, xlv
efeitos económicos da, 276-279

preços das acções na, 252-253
Reserva Federal na, 157
âmbito global da, 276-279, 280g
preços da habitação na, 247-248
indicadores da, 171, 220
inflação na, 201
origens da designação, xlvn8, 13n1
severidade da, 220, 263, 271, 286, 290
preços das acções na, 276-279, 278g
síndrome desta-vez-é-diferente na, 21, 307-209
comércio na, 279-280, 282g
transformação da crise do *subprime* na, 218
utilidade das comparações históricas à, 211, 251-253
Grande Depressão (década de 1930): o período posterior a, 239, 247-251
crises bancárias na, xliv, 157, 216-217
bancos antes e depois, número, 174, 175g
indústria de construção na, 282-284, 284g
contágio da, 257
incumprimento empresarial na, 268
sincronia entre países na, 281-285
incumprimento interno durante a, 15, 123-124
duração da, 248-250, 249g
efeitos económicos da, 276-279
incumprimento externo durante a, 78-79
PIB na, 276-279, 280g
versus crises do pós-guerra, 239, 247--251
dívida pública na, 250-251, 252g
preços das acções na, 276-279, 278g
síndrome desta-vez-é-diferente na, 16-18, 17c
comércio na, 279-280, 281g, 282-284, 282g, 283g
desemprego na, 239, 242-243, 284-285, 285q

versus crise do *subprime* nos EUA, 212-213
Grande Depressão, Segunda, 263
Grande moderação, 272-273
Grécia: crises bancárias na, 396q
degradação monetária na, 187-188
crises de taxa de câmbio na, 8
incumprimento externo na, xxx, 14, 90c, 99, 107
gradução (superação) na, 303
mercados internacionais de capitais na, 100n8
Grupo dos 20, 225n1
Guatemala, crises bancárias na, 396q--397q
Guerra Civil, americana, 198
Guerra da Coreia, 280
Guerra dos Sete anos (1756-1763), 95c
Guerra(s): degradação monetária durante a, 8-9, 190, 191g
Incumprimento depois de derrota na, 75c
dívida pública interna durante a, 70
crises globais durante a, 287
financiamento de curto prazo da, 75c
Ver também guerras específicas
Guerras Napoleónicas: degradação monetária nas, 190, 191g
taxas de câmbio durante as, 201, 203g
incumprimentos externos durante as, 73, 79, 99
incumprimentos externos depois das, 99
Guiné, crises bancárias na, 397q
Guiné-Bissau, crises bancárias na, 397q
Guiné Equatorial, crises bancárias na, 397q

Haiti, reembolso de dívida aos EUA pelo, 58-59, 90c
Hiperinflação: antes de 1800, 196q
depois de 1800, 197q, 198, 199q--200q

conversões monetárias em, 8-9
definição de, 7
dívida pública interna e, 113g, 127, 134g, 135
Ver também crises de inflação
Histerese, 203-204
Honduras: crises bancárias no, 397q
incumprimento externo pelas, 14, 99
Hong Kong: crises bancárias em, 171, 240, 397q-398q
preços da habitação em, 171, 240
crises de inflação em, 195
notação de risco soberano de, 300
Hungria: crises bancárias na, 171, 398q
contágio de crises na, 261
preços da habitação na, 171
crises de inflação na, 7

Idade Média, dívida odiosa na, 68
IDE. *Ver* investimento directo estrangeiro
Iémen, crises bancárias no, 398q
IFS. *Ver International Financial Statistics*
Igreja Católica, 96
Iliquidez: *versus* insolvência, 63-66
nas reestruturações, 97
Importações, dados sobre, 335q-337q
Ver também comércio
Imposto inflacionário, 131-135, 132n8
Incentivos: para o controlo da inflação, 127, 135
para o reembolso das dívidas internas, 70-72, 118-124
para o reembolso das dívidas externas, 58-63
Incumprimento. *Ver* crises de dívida
Incumprimento em série: intolerância à dívida no, 23, 33-37
definição de, 15-16
história antiga do, 74c-75c, 93-96, 94q
gradução (superação) do, 158, 162--164, 183, 299
necessidade de investigação sobre, 36

parcial, 16
prevalência nos mercados emergentes, xxvii
intervalo de tempo entre episódios, 72, 87
completo (repúdio), 15-16
Incumprimento externo asiático, xxx--xxxi
no século XX e XXI, 99, 102q
países sem história de, 50, 51q
tempo passado em, desde a independência, 102-107, 105q
Incumprimento externo espanhol: antes de 1800, xlviii, 75c-76c, 93, 94q, 95c, 96, 96g, 99
entradas de capitais em, 96, 96g
graduação (superação) do, em série, 158, 299
Incumprimento externo latino-americano, xxx–xxxi
em 1800, 98q, 99, 143n6
em 1900 e 2000, 102, 103q
rácios de dívida à época dos, 128, 129g
tempo passado em, desde a independência, 106q, 107-108
Incumprimento parcial, 66-68
montante reembolsado no, 66-67
através da inflação, 50, 81
reescalonamentos como forma de, 66-67, 97-99
em série, 16
terceiras partes no, 66-67, 67n16
e comércio, 66-67, 67n16
Incumprimento recorrente. *Ver* incumprimento em série
Incumprimento soberano. *Ver* crises de dívida pública interna; crises de dívida pública externa
Incumprimentos empresariais, 255n1, 267g, 268
Incumprimentos externos europeus, xxx
antes de 1800, 98q, 99

nos séculos XIX e XX, 102, 103q
países sem história de, 50, 51q-52q
tempo passado em, desde a independência, 106q, 107
Independência, ano da, 49, 51q-52q, 98q, 99
tempo passado em crises bancárias desde, 158-161, 159q-161q, 165q--166q
tempo passado em incumprimento desde, 103-107, 105q, 106q, 159q--161q, 161
Ver também colónias
Independência, guerras da, América Latina, 99
Indexação: preços no consumidor, 40-41, 314q-318q
custo de vida, 40, 314q-318q
preços da habitação, 219, 240, 219n6, 219n7, 230n29
Índia: crises bancárias na, 216, 398q
bonanças de fluxos de capital na, 169n18
dívida interna na, 71
dívida externa na, 14, 102, 124
incumprimento externo na, xxx--xxxi, 99-102, 107
taxas de juro na, 124, 153
Indicadores: de crises bancárias, 10-13, 229-235, 296, 297q
dados sobre, 338q
no sistema de alerta precoce, 296--298
de incumprimento externo, 79-87
preços da habitação como, 230, 231g, 235, 296-298
da Segunda Grande Contracção, 220
método dos sinais para, 296-298, 296n3
da crise do *subprime* nos EUA, xxix, xliii, 212, 229-235
Índice BCDI, 264, 269g, 270g, 271
Ver também índice de turbulência financeira

Índices de custo de vida, dados sobre, 40, 314q-318q
Índice de preços da habitação Case--Shiller, 219, 219n6, 219n7, 230n29, 240
Índices de preços no consumidor: dados sobre, 40-41, 314q-318q
metodologia de compilação, 41
Índice de severidade. *Ver* índice de turbulência financeira
Índice de turbulência. *Ver* índice de turbulência financeira,
Índice de turbulência financeira, 263--275
ao nível nacional, 264-269
na definição das crises globais, 276--286
construção do, 264-268
lacunas no, 264-265, 268
ao nível global, 264, 269-273, 269g, 270g
ao nível regional, 264, 269, 273-275
tipos de crises no, 264, 258, 264n2
aplicações para o, 263, 264
Índice Obrigacionista dos Mercados Emergentes (EMBI), 29n8, 297q
Inflação: custos da, 123-124
dados sobre, 40-41
antes e depois dos incumprimentos de dívida, 138-142, 140g, 142q
incumprimento interno através da, 70, 123-124, 188
incumprimento externo associado a, 81-83, 81g, 140n2, 188
fadiga de, 114
taxas médias de, para todos os países, 193-194
incumprimento parcial através da, 50, 81
estabilização da, 201
como imposto, 131-135, 219n7
antes da crise do *subprime* nos EUA, 234
Indonésia: crises bancárias na, 398q--399q

ÍNDICE REMISSIVO 475

duração das crises na, 248
incumprimento externo pela, xxx–xxxi, 99, 107
preços da habitação na, 171
crises de inflação na, 195
Indústria de construção, nas crises financeiras globais, 280-282, 284q
Inglaterra: degradação monetária na, 94, 188
reembolso da dívida interna pela, 70
incumprimento interno pela, 94
reembolso de dívida externa à Itália pela, 59-62, 73c-74c
incumprimento externo antes de 1800 pela, 74c, 94-96, 94q
Revolução Gloriosa na, 70, 74c
mercados de dívida internacionais na, desenvolvimento de, 73c-74c
nos mercados de capitais latino-americanos, 100c-101c
Ver também Grã-Bretanha, Reino Unido
Inovação financeira: como forma de liberalização, 167
como precursora de crises, 230
na crise do *subprime* nos EUA, 167, 220-223
Inovação tecnológica, efeitos negativos da, 192
Insolvência, *versus* iliquidez, 63-66
Instituições financeiras, número de, antes e depois das crises, 174, 175g
Instituições: falhas das, na intolerância à dívida, 34-35
financeiras, número antes e depois das crises, 174, 175g
Ver também instituições internacionais
Instituições internacionais: sobre as melhores práticas, 135n11
na recolha de dados e vigilância, 295-299
na crise de dívida da década de 90, 102

e duração do incumprimento externo, 87
na regulação internacional, 295-299
no incumprimento parcial, 66-667
na transparência da dívida pública, xxxiv, 147-148, 295-299
recomendações sobre o papel das, 295-299
na abordagem reputacional ao crédito, 59-61
Ver também instituições específicas
Integração nos mercados de capitais: e volatilidade do consumo, 34, 34n11
e intolerância à dívida, 34-35
definição de, 34
benefícios da distribuição dos riscos da, 34-35
International Currency Experience, Sociedade das Nações
International Financial Statistics (IFS), 40--41, 140g, 142q, 144g, 145q, 231g, 232g, 319q-321q, 324q
Intervenções cambiais: na crise de dívida asiática, 19
bancos centrais nas, 20n12
Intolerância à dívida, 23-37
clubes na, 30-33
componentes de, 28-33
definição de, 23
e dívida pública interna, 127-131
pacotes de estímulo orçamental e, 37
graduação (superação) da, 31-34, 37, 206
implicações da, 33-37
falhas institucionais na, 34-35
notações do *Institutional Investor* na, 29-33
rácios da dívida externa em relação às exportações na, 24, 25q, 26, 29, 31q
rácios da dívida externa em relação ao PIB na, 23-33, 25q, 27q, 28g, 31q, 129, 130g
recuperação da, 33-34

regiões de, 30-33, 33g
no incumprimento em série, 24, 33--37
limiares na, 23-28, 36-37, 127-128
vulnerabilidade, 28-33
Inversões de endividamento: Obrigações Brady em, 90c-91c
identificação de episódios de, 90c--91c
Investidores: racionalidade dos, 66-68
impacto dos reescalonamentos nos, 97
Ver também credores
Investimento directo estrangeiro (IDE):
intolerância à dívida e, 35-36
como incentivo ao reembolso das dívidas, 63
preferência por, *versus* outras entradas de capital, 35-36, 35n13
Irlanda: crises bancárias na, 170, 399q
balança corrente na, 259
preços da habitação na, 171
Islândia: crises bancárias na, 170, 240, 219n5, 399q
balança corrente em, 259
preços das acções em, 240
preços da habitação em, 171, 259
Israel: crises bancárias em, 399q
desdolarização em, 208g, 207-209
Itália: crises bancárias em, 399q-401q
duração das crises em, 248
primeiros mercados de dívida internacional em, 73c
reembolso de dívidas inglesas a, 59-62, 73c-74c

Jamaica, crises bancárias na, 401q
Japão: crises bancárias no (*Ver* crises bancárias japonesas)
dívida interna no, 136
duração das crises no, 248
rácios de dívida externa em relação ao PIB no, 24
inflação no, 275

década perdida do, 228
notação de risco soberano do, 237
crise do *subprime* no, 257
Jordânia, crises bancárias na, 403q
Obrigações Brady na, 90c
Juízo de justiça, na doutrina da dívida odiosa, 69

Kuwait, crises bancárias no, 403q

Leis usurárias, 73c-74c
Lehman Brothers, 222-223
Lesoto, crises bancárias no, 403q
Letónia: crises bancárias na, 403q
balança corrente na, 259
Líbano: crises bancárias no, 403q
desdolarização no, 207
Limiares de dívida: na intolerância à dívida, 23-28, 36-37, 127-128
FMI sobre, 28n6
Liberalização financeira: crises bancárias associadas à, 166-167, 218, 286-287
como precursora das crises, 230, 286-287
Libéria, crises bancárias na, 403q
Liquidação, nas corridas aos bancos, 154
Literatura académica: sobre crises bancárias, centrada em, xxxii, 151
dados usados em, xxvii–xxviii
dívida pública interna ignorada na, xxxi, 116c, 117, 127, 133-134, 146--147
sobre a balança corrente dos EUA, 223-225
sobre os indicadores de crises, 229, 295
sobre tipos de fluxo de capital, 34
Lituânia, crises bancárias na, 403q
Londres, nos mercados de capitais da América Latina, 100c-101c

Macedónia, crises bancárias na, 403q
Madagáscar, crises bancárias em, 404q
Malásia: crises bancárias na, 404q

bonanças de fluxos de capitais na, 169n18
duração das crises, 248
graduação (superação) na, 303
preços da habitação na, 171
crises de inflação na, 195
Mali, crises bancárias no, 404q
Manias, Panics and Crashes (Kindleberger), xxvii
Marrocos: crises bancárias em, 405q
Obrigações Brady em, 90c
inversões de dívida em, 90c
incumprimento externo por, 99
Mary Poppins (filme), xli
Mauritânia, crises bancárias na, 405q
Maurícia: crises bancárias na, 405q
como virgem de incumprimento, 50, 273
índice de turbulência financeira para a, 273Matéria negra, 225, 225n22
Medidas de estímulo: nas crises bancárias, 181, 305-307
nos mercados emergentes, 38
Mercados de capitais, internos, repressão nos, 71-72
Mercados de capitais, internacionais: benefícios do acesso a, 59
na América Latina no século XIX, 99, 100c-101c
reputação dos devedores nos, 59-63
Mercados de dívida: interno, 70-72, 111-113
internacional, 73, 73c-75c
Mercado(s) emergente(s): crises bancárias nos, xxvi–xxvii, xxxii, 151, 152, 158-166, 180-182, 237-238
intolerância à dívida nos (*Ver* intolerância à dívida); limiares de dívida dos, 23-28, 36-37
dívida pública interna nos, xxxi
incumprimento externos nos, xxx
índice de turbulência financeira para os, 272-273
pacotes de estímulo orçamental nos, 37

países de rendimento médio *versus* rendimento baixo, 24n3
incumprimento em série nos, xxvii
síndrome desta-vez-é-diferente nos, 16-18
transição para economias avançadas, 299
taxas de desemprego nos, 242-244
Ver também países específicos
Merrill Lynch, 222-223
Método dos sinais, 296n3, 296-299, 297q
México: crises bancárias no, 218, 405q--406q
Obrigações Brady no, 90c
contágio de crises no, 261
crise de dívida da década de 90 e início de 2000, 20
desdolarização no, 206-209, 208g
dívida interna no, indexada a moeda estrangeira, 69, 114-117, 116c-118c
incumprimento interno pelo, 14-15, 69, 116c-118c, 206-207, 272
duração das crises no, 248-250
crises de taxa de câmbio no, 201
rácios da dívida externa em relação ao PIB, 24
incumprimento externo pelo, 14, 24, 25q, 107, 117c-118c
índice de turbulência financeira para o, 272
graduação (superação) no, 300
notação de risco soberano do, 303
Minas de ouro, 100c
Mineração, na América Latina, 100c
Moçambique, crises bancárias em, 406q
Mobilidade de capital: e crises bancárias, 166-167, 167g
dados sobre, 361q-366q
Modelo Bernanke-Gertler, 157
Modelos: de crises bancárias, 157
de dívida pública interna, 118
ricardiano, de dívida, 70
Modelo de dívida ricardiano, 70

Moeda: da dívida interna, 69, 114-117
receitas de senhoriagem da, 127, 132n8, 135, 187, 188
Ver também Moeda externa; moeda metálica, papel-moeda
Moeda «fiat», 7, 40, 50, 192
Ver também papel-moeda
Moeda de prata: dados sobre, 42, 322q--323q
degradação da, 8, 188-190, 191g
em Espanha, 75c
Moeda metálica: dados sobre, 42
degradação da, 8, 8q, 187-192
receitas de senhoriagem da, 187
Ver também moeda de prata
Myanmar, crises bancárias em, 406q--407q

Nações Unidas (NU): Departamento de Assuntos Económicos, 47, 132g
sobre dívida pública interna, 112g, 113, 113g, 114g, 115q
sobre contas nacionais, 45
sobre dívida pública, 47, 129g, 130g, 132g,
Statistical Yearbook, 133g, 344q-359q
NAFTA, 20
Nepal, crises bancárias no, 407q
Nicarágua: crises bancárias na, 407q
incumprimento externo pela, 107
intervenção na, 90c
Níger, crises bancárias no, 407q
Nigéria: crises bancárias na, 407q
Obrigações Brady na, 90c
Incumprimento externo pela, 99
Noruega: custos de resgate na, 176-177
crises bancárias na, 171, 176-177, 240, 407q-408q
dívida interna na, 136
duração das crises na, 248
preços da habitação na, 172n25
crises de inflação na, 198
Notações de risco da Standard and Poor's (S&P), 66-67, 265

Notações de risco do *Institutional Investor* (NRII): depois das crises bancárias, 247g
na intolerância à dívida, 29-33, 31q, 33g
mudanças históricas nas, 300-303, 301q-303q, 304g
como indicador de crises, 297q
Notações, de risco soberano: depois das crises, 247-248, 247g
Mudanças históricas nas, 300-303, 301q-302q, 304g
Nova Zelândia: crises bancárias na, 408q
balança corrente na, 259
preços da habitação na, 259
crises de inflação na, 198
comércio durante as crises globais, 280
Novo Mundo. *Ver também* colónias
NRII. *Ver* notações de risco do *Institutional Investor*
NU. *Ver* Nações Unidas

Obrigação, Obrigações: Brady, 90c-91c, 275
Carter, 142n5
nas crises de dívida latino-americanas, 18-20
na síndrome desta-vez-é-diferente, 18-20
Expansões acentuadas (*boom*): aparência *versus* realidade das ameaças colocadas pelo endividamento nas, xxv
a síndrome desta-vez-é-diferente durante as, xxxiv
Obrigações Brady, 90c-91c, 275
Obrigações Carter, 142n5
Oceania: crises bancárias na, 158, 161q, 163q-164q, 165q, 166q
cobertura de dados sobre, 49, 52q
dívida pública interna na, 113g
incumprimento externo na, 106q
crises de inflação depois de 1800 na, 198, 199q-200q

ÍNDICE REMISSIVO 479

Ver também Austrália, Nova Zelândia
Opção de venda [*put*] Greenspan, 307--308
OPEP. *Ver* Organização dos Países Exportadores de Petróleo
petróleo: nacionalização do, 63; choque de preços, 218, 263, 27; excedentes de, 18
Organização dos Países Exportadores de Petróleo (OPEP), 18, 63

Padrão ouro, 50, 78, 82, 212, 257
Países Baixos, crises bancárias nos, 183, 408q-409q
Países em desenvolvimento, rendimento médio *versus* rendimento baixo, 24n3
  Ver também mercado(s) emergente(s)
Países de rendimento baixo, definição de, 24n3
  Ver também mercado(s) emergente(s)
Países de rendimento médio: definição de, 24n3
  Incumprimentos externos nos, 24, 25q
Países nórdicos: crises bancárias nos, 218
  política orçamental anticíclica nos, 238-239
Paquistão, desdolarização no, 208g, 207-209
Panamá, crises bancárias no, 409q
  inversões de dívida no, 90c
  crises de inflação no, 198
Pânico de 1907: crises bancárias no, 217
  contágio do, 257
  no índice de turbulência financeira, 271
Papel-moeda: desvalorização do, 188
  inflação depois do advento do, 40, 81-82, 194
  inflação antes do advento do, 7
  transição para o, 188-192
Papua Nova Guiné, crises bancárias na, 409q
Paragem brusca: definição de, 79-80, 265n6

nos mercados emergentes, 79-80, 241-244
no índice de turbulência financeira, 265n6
durante as crises globais, 286-287
origens do conceito, 101n9
na Segunda Grande Contracção, 255, 260
na crise do *subprime* nos EUA, 235
Paraguai, crises bancárias no, 409q-410q
Paridades de poder de compra (PPC), 42
Perdas de reservas, nas crises de taxa de câmbio, 8
Peru, crises bancárias no, 216, 410q--411q
  Obrigações Brady no, 90c-91c
  desdolarização no, 207n10, 209
  dívida interna no, 111-113
  incumprimento externo pelo, 102--107
PIB: crises bancárias ponderadas pelo, 216, 217g
  dados sobre, 42-44, 128, 327q-330q
  antes e depois dos incumprimentos de dívida, 138, 138g, 141-142, 142q
  sector financeiro como percentagem do, 174, 222-223
  rácios da dívida externa em relação ao, na intolerância à dívida, 23-33, 25q, 28g, 31q, 37, 129, 130g
PIB, real *per capita*: na sequência das crises, 244-245, 244g
  depois das crises bancárias, 177, 178g, 244-245, 244g
  nas crises financeiras globais, 276--279, 280g
  como indicador de crises, 233, 233g
Pick's Currency Yearbooks, 41-42
Política monetária: degradação monetária na, 190
  e contágio financeiro, 211
  depois da graduação (superação), 299

e preços da habitação, 226
depois das crises de inflação e das derrocadas cambiais, 203-204
recomendações sobre, 303-307
na Segunda Grande Contracção, 251
choques na, 157
Ver também taxa(s) de câmbio; taxas de juro
Política orçamental: anticíclica, 152, 182, 231, 238-239
pró-cíclica, 35, 120-131, 131n7, 300
Polónia: crises bancárias na, 411q
Obrigações Brady na, 90c-91c
desdolarização na, 208g, 207-209
duração das crises na, 248
graduação (superação) na, 303
crises de inflação na, 195-198
Ponderadores Geary-Khamis, 43n10
Portugal: crises bancárias em, 183, 441q-412q
incumprimento externo por, 94, 94q
graduação (superação) em, 303
mercados internacionais de capitais do século XIX em, 100n8
PPC. *Ver* paridades de poder de compra
Preços: depois da degradação monetária, 187
dados sobre, 40-41, 314q-318q
Preços da habitação: na sequência das crises, 240, 241g
no período em torno das crises bancárias, 152, 170-174, 172q, 184, 240, 241g
explosão de bolhas dos, 9-10
Índice Case-Shiller dos, 219, 219n6, 219n7, 230n29, 240
como indicadores de crises, 230, 231g, 235, 296-298
necessidade de dados adicionais sobre, 295-296
problemas com os dados sobre, 10, 239-240, 295-296, 230n29
na Segunda Grande Contracção, 259
fontes de dados sobre, 339q-340q

Debate nos EUA sobre políticas a respeito de, 225-226
na crise do *subprime* nos EUA, 219--220, 220g, 235, 240
Preços das acções: dados sobre, 346q--347q
nas crises financeiras globais, 276--278, 278g
Preços das acções: na sequência das crises, 240, 242g
e crises bancárias, 173-174, 173g, 231, 231g, 240, 242g
explosão de bolhas nos, 9-10
dados sobre, 341q-342q
duração das inversões negativas da tendência nos, 240
no índice de turbulência financeira, 265
nas crises financeiras globais, 276
na Segunda Grande Contracção, 252-253
Preços do arrendamento comercial, 408n2 − 295n2
Ver também preços da habitação
Preços do imobiliário, comercial, 295n2
Ver também preços da habitação
Preços dos activos: na sequência das crises, 238
e crises bancárias, 170-174, 172q, 229-230, 231g
explosão de bolhas nos, 9
Preço(s) dos bens primários: expansão acentuada da década de 1970 nos, 18-19
dados sobre, 41
nos incumprimentos externos, 83, 84g
síndrome desta-vez-é-diferente nos, 18-19
como variável na análise de dados, 48-49
Preço(s) no consumidor, antes e depois dos incumprimentos de dívida, 140g
Prémios de risco, 66-68

Prestamistas. *Ver* credores
Primeira Grande Contracção. *Ver* Grande Contracção, Primeira
Primeira Guerra Mundial: crises bancárias na, 217
crises de inflação antes da, 7
síndrome desta-vez-é-diferente depois da, 16-18
Prioridade, do incumprimento interno *versus* externo, 137-148, 288-289
Produto (produção): na sequência das crises, 238
dados sobre, 324q-326q
na Grande Depressão *versus* crises do pós-guerra 248-250, 249g
Produto interno bruto. *Ver* PIB
Produto nacional bruto, dados sobre, 324q-326q
Proteccionismo, durante a Grande Depressão, 280
Prússia. *Ver* Alemanha

Quénia, crises bancárias no, 412q

Racionalidade, dos credores, 66-68
Rácios de alavancagem, 227
Rácios de ruído sobre o sinal, 296n3
Realavancagem, 87, 90c-91c
Receitas de senhoriagem, 127, 132n8, 135, 187, 188
Receitas fiscais: na sequência das crises, 238, 246-247
efeitos das crises bancárias nas, 152-153, 179-182, 242-247
Receitas públicas. *Ver* receitas
Ver também crise do *subprime* dos EUA
Receitas públicas (nível central): depois das crises bancárias, 179-182, 179g, 181g, 182g
dados sobre, 330q-334q
rácios da dívida externa em relação às, 128-131, 128g, 129g, 130g
de senhoriagem, 127, 132n8, 135, 187, 188

Ver também receitas fiscais
Recessão global de 2001, taxas de inflação depois, 201
Recessões: de 2001, global, 201
na sequência das crises, 245, 247
associadas a crises bancárias, 155, 158, 184, 186
associadas a crises financeiras globais, 286
associadas à crise do *subprime* nos EUA, 233
duração das, 245, 248
da Grande Depressão, 248
Recuperação: da intolerância à dívida, 33-34, 37
das crises financeiras globais, 264, 285-286
Ver também gradução (superação)
Recuperação de dívidas, através da força militar, 58-59
Ver também reembolso
Reembolso da dívida. *Ver* reembolso
Reembolso de dívida externa: na era colonial, 58-59
confiança no, 63-66
na crise de dívida dos anos 1980, 55-56
forçar/garantir o, 58-63, 70
incentivos ao, 58-63
força militar no, 58-59
parcial (*Ver* incumprimento parcial); abordagem reputacional ao, 59-63
vontade *versus* capacidade dos devedores para, 55, 56, 58-59
Ver também reescalonamentos
Reembolso de dívida interna: incentivos ao, 70-72, 118-124
abordagem reputacional ao, 70
Reescalonamentos: no século XIX, 97, 98q
no século XX e XXI, 56, 102q-103q
como forma de incumprimento parcial, 66-67, 97-99
Reestruturação: na sequência de crises bancárias, 245

nos incumprimentos externos, 14, 90c-91c
Reino Unido: crises bancárias no, 151, 161, 170, 412q-415q
 corridas aos bancos no, lviii-lix
 crise do Barings de 1890 no, 259
 degradação monetária no, 190
 balança corrente no, 259
 como virgem de incumprimento, 50
 como centro financeiro, 276c
 preços da habitação no, 171
 crises de inflação no, 195
 Ver também Grã-Bretanha, Inglaterra
Regiões, de intolerância à dívida, 30--33, 33g
Regulação internacional: no sector financeiro, 155
 papel das instituições internacionais na, 295, 298-299
 necessidade de, 295-296, 298-299
Relatórios Anuais, Sociedade das Nações, 42
Repercussões. *Ver* contágio
Repressão financeira: e crises bancárias, 153, 217
 nos mercados de capitais, 71-72
 e dívida pública interna, 71-72, 114, 124
 como forma de tributação, 153
República Centro-africana, crises bancárias na, 415q
República Checa, crises bancárias na, 415q
República Dominicana: crises bancárias na, 416q
 Obrigações Brady na, 90c
 incumprimento externo pela, 90c, 99, 107
República Popular Democrática do Laos, crises bancárias na, 416q
República Quirguiz, crises bancárias na, 416q
Reputação: internacional, 63
 no reembolso das dívidas internas, 70
 no reembolso das dívidas externas, 59-63
Reserva Federal, EUA: e preços das acções, 231
 sobre preços da habitação, 225-226
 falta de transparência na, 298-299
 na Segunda Grande Contracção, 157
 taxa de juro alvo da política monetária, 49
 na síndrome desta-vez-é-diferente, 307-308
Revolução Gloriosa (1688), 70, 74c
Risco moral, na actividade creditícia internacional, 66-67
Roménia: crises bancárias na, 417q
 duração das crises na, 248
 incumprimento externo pela, 55-56
Ruanda, crises bancárias no, 417q
Rússia: tesouros artísticos da, 56, 56n1
 crises bancárias na, 218, 417q-418q
 degradação monetária na, 190, 191g
 inversões de dívida na, 90c
 crises de taxa de câmbio na, 201
 incumprimento externo pela, 14, 65
 crise financeira de 1998 na, 56, 272
 índice de turbulência financeira para a, 272
 crises de inflação na, 198
 mercados internacionais de capitais no século XIX na, 79n8
 incumprimento total na, 66
Royal Exchange, 100c

Sangrias, 94
Santo Domingo, crises bancárias em, 418q
São Tomé e Príncipe, crises bancárias em, 418q
Sector financeiro: crescimento do, na trajectória para a crise do *subprime*, 222-223
 regulação internacional do, 155
 bolhas de excesso de capacidade no, 174

no encadeamento das crises bancárias, 287-289
redução em 2008-2009 do, 174
síndrome desta-vez-é-diferente no, xxxiv
Securities and Exchange Comission, 227
Segunda Grande Contracção. *Ver* Grande Contracção, Segunda,
Segunda Grande Depressão, 263
Segunda Guerra Mundial: crises bancárias depois da, 228-229, 229q
   no índice de turbulência financeira, 270-271
   crises de inflação antes por comparação com depois, 6-7
   síndrome desta-vez-é-diferente na, 16-18
Seis Grandes crises. *Ver* crises asiáticas de 1997-1998
Sequência, 237-253
   das crises bancárias, xxxii, 175-183, 237-253
   comparação de episódios de, 239--253
   profundidade da inversão negativa da tendência na, 240-245, 251
   dívida pública interna na, 131-132, 132g
   duração da inversão negativa da tendência na, 238, 240-245
   das crises de taxa de câmbio, 203--206
   incumprimento externo na, 247, 247g
   herança orçamental na, 245-247, 245q, 246g
   da Grande Depressão,
   Produto Interno Bruto na, 138, 138g
   das crises de inflação, 193, 203-206
   taxas de inflação na, 138-142, 141g, 142q
   dívida pública na, 238-239, 245-247, 141g, 142q, 250-251
   características comuns da, 238-245

da crise do *subprime* nos EUA, 235, 235n33
Senegal, crises bancárias no, 417q
Séries cronológicas macroeconómicas, 313q-342q
Serra Leoa, crises bancárias na, 419q
Sincronia, através de países, das crises financeiras globais, 276, 281-287
Sincronia entre países, das crises financeiras globais, 276, 281-285
Síndrome desta-vez-é-diferente, 16-21
   confiança na, lvii, 16
   definição da, liii, 3, 16, 223
   exemplos históricos da, 16-21, 184--185
   e crises de inflação, 200, 307-308
   última versão da, 307-309
   origens da expressão, lv, 16n10
   persistência da, lii-liii, 305
   promotores da, lii
   na Segunda Grande Contracção, 21, 307-309
   universalidade da, 305
   na crise do *subprime* nos EUA, 21, 183-185, 215, 220, 226-228
Singapura: crises bancárias em, 419q
   crises de inflação em, 195-198
Sistema dos bancos-sombra, xli
Sistema financeiro global, riscos de acumulação de dívida para o, xxv, xxxiii
Sistemas de alerta precoce, 295-298
   dados necessários para, 295-296
   preços da habitação nos, 295-298
   método dos sinais para os, 295-298, 296n3, 297q
   Ver também indicadores
Sistemas duais de taxa de câmbio, 206n9
Sociedade das Nações: *Relatórios Anuais*, 42
   sobre dívida pública interna, 113, 113g, 114, 114g, 115q, 119g
   International Currency Experience, 280n19
   sobre dívida pública, 46-47, 129g, 130g, 132g

Statistical Abstract, 122q
Statistical Yearbook, 46-47, 88c-90c, 346q-359q
World Economic Survey, 279, 282g, 284q, 285q, 279n18
Special Data Dissemination Standard, FMI, 49, 298
Sri Lanka, crises bancárias no, 419q
Statistical Abstract, Liga das Nações, 122q
Statistical Yearbook, Liga das Nações, 47, 88q, 133g, 343, 346q-357q
Stock de dívida, dados sobre, 48
Suazilândia: crises bancárias na, 419q
    Inversões de dívida na, 90c
Subemprego, 243n5
Sucessão espanhola, Guerra da (1701--1714), 95c
Suécia: crises bancárias na, 171, 245, 419q-420q
    degradação monetária na, 190
    duração das crises na, 248
    crises de inflação na, 198
Suíça: crises bancárias na, 420q-421q
    Recessão da década de 1990 na, 245

Tailândia: crises bancárias na, 421q
    crise de dívida da década de 90 na, 19, 19n11
    inversões de dívida na, 91c
    como virgem de incumprimento, 50
    dívida interna na, indexada a moeda externa, 116, 117c-118c
    duração das crises na, 248
    índice de turbulência financeira para a, 275
    preços da habitação na, 171
Taiwan: crises bancárias em, 422q
    crises de inflação em, 198
    notação de risco soberano de, 301
Tajiquistão: crises bancárias no, 422q
Tanzânia, crises bancárias na, 422q
Taxa(s) de câmbio: crises de confiança na, xliii–xliv
    dados sobre, 41-42, 201, 318q-322q
    duais, 206n9

    fixa, xliii–xliv, 288-290
    no encadeamento das crises bancárias, 287-290
    depois da crise do *subprime* nos EUA, 235, 235n33
Taxas de câmbio fixas: crises de confiança nas, xliii–xliv
    colapsos cambiais com, 288-290
Taxas de juro: na sequência das crises, 235-238
    sobre a dívida interna *versus* dívida externa, 114, 115q
    nas crises de taxa de câmbio, 8
    redução das, nos reescalonamentos, 97
    repressão das, 71, 114, 124, 153
    para a dívida de curto prazo, 63-64
    depois da crise do *subprime* nos EUA, 235, 235n33
    leis usurárias contra, 73c
Terceiras partes: envolvimento de, 67
    no incumprimento parcial, 67, 67n16
    Ver também instituições internacionais
Templários, 73c-74c
Teoria da dívida-deflação, 82
Teoria económica, 55-72
    sobre as crises bancárias, 153-158
    sobre a confiança, xxxix–xlv
    sobre a dívida pública interna, 69-72, 118
    sobre a dívida pública externa, 55-69
    sobre a dívida odiosa, 68-69
Tesobonos: na desdolarização, 206-207
    no incumprimento interno mexicano, 15, 69, 116c-118c, 206-207
Tesouros artísticos, 56, 56n1
Teste Kolmogorov-Smirnov, 86g, 131n5, 138g, 142q, 142
Terra Nova: incumprimento externo pela, 87, 88c-90c
    perda de soberania, 58-59, 87
    Ver também Canadá

TI, bolha na indústria de, xlv, 174, 183
Titularização: definição de, 223n13
  na crise do *subprime* nos EUA, 220-
  -223, 226
Togo, crises bancárias no, 422q
Transferência de conhecimento, e incentivos para o reembolso das dívidas, 63
Transferência de dívidas, doutrina da dívida odiosa sobre, 68-69
Transmissão de crises, 263
  Ver também contágio
Transparência: e crises de confiança, lxii
  na dívida pública, falta de, xlix, lii-liii, lxii, 146-148, 297-298
Tratado de Comércio Livre da América do Norte (NAFTA), 20
Tratado de Maastricht, 23, 129
Tribunal de insolvências, internacional, 62
Tributação: repressão financeira como forma de, 153
  inflação como uma forma de, 132-
  -133, 132n8
Trindade e Tobago, crises bancárias em, 422q
Trajectória para as crises: dívida pública interna na, 130-131, 132g
  crescimento do sector financeiro na, 222-223
  PIB na, 138, 138g
  Grande Depressão, 16-18, 17c
  preços da habitação na, 171
  inflação na, 138-142, 140g, 142q
  crise do *subprime* nos EUA, xxix, xliii, 212, 220-228
Tunísia, crises bancárias na, 422q
  incumprimento externo pela, 99
Turquia: crises bancárias na, 422q-423q
  degradação monetária na, 190, 191-
  -192
  incumprimento externo na, 58, 89c, 102
  crises de inflação na, 198
  notação de risco soberano da, 305

Ucrânia, crises bancárias na, 423q
Uganda, crises bancárias no, 423q
União Soviética, colapso da, 218
  Ver também Rússia
Uruguai: crises na Argentina e, 272n12
  crises bancárias no, 218, 423q-424q
  Obrigações Brady no, 90c-91c
  crise de dívida dos anos 90 e inícios de 2000 no, 21
  dívida interna no, 112n2
  índice de turbulência financeira para o, 265

Venezuela: crises bancárias na, 424q
incumprimento externo da, 72, 99, 104-107
crises de inflação na, 200
diplomacia da canhoeira dos EUA, 59
Vietname: crises bancárias no, 424q-425q
Obrigações Brady no, 90c-91c
Virgens de incumprimento, 50, 51q-52q
Volatilidade do consumo, integração dos mercados de capitais e, 34, 34n11
Volatilidade macroeconómica, declínio da, 272

WEO. *Ver World Economic Outlook*
Wile E. Coyote, momento, 224, 224n17
World Economic Outlook (WEO), FMI, 24n2, 28g, 40, 41, 46, 84g, 140g, 140n2, 141g, 142q, 144g, 145q, 178g, 227, 232g, 233g, 243n5, 245q, 276-279, 278g, 279n15, 280g, 282fg, 314q-
-318q, 324q-326q, 335q-337q, 338q
World Economic Survey, Sociedade das Nações, 279, 279n18, 282g, 284g, 285g

Yearbook, NU, 88c, 133g, 343, 344q-
-359q

Zâmbia, crises bancárias na, 425q
Zimbabué: crises bancárias no, 425q
  conversões monetárias no, 8-9, 8q
  crises de inflação no, 7, 198, 200